岩土工程研究生教育系列丛书

U0680747

边坡工程

SLOPE
Engineering

孙红月 ◎主 编

文海家 韩同春 ◎副主编

ZHEJIANG UNIVERSITY PRESS
浙江大学出版社
·杭州·

图书在版编目（CIP）数据

边坡工程／孙红月主编. —杭州：浙江大学出版社，2022.7（2025.7 重印）
ISBN 978-7-308-22574-8

Ⅰ．①边… Ⅱ．①孙… Ⅲ．①边坡—道路工程 Ⅳ．① U416.1

中国版本图书馆 CIP 数据核字（2022）第 070687 号

内容简介

本书针对边坡工程问题，系统介绍了边坡工程特点与研究方法、边坡工程地质调查与测试、边坡变形破坏规律分析与滑坡识别、边坡稳定性计算分析方法、边坡灾害防治方法、坡率法设计与滑坡削坡减载处置、边坡灾害防治支挡工程设计、边坡锚固结构类型与设计检测方法、抗滑桩类型与滑坡抗滑设计计算方法、边坡排水工程设计、边坡工程稳定性监测方法、坡面防护与绿化等。

本书可作为土木工程、交通运输工程、水利工程、矿业工程、地质工程等专业的研究生和高年级本科生专业课程学习教材，也可供高等学校、科研院所及工程设计、施工单位的技术人员参考。

边坡工程
BIANPO GONGCHENG

主　编　孙红月

策划编辑　黄娟琴
责任编辑　王　波
文字编辑　沈巧华
责任校对　汪荣丽
封面设计　春天书装
出版发行　浙江大学出版社
　　　　　（杭州市天目山路 148 号　邮政编码 310007）
　　　　　（网址：http://www.zjupress.com）
排　　版　杭州好友排版工作室
印　　刷　浙江新华数码印务有限公司
开　　本　787mm×1092mm　1/16
印　　张　19
字　　数　474 千
版 印 次　2022 年 7 月第 1 版　2025 年 7 月第 2 次印刷
书　　号　ISBN 978-7-308-22574-8
定　　价　58.00 元

序

　　20 世纪 60 年代末至 70 年代,人们将土力学及基础工程学、工程地质学、岩体力学应用于工程建设和灾害治理而形成的新学科统一称为岩土工程。岩土工程包括工程勘察、地基处理及土质改良、地质灾害治理、基础工程、地下工程、海洋岩土工程、地震工程等。社会发展,特别是现代土木工程的发展有力促进了岩土工程理论、技术和工程实践的发展。岩和土是自然和历史的产物。岩土的工程性质十分复杂,与岩土体的矿物成分、形成过程、应力历史和环境条件等因素有关;岩土体不均匀性强,初始应力场复杂且难以测定;土是多相体,一般由固相、液相和气相三相组成。土体中的三相很难区分,不同状态的土相互之间可以转化;土中水的状态十分复杂,导致岩土体的本构关系很难体现岩土体的真实特性,而且反映其强度、变形和渗透特性的参数精确测定比较困难。因此,在岩土工程计算分析中,计算信息的不完全性和不确知性,计算参数的不确定性和参数测试方法的多样性,使得岩土工程计算分析需要定性分析和定量分析相结合,需要工程师进行综合工程判断,单纯依靠力学计算很难解决实际问题。太沙基(Terzaghi)曾经指出"岩土工程是一门应用科学,更是一门艺术"。我理解这里的"艺术"(art)不同于一般绘画、书法等艺术。岩土工程分析在很大程度上取决于工程师的判断,具有很高的艺术性。岩土工程分析应将艺术和技术美妙地结合起来。因此需要岩土工程师不断夯实和拓宽理论基础,不断学习积累工程经验,不断提高自己的岩土工程综合判断能力。

　　自 1981 年我国实行学位条例以来,岩土工程研究生教育培养工作发展很快。浙江大学岩土工程学科非常重视研究生教育培养工作,不断完善岩土工程研究生培养计划和课程体系。为了进一步改善岩土工程研究生教育培养条件,广开思路,博采众长,浙江大学滨海和城市岩土工程研究中心会同浙江大学出版社组织编写这套岩土工程研究生教育系列丛书。丛书的作者为长期从事研究生教学和指导工作的教师,或在某一领域有突出贡献的年轻学者。丛书的参编者很多来自兄弟院校和科研单位。希望这套岩土工程研究生教育系列丛书的出版能得到广大岩土工程研究生和从事岩土工程研究生教育工作的教师的欢迎,也希望能得到广大岩土工程师的欢迎,进一步提高岩土工程技术水平。

中国工程院院士、浙江大学滨海和城市岩土工程研究中心教授

龚晓南

2022 年 7 月 9 日

前　　言

在建筑、交通、水利、矿山等工程建设中,场地开挖、填筑或者整平等工程活动常常导致大量边坡的形成。如果边坡设计安全度不足而产生变形破坏,就会对人类工程活动带来严重的危害,而如果边坡设计过于保守,则会造成造价的大幅提高。因此,如何建设满足工程需要的边坡是建设工程领域需要解决的重要课题。

边坡工程问题的复杂性主要在于地质条件的不确定性,而组成边坡的岩土体既是产生变形破坏的动力因素也是具有自身强度的承载体。因此,边坡工程建设应加强地质环境条件研究,适应当地的岩土体条件,充分利用岩土体自身的承载能力,减少对自然边坡环境的改变,防止岩土体的强度破坏和结构破坏。由于边坡地质工程的特殊性,边坡工程设计需要以工程地质条件分析为基础,从整体上掌握地质体结构特征和在空间上的变化规律,把握地质体的形成演化过程,并据此确定防灾治理方案。但在实施地质体加固设计时,边坡设计又需要有工程思维,要充分考虑材料的应力、变形和强度,加强工程措施对地质环境改造技术方法的应用和作用效果分析,针对边坡灾害问题采取合理的工程措施进行加固,防止产生过大的变形和地质体的破坏,确保工程的应用功能和有效期内的安全性。

本书在充分体现内容的系统性和新颖性的同时,强调地质环境条件在边坡稳定性分析中的基础性地位,重视环境因素对边坡稳定性的影响作用,系统介绍边坡设计理论与边坡灾害防护加固方法,力求使学生正确认识边坡工程中存在的不确定性因素,在边坡稳定性分析中重视地质条件和环境因素分析,在边坡灾害治理设计中注重防护加固技术的合理应用。

本书共 12 章。第 1 章绪论由浙江大学孙红月编写,第 2 章边坡工程地质由浙江大学韩同春编写,第 3 章边坡变形破坏由浙江大学韩同春编写,第 4 章边坡稳定性计算分析由合肥工业大学谭晓慧编写,第 5 章边坡灾害防治由西南交通大学王鹰编写,第 6 章边坡坡率法由福州大学简文彬编写,第 7 章支挡工程由西南交通大学王鹰编写,第 8 章锚固工程由重庆大学文海家编写,第 9 章抗滑工程由重庆大学文海家编写,第 10 章排水工程由浙江大学孙红月编写,第 11 章边坡安全监测由福州大学简文彬编写,第 12 章坡面防护与绿化由浙江大学吕庆编写。徐礼根、廖明勇、刘鹏、吴俊宇、江会林、杨雨荷等参加了资料的整理。全书由孙红月统稿。

本书得到了浙江大学教材建设资金资助。我们在编写过程中参阅了大量的相关文献资料,在此向这些资料的作者表示感谢!

限于水平,书中难免有欠妥之处,敬请读者指正。

作者

2021 年 12 月

目 录

1 绪 论

在各类工程项目中,边坡常常成为工程建设的一部分。边坡岩土体稳定与否,直接影响工程建设能否顺利进行和安全运营,影响人们的生产生活。保证边坡稳定安全是平安社会建设的基本要求。

1.1 边坡工程及其任务

1.1.1 基本概念与要求

边坡包括自然边坡和人工边坡两大类。自然边坡常常称为斜坡,人工边坡常常简称为边坡。自然边坡是自然地质作用过程中形成的,人工边坡是人类工程活动过程中形成的。边坡形成过程中,岩土体原有的应力状态发生变化,为适应新的应力场环境,边坡岩土体将发生不同形式和不同规模的变形或破坏,使边坡趋于新的平衡状态。如由于地表水流冲刷、地下水潜蚀、物理和化学风化等自然作用或人为改造,边坡的外形、内部结构以及应力状态都会不断地发生变化,边坡就有可能产生一定的变形或破坏。

为满足工程需要而对边坡或滑坡进行改造、加固的工程,称为边坡工程。边坡稳定性分析是边坡工程设计的基础,而稳定性分析的前提是认识边坡,包括地质条件、岩土体物理力学特性、边坡受力状态等。关于边坡稳定性力学分析,需要建立符合客观实际条件的力学模型,选用适合特定条件的分析计算方法,进行定性的岩土体力学动态趋势分析和进行定量的力学计算分析。只有在稳定性分析的基础上,确定合理的开挖方案、工程加固措施及施工顺序,才能顺利进行边坡工程建设。

边坡工程研究地质体的改造和利用,其基本目标是确保地质体的稳定,防止因地质体变形和破坏对工程结构安全产生影响。边坡工程强调地质条件对工程安全的控制性作用,注重工程措施对地质环境的改造技术方法和作用效果研究。因此,边坡工程研究不仅要查明地质条件,更需要针对地质体的特点采取合理的工程措施,控制地质体的变形和破坏,确保工程的应用功能和有效期内的安全性。

边坡变形破坏过程和它所造成的不良地质环境会给人类工程活动带来严重的危害。边坡稳定性预测失误,往往给工程带来不可估量的损失。例如:湖北远安县西部盐池河,1980年6月3日5时35分发生约100万立方米的岩崩(见图1-1),摧毁了位于山脚和坑口的全部建筑物、部分采矿设备及库存物资,造成284人丧生。意大利瓦伊昂水库坝高267m,为当时世界上最高的双曲拱坝,1963年10月9日,2亿多立方米的土石以高达25～30m/s的速

1

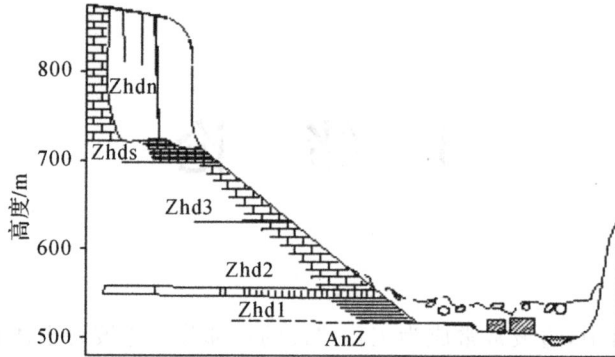

图 1-1 盐池河岩崩

度沿层面下滑（见图 1-2），迅速淤满水库，掀起了高出坝顶 100 余米的涌浪，库水宣泄而下，摧毁了下游约 3km 处的朗加隆镇，造成近 3000 人死亡。

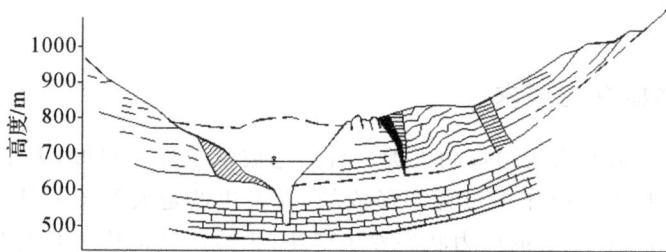

图 1-2 瓦伊昂水库滑坡

　　而如果边坡设计过于保守，则会造成造价的大幅提高。因此，边坡工程需要满足两方面的要求：一是要对边坡的稳定性作出正确的评价和预测；二是要设计经济合理的人工边坡及对不稳定边坡制定经济有效的治理措施。这两方面目标的实现，都必须首先阐明边坡是否具有产生危害性变形与破坏的可能性，以及变形破坏的方式和规模。要设计一个稳定而又经济合理的边坡，应以边坡在运营期间不发生危害性的变形和破坏为准则。

1.1.2　边坡工程的基本任务

　　组成边坡的岩土体既是产生变形破坏的动力因素，也是具有自身强度的承载体。边坡岩土体在自身重力作用下，具有向坡脚移动变形的趋势，如果岩土体的强度不足，或者由于结构面的切割而形成不利于稳定的破裂面，就可能发生崩塌、滑坡等边坡灾害。但当边坡岩土体强度高，且无不利于稳定的结构面组合时，边坡就能依靠自身的承载能力保持稳定，会有很好的自稳条件。边坡工程建设中，需要正确全面地认识边坡，科学合理地保护边坡，确保边坡安全，防止灾害发生。因此，边坡工程的基本任务包括三个方面：适应当地的岩土体条件，充分利用岩土体自身的承载能力；分析边坡各实施阶段的力学动态，合理设计边坡，减少对自然边坡环境的改变；通过各种有效的手段控制岩土体的强度破坏和结构破坏，建设满足工程需要的安全边坡。

　　充分全面地认识边坡是基础。在边坡工程建设中，应在充分掌握工程建设场地地质条件的基础上,充分地考虑各类边坡稳定性影响因素,合理评价边坡的稳定性,并设计出既经济又安全的工程措施,依据工程的实际情况提出合理的施工方案,以保证边坡的长期稳定。应在地质环境条件方面、工程地质条件方面和稳定性分析方面开展充分研究,全面认识边坡的工程环境条件及潜在的工程问题。地质环境条件方面主要有地形地貌、地层岩性、地质构造、地应力水平等;工程地质条件方面主要有岩土体结构、岩土物理力学性质、地下水补径排条件等;稳定性分析方面主要有边坡变形破坏迹象及其形成发展演化历史、边坡工程建设及其运行期间潜在的变形破坏形式等。

尽力保护边坡是目标。保护边坡应该贯穿边坡工程研究的全过程,尽可能避免大挖大填,减少对自然边坡环境的改变。当工程建设不能避开高边坡时,合理的设计是保护边坡稳定的前提,应特别注意对软弱结构面的处理。边坡设计应细致考虑建设使用的全过程,分析各实施阶段的力学动态以及与各相关工程之间的关系,不仅要考虑现有地下水渗流场条件,还应考虑边坡开挖以后渗流场可能发生的变化,以及由此可能产生的不利于边坡稳定性的影响。在局部不稳定的部位,应设计采取加固措施,以保证边坡总体的稳定,也可能在某些条件下,需要对整个边坡进行加固。在施工过程中,应尽力保护边坡的原始结构,避免爆破开挖对边坡结构产生过大的松动破坏,更应注意采用合理的施工顺序。

有效而适时地防治边坡灾害发生是手段。对不稳定边坡应及时加固处理,避免局部破坏导致整体失稳。边坡防治应有针对性,不同的处置措施有各自的适用条件,不可生搬硬套,对具体防治措施应逐个进行研究和选用。目前常用的边坡稳定性处置技术有削坡减载、表里排水、支挡加固和坡面防护。

削坡减载就是放缓坡率,一般应采用砍头压脚的措施。当边坡过陡,岩土体力学参数无法满足抗剪破坏的强度要求时,可以采用削坡减载减小坡率的方式,达到提高边坡稳定性的目的。但应注意,当削方区后缘还存在高度较大的自然边坡时,必须深入研究削坡对后缘自然边坡稳定性产生的不利影响。

地下水是诱发滑坡的重要因素,大量滑坡的稳定性随地下水位波动而发生变化,需要做好排水工作。滑坡排水工程分为地表排水工程和地下排水工程,简称表里排水。排水工程的目的在于减少雨水渗入坡体内,将入渗坡体的地下水迅速排走,控制坡体地下水位的上升幅度。边坡工程设计一般应包含排水工程。排水措施应与其他处置措施紧密结合。

支挡加固就是提供支撑防护,增加抗滑力,主要包括抗滑挡土墙、锚杆、抗滑桩等支挡结构。抗滑挡墙是用来支撑、加固填土或边坡土体,防止其塌滑以保持稳定的一种建筑结构。锚杆是一种安设在岩土层深处的受拉杆件,其一端与工程构筑物相连,另一端锚固在岩土层中,达到有效承受结构荷载及防止边坡变形失稳的目的。抗滑桩是通过桩身将上部承受的坡体推力传给桩下部的侧向岩土体,依靠桩下部的侧向阻力来承担边坡的下滑力,而使边坡保持稳定的工程结构。支挡加固工程适应性好,可以用于处置各种类型的边坡灾害。

坡面防护主要有工程防护和植物防护。坡面防护一方面可保护坡面免受雨水冲刷,减小温度及湿度变化带来的影响,降低软质岩进一步风化及雨水对边坡的影响,防止软弱岩土表面风化、开裂、剥蚀,或延缓演变的进程,提高边坡的稳定性;另一方面是为了防止水土流失,保护环境,改善环境景观,维护生态平衡。

不同的滑坡治理措施,其费用有很大差别。一般情况下,支挡加固抗滑措施的费用最高,排水工程措施的费用最低,卸载和压脚的费用较低,但常常受环境条件制约而很难实施。

1.2 边坡工程研究发展

1.2.1 边坡稳定性研究发展

边坡稳定性研究已有近 200 年的历史。早在 1833 年,英国学者赖尔(Laier)在他所著的《地质学原理》一书中,就提到了边坡稳定问题,首次提及了滑坡。随着经济社会的发展,人类工程活动对自然环境的改变作用逐渐增大,水利水电工程、道路工程、矿山工程、工业与民用建筑工程和国防工程等,都涉及大量边坡稳定问题,学界相应开展了广泛的边坡稳定性研究,取得了宝贵的经验和成果。

边坡发生破坏失稳是一个复杂过程,受边坡内部结构复杂性和组成边坡岩土类型差异性影响,边坡破坏具有不同模式,存在不同的滑动面,需要采用不同的分析计算方法来评价其稳定状态。目前用于边坡稳定分析的方法可分为定性分析和定量分析两大类。定性分析方法包括工程类比法和图解法(如赤平极射投影、实体比例投影、摩擦圆法),定量分析方法主要有极限平衡法、数值分析法和可靠度分析法等。

极限平衡法是目前滑坡稳定性分析中最常用的方法,也是最早提出的计算方法。早在 1846 年,法国工程师库仑(Coulomb)就提出了土质滑坡圆弧形滑动面的稳定性计算方法,并用剪切试验数据分析滑坡的稳定性;1927 年,费林纽斯(Fellenius)提出著名的条分法,成功地应用简单不排水剪切试验的数据,预测边坡稳定性;1936 年,太沙基(Terzaghi)引入孔隙水压力的概念,提出有效应力分析法。他们从滑动面假定、参数选取与地下水作用影响等方面奠定了滑坡稳定性极限平衡分析的基础,随后的研究更多地集中在条件假定和计算理论研究方面。

随着计算机软件、硬件的飞速发展,采用理论体系更为严谨的方法进行边坡稳定性分析已经成为可能。有限单元法全面满足了静力许可、应变相容和应力应变之间的本构关系。同时,因为是采用数值分析方法,可以不受边坡几何形状的不规则和材料不均匀性的限制,是比较理想的分析边坡应力、变形和稳定性的手段。目前采用的边坡有限元稳定性分析方法主要有:对边坡作变形和强度破坏有限元分析;基于滑面上应力滑带单元强度破坏的有限元分析;有限元强度折减安全系数分析。在边坡稳定性数值分析方法中,除有限单元法外,其他数值模拟方法还有边界元法、离散元法、流形方法、有限差分法等。

边坡稳定性分析方法很多,归结起来主要有以下六类。

①地质分析法:根据边坡的工程地质条件定性分析,判断边坡的稳定性。其不足之处是不能进行定量评价。

②经验类比法:通过大量边坡统计分析,根据它们的属性推出其他属性相似边坡的稳定性,是一种定性评价方法。边坡的坡率法设计是经验类比法的基本应用。

③结构面组合分析法:通过大量结构面统计,应用赤平投影、实体比例投影和摩擦圆方法判断边坡的稳定性,也是一种定性评价方法,难以定量化。

④极限平衡分析法:把滑体看作刚体,分析其沿滑动面的平衡状态。优点是计算方法简便,结论明确,便于工程设计使用。缺点是把岩体作为刚体处理,不能反映岩体内部真实的

应力-应变关系;稳定性系数是滑动面上的平均值,无法考虑累进性破坏对边坡稳定的影响;各种计算方法本身还有不同的假设,都是把超静定问题变为静定问题处理。

⑤数值分析法:在边坡稳定性评价中常用的数值分析法包括有限单元法、边界元法、离散元法等,这些数值分析方法本身有较高的精度,但受地质模型、简化的力学模型和力学参数取值等因素的影响,对高精度的计算结果难以作出准确的评价。

⑥可靠度分析法:基于概率论与数理统计的一种随机分析方法。它将影响边坡稳定性的参数视为随机变量,通过数学方法求解边坡的破坏概率或可靠指标。优点是解决边坡稳定性中的不确定性问题,缺点主要是需要大量的统计样本。

边坡稳定性评价研究已取得很大进展,但边坡稳定性评价的准确性仍存在许多问题,一方面需要进一步加强稳定性计算方法的研究,另一方面更要特别注意边坡岩土体性质的极端复杂性。地质体在其形成和存在的整个地质历史时期中,经受过各种复杂的地质作用,使其工程性质变得十分复杂,主要表现为:地质体中存在着各种结构面,使得力学性质上具有不连续性;地质体的物理力学性质随空间位置不同而具有差异;地质体的性质随结构面分布和物质成分变化的方向性而具有各向异性。因此,在边坡稳定性分析评价中,应加强边坡工程地质条件的调查分析,强化以边坡变形破坏模式研究为基础,通过模拟研究深化对边坡变形破坏机制的认识,构建正确的边坡稳定性计算模型,进而选择合理的计算方法获得正确的评价结论。

1.2.2 边坡加固工程发展

由于边坡破坏造成崩塌滑坡地质灾害的危害性极大,因此有关边坡灾害的防治研究一直为世人所关注。经过多年的工程实践和理论研究,国内外在边坡灾害防治的各个方面取得了很大成就,其中支挡抗滑结构的发展应用尤为迅速,挡墙、锚杆和抗滑桩等支挡抗滑结构物已经广泛应用于边坡灾害治理工程中。

欧美国家从19世纪中叶就开始了对滑坡灾害防治的研究,但是早期人们对滑坡的性质和变化规律认识不够深入,对那些大中型滑坡只能绕避,只对小型滑坡采取削方减载、反压以及抗滑挡墙治理的措施,排水工程更是优先考虑的技术手段。直到第二次世界大战后,随着各国经济的发展,工程建设中遇到的滑坡越来越多,支挡工程治理滑坡得以大量使用,一些大型滑坡也采用支挡工程来治理。支挡工程的发展,使边坡工程建设从被动走向主动。

支挡工程发展大体经历了三个阶段:抗滑挡墙为主的阶段、小直径抗滑桩发展应用阶段、大直径抗滑桩和锚杆系统发展应用阶段。

①20世纪50年代以前,滑坡治理以地表和地下排水工程为主,抗滑支挡工程主要是挡土墙。20世纪50年代起,我国在治理滑坡中,首先考虑地表和地下排水工程,如地表截排水沟和地下截水盲沟、盲洞、支撑渗沟等,辅以减重、反压和挡土墙支挡工程。

②20世纪60—70年代,在应用排水工程和抗滑挡土墙为主的同时,开发应用了抗滑桩工程,用以解决抗滑挡墙施工中的困难。欧美国家和苏联多用钻孔钢筋混凝土灌注桩,直径为1.0~1.5m,深20~30m;日本则多用钻孔钢管桩,钻孔直径为400~550mm,深20~30m,孔中放入直径为318.5~457.2mm、壁厚10~40mm的钢管,钢管内外灌入混凝土或水泥砂浆,为增加桩的受剪承载力,有时在钢管中再放入H型钢。桩间距一般为1.5~4.0m,且以2.0~2.5m居多。为了增加桩的抗弯能力和群桩受力,国外常将两排或三排桩

用承台连接,形成刚架受力。我国在成昆线建设中,应用了大截面挖孔钢筋和钢轨混凝土抗滑桩。20 世纪 70 年代后期,日本开始应用直径为 1.5～3.5m 的挖孔抗滑桩。我国开发应用了排架桩、刚架桩、椅式桩墙等结构形式,改变了抗滑桩的受力状态,节省了圬工和钢材,但由于其施工要求高于单桩,至今应用不广。

③20 世纪 80 年代以来,在应用小直径抗滑桩的同时,为治理大型滑坡,开始使用大直径挖孔抗滑桩,如日本在大阪府的龟之獭滑坡上采用直径为 5m、深 50～60m 的大型抗滑桩,其周围均匀布筋,只在滑动面附近用型钢加强。与此同时,抗滑支挡结构的另一个特点是锚杆在滑坡防治中被大量使用或与抗滑桩联合使用。由于锚杆施工不开挖滑体,且施工快,在滑坡快速治理和岩质滑坡加固工程中得以迅速推广应用。

目前,边坡加固工程技术仍然是国内外学者研究的热点问题,挡墙、锚杆、抗滑桩等抗滑措施仍在不断研究和完善之中。滑坡治理费用高昂,采取过于保守的加固措施,会使花费太高,对地质原型认识不清或方案选排失误,又会造成滑坡治理失败,造成更大的损失。因此,在滑坡治理工程中,应进行方案论证和优化,提倡优化分析,开展信息化施工,进行动态设计反馈,开发新的加固措施与施工技术,以进一步提高滑坡工程治理水平。

1.2.3　边坡安全监测研究发展

边坡岩土体类型十分复杂,即使经过充分的研究,对它的认识水平也是介于定性和定量之间。许多问题的回答需要监测数据支撑,包括:要分析一个边坡是否稳定,其可能失稳变形的类型和性质是什么,潜在滑坡的范围有多大;如果出现滑坡,滑动的方向和速度怎样,危害范围有多大;边坡稳定性与哪些因素有关,这些因素的变化幅度如何;在已发生变形的坡体上进行加固工程施工是否安全,加固治理的边坡或滑坡效果如何等。因此,除了工程地质调查、测绘、勘探、试验和评价外,动态监测也是十分重要和不可缺少的手段,尤其是对重要、高大复杂的边坡及大型复杂的滑坡。

边坡工程安全监测工作经历了三个发展阶段。第一阶段,20 世纪初到 60 年代的起步阶段,变形观测主要采用光学仪器运用光学基准线法、交会法及精密水准法进行水平和垂直位移观测。第二阶段,发展阶段,以自动化仪器的研制和应用为标志,20 世纪 60 年代后期开始研制自动化监测系统,70 年代进入应用阶段。第三阶段,以自动化监测系统的开发应用为标志。20 世纪 80 年代以来,岩土工程安全监测技术发展迅速,研制出了很多新仪器,并开始向监测手段现代化和监测方法自动化方向发展。

边坡监测主要包括裂缝监测、位移监测、滑动面监测、地表水监测、地下水监测、降水量监测、地应力监测及宏观变形迹象监测等。边坡工程监测是边坡研究工作中的一项重要内容。科学技术的发展,各种先进的监测仪器设备、监测方法和监测手段的不断更新,使得边坡监测工作的水平不断提高。当前边坡安全监测预警技术的发展方向为:监测目标点面结合;监测数据自动采集、传输和处理,实现远程控制;监测结果三维模型动画显示,自动作出预警等。

1.3 边坡工程研究方法

1.3.1 边坡工程特点

"边坡工程"是一门理论联系实践的课程,涉及工程地质、固体力学、土力学、数值分析等相关知识,应用范围涵盖了土木工程、道路交通、水利水电、矿业工程等多个领域。边坡工程是适应大规模工程建设而形成的新学科,强调以地质调查研究为基础,以地质条件改造和地质灾害治理为核心,辅以监控量测与反分析研究保障工程安全。边坡工程强调地质条件对工程安全的控制性作用,强调工程措施对地质环境的改造技术方法和作用效果研究。因此,边坡工程是地质学与工程学交叉的新学科。边坡工程的主要知识体系包括边坡的构成及内外影响因素分析、稳定性分析评价方法、边坡防护与加固、监测与检测及边坡安全管理。

边坡工程设计,不同于一般的结构设计,是由边坡地质工程的特殊性决定的,需要以边坡工程地质条件分析为基础。边坡地质体具有耗散结构和非线性特征等复杂性,不仅仅是一种地质材料,也是一种地质结构和地质环境,同时具有自身稳定的潜能。所以,边坡工程设计包括三个方面的基本内容:边坡稳定性评价、边坡稳定性预测、边坡稳定性设计。其中边坡稳定性设计主要指选择合适的边坡外形和加固处置措施,需要处理边坡建设的经济性与安全稳定性的矛盾统一关系,对不稳定边坡或临界稳定边坡选择最优的加固处置方案。所以要求设计工程师具有地质学和工程学相关方面的知识。

边坡地质体改造包括边坡地质体防护、支挡加固、坡形改造、环境改造等方面内容,是在边坡工程设计的基础上,依据边坡地质体变形破坏特点和稳定程度,完成具体的工程结构的计算分析和设计及施工工作。边坡工程管理则贯穿边坡建设运行的全过程,包括边坡工程的信息化管理体系、质量保证体系、风险决策等基本内容,由边坡工程监测、边坡工程检测、信息反馈与控制等三个部分组成。其中,边坡工程监测是信息化管理的重要组成,也是信息化勘察、设计、施工的信息源,还是及时调整、变更工程结构设计和施工过程的重要依据,更是边坡工程不同于一般工程的特点所在。

边坡建设需要采用信息施工法,根据施工现场的地质情况和监测数据,对地质结论、设计参数进行验证,对施工安全性进行判断并及时修正施工方案。边坡工程问题的复杂性主要在于地质条件的不确定性,需要根据信息施工法和施工勘查反馈的资料及时调整设计以适应真实的地质条件。在边坡工程施工过程中,仍需要加强地质条件的跟踪调查,当与原设计条件有较大的差异时,应对地质结论、设计参数及设计方案进行再验证,及时补充或修改原设计。

1.3.2 边坡工程的研究方法

由于研究对象的差异和解决问题方式不同,地质思维和工程思维之间存在着很大的差异。地质学家所关注的是地质体的成因和历史演化过程,而工程师则总是注意到建筑物的结构、尺寸和荷载,并考虑材料应力、变形和强度。解决边坡工程问题需要这两种思维的融合与相互渗透。在边坡工程问题研究中,应从整体上掌握地质体结构特征和在空间上的变化规律,把握地质体的形成演化过程,并据此确定防灾治理方案。但在实施地质体加固设计时,又需要有工程思维,充分考虑材料的应力、变形和强度。

边坡工程的主体是地质体,但在边坡工程中地质体往往与建筑结构相互作用而构成一个整体。从整个工程以及科技发展的成熟程度来看,地质体常常成为大型边坡工程的主要矛盾,也就是说地质体对工程的经济与技术起控制作用。对于开挖和加载后的地质体稳定性,地质因素往往构成矛盾的主要方面。地质分析不仅能为其他分析方法的正确使用提供资料,而且能直接对地质体的变形破坏发展过程作出定性的判断。重视地质条件分析,才能正确评价潜在的地质灾害问题,确定合理的加固防灾方案。

为了有效解决边坡工程问题,仅仅停留在地质分析上是不够的。毫无疑问,无论是岩体结构等影响地质体变形和稳定的内在因素,还是降雨和荷载等外部因素的影响分析,都需要通过定量的力学计算来实现。边坡工程的最基本目标与其他工程结构是相同的,都是要实现结构的变形和破坏的有效控制,而最根本的差异是地质体结构的复杂性和力学特性的不可确知性。因此,为了实现边坡工程问题的正确分析,应该在地质分析的基础上开展定量的试验研究和数学力学计算分析,达到从现象分析到内在力学作用机理分析的有机结合。此外,边坡工程监测和反分析研究常常是必需的,只有通过反复修正认识才能获得较为可靠的分析结果。

边坡工程不仅要查明问题,还需要针对问题采取合理的工程措施进行加固,防止产生过大的变形和地质体的破坏,确保工程的应用功能和有效期内的安全性。为了全面提升边坡工程的技术水平,一方面我们要强调地质调查分析的基础性地位;另一方面需要大力发展工程加固技术和地质因素控制技术,如锚固技术、支挡技术、抗滑技术、排水技术和监测技术等。发展这些技术是达到边坡工程建设目标的保证条件。因此,边坡工程研究应实现分析与技术的统一:一是要认识到地质条件对工程安全的控制性作用,要全面认识地质环境特征,地质研究应该贯穿工程建设始终;二是不稳定地质体的加固和地质灾害防治技术的开发和利用,提高工程技术措施的有效性,满足工程建设的功能要求,实现安全目标。

2 边坡工程地质

由于地质因素与工程建筑的利用和改造密切相关,因此这些地质因素总称为工程地质条件。边坡工程中,边坡场地及其邻近地区的地形地貌、地层岩性、地质构造、水文地质、自然地质作用与现象等都是边坡工程地质条件所包含的因素,需要通过工程地质勘察来查明边坡工程地质条件,分析和评价边坡的稳定性,预测边坡潜在的变形破坏可能性,并为提出防治措施和方法等提供服务。

2.1 勘察要求与方法

工程地质勘察是边坡处置前必须要进行的一项工作,其主要任务是查明边坡所在地段的工程地质条件,分析影响边坡稳定性的地质因素,评价边坡稳定性的现状,预测边坡变化趋势,为边坡工程的设计提供地质资料。

地质条件和环境条件复杂、有明显变形迹象的一级边坡,邻近有重要建(构)筑物的边坡,或者超过《建筑边坡工程技术规范》(GB 50330—2013)应用范围的边坡,都需要进行专门性边坡工程地质勘察。一般性边坡工程可与建筑工程地质勘察一并进行,但应满足边坡勘察的工作深度和要求,勘察报告中应有边坡稳定性评价内容。

2.1.1 勘察阶段

大型和地质环境复杂的边坡工程宜分阶段进行勘察,根据《岩土工程勘察规范》(GB 50021—2001),可以划分为初步勘察、详细勘察和施工勘察。

初步勘察阶段搜集地质资料,进行工程地质测绘和少量的勘探和室内试验,初步评价边坡的稳定性;详细勘察应对可能失稳的边坡及相邻地段进行工程地质测绘、勘探、试验、观测和分析计算,作出稳定性评价,对人工边坡提出最优开挖坡角,对可能失稳的边坡提出防护处理措施的建议;当地质环境复杂,施工过程中发现地质环境与原勘察资料不符且可能影响边坡治理效果或因设计、施工原因变更边坡支护方案时,应进行施工勘察。施工勘察应配合施工开挖进行地质编录,核对、补充前阶段的勘察资料,必要时,进行施工安全预报,提出修改边坡支护设计的建议。

2.1.2 勘察等级划分

根据边坡工程安全等级和地质环境复杂程度进行边坡工程勘察等级的划分,如表 2-1 所示。

表 2-1　边坡工程勘察等级

边坡工程安全等级	边坡地质环境复杂程度		
	复杂	中等复杂	简单
一级	一级	一级	二级
二级	一级	二级	三级
三级	二级	三级	三级

边坡地质环境复杂程度可分为简单、中等复杂和复杂等三类。

地质环境简单:组成边坡的岩土体种类少,强度变化小,均匀性好,土质边坡潜在滑动面少,岩质边坡不受外倾结构面或外倾不同结构面组合控制,水文地质条件简单。

地质环境中等复杂:介于地质环境复杂与地质环境简单之间。

地质环境复杂:组成边坡的岩土体种类多,强度变化大,均匀性差,土质边坡潜在滑动面多,岩质边坡受外倾结构面或外倾不同结构面组合控制,水文地质条件复杂。

边坡工程安全等级根据边坡工程损坏后可能造成的破坏后果(危及人的生命、造成经济损失、产生不良社会影响)的严重性、边坡类型和边坡高度等因素综合确定。

2.1.3　边坡工程勘察要求

2.1.3.1　资料收集

边坡工程勘察前,除应收集边坡及邻近边坡的工程地质资料外,尚应取得下列资料:

①附有坐标和地形的拟建边坡支挡结构的总平面布置图;

②边坡高度、坡底高程和边坡平面尺寸;

③拟建场地的整平高程和挖方、填方情况;

④拟建支挡结构的性质、结构特点及拟采取的基础形式、尺寸和埋置深度;

⑤边坡滑塌区及影响范围内的建(构)筑物的相关资料;

⑥边坡工程区域的相关气象资料;

⑦场地区域最大降雨强度和 20 年一遇及 50 年一遇最大降水量;河、湖历史最高水位和 20 年一遇及 50 年一遇的水位资料;可能影响边坡水文地质条件的工业和市政管线、江河等水源因素,以及相关水库水位调度方案资料;

⑧对边坡工程产生影响的汇水面积、排水坡度、长度和植被等情况;

⑨边坡周围山洪、冲沟和河流冲淤等情况。

2.1.3.2　勘察内容

边坡工程勘察应查明以下内容:

①场地地形和场地所在地貌单元;

②地层时代、成因、类型、性状、覆盖层厚度、基岩面的形态和坡度、岩石风化和完整程度;

③岩、土体的物理力学性能;

④主要结构面特别是软弱结构面的类型、产状、发育程度、延伸程度、结合程度、充填状况、充水状况、组合关系、力学属性和与临空面的关系;

⑤地下水水位、水量、类型、主要含水层分布情况、补给及动态变化情况;

⑥岩土的透水性和地下水的出露情况;

⑦不良地质现象的范围和性质;

⑧地下水、土对支挡结构材料的腐蚀性;

⑨坡顶邻近(含基坑周边)建(构)筑物的荷载、结构、基础形式和埋深,地下设施的分布和埋深。

2.1.3.3　勘探方法和范围

边坡工程勘探应采用钻探(直孔、斜孔)、坑(井)探、槽探和物探等方法。对于复杂、重要的边坡工程可辅以洞探。位于岩溶发育区的边坡除采用上述方法外,尚应采用物探。

边坡工程勘探范围应包括坡面区域和坡面外围一定的区域。对无外倾结构面控制的岩质边坡的勘探范围:到坡顶的水平距离一般不应小于边坡高度;外倾结构面控制的岩质边坡的勘探范围应根据组成边坡的岩土性质及可能的破坏模式确定。对于可能按土体内部圆弧形破坏的土质边坡的勘探范围不应小于1.5倍坡高。对可能沿岩土界面滑动的土质边坡勘探范围,后部应大于可能的后缘边界,前缘应大于可能的剪出口位置。勘察范围尚应包括可能对建(构)筑物有潜在安全影响的区域。

2.1.3.4　勘探线的布置

勘探线应以垂直边坡走向或平行主滑方向布置为主,在拟设置支挡结构的位置应布置平行和垂直的勘探线。成图比例尺应大于或等于1:500,剖面的纵横比例应相同。勘探点分为一般性勘探点和控制性勘探点。控制性勘探点宜占勘探点总数的1/5~1/3,地质环境条件简单、大型的边坡工程取1/5,地质环境条件复杂、小型的边坡工程取1/3,并应满足统计分析的要求。

详细勘察的勘探线、点间距可按表2-2或地区经验确定,其中每一单独边坡段勘探线不应少于2条,每条勘探线不应少于2个勘探点。

表 2-2　详细勘探的勘探线、点间距

边坡勘探等级	勘探线间距/m	勘探点间距/m
一级	≤20	≤15
二级	20~30	15~20
三级	30~40	20~25

边坡工程勘探点深度应进入最下层潜在滑动面2.0~5.0m,控制性钻孔取大值,一般性钻孔取小值;支挡位置的控制性勘探孔深度应根据可能选择的支护结构形式确定。对于重力式挡墙、扶壁式挡墙和锚杆挡墙可进入持力层不小于2.0m;悬臂桩进入嵌固段的深度,土质时不宜小于悬臂长度的1.0倍,岩质时不小于0.7倍。

2.1.3.5　试验参数

在边坡勘探过程中需要对主要岩土层和软弱层采样进行室内物理力学性能试验,试验项目应包括物理性质、强度及变形指标,试样的含水状态应包括天然状态和饱和状态。用于稳定性计算时土的抗剪强度指标宜采用直接剪切试验获取,确定地基承载力时土的峰值抗剪强度指标宜采用三轴试验获取。主要岩土层采集试样数量:土层不少于6组,对于现场大剪试验,每组不应少于3个试件;岩样抗压强度不应少于9个试件,岩石抗剪强度不少于3组。需要时应采集岩样进行变形指标试验,有条件时应进行结构面的抗剪强度试验。

质构造等物理地质现象,可以迅速使人对测区有一个较全面整体的认识。因此与实地测绘工作相结合,可以起到减少工作量、提高精度和速度的作用。特别是在人烟稀少、交通不便的偏远山区,充分利用航片及卫星照片更具有特殊的意义。实地测绘法是工程地质测绘的野外工作方法,进一步细分为路线法、布点法和追索法。

1)路线法

沿着一定的路线穿越测绘场地,把走过的路线填绘在地形图上,并沿途详细观察和记录各种地质现象和标志,如地层界线、构造线、岩层产状、地下水露头、各种不良地质现象,把它们绘制在地形图上。路线法应尽可能使路线与岩层走向、构造线方向及地貌单元相垂直,并应尽量使路线的起点具有较明显的地形、地物标志。此外,应尽量使路线穿越露头较多、覆盖层较薄的地段。路线法一般适合于中、小比例尺测绘。

2)布点法

根据不同比例尺预先在地形图上布置一定数量的观测路线和观测点。观测点的密度应根据场地地形、地貌、地质条件、成图比例尺及工程特点等因素综合确定,应在地质构造线、地层接触线、岩性分界线、标准层位、地质单元体、地貌分界线、不良地质体分界线、地质灾害体及环境破坏的边界线等各种地质界线和主要结构面上布置观测点,观测点可利用天然和人工露头,没有露头时,应布置探井、探槽或探洞。观测线的长度必须能满足具体观测目的的需要。布点法适合于大、中比例尺的测绘工作。

3)追索法

该法是沿着地层走向、地质构造线的延伸方向或不良地质现象的边界线布点追索,其主要目的是查明某一局部的工程地质问题。追索法是在路线法和布点法的基础上进行的,属于一种辅助的测绘方法。

2.2.2 测绘和调查内容

根据边坡的岩土成分,可将边坡分为岩质边坡和土质边坡。岩质边坡的主要控制因素一般是岩体中的结构面,土质边坡的主要控制因素则是土体强度。在进行边坡勘察时,应根据具体情况有所侧重。主要测绘和调查内容包括地形地貌、地层岩性、地质构造、地区气象条件和水文地质条件等。

2.2.2.1 地形地貌

地形地貌包括地形、地貌特征,地貌单元形成过程。根据其与地层、构造、不良地质现象的关系,进行地貌单元划分。对于地形复杂、起伏高差大的边坡,在进行人工边坡测绘时,应尽可能以导线点为测站。当以导线点为测站测绘范围受到限制时,可根据导线点用视距法或交会法设置独立的地形转点。在地形、地貌复杂处,可连续设置第二个地形转点。边坡测绘范围应超出工程处置范围一定距离,一般为20m。

边坡的坡形、坡率和坡高,如直线坡、凸形坡、凹形坡、台阶状坡,每一坡段的高度、坡度及横向展布长度,对于确定边坡类型和稳定坡率十分重要,可以用于区分不同岩土类型的稳定坡、不稳定坡和极限稳定坡,为边坡的经验类比法稳定性分析提供参考。

一般情况下,稳定边坡表现为坡面平直、形态圆顺,无坡度突变处的陡坎;岩性较单一或为均匀互层;无不良重力地质现象出现,坡面冲沟分布均匀且顺直。不稳定边坡表现为坡面凹凸不平,有台坎、平台,但分布不规律,若有滑坡则表现出滑坡特有的地貌特征;若有崩塌落石则山坡上部有崩塌遗迹,坡脚或坡面有块石堆积;若有坍塌则表现为多处上陷下突的不顺特征。坡面冲沟分布不均且不顺直,沟岸常不稳定。有坍塌及堆积,甚至有堵沟现象。坡面树木不竖直("马刀树"),有东倒西歪现象("醉汉林")。极限稳定坡是位于稳定与不稳定之间的一种过渡状态的边坡,无黏性土边坡,当其平均坡率达到或接近休止角时即处于极限平衡稳定状态,外貌上表现为坡面基本平直,有少量或局部不平顺之处,有少量裂缝,无大的变形迹象。

2.2.2.2 地层岩性

地层岩性是边坡测绘和调查的一个重要内容,包括岩土层的性质、成因、年代、厚度和分布。对岩层应查明风化程度,对土层应区分新近沉积土、特殊性土的分布及其工程地质条件。

为此,开展的测绘和调查工作:一是依据区域地质资料和边坡附近沟谷中出露较好的露头,确定工作区稳定地层的层序,根据实际需要和可能实测地质剖面或编制综合柱状图;二是在边坡体稳定地层中逐层测量岩层产状,对岩体中各种软弱夹层尤应仔细调查,查明其厚度、含水状况、延展范围、有无错动痕迹等,并结合环境条件推断可能滑动的层位,同时考虑取样测定颗粒级配、黏土矿物成分、易溶盐含量等,以协助确定潜在滑动面的层位;三是在边坡体可能是滑坡体的范围内尽可能多地测量岩层产状,以确定与稳定地层产状对比,与地貌形态相配合共同确定变形体范围。

地层岩性是构成边坡的物质基础,岩土的成因和性质则决定了边坡的稳定坡率和高度。土层,包括不同成因的黏性土、黄土以及残积、坡积、洪积、冲积和崩积成因的土,各有其不同的颗粒组成、密实程度、含水状态和强度特征,相应地具有不同的稳定坡率。比如膨胀土只能保持十几度的稳定坡,老黄土可保持近乎垂直的陡坡,新黄土坡度大于 45° 就可能变形,崩积块石组成的边坡可形成 30°~35° 的岩堆和坡积裙,洪积土随形成时的含水量不同,有的坡角只有几度到十几度(如洪积扇),有的可达 20°~30°(如洪积锥)。对于岩层而言,差别变化很大,坚硬岩层可形成数百米、上千米的陡坡,而软岩坡高数十米、上百米时就会发生变形。

岩层层面和不同成因、不同时代岩层的接触面形成坡体结构中的软弱面,其产状往往控制边坡的稳定。当这些倾向开挖面的软弱面有地下水作用时,常会发生变形破坏。有多层软弱面就可能形成多层、多级滑坡,如岩层顺层滑坡和多层堆积滑坡。岩石的风化程度不同,具有不同的强度,所能保持的坡度和坡高也不同。

2.2.2.3 地质构造

对于岩质边坡,地质构造是影响边坡稳定的重要因素。测绘和调查内容包括岩层产状及构造类型、软弱结构面的产状及性质,包括断层的位置、类型、产状、断距、破碎带的宽度及充填胶结情况,岩土层的接触面及软弱夹层的特性等,第四纪构造活动的迹象、特点与地震活动的关系等。

开展的测绘和调查工作主要解决四个方面的问题:①实地调查核实工作区内区域地质资料中标示的或遥感资料中显示的断层和褶皱,并应注意调查是否存在上述资料中没有标示或显示的较小型的构造,判明其性质和规模;②结合构造应力场分析,查明主要节理的组数、产状,辨明其力学性质,调查其发育程度和贯通性;③查明层面、片理面、节理面、断层面等各种结构面的相互切割关系及它们与临空面间的空间关系,查明断层带中的物质成分及特点,确认边坡体所属的岩体结构类型;④要特别注意含有软弱夹层的结构面的产状、规模、延伸方位及其在临空面上的出露位置,工程实践中很多大型滑坡是软弱夹层的泥化导致的。

岩体的组成包括结构面和结构体,其中结构面对岩体的稳定和变形具有控制性作用,因此测绘和调查是非常重要的。宽度数十米至数百米的区域性断裂带造成岩体碎裂,形成陡坡中的缓坡段,当铁路、公路等线状建筑物平行穿过断层带时,常发生线状分布的一连串边坡变形。而在岩体相对完整的坡段则应重视小构造的作用,小的断层、错动、节理,虽然规模小,但当它们密集分布,且倾向开挖面或临空面,或有不利的组合,或者集中于坡脚时,常常造成边坡失稳,尤其是那些贯通性、延伸性和隔水性好的构造面更不利于边坡的稳定。所以,岩质边坡的调查测绘更应注意小构造在调查测绘及其相互切割的配套分析,包括结构面的产状、性质、密度、延伸长度、结构面间的充填物与含水状况,及其与开挖面间的关系等。

2.2.2.4 地区气象条件

边坡场地所处地区气象条件,包括雨期、暴雨强度,汇水面积,坡面植被,地表水对坡面、坡脚的冲刷情况。

降雨是导致滑坡等地质灾害发生的重要诱发因素,雨水的入渗一方面增加了土体的强度,另一方面使土体含水量上升,导致土体基质吸力下降,直至饱和条件下,土体的基质吸力完全丧失,这些方面都不利于边坡稳定。

2.2.2.5 水文地质条件

无论何种边坡,地下水的活动都是影响边坡稳定性的重要因素。测绘与调查内容包括地下水的类型、补给来源、排泄条件、水位、水压、补给和动态变化,含水层的岩性特征和地下水的出露情况。

开展的测绘和调查工作主要包括四个方面:①查明边坡区域中的透水层、含水层、隔水层,此项工作可以结合钻探进行;②查明泉水、湿地、水塘、水渠出露和分布的位置及标高;③测量各泉水流量,调查、访问泉水流量随季节的变化,调查水塘、水渠渗漏情况;④取各水塘、泉水水样进行水质分析,判断彼此间的水力联系。

水是边坡变形的重要因素,要重视地下水出露情况的调查,包括地下水露头(泉水、湿地)位置、形态(线状、点状、是否承压)、流量、水温、水质等,并分析地下水对边坡稳定性的影响。地下水呈线状出露处,其下的隔水层常是岩性软弱、遇水软化、容易发生变形的部位。

2.3 工程地质勘探

对于通过测绘和调查难以查明的工程地质条件,应在边坡的工程地质勘察中进行地质勘探工作。边坡工程地质勘探的首要任务就是要全面查明边坡的工程地质条件,包括地质构造、地貌特征及其成因、滑动面形状特征以及水文地质条件,其次就是为测定边坡岩土的物理力学性质、地下水运动规律准备条件。勘探的目的主要是证实调查测绘的推论是否正确,并进一步揭露边坡内部的结构特征,确定滑坡性质及其成因,并为正确的整治工程提供设计资料。

勘探方法常用的有地震勘探、物探、触探、槽探及钻探,因各有其局限性,在工程地质勘探工作中,多结合具体条件,互相配合使用。

2.3.1　钻探

钻探是指用一定的设备、工具(钻机)来破碎地壳岩层或土层,从而在地壳中形成一个直径较小、深度较大的钻孔的过程。在边坡的工程地质勘察过程中,钻探是一种最常见的勘探手段,尤其是与坑探、物探相比较,钻探不受地形、地质条件的限制,能直接观察岩芯和取样,勘探精度较高;能提供原位测试(地应力测量等)和监测工作,发挥综合效益;勘探的深度大,效率高,因此不同的勘察阶段,不同环境和工程地质条件,一般都会采用钻探这种勘探手段。

2.3.1.1　工程钻探的要求

①岩土层是工程钻探的主要对象。为了可靠鉴定土层,准确判断分层深度,正确鉴别土层的天然结构、密度和湿度状态,要求钻进深度和分层深度的量测精度不低于±5cm,非连续取芯钻进的回次应控制在1m以内,连续取芯进尺应控制在2m以内;某些特殊土类要采取特殊的钻进方式;对鉴别地层天然湿度等的钻孔,在地下水位以上应进行干钻,必须使用冲洗液时应采取双层岩芯管钻进。

②岩芯钻探的岩芯采取率,对完整和较完整岩体不应低于80%,较破碎和破碎岩体不应低于65%,对于需要重点查明的部位(滑动带、软弱夹层等)应采用双层岩芯管连续取芯。当需要确定岩石质量指标(rock quality designation,简称RQD)时,应采用75mm口径双层岩芯管和金刚石钻头,采取的岩芯直径为54mm。

③钻孔水文地质观测和试验也是工程地质钻探的重要内容,借以了解岩土的含水性,发现含水层并确定其水位(水头)和涌水量大小,掌握各含水层之间的水力联系,测定岩(土)体的渗透系数等。为了保证取得准确的水文地质参数,必须采取干钻或清水钻进。

④在钻进过程中,为了研究岩(土)体的工程性质,经常采取岩土样。坚硬的岩石可以利用岩芯,但在其中的软弱夹层和断层破碎带取样时,必须采取特殊措施。为了取得原状土样,需配备取土器,尽量减少对试样的扰动。

⑤定向钻进的钻孔应分段进行孔斜测量,倾角和方位的量测精度应分别为±0.1°和±0.3°。

2.3.1.2　钻探方法和适用范围

根据岩土破碎方法的不同,分为四种钻进方法。

①冲击钻进:利用钻具重力和下落过程中产生的冲击力使钻头冲击孔底岩土并使其产生破坏,从而达到在岩土层中钻进之目的。

②回转钻进:采用底部焊有硬质合金的圆环形钻头进行钻进,钻进时一般施加一定的压力,使钻头在旋转中切入岩土以达到钻进的目的。

③振动钻进:采用机械动力产生的振动力,通过连接杆和钻具传到钻头,振动力的作用使钻头能更快地破碎岩土层,因而钻进较快。该方法适合于土层,特别是颗粒组成相对细小的土层。

④冲洗钻进:采用高压水流冲击孔底土层,使之结构破坏,土颗粒悬浮并最终随水流循环流出孔外的钻进方法。由于是靠水流直接冲洗,因此无法对土体结构及其他相关特性进行观察鉴别。

可根据不同的勘探目的,选用合适的钻探方法。在土层或砂层中,深度不大时(小于6m),可用人力手动回转或冲击;深度较大时,可用机械回转或冲击。对砂卵石层,工程地质钻探中,一般用机械回转或冲击;在坚硬的岩石中,多采用机械清水回转,详细情况见表2-5。

表 2-5 钻探方法的适用范围

钻探方法		钻进地层					勘察要求	
		黏性土	粉土	砂土	碎石土	岩石	直观鉴别,采取不扰动试样	直观鉴别,采取扰动试样
回转	螺旋钻探	++	+	+	—	—	++	++
	无岩芯钻探	++	++	++	+	++	—	—
	岩芯钻探	++	++	++	+	++	++	++
冲击	冲击钻探	—	+	++	++	—	—	—
	锤击钻探	++	++	++	+	—	++	++
振动钻探		++	++	++	+	—	+	++
冲洗钻探		+	++	++	—	—	—	—

注:1. ++表示适用;+表示部分适用;—表示不适用。

2. 浅部土层可采用下列方法钻探:小口径麻花钻进;小口径勺形钻进;洛阳铲钻进。

2.3.1.3 钻探成果

钻探成果包括钻探野外记录、钻孔地质柱状图、所取岩土试样等。钻探野外记录是钻探过程的详细文字记载,是工程勘察最基本的原始资料,包括四个方面的内容。

①岩芯描述:包括地层名称、分层厚度、岩土的性质等。岩石的描述侧重于结构、构造、风化程度、完整程度等。地基土按颗粒级配和塑性指数分为碎石土、砂土、粉土和黏性土,对于不同的土,描述的侧重点也有所不同。

②钻孔水文地质描述:钻孔过程中应注意和记录冲洗液的消耗量变化。发现地下水后,应停钻测定其初见水位以及稳定水位。准确记录含水层顶底板标高及其厚度。

③钻进记录:包括钻进方法、护壁方式、孔内情况、取样位置及编号、原位测试类型及结果、岩芯采取率等。

④钻孔柱状图:是钻孔所穿过地层的描述,通过图标反映钻孔内地层的地质年代、岩土层埋藏深度、岩土层厚度、岩土层底部的绝对标高,图中还附带岩土描述、地面绝对标高、地下水位和测量日期、岩土样采取位置及原位测试类型和结果等。

2.3.2 坑探

坑探工程是用人工或机械掘进的方式来探明地表以下浅部的工程地质条件和水文地质条件的勘探方法,也称为掘进工程或井巷工程。当钻探方法难以准确查明地下情况时,可采用探井、探槽进行勘探。在大型边坡的勘察中,当需要详细查明深部岩层性质、构造特征时,可采用竖井或平洞。与一般的钻探工程相比,其特点是勘察人员能直接观察岩土层的地质结构,便于描述,且可不受限制地从中采取接近实际的原状岩土样,或用作大型原位测试,尤其对研究断层破碎带、软弱泥化夹层和滑动面(带)等的空间分布特点及其工程性质,更具有重要的意义。坑探工程的缺点是使用时往往受到自然地质条件的限制,耗费资金大,且勘探周期长,尤其是重型勘探工程不可轻易采用,同时坑探一般深度较小,对于地下水位以下深度的勘探也比较困难。

工程中常用的坑探工程有探槽、试坑、浅井、竖井(斜井)、平洞和石门(平巷),如图 2-1

所示,其中前 3 种为轻型坑探工程,后面 3 种为重型坑探工程。不同坑探工程的类型、特点及用途见表 2-6。

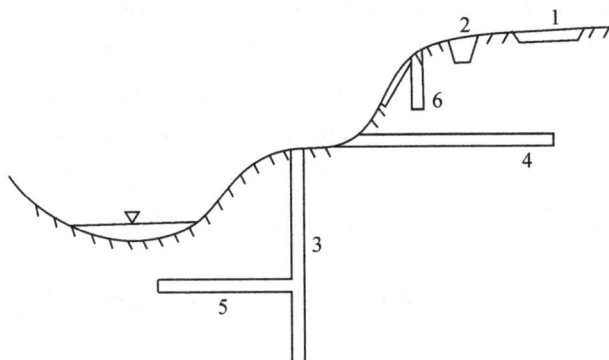

1—探槽;2—试坑;3—竖井;4—平洞;5—石门;6—浅井。

图 2-1　工程勘察常用坑探类型

表 2-6　坑探工程的类型、特点及用途

类型	特点	用途
试坑	从地表向下,铅直的、深度小于 3～5m 的长方形或圆形小坑	确定覆盖层,揭露基岩、风化层的岩性及厚度,取原状样,进行荷载试验、渗水试验等
探槽	在地表垂直岩层或构造线掘成深度不大的(小于 3～5m)长条形槽子	剥除地表覆土,揭露基岩,揭露地下水埋深,划分场地岩性,研究断层破碎带;探查残坡积层的厚度和物质结构
浅井	从地表向下,铅直的、深度小于 5～15m 的方形或圆形井	确定覆盖层及风化层的岩性和厚度,做荷载试验,取原状土样
竖井(斜井)	形状与浅井同,但深度超过 15m,有时需要支护	了解覆盖层厚度及性质、风化壳分带、软弱夹层分布、断层破碎带、岩溶发育情况、滑坡体结构面和滑动面等,布置在地形平缓、岩层倾角较小的地段
平洞	在地面有出口的水平坑道,深度较大,适用于较陡的基岩边坡,有时需要支护	调查斜坡地质结构,查明河谷地段地层岩性、软弱夹层、破碎带、卸荷裂隙、风化岩层等,还可取样、做岩体原位试验或进行岩体波速测试以及地应力测量等
石门(平巷)	不出露地面而与竖井相连的水平坑道,石门垂直岩层走向,平巷则平行岩层走向	了解河底地质结构,做试验等

　　对坑探工程进行观察时,除应进行文字记录外,还要绘制剖面图、展开图等以反映井、槽、洞壁及其底部的岩性、地层分界、构造特征,如果进行取样或原位测试,还要在图上标明取样和原位测试的位置,并辅以代表性部位的彩色照片。所谓展开图,就是沿坑探工程的壁、底面所编制的地质断面图,按一定的制图方法将三维空间的图形展开在平面上,其比例尺视坑探工程的规模、形状以及地质条件的复杂程度而定。

2.3.3　地球物理勘探

组成地壳的不同岩土介质往往在导电性、弹性、磁性、密度、放射性等方面存在着差异，从而引起相应地球物理场的局部变化。利用专门的仪器探测这些地球物理场的分布及变化特征，然后结合已有地质资料，推断地下岩土的埋藏深度、厚度、性质，判定其地质构造、水文地质条件及各种物理地质现象的勘探方法，称为地球物理勘探，简称物探。物探的方法有很多种，主要可分为以下几大类：电法勘探、磁法勘探、重力勘探、地震波勘探、放射性勘探、井中地球物理勘探、大地电阻力测试以及地球物理遥感测量等。

物探宜运用于下列场合：

①作为钻探的先行手段，了解隐蔽的地质界线、界面或异常点及地下构造情况，探寻地下矿藏、地下水源；

②作为钻探的辅助手段，在钻孔之间增加地球物理勘探点，为钻孔成果的内插、外推提供依据；

③作为原位测试手段，测定岩土体的波速、动弹性模量、卓越周期、土对金属的腐蚀等参数。

常用的地球物理勘探方法及其适用范围见表 2-7。

表 2-7　物探方法分类及适用范围

方法名称		基本原理	适用范围
电法勘探	自然电场法	以各种岩土层的电化学性质差异为前提，来探测地下的地质情况。这些电学性质主要指导电性（电阻率）、电化学活动性、介电性等	1. 探测隐伏断层、破碎带； 2. 测定地下水流速、流向
	充电法		1. 探测地下洞穴； 2. 测定地下水流速、流向； 3. 探测地下或水下隐伏物体； 4. 探测地下管线
	电阻率测探		1. 探测基岩埋深，划分松散沉积层序和基岩风化带； 2. 探测隐伏断层、破碎带； 3. 探测地下洞穴； 4. 测定潜水面深度和含水层分布； 5. 探测地下或水下隐伏物体
	电阻率剖面		1. 测定基岩埋深； 2. 探测隐伏断层、破碎带； 3. 探测地下洞穴； 4. 探测地下或水下隐伏物体
	高密度电阻率		1. 测定潜水面深度和含水层分布； 2. 探测地下或水下隐伏物体
	激发极化法		1. 划分松散沉积层序； 2. 探测隐伏断层、破碎带； 3. 探测地下洞穴； 4. 测定潜水面深度和含水层分布； 5. 探测地下或水下隐伏物体

方法名称		基本原理	适用范围
磁法勘探	甚低频	利用特殊岩土体的磁场异常或电磁波的传播(包括在不同介质界面上的反射、折射)异常情况进行勘探	1. 探测隐伏断层、破碎带; 2. 探测地下或水下隐伏物体; 3. 探测地下管线
	频率测探		1. 探测基岩埋深,划分松散沉积层序和基岩风化带; 2. 探测隐伏断层、破碎带; 3. 探测地下洞穴; 4. 测定河床水深和沉积泥砂厚度; 5. 探测地下或水下隐伏物体; 6. 探测地下管线
	电磁感应法		1. 测定基岩埋深; 2. 探测隐伏断层、破碎带; 3. 探测地下洞穴; 4. 探测地下或水下隐伏物体; 5. 探测地下管线
	地质雷达		1. 探测基岩埋深,划分松散沉积层序和基岩风化带; 2. 探测隐伏断层、破碎带; 3. 探测地下洞穴; 4. 测定潜水面深度和含水层分布; 5. 测定河床水深和积泥砂厚度; 6. 探测地下或水下隐伏物体; 7. 探测地下管线
	地下电磁波法		1. 探测隐伏断层、破碎带; 2. 探测地下洞穴; 3. 探测地下或水下隐伏物体; 4. 探测地下管线
地震波勘探	折射波法	根据弹性波在不同介质中传播速度的差异,以及弹性波在具有不同声阻介质交界面处的反射、折射特征进行勘探	1. 探测基岩埋深,划分松散沉积层序和基岩风化带; 2. 测定潜水面深度和含水层分布; 3. 测定河床水深和测定积泥砂厚度
	反射波法		1. 探测基岩埋深,划分松散沉积层序和基岩风化带; 2. 探测隐伏断层、破碎带; 3. 探测地下洞穴; 4. 测定潜水面深度和含水层分布; 5. 测定河床水深和测定积泥砂厚度; 6. 探测地下或水下隐伏物体; 7. 探测地下管线
	直达波法(单孔或跨孔法)		划分松散沉积层序和基岩风化带

续表

方法名称		基本原理	适用范围
地震波勘探	瑞利波法		1. 探测基岩埋深,划分松散沉积层序和基岩风化带; 2. 探测隐伏断层、破碎带; 3. 探测含水层; 4. 探测地下洞穴和地下水或水下隐伏物体; 5. 探测地下管线
	声波法		1. 探测基岩埋深,划分松散沉积层序和基岩风化带; 2. 探测隐伏断层、破碎带; 3. 探测含水层; 4. 探测地下洞穴和地下水或水下隐伏物体; 5. 探测地下管线; 6. 探测滑坡体的滑动面
	声纳浅层剖面法		1. 测定河床水深和沉积泥砂厚度; 2. 探测地下或水下隐伏物体
地球物理测井		在探井过程中直接对被探测层进行各种各样的地球物理测量,从而了解其各种物理性质的差异	1. 探测地下洞穴; 2. 测定潜水面深度和含水层分布; 3. 划分松散沉积层序和基岩风化带; 4. 探测地下或水下隐伏物体

具备以下条件时,可应用地球物理勘探方法:

①被测对象与周围介质之间有明显的物理性质差异;

②被测对象具有一定的埋藏深度和规模,且地球物理异常有足够的强度;

③能抑制干扰,区分有用信号和干扰信号;

④在有代表性地段进行方法的有效性测试。

物探方法众多,应根据探测对象的埋深、规模及其与周围介质的物性差异,选择有效的方法。在对地球物理勘探成果进行解释时,应考虑其多解性,区分有用信息与干扰信号。需要时应采用多种方法探测,进行综合判释,并应有已知物探参数或一定数量的钻孔验证。

2.4 现场测试

测绘、勘探只能查明边坡中岩土体的结构和地下水位等问题,要定量地测定边坡中岩土体和地下水等各种性能指标,则必须由室内试验和野外现场试验工作来完成。野外现场试验工作能在天然条件下测定边坡岩土体的各种指标,其所得资料比在实验室内使用小块试样所得资料更符合实际情况,更能反映岩土体由于裂隙、软弱夹层及层理等的切割而造成的非均匀性及各向异性。但是这类工作需要较大型设备,费时且成本较高,所以一般在后期勘察阶段中采用,即主要在详细勘察阶段进行,以便为详细设计计算提供指标。

边坡勘察中常用的野外现场测试工作可分为岩土力学性质试验、岩体应力测量和水文地质试验等。岩土力学性质野外测试包括疏松土和坚硬岩石的强度和变形能力的野外测定。岩体应力测量不仅要测定岩体的原有应力状态,同时还要测定工程活动过程中应力的变化,一般对大型边坡才进行。水文地质试验包括测定地下水的流向、流速和渗透性等。

2.4.1 岩土力学性质试验

包括有静力触探试验、圆锥动力触探试验、标准贯入试验、十字板剪切试验、现场剪切试验、波速测试、点荷载试验等直接和间接测试方法,边坡岩体中的软弱结构面、潜在滑动面的抗剪强度宜采用原位剪切试验,原位测试的边界条件应符合边坡的实际应力条件。

2.4.1.1 直接剪切试验

现场直接剪切试验是在现场对岩土试样施加一定的法向应力和剪应力,使其在剪切面破坏,从而求得岩土体在各种剪切面,特别是岩土体软弱结构面上抗剪强度的一种原位测试方法。根据试验对象的不同,现场直接剪切试验又分为土体现场剪切试验和岩体现场剪切试验两种。现场剪切试验的目的就是测定岩土体特定剪切面上的抗剪强度指标。

1)基本原理

现场直剪试验适用于岩土体本身、岩土体沿软弱结构面和岩体与其他材料接触面的剪切试验,可分为岩土体试样在法向应力作用下沿剪切面剪切破坏的抗剪断试验、岩土体剪断后沿剪切面继续剪切的抗剪试验(摩擦试验)、法向应力为零时岩体剪切的抗剪试验。现场剪切试验可在试洞、试坑、探槽或大口径钻孔内进行,当剪切面水平或近于水平时,可采用平推法或斜推法,如图 2-2 所示;当剪切面较陡时,可采用楔形体法。

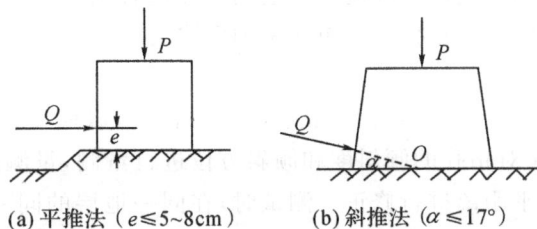

(a) 平推法（$e \leqslant 5 \sim 8$cm）　　　(b) 斜推法（$\alpha \leqslant 17°$）

图 2-2　现场剪切试验布置

同一组试验体的地质条件应基本相同,其受力状态与岩土体在工程中的受力状态相近。进行混凝土与岩体的抗剪试验,常采用斜推法;进行土体、软弱面(水平或近于水平)的抗剪试验,常采用平推法。当软弱面倾角大于其内摩擦角时,常采用楔形体法。

2)试验的技术要求

现场剪切试验应满足下列技术要求:

①开挖试坑时应避免对岩土试验体的扰动和含水量的显著变化,在地下水位以下试验时,应避免水压力及渗流对试验的影响。

②每组岩体试验不宜少于 3 处,剪切面积不得小于 0.25m²。试验体最小边长不宜小于50cm,高度不宜小于最小边长的 0.5 倍。试体之间的距离应大于最小边长的 1.5 倍。

每组土体试验不宜少于 3 处,剪切面积不宜小于 0.3m²,高度不宜小于 20cm 或为最大粒径的 4～8 倍,剪切面的开缝应为最小粒径的 1/4～1/3。

③施加的法向荷载、剪切荷载应位于剪切面、剪切缝的中心,或使法向荷载与剪切荷载的合力通过剪切面的中心,并保持法向荷载不变。

④最大法向荷载应大于设计荷载,并按等量分级;施加荷载的精度范围应为试验最大荷载的±2%。

⑤每一试体的法向荷载可分为4~5级加载,当法向变形达到相对稳定时,即可施加剪切荷载。

⑥每级剪切荷载按预估最大荷载的8%~10%分级等量施加,或按法向荷载的5%~10%分级等量施加。岩体按每5~10min,土体按每30s施加一级剪切荷载。当剪切变形急剧增长或剪切变形达到试件尺寸的1/10时,可终止试验。

⑦根据剪切位移大于10cm时的试验成果确定残余抗剪强度,当需要时可沿剪切面继续进行摩擦试验。

3)试验成果及应用

现场直接剪切试验的主要成果有:剪切应力与剪切位移关系曲线;抗剪强度与法向应力关系曲线。利用剪切应力与剪切位移关系曲线,可以确定一定法向应力条件下,剪切破坏面上的峰值抗剪强度和残余强度。

利用抗剪强度与法向应力关系,可以确定剪切面上土体的内摩擦角和黏聚力这两个强度指标。也可以绘制剪应力与垂直位移关系曲线,求得岩土体的剪胀角,确定岩土体的剪胀性。

2.4.1.2 波速测试

波速测试的目的是通过对岩土体中弹性波传播速度的测试,间接测定岩土体在小应变(10^{-6}~10^{-4})条件下的动弹模量。波速测试适用于测定各类岩土体的压缩波、剪切波和瑞利波的波速,波速测试的方法有跨孔法、单孔法和面波法。

1)跨孔法

跨孔法以一孔为振源孔,宜布置两个钻孔作为检波孔,以便校核,如图2-3所示。钻孔应垂直,当孔深较大时应对钻孔的倾斜度和倾斜方位进行量测,量测精度应达到0.1°,以便对振源孔和检波孔的水平距离进行修正。测试时,在同一地层的同一标高上震源孔内通过

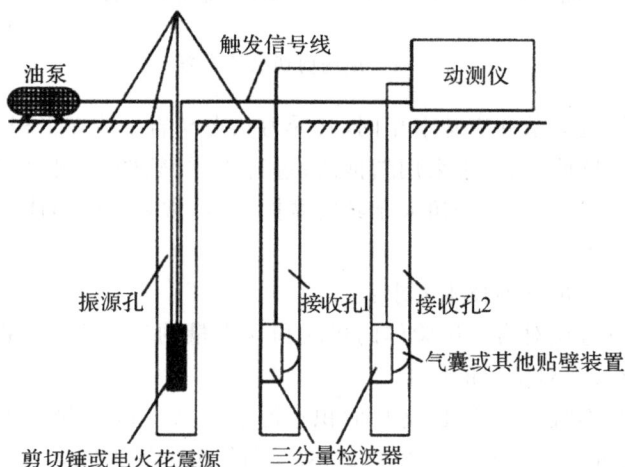

图 2-3 跨孔法波速测试

剪切锤、电火花等震源激振产生压缩波和剪切波,在另两个孔内放置井下三分量检波器进行接收,逐层测定各岩土层的压缩波及剪切波速。检波器记录由振源发出、穿过钻孔间土体的剪切波,测出剪切波自激发至接收所耗时间 Δt,根据平行钻孔的间距 Δl,即可计算出剪切波在土中的传播速度 v_s,其计算公式为:

$$v_s = \frac{\Delta l}{\Delta t} \tag{2-1}$$

跨孔法测试时振源孔和测试孔应在一条直线上;测试孔的孔距在土层中宜取 2~5m,岩层中宜取 8~15m,测点垂直间距宜取 1~2m,近地表测点宜布置在 0.4 倍孔距的深度处,震源和检波器应置于同一地层的相同标高处;当测试深度大于 15m 时,应进行振源孔和测试孔倾斜度和倾斜方位的量测,测点间距宜取 1m。

2)单孔法

单孔法波速测试基本原理与跨孔波速法相同,所不同的是只设一个钻孔,地面激振孔底接收,或孔底激振地面接收,如图 2-4 所示。前者称为孔下单孔检波法,后者称为孔顶单孔检波法。主要检测水平的剪切波速,识别第一个剪切波的初值是关键。

测试孔应垂直,测试时将三分量检波器固定在孔内预定深度处,并紧贴孔壁。可采用地面激振或孔激振,同时结合土层布置测点,测点垂直间距宜取 1~3m,地层变化处加密,并宜自下而上逐点测试。

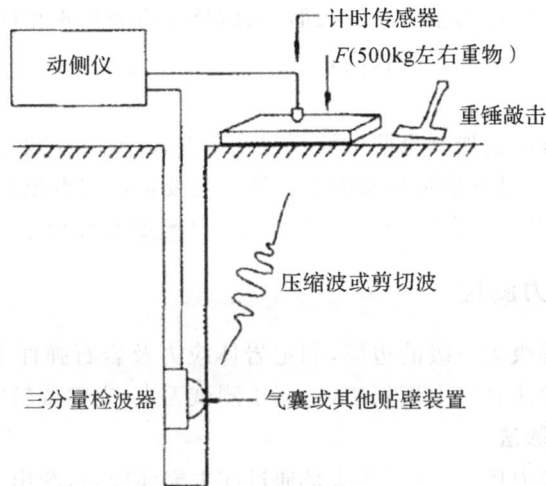

图 2-4　单孔法波速测试

3)面波法

面波法波速测试是在地表施加一个瞬态或稳态强迫振动,如图 2-5 所示,其能量以振动波的形式向半空间扩散,宜采用低频检波器,道间距可根据场地条件通过试验确定。面波法适用于地质条件简单,波速高的土层下伏波速低的土层的场地,测试深度不大。其波速由下式确定:

$$v_R = f L_R \tag{2-2}$$

式中,v_R 表示强迫振动引起的面波(瑞利波)波速(m/s);f 表示激振频率(Hz);L_R 表示面波波长(m)。

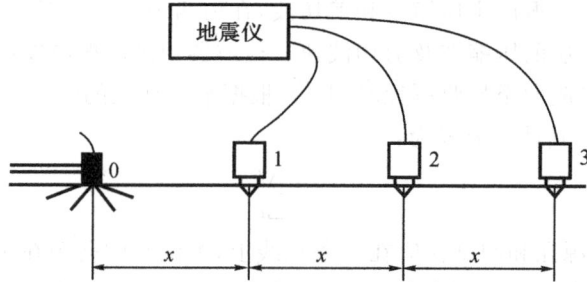

图 2-5　面波法测试波速

从式(2-2)可以看出,当激振频率固定时,只要测出波长,就可以计算波速。面波速度反映了深度为一个波长的土层的平均波速,其数值比剪切波速略小。

面波测试的设备包括激振系统与拾振系统两部分。激振系统有两类:机械式激振器与电磁式激振器。拾振系统由三部分组成:传感器、放大器、双线示波器。

进行波速测试遵循下面的步骤:

①先将两个紧挨在一起的拾振器固定在激振源附近,当激振器以一定的频率做激振时,示波器上看到两个相同的波形;

②移动其中一个拾振器,示波器中便会出现不同相位的振动波形;

③当继续缓慢移动拾振器至一个波长时,示波器中重新出现相同相位的振动波形,此时两个拾振器的间距即为一个波长的长度;

④测出激振频率 f;

⑤在同一频率下移动拾振器至两个波长或三个波长,或改变频率后,重复上述步骤。

需要指出的是,检波过程中被移动的拾振器一定要由固定点出发,每次移动距离不宜过大,以免漏过 360°同相位点,而至 2×360°或其他 360°整数倍相位点。

2.4.2　岩体应力测量

对于高应力安全等级为一级的边坡,测定岩体应力及岩石弹性参数。工程上岩体应力测试常用的有应力解除法和应力恢复法,适用于测试无水、完整或较完整的岩体。

2.4.2.1　应力解除法

岩体中具有初始应力场,应力解除法是通过卸去岩体应力,测出岩体的变形来反推出原来应力大小。目前应力解除法已形成一套标准的量测程序,具体步骤如图 2-6 所示。

第一步:在测试地点打大孔。一般是从地下巷道、隧道等开挖体表面向岩体内部打大孔,直至需要测量岩体应力的部位。大孔直径为下一步即将打的用于安装探头的小孔直径的 3 倍以上,小孔直径一般为 36～38mm,因此大孔直径一般为 130～150mm。同时大孔深度为巷道、隧道等洞室跨度的 2.5 倍以上,从而保证测试点是未受岩体开挖扰动的原岩应力区。

第二步:从大孔打同心小孔,供安装探头用。小孔深度一般为孔径的 10 倍左右,从而保证小孔中央部位处于平面应变状态。小孔打完后需要用水冲洗小孔,保证小孔中没有岩屑和其他杂物,为此钻孔需上倾 1°～3°。

第三步:在小孔中央位置安装测量探头。用一套专用装置将测量探头,如孔径变形计、

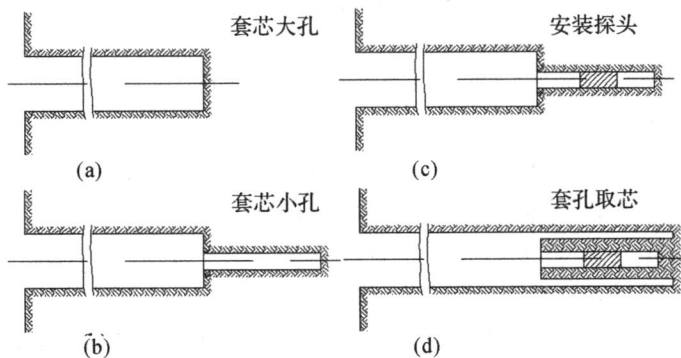

图 2-6　应力解除法测量步骤

孔壁应变计等安装到小孔中央部位。

第四步:应力解除。用第一步打大孔用的薄壁钻头继续延深大孔,从而使小孔周围岩芯实现应力解除。

第五步:将岩芯与探头一并取回,进行围压率定和温度标定试验。

第六步:数据修正和处理,计算地应力。

具体的测试方法有孔径变形法、孔底应变法和孔壁应变法。

1)孔径变形法

通过测量应力解除过程中钻孔直径的变化计算出垂直于钻孔轴线的平面内的应力状态。如图 2-7 所示,可通过式(2-3)(2-4)计算垂直于钻孔轴线的平面内的应力状态。

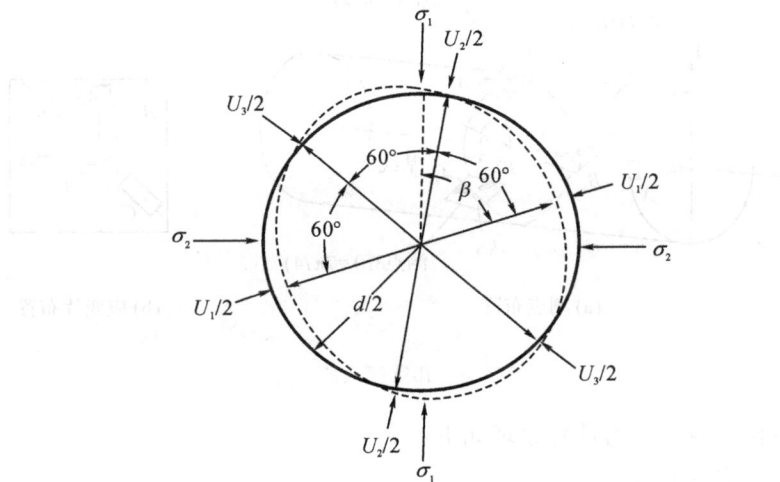

图 2-7　垂直钻孔轴线的平面内孔径变形和应力状态

$$\sigma_1 = \frac{E}{6d(1-\nu^2)}\left[(U_1+U_2+U_3)+\frac{\sqrt{2}}{2}\sqrt{(U_1-U_2)^2+(U_2-U_3)^2+(U_3-U_1)^2}\right] \quad (2\text{-}3)$$

$$\sigma_2 = \frac{E}{6d(1-\nu^2)}\left[(U_1+U_2+U_3)-\frac{\sqrt{2}}{2}\sqrt{(U_1-U_2)^2+(U_2-U_3)^2+(U_3-U_1)^2}\right] \quad (2\text{-}4)$$

式中,E 为弹性模量;γ 为泊松比;d 为孔径;U_1、U_2、U_3 为相互间隔 $60°$ 的三个孔径方向的变形值。β 为 U_1 和 σ_1 之间的夹角,从 U_1 逆时针到 σ_1 为正,可通过式(2-5)计算得到。

$$\beta = \frac{1}{2}\arctan\frac{\sqrt{3}\,(U_2-U_3)}{2U_1-U_2-U_3} \tag{2-5}$$

同时 β 的范围限制如下:

当 $U_2>U_3$ 且 $U_2+U_3<2U_1$ 时,$0°\leqslant\beta\leqslant45°$;

当 $U_2>U_3$ 且 $U_2+U_3>2U_1$ 时,$45°<\beta\leqslant90°$;

当 $U_2<U_3$ 且 $U_2+U_3>2U_1$ 时,$90°<\beta\leqslant135°$;

当 $U_2<U_3$ 且 $U_2+U_3<2U_1$ 时,$135°<\beta\leqslant180°$。

若钻孔轴线和一个主应力方向重合,且该主应力方向已知,比如自重应力是一个主应力,且钻孔为垂直方向,那么一个钻孔的孔径变形测量就能测定该点的三维应力状态。否则,需要测定岩体空间应力时,应采用三孔交汇测量法。

2)孔底应变法

采用孔底应变计测量套钻解除应力后的钻孔孔底岩面应变,按弹性理论计算岩体内某点平面上的应力大小及方向,如果需要测定岩体的空间应力,同样应采用三孔交汇测量法。

3)孔壁应变法

采用孔壁应变计测量套钻解除应力后钻孔孔壁处的应变,按弹性理论建立孔壁应力与原岩应力间的关系,由于一个钻孔可以同时测定孔壁三个平面处的应变值,如图 2-8 所示,因此总共可以得到 9 个方向的应变值,孔壁应变法可以用一个钻孔求出岩体内某点的三向应力大小和方向。

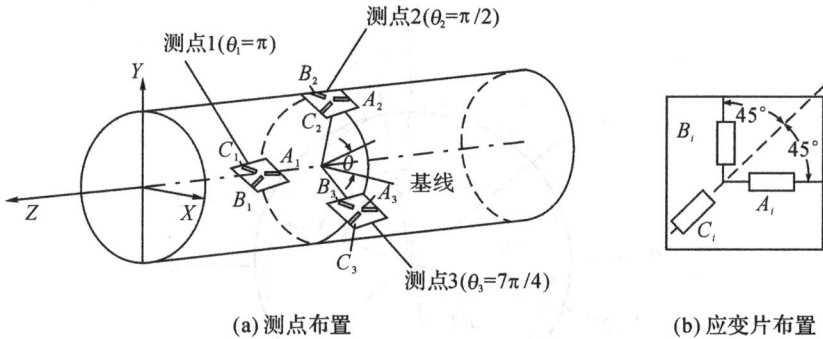

(a)测点布置 (b)应变片布置

图 2-8 孔壁应变法

用孔壁应变法测量地应力计算原理如下:

1)钻孔围岩应力分布公式

一个无限体中的钻孔,受到无穷远处的三维应力场(σ_x、σ_y、σ_z、τ_{xy}、τ_{yz}、τ_{zx})的作用时,如图 2-9 所示,孔边围岩应力分布公式为:

$$\sigma_r = \frac{\sigma_x+\sigma_y}{2}\left(1-\frac{a^2}{r^2}\right) + \frac{\sigma_x-\sigma_y}{2}\left(1-4\frac{a^2}{r^2}+3\frac{a^4}{r^4}\right)\cos(2\theta) + \tau_{xy}\left(1-4\frac{a^2}{r^2}+3\frac{a^4}{r^4}\right)\sin(2\theta) \tag{2-6}$$

$$\sigma_\theta = \frac{\sigma_x+\sigma_y}{2}\left(1-\frac{a^2}{r^2}\right) + \frac{\sigma_x-\sigma_y}{2}\left(1+3\frac{a^4}{r^4}\right)\cos(2\theta) - \tau_{xy}\left(1+3\frac{a^4}{r^4}\right)\sin(2\theta) \tag{2-7}$$

$$\sigma'_z = -\nu\left[2(\sigma_x-\sigma_y)\frac{a^2}{r^2}\cos(2\theta) + 4\tau_{xy}\frac{a^2}{r^2}\sin(2\theta)\right] + \sigma_z \tag{2-8}$$

$$\tau_{r\theta} = \frac{\sigma_x - \sigma_y}{2}\left(1 + 2\frac{a^2}{r^2} - 3\frac{a^4}{r^4}\right)\sin(2\theta) + \tau_{xy}\left(1 + 2\frac{a^2}{r^2} - 3\frac{a^4}{r^4}\right)\cos(2\theta) \qquad (2\text{-}9)$$

$$\tau_{\theta z} = (-\tau_{zr}\sin\theta + \tau_{yz}\cos\theta)\left(1 + \frac{a^2}{r^2}\right) \qquad (2\text{-}10)$$

$$\tau_{rz} = (\tau_{zr}\cos\theta + \tau_{yz}\sin\theta)\left(1 - \frac{a^2}{r^2}\right) \qquad (2\text{-}11)$$

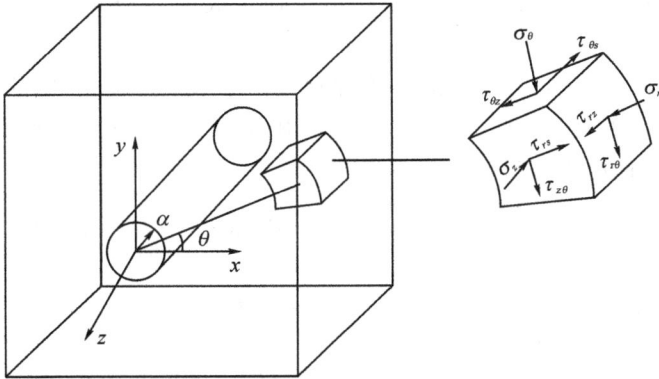

图 2-9　三维钻孔围岩应力分布状态

在上述公式中,原岩应力采用的是直角坐标系,孔边的围岩应力状态采用柱坐标系,柱坐标系的 z 轴和直角坐标系的 z 轴相一致,柱坐标系的 θ 角从 x 轴逆时针旋转计算为正。a 代表钻孔半径,r 代表应力点到圆心距离。注意,在式(2-8)中 σ_z 为原岩应力分量,而 σ_z' 为受开挖影响孔边围岩中任一点 z 轴方向的应力分量。

2)孔壁应变和三维应力分量之间的关系

孔壁为平面应力状态,只有 σ_θ、σ_r、$\tau_{r\theta}$ 三个应力分量,每个电阻应变花的 4 支应变片所测应变值 ε_θ、ε_z、ε_{45}、ε_{-45}(ε_{135})和它们的关系(见图 2-10)为:

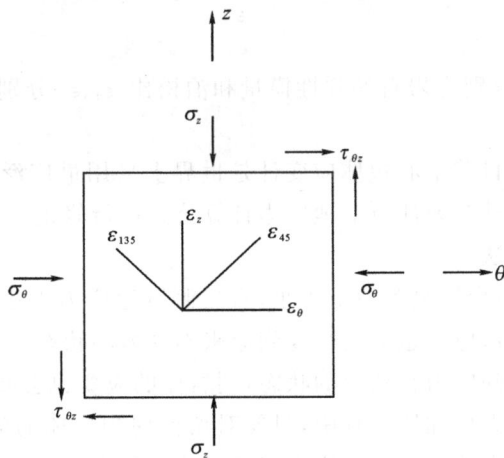

图 2-10　电阻应变花受力状态

$$\varepsilon_\theta = \frac{1}{E}(\sigma_\theta - \nu\sigma'_z) \tag{2-12}$$

$$\varepsilon_z = \frac{1}{E}(\sigma'_z - \nu\sigma_\theta) \tag{2-13}$$

$$\gamma_{\theta z} = 2\varepsilon_{45} - (\varepsilon_\theta + \varepsilon_z) = (\varepsilon_\theta + \varepsilon_z) - 2\varepsilon_{-45} = \frac{\tau_{\theta z}}{G} \tag{2-14}$$

式中，ε_θ、ε_z、$\varepsilon_{\pm45}$ 分别是孔壁周向、轴向和与钻孔轴线成 $\pm45°$ 方向的应变值，$\tau_{\theta z}$ 为剪切应变值。

3）孔壁应变（ε_θ、ε_z、ε_{45}、ε_{-45}）与地应力分量（σ_x、σ_y、σ_z、τ_{xy}、τ_{yz}、τ_{zx}）间的关系

利用式（2-6）～（2-11）将式（2-12）～（2-14）中的 σ_θ、σ'_z、$\tau_{\theta z}$ 转变为原岩应力分量的表达式，即为孔壁应变与地应力分量间的关系式。

$$\varepsilon_\theta = \frac{1}{E}\{(\sigma_x + \sigma_y) + 2(1-\nu^2)[(\sigma_y - \sigma_x)\cos(2\theta) - 2\tau_{xy}\sin(2\theta)] - \nu\sigma_z\} \tag{2-15}$$

$$\varepsilon_z = \frac{1}{E}[\sigma_z - \nu(\sigma_x + \sigma_y)] \tag{2-16}$$

$$\gamma_{\theta z} = \frac{4}{E}(1+\nu)(\tau_{yz}\cos\theta - \tau_{zx}\sin\theta) \tag{2-17}$$

$$\varepsilon_{\pm45°} = \frac{1}{2}(\varepsilon_\theta + \varepsilon_z \pm \gamma_{\theta z}) \tag{2-18}$$

每组应变花的测量结果可以得到 4 个方程，三组应变花共得到 12 个方程，其中至少有 6 个独立方程，因此可求出原岩应力的 6 个分量。

4）由孔壁应变计围压试验结果计算测点岩石弹性模量和泊松比公式

应力解除后取出套孔岩芯，此时孔壁应变计仍胶结在钻孔中，对套孔岩芯施加围压，根据围压试验结果，可由式（2-19）和式（2-20）式计算测点岩石的弹性模量和泊松比值。

$$E = k_1 \frac{p_0}{\varepsilon_\theta} \frac{2R^2}{R^2 - r^2} \tag{2-19}$$

$$\nu = \frac{\varepsilon_z}{\varepsilon_\theta} \tag{2-20}$$

式中，p_0 为围压值，E、ν 分别为岩石的弹性模量和泊松比，ε_θ、ε_z 分别为围压引起的平均周向应变和平均轴向应变。

为了简化测量过程，目前空心包体应变计是世界上采用最广泛的一种地应力解除测量仪器，应用空心包体应变计时要注意对地应力计算公式进行修正。

2.4.2.2 应力恢复法

应力恢复法则是使应变恢复到原来大小，直接测试地应力大小的方法。当测点岩体的应力由于切槽而被解除后，应变也随之恢复到原来不受力的状态。在切槽中埋入压力枕（扁千斤顶）对岩体施加压力到应力释放前的状态，则岩体的应变也会回到应力释放前（切槽前）的状态。因此，在通过压力枕加压过程中，只要对切槽周围岩体的应变进行测量，当应变恢复到切槽前的状态时，压力枕所施加的应力就可以认为是岩体的原位应力。

2.4.3 水文地质试验

边坡工程勘察宜进行水文地质测试并提供水文地质参数，对于土质边坡及碎裂结构的

岩质边坡,在不影响边坡安全的条件下,宜通过注水试验、抽水试验、压水试验或渗水试验确定岩土层渗透系数,测定地下水的流速及流向。

2.4.3.1　地下水流向的测定

地下水流向可用三点法测定。沿等边三角形的顶点布置钻孔,以其水位高程编绘等水位线图。则垂直等水位线并向水位降低的方向为地下水流向。三点间孔距一般取50～150m,几何法测定地下水流向如图2-11所示。

此外,地下水流向的测定,尚可用人工放射性同位素单井法来测定。其原理是用放射性示踪溶液标记井孔中水柱,让井中的水流入含水层,然后用一个定向探测器测定钻孔各方向含水层中示踪剂的分布,在一个井中确定地下水流向,如图2-12所示。

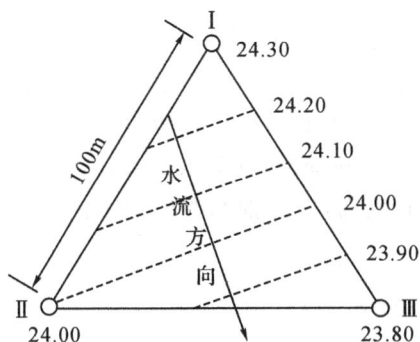

图 2-11　几何法测定地下水流向

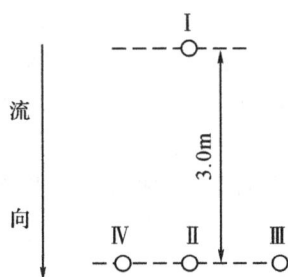

Ⅰ—投剂孔;Ⅱ—观测孔;Ⅲ、Ⅳ—辅助观察孔。

图 2-12　示踪剂法测定地下水流速

2.4.3.2　地下水流速的测定

①利用水力坡度,计算地下水流速。在等水位线图的地下水流向上,求出相邻两等水位间的水力梯度,然后利用达西定律公式(2-21)计算地下水流速。

$$v=ki \qquad (2\text{-}21)$$

式中,v表示地下水的渗流速度(m/d);k表示渗透系数(m/d);i表示水力梯度。

②利用指标剂或示踪剂,测定地下水流速。要求被测量的钻孔能够代表所要查明的含水层,钻孔附近的地下水流为稳定流,呈层流运动。

根据已有等水位线图或三点孔资料,确定地下水流动方向后,在上、下游设置投剂孔和观测孔来实测地下水流速。为了防止指标剂(示踪剂)绕过观测孔,可在其两侧0.5～1.0m各布置一个辅助观测孔。投剂孔与观测孔的间距决定于岩石(土)的透水性。具体方法和孔位布置见表2-8。

表 2-8　投剂孔与观测孔间距

岩石性质	投剂孔与观测孔间距/m
粉土	1～2
细粒砂	2～5
含砾粗砂	5～15
透水性好的裂隙岩石	10～15
岩溶发育的石灰岩	>50

根据试验观测资料绘制观测孔内指标剂随时间的变化曲线,并选指标剂浓度高峰值出现时间(或选用指标剂浓度中间值对应时间)来计算地下水流速:

$$u = \frac{l}{t} \tag{2-22}$$

式中,u 表示地下水实际流速(平均)(m/h);l 表示投剂孔与观测孔距离(m);t 表示观测孔内浓度峰值出现所需时间(h)。

渗透速度 v 可按 $v = nu$ 公式换算得到,其中 n 为孔隙率。

2.4.3.3 渗透系数的测定

边坡勘察中可通过抽水试验、注水试验、压水试验或渗水试验确定岩土层渗透系数。

1)抽水试验

抽水试验是常用的测试岩土渗透系数的方法,通过在试验现场打一个钻孔(井),沉入抽水管,自井中抽取地下水,井中水位降低,并与周围含水层产生水位差,水向井内流动,井周围的水位相应降低,其降低幅度随远离井壁而逐渐减小,水面形成以井为中心的漏斗状,称为降落漏斗,如图 2-13 所示。降落漏斗随井中水位的不断降低,其范围扩大,当井中水位稳定不变后,降落漏斗也渐趋稳定。此时漏斗所达到的范围,即为抽水时的影响范围,井壁至影响范围边界的距离,称为影响半径,以 R 表示。

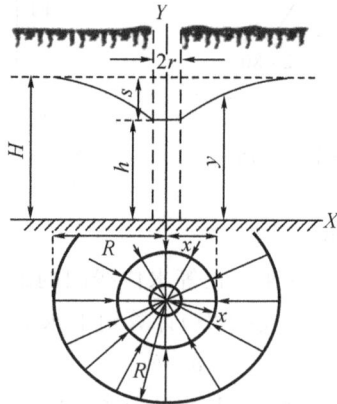

图 2-13　抽水试验

根据抽水孔埋入含水层的深浅及过滤器工作井部分长度的不同,可将抽水井分为潜水完整井、潜水非完整井、承压水完整井和承压水非完整井。为获得较为准确、合理的渗透系数,以进行小流量、小降深的抽水试验为宜。

根据场地水文地质条件和抽水试验成果,选择适当计算方法和计算公式,进行渗透系数的计算。对于潜水非完整井,单孔抽水试验时的渗透系数 k 计算公式如下:

$$k = \frac{0.366Q}{Ls} \lg \frac{0.66L}{r} \tag{2-23}$$

式中,k 为渗透系数,Q 为抽水井涌水量,L 为过滤器长度,s 为抽水井水位下降值,r 为抽水井半径。

2)注水试验

钻孔注水试验适用于地下水位埋藏较深,不便于进行抽水试验的场地,或在干的透水岩土层中进行,如图 2-14 所示,注水试验可以看作抽水试验的逆过程。

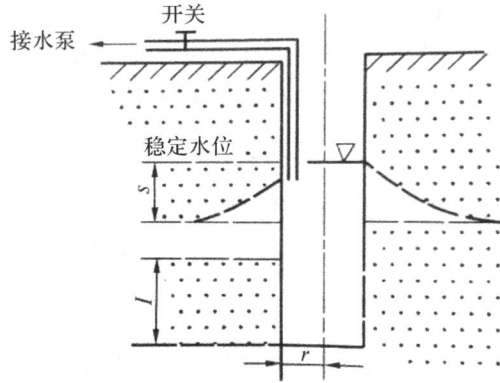

图 2-14 注水试验

　　试验开始时,连续往注水孔内注水,形成稳定的水位和恒定的注水量。注水稳定时间因注水试验的目的和要求不同而异,一般为 4～8h,以此数据计算岩土层的渗透系数。

　　在巨厚层且水平分布较广的岩土中做常量注水试验时,按式(2-24)计算渗透系数。

$$k=\begin{cases} \dfrac{0.08Q}{rs\sqrt{\dfrac{l}{2r}+\dfrac{1}{4}}}, & l/r\leqslant4 \\[4mm] \dfrac{0.336Q}{ls}\lg\dfrac{2l}{r}, & l/r>4 \end{cases} \qquad (2\text{-}24)$$

式中,l 为试验段过滤器长度,Q 为常量注水量,s 为孔中水柱高度,r 为钻孔或过滤器半径。以上方法求得的 k 值一般比抽水试验求得的 k 值小 15%～20%。

　　3)压水试验

　　压水试验是为了探查天然岩(土)层的裂隙性和渗透性,获得单位吸水量等参数,并以其换算求出渗透系数,并可以用来说明裂隙岩体的透水性和裂隙性及其随深度的变化情况,压水试验如图 2-15 所示。压水试验中压入耗水量 Q 是在某一个确定压力作用下,压入稳定状

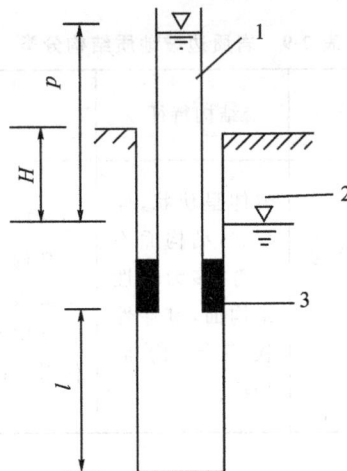

1—水柱;2—静止水位;3—柱塞;p—压力;H—水深;l—试验段长度。

图 2-15 压水试验

态的流量,当控制某设计压力值呈稳定后,每隔10min测读压入水量,连续4次读数,最大值与最小值之差小于最终值5%时的压入水量,即为本次压力的最终压入水量。

当试验段底部距离隔水层的厚度大于试验段长度时,按式(2-25)计算渗透系数:

$$k = 0.527w\lg\frac{0.66L}{r} \tag{2-25}$$

式中,L 为试验段长度,r 为钻孔半径,w 为单位吸水量。

当试验段底部距离隔水层的厚度小于试验段长度时,按式(2-26)计算渗透系数:

$$k = 0.527w\lg\frac{1.32L}{r} \tag{2-26}$$

单位吸水量 w 是指该试验每分钟的漏水量与段长和压力乘积之比,按式(2-27)计算:

$$w = \frac{Q}{Lp} \tag{2-27}$$

式中,w 为单位吸水量,Q 为钻孔压水的稳定流量,L 为试验段长度,p 为该试验段压水时所加的总压力。

2.5 边坡岩土结构分类

边坡岩土结构,是指组成边坡的结构面与结构体及其组合特征的总和,是在漫长的地质历史过程中形成的。岩土体结构是决定边坡稳定性的内在因素。

2.5.1 岩质边坡结构分类

岩体是赋存于一定地质环境中的地质体,由结构面和结构体两部分组成,结构面和结构体的不同组合形成了不同的岩体结构。据此可以将边坡岩体结构分为整体块状结构、层状结构、碎裂结构和散体结构,其中各类型又可分为若干亚类,岩质边坡地质结构及其地质背景、结构特征、边坡稳定及破坏模式分析见表2-9。

表2-9 岩质边坡地质结构分类

地质结构		地质背景	结构特征	边坡稳定及破坏模式
类型	亚类			
整体块状结构边坡		岩浆岩、中深变质岩、厚层沉积岩、火山岩	岩体呈块状、厚层状,结构面不发育,多为刚性结构面,贯穿性软弱结构面少见	边坡稳定条件好,易形成高陡边坡。滑动受结构面抗剪强度与岩石抗剪强度控制。主要边坡破坏模式:多沿某一结构面或复合结构面滑动;节理或节理组易形成楔形体滑动;发育陡倾结构面时易形成崩塌

地质结构		地质背景	结构特征	边坡稳定及破坏模式
类型	亚类			
层状结构边坡	层状同向结构	各种厚度的沉积岩、层状变质岩和复杂多次喷发的火山岩	边坡与层面同向,倾角夹角小于30°,岩体多呈互层和层间错动带,常为贯穿性软弱结构面	稳定性受坡角与岩层倾角组合关系、顺坡向软弱结构面的发育程度及强度所控制。主要边坡破坏模式:层面或软弱夹层易形成滑动面;坡脚切断后易产生滑动;倾角较大时,易产生溃屈或倾倒;倾角较小时坡体易产生倾倒变形;节理或节理组易形成楔形体滑动
	层状反向结构		岩层倾向与边坡倾向基本相反,岩层呈层状或者二元结构,结构面发育	稳定性受坡角与岩层倾角组合、岩层厚度、层间结合能力及反倾结构面发育与否所控制。主要边坡破坏模式:岩层较陡或存在陡倾结构面时易产生倾倒弯曲松动变形;坡脚有软层时上部易拉裂或局部崩塌、滑动;节理或节理组易形成楔形体滑动
	层状斜向结构		岩层倾向与边坡倾向斜交或垂直,倾向夹角为30°~150°	边坡稳定性好,层面与坡面走向夹角越小,滑动的可能性越大。主要边坡破坏模式:易形成层面与节理组成的楔形体滑动或崩塌;节理或节理组易形成楔形体滑动
碎裂结构边坡		各种岩石的构造影响带、破碎带、蚀变带或风化破碎岩体	岩体结构面发育,多短小无规则分布,岩块存在咬合力。岩体宏观的工程力学特性已基本不具备由结构面造成的各向异性	边坡稳定性差,坡度取决于岩块间的镶嵌情况和岩块间的咬合力,抗滑稳定性受断裂结构面控制。主要边坡破坏模式:易发生崩塌、剥落
散体结构边坡		各种岩石的构造破碎及其强烈影响带、强风化破碎带	由碎屑泥质物夹大小不规则的岩块组成,软弱结构面发育成网状	边坡稳定性差,坡度取决于岩体的抗剪强度。主要边坡破坏模式:易发生弧面形滑动和沿其底面滑动

现行的《建筑边坡工程技术规范》(GB 50330—2013)根据岩体主要结构面与坡向的关系、结构面倾角大小、结合程度、岩体完整程度等因素将边坡岩体划分为4类,见表2-10。

表 2-10　岩质边坡的岩体分类

边坡岩体类型	判定条件			
	岩体完整程度	结构面结合程度	结构面产状	直立边坡自稳能力
Ⅰ	完整	结构面结合良好或一般	外倾结构面或外倾不同结构面的组合线倾角大于75°或小于27°	30m高的边坡长期稳定,偶有掉块
Ⅱ	完整	结构面结合良好或一般	外倾结构面或外倾不同结构面的组合线倾角为27°~75°	15m高的边坡稳定,15~30m高的边坡欠稳定
	完整	结构面结合差	外倾结构面或外倾不同结构面的组合线倾角大于75°或小于27°	15m高的边坡稳定,15~30m高的边坡欠稳定
	较完整	结构面结合良好或一般	外倾结构面或外倾不同结构面的组合线倾角大于75°或小于27°	边坡出现局部落块
Ⅲ	完整	结构面结合差	外倾结构面或外倾不同结构面的组合线倾角为27°~75°	8m高的边坡稳定,15m高的边坡欠稳定
	较完整	结构面结合良好或一般	外倾结构面或外倾不同结构面的组合线倾角为27°~75°	8m高的边坡稳定,15m高的边坡欠稳定
	较完整	结构面结合差	外倾结构面或外倾不同结构面的组合线倾角大于75°或小于27°	8m高的边坡稳定,15m高的边坡欠稳定
	较破碎	结构面结合良好或一般	外倾结构面或外倾不同结构面的组合线倾角大于75°或小于27°	8m高的边坡稳定,15m高的边坡欠稳定
	较破碎（碎裂镶嵌）	结构面结合良好或一般	结构面无明显规律	8m高的边坡稳定,15m高的边坡欠稳定
Ⅳ	较完整	结构面结合差或很差	外倾结构面以层面为主,倾角多为27°~75°	8m高的边坡不稳定
	较破碎	结构面结合一般或差	外倾结构面或外倾不同结构面的组合线倾角为27°~75°	8m高的边坡不稳定
	破碎或极破碎	碎块间结合很差	结构面无明显规律	8m高的边坡不稳定

注:1. 结构面指原生结构面和构造结构面,不包括风化裂隙。

2. 外倾结构面系指倾向与坡向的夹角小于30℃的结构面。

3. 不包括全风化基岩;全风化基岩可视为土体。

4. Ⅰ类岩体为软岩,应降为Ⅱ类岩体;Ⅰ类岩体为极软岩且边坡高度大于15m时,可降为Ⅱ类。

5. 当地下水发育时,Ⅱ、Ⅲ类岩体可根据情况降低一档。

6. 强风化岩应划为Ⅳ类;完整的极软岩可划分为Ⅲ类或Ⅳ类。

7. 当边坡岩体较完整、结构面结合差或很差、外倾结构面或外倾不同结构面的组合线倾角为27°~75°、结构面贯通性差时,可划为Ⅲ类。

8. 当有贯通性较好的外倾结构面时应验算沿该结构面破坏的稳定性。

当无外倾结构面及外倾不同结构面组合时,完整、较完整的坚硬岩、较硬岩宜划为Ⅰ类,较破碎的坚硬岩、较硬岩宜划为Ⅱ类,完整、较完整的较软岩、软岩宜划为Ⅱ类,较破碎的较软岩、软岩可划为Ⅲ类。

对于由坚硬程度不同的岩石互层组成且每层厚度小于等于5m的岩质边坡,在确定边坡的岩体类型时,可将边坡视为相对软弱岩石组成的边坡。当边坡岩体由两层以上单层厚度为5m的岩体组成时,可分段确定边坡岩体类型。

2.5.2 土质边坡结构分类

土层是第四系各类成因堆积物的总称,属于广义的沉积岩范畴。因为土质边坡的地质结构与一般岩质边坡的地质结构差距大,其破坏模式有很大差别。

土质边坡地质结构按其状态可划为类均质体边坡地质结构、堆积结构面顺倾边坡地质结构和二元边坡地质结构。土质边坡地质结构、地质背景、结构特征、边坡稳定及破坏模式见表2-11。

表2-11 土质边坡地质结构类型及特征

地质结构 类型	亚类	地质背景	结构特征	边坡稳定及破坏模式
类均质体边坡地质结构	细颗粒类均质体边坡地质结构	细颗粒均质黏性土,均质黄土,均质残积土,均质堆填土	边坡土体中不存在向临空倾的结构面	土体强度对边坡的稳定起控制作用,对堆积和沉降等结构面不起控制作用,易形成边坡坍塌和弧形滑动。主要边坡破坏模式:土质边坡堆塌、土质边坡溜塌、类均质岩体弧形滑坡
	土石混杂的类均质体边坡土体结构	由残积、崩坡积、冲洪积、斜坡变形堆积和人工填土形成土石混合体,在形成过程中,没有强度差异较大的不同的堆积物		
二元边坡地质结构		多由堆积和残积形成,堆积形成的二元边坡结构,其稳定性首先决定于下伏基岩面的性状及产状;残积形成的二元边坡结构,其稳定性主要决定于基岩风化状态、残积细颗粒的物理力学特性及其含水状况	边坡上部为土,下部为岩层;或上部为岩层,下部为土层(全风化岩石),多层叠置	叠置型岩土混合边坡基岩面与边坡同向且倾角较大时,蓄水、暴雨后或振动时易沿基岩面产生滑动。主要边坡破坏模式:土层沿下伏基岩面滑动、土层局部坍滑、上部岩体沿土层蠕动或错落

续表

地质结构		地质背景	结构特征	边坡稳定及破坏模式
类型	亚类			
堆积结构面顺倾边坡地质结构	残积层边坡地质结构	岩石经风化作用而残留在原地的碎屑堆积物	堆积物呈碎石土状、砂土状、土状,有顺倾的原岩结构面,结构面的强度较低	结构面对边坡的稳定起控制作用,沿结构面易形成坍塌和滑坡。 主要边坡破坏模式:土质边坡堆塌、土质边坡溜塌、沿原结构面滑坡
	滑坡堆积边坡地质结构	在历史上曾形成滑坡,呈老滑坡、古滑坡地貌形态	老滑坡体中存在一个或多个滑动带,滑带的强度低,特别是在水的作用下强度更低	地表水、地下水作用或人工切坡易诱发老滑坡复活。 主要边坡破坏模式:老滑坡(整体)复活、老滑坡局部复活或形成新的滑坡体
	人工填土堆积边坡地质结构	由人工填筑路堤和其他建筑场地的弃土形成	坡体中存在老地面、不同填料的界面,填土以下有基岩顶面和软弱层,这些面各临空缓倾时,易形成滑动	在填方部分可能形成坍塌、弧形滑动和不同填料交界面的滑动;在陡坡上填筑时易形成沿老地面滑动;在老地面以下有松散软弱层时,易形成挤出性滑动。下伏基岩顶面向临空缓倾时,易产生沿基岩顶面的滑动。 主要边坡破坏模式:土质边坡堆塌、土质边坡溜塌、类均质岩体弧形滑坡、沿填土交界面的滑坡、沿老地面的滑坡、沿基岩顶面的滑坡、沿下伏软弱面的挤出滑动
	冲洪积、坡积、崩积边坡地质结构	冲洪积、坡积、除滑坡以外的斜坡变形堆积,在形成过程中形成顺坡向的强度较低的堆积结构面	边坡体中有向临空缓倾的堆积沉积结构面	下伏软弱层的挤出性滑坡边坡体的强度和结构面对边坡的稳定性起控制作用,易形成各种类型的坍塌和沿堆积结构面的滑动。 主要边坡破坏模式:土质边坡堆塌、土质边坡溜塌、沿堆积结构面的滑坡

3 边坡变形破坏

3.1 边坡变形破坏基本特征

边坡是在复杂的内动力地质作用和外动力地质作用下形成和发展的,严格地讲所有的边坡都在不断变形过程中,边坡岩土体产生不同方式、不同规模和不同程度的变形,并在一定条件下发展为破坏。边坡的变形和破坏,是边坡形成发展过程中的必然现象。一般地,"变形"以坡体中未出现贯通性破裂面为特点,而"破坏"系指边坡岩土体中已经形成贯通性破裂面的变形,而在贯通性破坏面形成之前,边坡岩土体的变形与局部破裂,称为边坡变形。

边坡变形有不同的形式,基本的变形形式有松弛张裂和蠕动变形两种。边坡破坏以贯通性破裂面形成为标志,同时坡体以一定的速度产生较大位移,边坡岩土体产生整体滑动、滚动或转动。常见的具有一定规模的边坡破坏形式有崩塌、滑坡、错落和坍塌等,其典型断面、受力方式、运动和破坏特征、主要影响因素、变形体完整性、裂缝特征等见表3-1。边坡的实际变形破坏,常常不是经单一变形破坏形式出现,而是若干种变形破坏形式的综合,其中以某种形式为主。同时,边坡的变形破坏,也是一个长期的发展过程,各种变形破坏形式,只是边坡长期破坏过程中的一个阶段表现,某些变形破坏形式间存在着因果联系。要从发展和变化的观点去看待各种变形破坏形式。

表 3-1 常见边坡破坏类型及特征

破坏类型	典型断面形式	受力方式	运动和破坏特征	主要影响因素	变形体完整性	裂缝特征
崩塌		自重引起倾斜、滑移、拉裂、剪切、压缩挤出等造成崩塌	以垂直运动为主,岩体高速向下崩落、翻滚、跳跃	重力、震动力、根劈力、水柱压力、冰劈力等	经碰撞、翻滚、跳跃,岩体破碎,大块远、小块近,常为碎石堆状	崩塌前,后缘有拉张裂缝;崩塌后,留有较新鲜断壁

续表

破坏类型	典型断面形式	受力方式	运动和破坏特征	主要影响因素	变形体完整性	裂缝特征
滑坡		重力引起主滑带剪切、后缘拉张、前缘剪出	以水平运动为主,沿滑动面向前滑移	地下水和降雨渗入,使滑坡土体强度降低,动静水压力、震动力增大,上部加载,下部削方等	多数滑坡保持相对完整性,高速远程滑坡呈碎屑流状堆积	即将滑动时和滑动后,前缘、两侧及后缘均有滑坡裂隙
错落		重力使下部软垫层压缩挤出,上部岩体沿陡裂面下错	沿陡倾错落面垂直向下错动,整体性强,落距不大	地下水及降雨减弱下部垫层强度,顶部加载,工程削方等	整体完整下错	错落前,后缘有拉张裂缝;错落后,有明显错坎
坍塌		岩体各部分结合强度低,在重力作用下,沿不固定面塌落	自上而下、自外向里塌落	降雨降低岩土体强度,增大自重,边坡过高、过陡等	多为散体状堆于坡脚	先在顶部形成密集拉裂缝,坍塌后,拉裂缝逐渐向后发展,裂缝产状向临空倾

3.2　边坡变形

　　边坡变形指坡体只产生局部的位移和微破裂,岩块只出现微量的位置变化,没有显著的剪切位移或滚动,因而边坡不至于引起整体失稳。松弛张裂和蠕动变形是两种常见的边坡变形方式。

3.2.1　松弛张裂

　　松弛张裂系指当边坡的侧向应力削弱后,由于卸荷回弹而出现张开裂隙的现象,是边坡应力调整过程中的变形和破坏。例如由于河谷的下切,在边坡上形成的卸荷裂隙,这种裂隙通常与原始坡面相平行,随着河谷的深切,卸荷裂隙逐渐向深部发展,从而使裂隙顶部的累计变形越来越宽。边坡的松弛张裂一方面使得岩土体完整性遭到破坏、岩土体强度降低;另一方面裂隙的存在也为水、气等外力作用因素的赋存和运动提供了空间,它是边坡变形破坏的初始阶段。

　　岩体的松弛张裂是在长时间内逐步进行的,岩体一旦松弛出现张裂隙,裂隙两侧岩体就不再传递应力。松弛张裂对于确定坡体中卸荷带的范围和卸荷带中的坡体特征,评价边坡岩土体的稳定性具有重要意义。

3.2.2 蠕动变形

蠕动变形是指边坡岩土体在重力作用下向临空方向发生长期缓慢的塑性变形现象,有表层蠕动和深层蠕动两种类型。

3.2.2.1 表层蠕动

表层蠕动主要表现为边坡表部岩土体发生弯曲变形,多是从下部未经变动的部分向上逐渐连续向临空方向弯曲,甚至倒转、破裂,如图3-1所示。

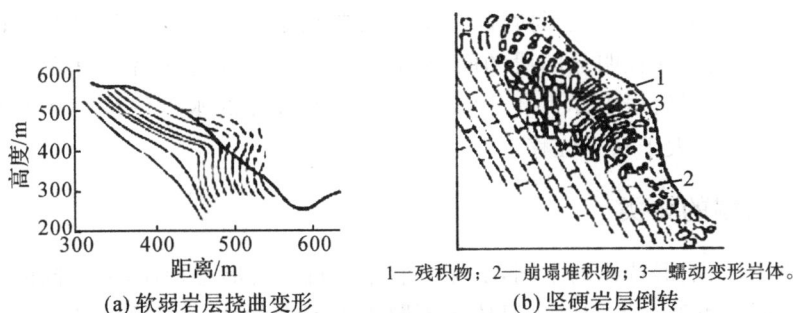

1—残积物;2—崩塌堆积物;3—蠕动变形岩体。

(a) 软弱岩层挠曲变形　　(b) 坚硬岩层倒转

图3-1　表层蠕动

3.2.2.2 深层蠕动

深层蠕动指坚硬岩层组成的边坡底部存在较厚的软弱岩层时,由软弱岩层发生塑性流动而引起的长期缓慢的边坡蠕动变形,如图3-2所示。深层蠕动又分为软弱基座蠕动、坡体蠕动两种。

图3-2　深层蠕动

3.3　崩塌

崩塌是陡坡上的岩土体在重力作用下,突然脱离母体向下崩落的地质现象,岩土体从母体脱落后顺斜坡猛烈地翻滚、跳跃,相互撞击,最后堆于坡脚。

3.3.1　基本特征

常见的边坡崩塌破坏具有如下特征:
①规模差异大,而且每次崩塌破坏均沿新的面产生,没有固定的面或带;

②崩塌体的运动方式是沿坡面翻滚,并不沿固定的面或带产生;

③崩塌体脱离坡体,崩塌体在运动过程中各部分相对位置完全打乱,崩塌体的完整性遭到破坏,且大小混杂,形成较大石块翻滚到较远的倒石堆;

④崩塌破坏具有突发性和猛烈性,运动速度快,虽有征兆现象,如岩体的蠕动、破坏声音、出现地裂缝和出口带潮湿与压裂等变形,但先兆不明显;

⑤崩塌破坏速度快,一般为 5~200m/s,崩塌的岩土体一般呈彼此分离的块体,各块体之间失去原有的结构面之间的相对关系;

⑥崩塌体的垂直位移大于水平位移。

以上特征与滑坡的特征相比,有着明显不同。滑坡发生的全过程一般比较缓慢,要经过蠕动、挤压、滑动、逐渐稳定等变形阶段,而崩塌的要点是其重心偏出几何形心;滑坡是沿着滑动面滑动,而崩塌不存在明显的滑动面;滑坡发生后岩土体将保持原有完整性,相对位置基本保持不变,而崩塌后岩土体大部分成为碎块状;滑坡体的水平位移通常大于垂直位移,而崩塌的垂直位移要大于水平位移。

3.3.2　崩塌的分类

由于地质条件、地形特征的不同,崩塌具有很多特殊的形态特征,从不同的角度分析,可将其划分成不同的类型。人们就可以依据不同类型崩塌的特征,有的放矢地采取相应的措施,预防和阻止这类灾害的发生。

3.3.2.1　按崩塌体体积划分

因崩塌的规模不同,危害性差异很大。通常按崩塌体或潜在崩塌体的体积划分为 4 种,对应的崩塌体体积为:

①特大型(巨型):崩塌体体积大于 100 万立方米;

②大型:崩塌体体积为 10~100 万立方米;

③中型:崩塌体体积为 1~10 万立方米;

④小型:崩塌体体积小于 1 万立方米。

3.3.2.2　按崩塌变形发展模式划分

崩塌是在地质条件、环境气候、自然营力以及各种人为因素的综合作用下形成的。从一个完整的岩土体,到最后发生崩塌破坏,其中必定有一个孕育的过程。由于崩塌在岩性、结构面特征、地貌、岩土体的受力状态、岩土体的起始运动形式、产生岩土体失稳的主要因素等方面不同,最终发展成不同的崩塌模式。其主要模式有 5 种,见表 3-2。

表 3-2　崩塌破坏模式分类

主要特征 类型	岩性	结构面	地貌	崩塌体形状	受力状态	起始运动 形式	主要影响 因素
倾倒式 崩塌	黄土、石灰岩及其他直立岩层	多为垂直节理、柱状节理、直立层岩层	峡谷、直立岸坡、悬崖等	板状、长柱状	主要受倾覆力矩作用	倾倒	静水压力、动水压力、地震力、重力

主要特征 类型	岩性	结构面	地貌	崩塌体形状	受力状态	起始运动 形式	主要影响 因素
滑移式 崩塌	多为软硬相间的岩层，如石灰岩夹薄层页岩	有倾向临空的结构面（可能是平面、楔形或弧形）	陡坡通常大于45°	可能组合成各种形状，如柱状、板状、楔形、圆柱状等	滑移面主要受剪力	滑移	重力、静水压力、动水压力
鼓胀式 崩塌	直立的黄土、黏土或坚硬岩石有较厚软岩层	上部垂直节理、柱状节理发育，下部发育近水平的结构面	陡坡	岩体高大	下部软岩受垂直挤压	鼓胀，伴有下沉、滑移、倾斜	重力、水的软化作用
拉裂式 崩塌	多见于软硬相间的岩层	多为风化裂隙和重力拉张裂隙	上部突出的悬崖	上部硬岩层以悬臂梁形式突出来	拉张	拉裂	重力
错断式 崩塌	坚硬岩石、黄土	垂直裂隙发育，通常为无倾向临空面的结构面	大于45°的陡坡	多为板状、长柱状	自重引起的剪切力	错断	重力

3.3.3 崩塌的识别

崩塌的突然发生，实际上是长期渐进破坏过程的结果，是一个由量变到质变的过程。对于可能发生的崩塌体，主要根据坡体的地形地貌和地质结构特征进行识别。通常，可能发生崩塌的坡体在宏观上有如下特征：

①坡度大于45°，且高差较大。

②坡体呈孤立山嘴、山峰，或为凹形陡坡。

③坡体内部裂隙发育，尤其垂直和平行斜坡延伸方向的陡裂缝发育，并且切割坡体的裂隙、裂缝即将可能贯通，使之与母体（山体）形成了分离之势。

④坡体前部存在临空面，或有崩塌物发育，这说明曾经发生过崩塌，今后还可能再次发生。

具备了上述特征的坡体，即是可能发生的崩塌体。尤其当上部拉张裂缝不断扩展、加宽，速度突增，小型坠落物不断发生时，预示着崩塌很快就会发生，处于一触即发状态之中。

3.3.4 崩塌破坏模式

崩塌的突然发生是岩土体长期蠕变和不稳定因素长期不断累积的结果,崩塌的发生有一个孕育和发展的过程,这个过程遵循一定的模式,通常有倾倒式崩塌、滑移式崩塌、鼓胀式崩塌、拉裂式崩塌和错断式崩塌等。

3.3.4.1 倾倒式崩塌

在河流的峡谷区、岩溶区、冲沟地段及其他陡坡上,常见有巨大而直立的岩体,以垂直节理或裂隙与稳定岩体分开,如图 3-3 所示。这种岩体在断面上的特点是呈长柱形,横向稳定性差。如果桩体底部没有被剪切破坏,柱体在垂直向裂隙中水压力或充填物的水平推力作用下,卸荷裂隙向深部发展的同时,危岩柱体会逐步向外倾斜,在地震力等外力作用下产生倾倒崩塌。失稳时危岩柱体以坡脚的某一点为转点,发生转动性倾倒。

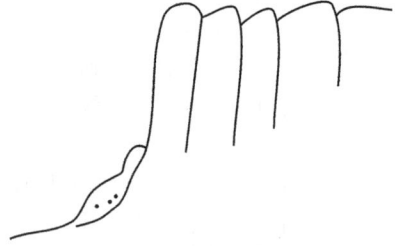

图 3-3 倾倒式崩塌

这类崩塌体的产生有多种途径:

①在重力作用下,长期冲刷、淘蚀直立岩体的坡脚,由于偏压,直立岩体产生倾倒蠕变,最终导致倾倒式崩塌;

②当附加特殊的水平力(地震力、静水压力、动水压力、冻胀力和根劈力等)时,岩体可能倾倒破坏;

③当坡脚由软弱岩层组成时,雨水软化坡脚,坡脚产生偏压,引起崩塌;

④直立岩体在长期重力作用下,产生弯折,导致倾倒崩塌。

3.3.4.2 滑移式崩塌

在某些陡坡上的不稳定岩体下部有向下倾斜的光滑结构面或软弱面(见图 3-4),常见的破坏形式是平面式滑移、楔形滑移和圆弧式滑移等 3 种。这类崩塌能否产生,关键在于开始时的滑移。一旦岩体重心滑出陡坡,突然的崩塌就会产生。除了重力外,连续大雨入渗,雨水进入岩体裂缝,产生的静水压力和动水压力以及雨水软化结构面等,都是岩体滑移的主要诱发因素。在某些条件下,地震也可能引起这类崩塌。

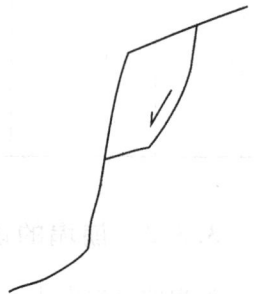

图 3-4 滑移式崩塌

3.3.4.3 鼓胀式崩塌

当陡坡上不稳定岩体之下有较厚的软弱岩层(见图 3-5),或不稳定岩体本身是松软岩层,而且有长大的垂直节理把不稳定岩体和稳定岩体分开时,在有大雨或有地下水补给的情况下,下部软厚的软弱岩层被软化。在上部岩体的重力作用下,当压应力超过软岩自然状态下的抗压强度时,软岩将被挤出,发生向外鼓胀。随着鼓胀的不断发展,上覆较坚硬岩层拉裂,不稳定岩体将不断下沉和外移,拉张原有节理面或在坡内岩体形成新的裂隙,形成危岩体。同时发生倾斜,一旦重心移出坡外,崩塌即会发生。

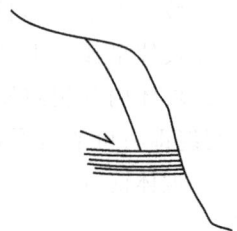

图 3-5 鼓胀式崩塌

3.3.4.4 拉裂式崩塌

当陡坡由软硬相间的岩层组成时,因差异风化、下部岩体由于结构面切割掉块或者河流的冲刷淘蚀作用等形成岩腔,上部坚硬岩体在坡面上以悬臂梁形式突出来,如图 3-6 所示。在突出的岩体上,通常发育有构造节理或风化节理,在图 3-6 中 AB 面上的弯矩最大,A 点附近承受最大的拉应力。在长期重力作用下,A 点附近的节理会逐渐扩大和发展,导致拉应力进一步集中,一旦拉应力超过了这部分岩体的抗拉强度,拉裂缝就会迅速向下发展,突出的岩体就会产生突然的向下崩落。除重力的长期作用外,震动、各种风化作用,尤其是寒冷地区的冰劈作用,都会促进这类崩塌的发展。

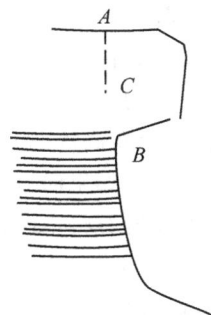

图 3-6　拉裂式崩塌

3.3.4.5 错断式崩塌

陡坡岩体中高倾角或卸荷裂隙发育,但并无倾向临空面的出露结构面,在岩体的自重或其他因素作用下,引起下部剪切力集中,当剪应力接近或大于危岩与母岩连接处的抗剪强度时,危岩体下部被剪断,从而发生错断式崩塌,其破坏如图 3-7 所示。可见,错断式崩塌是岩体自重应力在下部产生的剪应力超过了岩体的抗剪强度,通常由以下几种原因引起:一是地壳上升,河流下切作用加强,使垂直节理裂隙不断加深,相应地加大了裂隙底部的剪切力;二是在冲刷和其他风化剥蚀力作用下,岩体下部的断面不断减小,导致危岩下部剪切力的加大,从而导致岩体被剪断;三是人工开挖边坡过高、过陡,使下面岩体被剪断,产生崩塌。

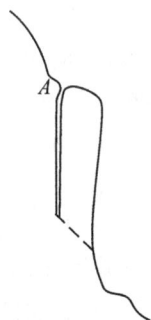

图 3-7　错断式崩塌

3.3.5　崩塌的影响因素

崩塌是在一定的地质条件下形成的,它的形成受到许多条件如地貌、地层岩层和地质构造的控制,而崩塌的发生、发展和规模又受到许多因素如地下水、风化作用以及人为因素的影响。

3.3.5.1　地形地貌条件

大量的崩塌灾害调查表明,陡峻的斜坡地形是形成崩塌的基本条件之一。崩塌常发生在海、湖、河谷和冲沟的岸坡或者人工边坡的山体地形,大都表现为陡峻的斜坡。此外,斜坡的高度对崩塌的发生有着明显的影响,一般高度越大产生崩塌的概率也就越大,并且可能产生的崩塌规模也会随着增大。

许多崩塌灾害发生在河流的岸坡,陡峻的峡谷常常是发生崩塌的地段,这与峡谷地貌的特征有关。河流峡谷地貌的特征,主要表现在山坡部分陡峻又有突出的岩体,又非一坡到顶,有时还会出现阶梯状、陡坎状地形,山顶与河床之间高差很大,甚至达数百米。此外,由于陡峻的峡谷形成后,岩体会向临空面慢慢变形而产生较多的卸荷裂隙,这些卸荷裂隙有的规模比较大,形成对岩体的切割。而山区河道的曲折蔓延,凹岸受到河水的冲刷也是岸坡地貌形成崩塌的原因之一。常年降雨形成的冲沟岸坡,也会受到地质构造、结构面发育和长期的风化作用的影响,成为崩塌灾害发生的原因。

3.3.5.2 地层岩性条件

由于岩性不同,岩体的强度、抗风化和抗冲刷的能力不同,且其构造也不相同。沉积岩具有层理构造,层与层之间的岩性不同。如果河谷陡坎由软硬相间的岩层组成,当软岩在下,且其分布高度与水位线一致时,软岩易于被河水冲刷破坏,上部岩体常发生大规模的倾倒式崩塌。如果河谷陡坡下部由可溶性岩石如石灰岩组成,由于河流的冲刷和溶蚀作用,下部可溶性岩石将不断被掏空,形成崩塌;对于岩浆岩,当垂直节理发育并有倾向线路的构造裂隙面时,易产生大型崩塌。当岩浆岩中有晚期岩脉、岩墙穿插时,岩体中形成不规则的接触面,这些接触面往往成为岩体中的薄弱面,为崩塌落石提供有利条件;变质岩由于其强度相对较低,且结构面较为发育,在动力变质的片岩、板岩和千枚岩的边坡上常有褶曲发育,故弧形结构面发育,当其倾向与坡向相同时,多发生沿弧形结构面的滑移式崩塌。

3.3.5.3 地质构造条件

地质构造对崩塌灾害的影响主要表现为各种不同的地质构造将相对完整的岩体破坏成碎块岩体,为崩塌灾害的发生提供了物质基础。具体表现为以下几个方面:

①断层的影响:区域性断裂构造对崩塌落石的分布起控制作用。当线路方向和区域性断裂的方向一致时,对崩塌落石的产生最有利,沿线路会发生严重的崩塌。在断层密集分布时岩层破碎,尤其是几组断裂交汇处,往往崩塌会频繁发生。

②褶皱的影响:褶皱对崩塌落石的分布也起到了控制作用。褶皱的不同部位岩层遭受到的破坏并不相同,相应的产生崩塌的情况也有所不同。在褶皱的核部由于岩体被强烈弯曲,造成垂直岩层的方向发育大量张节理。此外在后期多次地质构造作用和风化作用的影响下,破碎岩体会产生一定量的位移,形成潜在的崩塌体。在褶皱的两翼,岩体主要呈现出单斜岩层,而处在较为高大的斜坡时,岩层中的软弱面、层间错动面和岩层面,再受到其他构造节理的切割,很容易产生崩塌灾害。当岩层走向与边坡走向一致时,产生崩塌的规模可能较大,两者斜交时规模相对较小。

③构造节理的影响:据统计和观察,沿构造节理产生的崩塌最多,但其规模一般不大,多属于沿节理面产生的滑移式崩塌落石。根据节理面的形状和组合,常有平面、弧形、楔形三种滑移式崩塌落石。倾向线路的节理被开挖切断后,节理裂隙以上岩层的稳定情况和节理倾角大小有关,还在很大程度上受节理充填物和节理粗糙度的影响。如果节理缝隙内充填黏土或风化的矿物,易受雨水浸润而软化,则易于崩塌。

3.3.5.4 降雨和地下水

水对于崩塌灾害的影响是不能轻视的因素,工程界早就流传着这样的顺口溜"大雨大塌,小雨小塌,无雨不塌",充分表明了降雨对崩塌的影响。降雨特别是大雨、暴雨和长时间的连续降雨,使地表水渗入坡体,软化岩、土及其中软弱面,产生孔隙水压力等,从而诱发崩塌。河流等地表水体不断地冲刷坡脚或浸泡坡脚、削弱坡体支撑或软化岩土,降低坡体强度,也能诱发崩塌。水对于岩土体的影响,具体表现在以下几个方面:①水在岩体中会改变岩体中的静水压力和动水压力;②水在岩体中会产生浮托力;③水对于岩体的强度有劣化作用,岩体具有软化性,使得其强度降低,同时岩体两侧壁的抗剪强度也会明显减小。

3.3.5.5 风化作用

各种风化营力的长期作用,包括昼夜的温差变化、日晒雨淋的变化、夏季冬季的变化、植物根系的作用等,造成边坡上的岩土体稳定性和强度不断降低,最后导致崩塌发生。风化作用对崩塌的形成主要有以下几个方面的作用：①在边坡坡度、高度相同的情况下，岩石的风化程度越高，其强度越低，发生崩塌的可能性越大；②边坡上不同岩体的差异性风化在边坡上形成许多空洞，使岩体局部倒悬，可能导致崩塌；③边坡上不稳定岩体下部有倾向线路的结构面，如果发生泥化作用或被黏土质风化物充填，将可能导致边坡不稳定岩体的崩塌；④高陡边坡如果切割山坡上的风化壳，坡顶风化壳失去支撑后可能会沿完整岩石产生崩塌。

3.3.5.6　地震

地震对于崩塌的影响是极其明显的。地震时，崩塌具有强度大、规模大、次数多等特点。地震波的传播引起坡体晃动，破坏坡体平衡，从而诱发崩塌。很明显，不同的地震烈度将直接影响崩塌灾害发生的规模。

3.3.5.7　不合理的人类活动

开挖坡脚、地下采空、水库蓄水、泄水等改变坡体原始平衡状态的人类活动，都会诱发崩塌活动。主要表现在以下几个方面：①对于边坡的工程地质条件认识不足。由于某些原因，对于工程建设地区的工程地质条件了解不是很完整，造成对岩体的地质构造、节理裂隙的发育程度等发生误判。这种情况是工程建设中不允许的。②工程设计中所采取的措施不当，如边坡高度过高，边坡的坡角太大，防止崩塌的措施不足以阻止灾害的发生。③施工的措施不当，包括施工中采用大药量的爆破，在边坡开挖的过程中施工顺序不当等。

3.4　滑坡

滑坡是指斜坡岩土体在自重作用下失去原有的稳定状态，沿着斜坡内某一个滑动面（带）整体向下滑动的现象。

滑坡具有区别于其他边坡破坏类型的明显特征：一是岩土体移动的整体性，除滑动体边缘外滑体上各部分的位置和相互关系在滑动前后变化不大；二是滑动体是沿着一个或数个软弱面（带）滑动，这个面可以是各种成因的结构面，如岩层层面、不整合面、断层面（或破碎带）、贯通的节理裂隙面等，也可以是不同成因的第四系松散堆积界面、老地面、含水层顶底板等。

3.4.1　滑坡特征和发育过程

3.4.1.1　滑坡形态特征

滑坡在平面上的边界和形态特征与滑坡的规模、类型及所处的发育阶段有关。如图3-8所示，一个发育完全的滑坡，一般包括以下几个部分：

①滑坡体，指滑坡发生后与母体脱离开的滑动部分。

②滑动面，滑坡体沿不动的岩土体下滑的分界面。

③滑动带，滑动面上部受滑动碾压揉皱的地带。

④滑坡床，滑体以下固定不动的岩土体，它基本上未变形，保持了原有的岩体结构。

⑤滑坡壁，滑体后部和母体脱离开的分界面，暴露在外面的部分，平面上多呈圈椅状。

⑥滑坡台阶，因各段滑体运动速度的差异而在滑体上部形成的滑坡错台。

⑦滑坡舌,又称滑坡前缘或滑坡头,在滑坡前部,形如舌状伸入沟谷或河流,甚至越过河对岸。

⑧滑坡周界,指滑坡体与其周围不动体在平面上的分界线,它决定了滑坡的范围。

⑨封闭洼地,滑体与滑坡壁之间拉开成沟槽,相邻滑体形成反坡地形,形成四周高中间低的封闭洼地。

⑩主滑线,又称滑坡轴,滑坡在滑动时运动速度最快的纵向线,它代表滑体的运动方向,一般位于推力最大、滑床凹槽最深(滑坡体最厚)的纵断面上。在平面上可以是直线或曲线。

⑪滑坡裂隙,按受力状态可以分为四类:拉张裂隙,分布在滑坡体上部,多呈弧形,与滑坡壁方向大致平行,通常将其最外一条裂缝(即滑坡周边的边界)称滑坡主裂缝;剪切裂隙,分布在滑体中部两侧,此裂缝的两侧常伴有羽毛状裂缝;扇状裂隙,分布在滑坡体中下部,尤以滑坡舌部分为多,呈放射状;鼓张裂隙,分布在滑坡体下部,其方向垂直于滑动方向。

以上是典型滑坡的组成部分,在实际的滑坡现象中,个别部分可能不会出现或者无明显的边界。

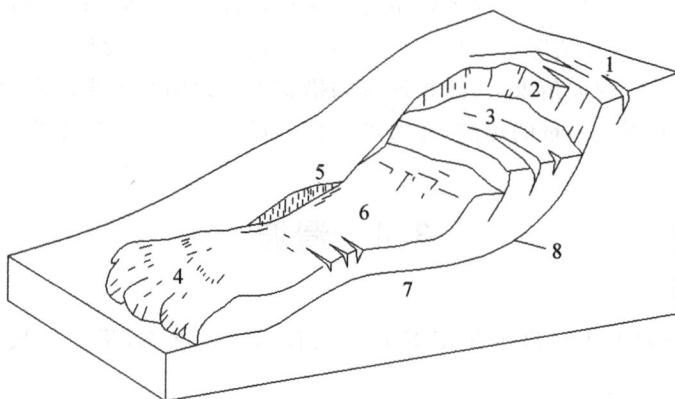

1—后缘环状拉裂缝;2—滑坡后壁;3—拉张裂隙及滑坡台阶;4—滑坡舌及鼓张裂隙;5—滑坡侧壁及羽状裂隙;6—滑坡体;7—滑坡床;8—滑动面(带)。

图 3-8　滑坡形态要素

3.4.1.2　滑坡发育过程

滑坡灾害的发生并不是一蹴而就的,而是经历了产生、发展、消亡的一个相对比较漫长、逐步积累的过程,是动态而不是静态的一个过程。在滑坡灾害发展变化的过程中,边坡体的变形是其重要的载体。研究滑坡产生的机理,应该研究滑坡的变形特征和发展变化过程,这不仅可以认识滑坡的基本规律,更重要的是可以有效预防和治理滑坡。很显然,了解了滑坡的变形特征,就可以掌握滑坡发生的机理,进一步针对滑坡所处的不同变形阶段,采取不同的预防和治理措施。

一般地,可将滑坡的变形分为蠕动阶段、挤压阶段、滑动阶段、剧滑阶段和稳定压密阶段五个不同性质的阶段。

1)蠕动阶段

地处一定地质结构下的斜坡,由河流冲刷、人工开挖或其他因素造成边坡下部的支撑失去平衡,或者边坡的上部由于各种因素荷载增大,或者地下水和地表水的作用降低了岩体的强度,或者地震作用使边坡体内产生了较大的水平力等,造成岩体内部应力的变化,使得斜坡的中下部产生应力集中。而应力集中相对比较大的部位常常发生在可能产生滑坡坡体的下部,当这部分坡体的剪应力超过该处岩土体的抗剪强度时,将产生缓慢的塑性变形。同时,岩土体因长期的应力作用而产生蠕变。此阶段,可能滑动的滑体中部、前缘及两侧均无明显变形迹象。所谓蠕变,实际上主要指将要滑动滑体的主滑带上岩土体的蠕动变形。

2)挤压阶段

当蠕动变形不断累积,滑坡体的后缘出现拉裂缝之后,为地表水的灌入和下渗提供了良好的通道,并不断弱化岩土体抗剪强度,使得中上部的岩土体向前移动共同推挤抗滑段滑体,后缘拉裂缝向滑体两侧延伸张开加大,在上部岩土体向下变形的过程中,滑体上部两侧出现羽毛状张裂缝,呈雁行排列,同时因受挤压而出现大致平行主滑方向的放射状张裂缝,并出现垂直主滑方向的鼓胀裂缝。因前缘受挤压,裂缝增多,渗入岩体的地下水溢出量增大,滑坡抗滑段滑面逐渐形成,其滑动面或在边坡坡脚,或在边坡上,或在坡脚以外断续出现,逐渐连通。滑坡两侧裂缝向下延伸与剪出口裂缝连通,但无明显下挫。滑坡体表现为中上部下沉和向前平移,而前缘以上升为主。

蠕动和挤压阶段可以延续几个月、几年,甚至几十年,随滑坡地质条件和作用因素的变化而不同。处在蠕动和挤压阶段的斜坡不一定发展到滑动阶段而破坏,应该说这是滑坡预防和治理最佳阶段。

3)滑动阶段

当抗滑段滑动面全部形成和贯通之后,抗滑面失去支撑力,滑坡即进入整体滑动阶段,此时滑坡真正形成。滑体上、中、下部滑移速度呈现为同一数量级。滑坡后缘下沉增大,滑坡后壁增高,滑体两侧逐渐呈现羽毛状裂缝,且被侧壁切裂错断。滑坡前缘滑出滑坡剪出口而形成滑坡舌,滑坡前缘部分地面隆起成鼓丘。整个滑坡重心降低,坡度变小。

随着滑动距离的增加,滑动面上的抗剪强度由其峰值强度逐渐降低到其残余强度,阻滑力减小,滑坡会加速滑动而进入剧滑破坏阶段。

4)剧滑阶段

滑坡开始整体滑动后,经匀速滑动,滑坡进入剧滑破坏阶段,滑坡将产生较快的速度,滑移较大的距离。此时,滑坡的各个特征都将出现,滑体后部急剧下沉,原地面出现陷落洼地(滑坡湖)和反坡平台,后缘形成较高的滑坡陡壁,陡壁上可见新鲜的滑动擦痕。由于滑坡体产生较大的位移,其前缘脱离原滑床覆盖在前方地面上形成滑坡舌,滑坡前缘中部的岩体因受阻而隆起升高。同时,滑动过程中部分地下水被排出而形成湿地,滑坡侧壁形成,两侧壁与后壁连通,滑坡体上部高而中部较低,滑坡体重心大大降低,坡度变小,滑体上出现各种类型的裂缝。

不同类型、不同性质、不同特点的滑坡,在剧滑之前,均会表现出不同的异常现象,显示出滑坡的预兆(前兆)。

①剧滑之前,在滑坡前缘坡脚处,有堵塞多年的泉水复活现象,或者出现泉水(井水)突然干枯、井(钻孔)水位突变等类似的异常现象。

②在滑坡体中,前部出现横向及纵向放射状裂缝,它反映了滑坡体向前推挤并受到阻碍,已进入临滑状态。

③剧滑之前,滑坡体前缘坡脚处,土体出现上隆(凸起)现象,这是滑坡明显的向前推挤

现象。

④剧滑之前,有岩石开裂或被剪切挤压的音响。这种现象反映了深部变形与破裂。动物对此十分敏感,有异常反应。

⑤临滑之前,滑坡体四周岩土体会出现小型崩塌和松弛现象。

⑥如果在滑坡体有长期位移观测资料,那么大滑动之前,无论是水平位移量还是垂直位移量,均会出现加速变化的趋势。这是临滑的明显迹象。

⑦滑坡后缘的裂缝急剧扩展,并从裂缝中冒出热气或冷风。

⑧临滑之前,在滑坡体范围内的动物惊恐异常,植物变态。如猪、狗、牛惊恐不宁不入睡,老鼠乱窜不进洞,树木枯萎或歪斜等。

5)稳定压密阶段

随着滑体前缘滑出原滑床、重心降低及滑动中排出部分地下水,滑动面的孔隙水压力减小。此时,滑坡体的阻滑力逐渐增大,最终滑坡体停止滑动,完成了加速、等速、减速、停止这一完整的滑动过程。滑动体稳定后,根据滑坡的区域地质条件和环境的特点,有可能重复上述周期性滑动过程,它只是滑动过程中的一个循环,并不改变滑动的性质。永久稳定的滑坡,大多为滑动后滑体脱离原滑床而解体,不再具备滑动条件,从力学上分析即抗滑力远大于滑动力,且一些主要的诱发因素(如河流冲刷、人工开挖等)也不再起作用,或人为的工程措施改变了抗滑力和下滑力的关系。

在野外,从宏观角度观察滑坡,可以根据以下的一些外表迹象和特征,大致判断滑坡处于稳定状态:

①后壁较高,长满了树木,找不到擦痕,且十分稳定;

②滑坡平台宽大且已经夷平,土体密实,有沉陷现象;

③滑坡前缘的斜坡较陡,土体密实,长满树木,无松散崩塌现象;前缘迎河部分有被河水冲刷过的现象;

④目前的河水远离滑坡的舌部,甚至在舌部外已有漫滩、阶地分布;

⑤滑坡体两侧的自然冲刷沟切割很深,甚至已达基岩;

⑥滑坡体舌部的坡脚有清晰的泉水流出等。

掌握滑坡发生的变形规律,了解各个不同变形阶段的特性,就可以充分利用滑坡发生前的有利时机预防其发生,完全可以得到事半功倍的效果,也是滑坡要"早治、小治"的根本原因。

3.4.2　滑坡分类

在实际工程中,通常可以按滑坡不同的形态、滑坡岩土体的成分、滑坡形成的力学机理等主要特点进行分类,以便更好地掌握滑坡的形态特征,分析滑坡产生的机理,为滑坡的稳定性评价和整治措施的制定提供可靠的依据。

3.4.2.1　按滑坡体的物质组成划分

可以分为土质滑坡和岩质滑坡。

1)土质滑坡

土质滑坡是指发生在还没有固结的堆积土层、黄土、人工填土和风化层中的滑坡。

2)岩质滑坡

岩质滑坡又称岩层滑坡,滑体主要由岩石组成,大多沿着岩层层面、断裂破碎带发生滑动。

3.4.2.2 按滑面与岩层面关系划分

岩层面是岩体中极为常见的结构面之一,许多滑坡的产生都与其存在一定的关系,同时岩层面也是影响滑坡形态特征的重要因素之一。依据滑坡体与岩层面间的关系,滑坡可分为3种。

1)均质滑坡

均质滑坡发生在相对比较均质、无明显层理的岩土体中,滑动面一般呈圆弧形。在强风化的花岗岩和土体中常见,如图3-9(a)所示。

2)顺层滑坡

顺层滑坡是沿层面发生的,当岩层倾向与斜坡倾向一致,且其倾角小于坡角时,往往顺着抗剪强度较小的岩层面滑动而形成滑坡,如图3-9(b)所示。

3)切层滑坡

切层滑坡是滑动面切割了不同的岩层面发生的滑坡,多发生在倾向相对较缓且坡面出露的岩层中;或者是在由岩体中发育着一组或两组节理面且形成了贯通滑动面而产生的滑坡,如图3-9(c)所示。

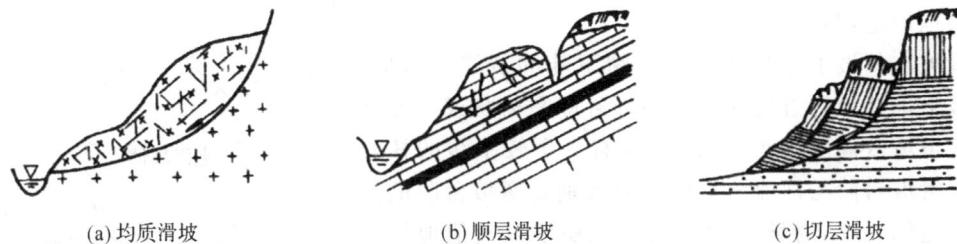

(a) 均质滑坡   (b) 顺层滑坡   (c) 切层滑坡

图 3-9 滑坡滑面与岩层面关系

3.4.2.3 按滑坡体规模划分

为了对滑坡有一个规模大小的评价,以方便后期的灾害评价,合理经济地采取相应的工程措施,可按滑坡体体积大小进行划分,可以分为4种。

1)小型滑坡

一般指滑坡体体积小于3万立方米的滑坡。

2)中型滑坡

一般指滑坡体体积在3万~50万立方米的滑坡。

3)大型滑坡

一般指滑坡体体积在50万~300万立方米的滑坡。

4)巨型滑坡

一般指滑坡体体积超过300万立方米的滑坡。

3.4.2.4 按滑坡体厚度划分

与按规模大小划分的目的相同,但从不同的角度来评估滑坡所造成的灾害,采取滑坡体的厚度作为主要划分依据,滑坡分为4类。

1)浅层滑坡

一般指滑坡体厚度在6m以内的滑坡。

2)中层滑坡

一般指滑坡体厚度在6~20m的滑坡。

3)深层滑坡

一般指滑坡体厚度在20~30m的滑坡。

4)超深层滑坡

一般指滑坡体厚度超过30m的滑坡。

3.4.3 滑坡识别方法

滑坡的发育过程是受其内在地质条件和各种外界因素所控制的,滑动发生后会在地表留下各种滑坡构造形迹。研究这些滑坡构造形迹的展布规律和特征,进行滑坡的野外鉴别,是研究滑坡形成机制和进行滑坡防治的基础和前提。滑坡的鉴别也是工程地质勘察的主要内容之一。

3.4.3.1 野外鉴别方法

1)地形地貌特征

滑坡在斜坡上常形成上陡中缓下陡的折线状地形,在山坡上部造成环谷地貌。所谓环谷即圈椅状或马蹄状地形。滑坡区周围地形较陡,中间有一个较平缓的核心台阶。滑坡台阶与河流阶地的主要区别是滑坡台阶的高度无一定的规律,滑坡台阶主要由堆积层或其他地层构成,一般无底砾层,斜坡上常出现较多的错距不大的小台阶或坡面呈波浪起伏。滑坡体上常出现多级后倾平台,前缘常有隆起鼻状凸丘。滑坡在现代河床的凹岸常出现因山坡坡脚侵占河床反而稍微突出的现象,如图3-10所示。曾经产生过滑坡的古河床凹岸,由于滑坡体的前缘已被冲刷掉,河岸边常残留分布一些大孤石。

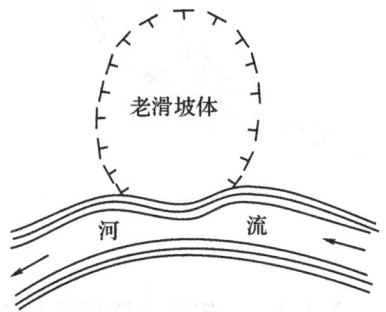

图3-10 凹岸突出

滑坡体两侧常形成沟谷,造成双沟同源现象,如图3-11所示。而一般山坡上的沟谷多为一沟数源。环抱滑坡体两侧的冲沟多数并非真正同源,只是上游距离较近而下游距离较远。这些冲沟中往往沟底堆积物不厚或出露基岩。有的滑坡体上还有积水洼地、地面裂缝、醉汉林、马刀树和房屋倾斜、开裂等现象,如图3-12所示。由于坡体滑移运动,其上生长的树木东倒西歪,形成醉汉林。这标志着不久前该处曾发生过滑坡,而且滑动剧烈。马刀树指坡体滑移运动造成的树干下部歪斜而上部直立的现象。根据马刀树的年轮可以推断滑坡的相对年代。根据滑坡区的地形地貌可以圈定滑坡边界。滑坡后缘断壁一般较陡立,前缘常被挤出或呈舌状凸出,两侧常以沟谷或裂面为界。

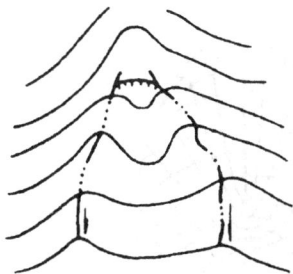

图 3-11　双沟同源

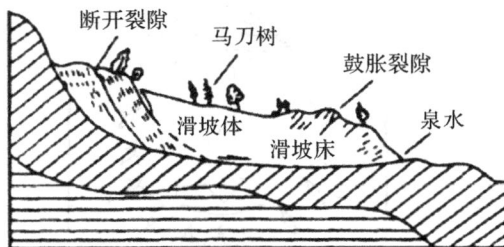

图 3-12　滑坡特征

2）地层岩性特征

地层岩性是产生滑坡的物质基础。研究结果表明：一定地区的滑坡发生于一定的地层之中。滑坡的产生多与泥质地层的存在有密切的关系，这些地层中容易产生滑坡的主要原因是此类地层岩性软弱。在水和其他因素的影响下，往往构成潜在的滑动面（带）。因此在进行滑坡野外调查时应首先查明易滑坡地层在研究区内的分布组合规律。在我国易滑坡地层的主要类型有砂页岩和泥岩互层，煤系地层，灰岩、泥灰岩、页岩互层，板岩、千枚岩、云母片岩等变质岩系，各种黏土、黄土和类黄土地层，风化残积层以及各种成因的堆积层等。

根据滑坡区内地层层序和产状的异常现象可以区分滑坡体和未扰动体。在滑坡区内，滑坡体在脱离未扰动体的滑移过程中，岩土体常有扰动松脱现象。滑坡体的层位和产状特征常与外围岩体不连续，局部可能出现新老地层倒置的现象。滑坡造成的地层层序和产状特征的异常往往易与断层相混淆，在野外调查时应注意加以区分。其主要区别为：滑坡改变岩体结构的范围不大，而断层改变岩体结构的范围大，一般顺走向延伸较远。滑坡体常具折扭、张裂、充泥等松动破坏迹象，而断层上盘的岩体破碎多数是由有规律的节理切割而成的。滑坡塑性变形带的物质成分较杂，厚度变化大，挤碎性差，所含砾石磨光性强；而断层带的物质成分较单一，厚度较稳定，破碎较强烈，常形成断层角砾岩或断层泥。

3）地质构造

地质构造条件控制了滑坡滑动面的空间位置和滑坡范围，在大的构造断裂带附近滑坡往往成群出现。各种结构面与山坡临空面或人工开挖面的组合关系，控制着斜坡的稳定性。地质构造条件还决定了滑坡区地下水的分布和运动规律。滑坡是在地表浅层由各种结构面圈定的以水平滑移为主的运动地质块体。组成滑坡的各要素都有一定产状的构造成分。这些构造成分一般仅限于地壳表层，且是在外力作用下产生的，可以称为滑坡构造。

不同性质的结构面在滑体内有着一定的展布规律，如图 3-13 所示。滑坡壁和洼地所组成的地堑式陷落带是在主滑动力作用下形成的。地表出现一系列拉张裂缝，这些张性结构面的倾向与滑坡壁相反。滑坡左右侧的羽状裂缝组，是在力偶作用下形成的次级张性结构面。这些次级张性结构面呈雁行状排列，缝壁两侧面粗糙不平且呈张开状。在滑坡舌部前缘，则产生与主滑方向正交的压性结构面及次一级鼓张裂缝。在主轴断面上，如图 3-13（b）所示，一般规律是滑坡壁与陷落段的滑面倾向坡脚，且倾角较大，至主滑地段滑面逐渐变缓。而抗滑地段滑面背向坡角呈"反倾"，其由极平缓直到很陡。当倾角极小时，抗滑地段不明显。在野外调查中若能查明按图 3-13 所示的规律性展布的裂缝及结构面的分布范围，即可判定存在单个滑坡。

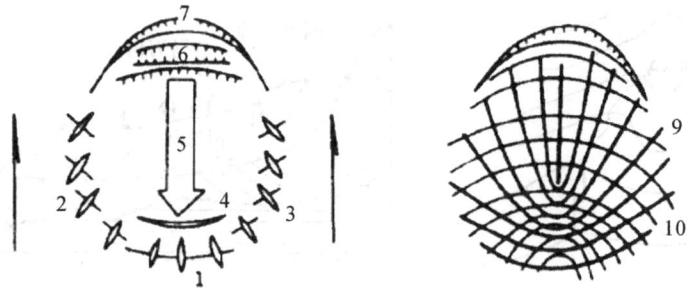

(a) 滑坡构造理想展布及主应力分布

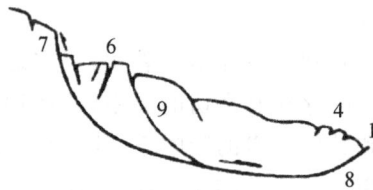

(b) 主轴剖面

1—舌部压性结构面及放射状裂缝；2、3—前弧左右侧雁列裂隙；4—鼓张裂缝带；5—滑坡脊椎；6—洼地-张拉裂缝带；7—滑壁；8—山前马蹄形盾地；9、10—最大及最小主应力迹线

图 3-13　准山字形滑坡构造及剖面结构

资料来源：晏同珍等，1997。

在许多滑坡中，滑坡壁或其他要素往往追踪古老地质构造面而发育，某些滑坡构造又与一般地质构造很相似。因此正确识别滑坡构造与一般地质构造是滑坡野外鉴别的基本工作。滑坡构造与一般地质构造的主要区别如下：

①不同的滑坡构造出现的相互位置较固定。例如滑坡地堑出现在坡面较高的部位，而滑坡地层褶皱和滑坡舌逆掩现象则出现在坡脚附近。一般地质构造现象本身则不受山坡部位高低的限制。

②滑坡构造成分的展布范围一般较小，而一般地质构造的展布范围则往往较大。

③各种滑坡构造张裂缝中，往往充填松散土石和岩屑角砾，这类充填物除多孔隙外无任何动力变质烘烤现象。而一般地质构造形成的破碎带中，充填物少有直观的孔隙，多具有动力变质现象以及糜棱化和角砾化现象。

④滑坡擦痕方向与主滑方向一致，仅存在于黏性软塑带中或基岩表层，痕槽深浅及方向随不同部位稍有变化。而断层擦痕与坡向或滑坡方向无关，且常深入基岩呈平行的多层状。痕槽深浅及方向较有规律性。

⑤滑坡地层褶皱的次级张性断裂都是开口的，折断处参差不齐，褶皱轴部的硬岩层保持不变的厚度。而一般地层褶皱的岩层往往有减薄或构造尖灭现象，折断处是圆顺的。

⑥滑坡床产状有起伏波折，其总体有下凹的趋势。而一般断层的产状较稳定。

4）水文地质特征

滑坡区普遍存在地下水。滑坡发生前后的水文地质条件会相应产生不同程度和不同性质的变化。滑坡发生后，滑移体上部的张性裂隙系统可以直接接受大气降水的补给。

滑动带土则形成相对不透水的隔水层,滑体内部的地下水常富集于中下部,斜坡含水层的原始地下水赋存条件常被破坏,在滑坡区内形成复杂的单独含水体。由于滑坡前缘舌部存在反倾段,在滑动带前缘常有成排的泉水出现,或形成带状湿地。

滑坡区的地下水有下列几种主要类型。

①上层滞水:指埋藏较浅、分布不连续的地下水。主要埋藏分布于黏性土层中呈透镜状的碎卵石层中和基岩风化带的上部,其动态完全决定于大气降水。它的活动常是产生中、浅层滑坡的主要原因。

②基岩裂隙水:是基岩滑坡的主要地下水类型之一。赋存于基岩裂隙之中,既有无压水,也有承压水。在裂隙连通的情况下与滑带水常有水力联系。

③滑带水:指埋藏于滑动带附近的地下水。多半汇集于滑坡中前部的凹槽之中。滑带水对中、深层滑坡起主要作用。滑坡地下水的补给来源可以是大气降水和地表水入渗,也可以是基岩裂隙水、断层水和第四纪含水层等。大气降水与滑坡的关系十分密切,很多滑坡都是在暴雨之后形成的。断裂在基岩中形成地下水的网络通道。正断层一般破碎带较宽,透水良好,可沟通错动范围内各层地下水;而逆断层一般不含水,有时尚起一定的隔水作用。

滑坡地下水的排泄条件往往影响滑坡的稳定性。在地下水排泄条件不良时,会在滑动带附近积蓄动水压力,从而破坏滑坡的稳定性。当地下水排泄不畅时,地下水多在斜坡前缘出露,不利于滑坡稳定。沿着滑坡裂隙发育的冲沟,往往有利于地下水的排泄。在冲沟发育地段滑坡的整体稳定性较好,而在冲沟不发育地段一般稳定性较差。地下水与在斜坡中的活动及滑坡的形成有密切的关系,地下水在硬质岩地层中沿软弱破碎带或薄风化层活动时,岩层可能沿该软弱面(带)产生滑动。黏性土层一般上部较松散,下部较致密。当水下渗后沿其上下部分界面活动时,常使上部土层沿此软弱面而滑动。风化岩层干燥时呈散粒碎屑状,受水潮湿后易形成表面溜滑。坡积黏土中的地下水常沿黏土与下伏基岩的分界面活动,常沿基岩顶面形成滑坡。在滑坡区内往往是下卧层面受水软化,具隔水作用,形成滑动面。滑动层则由于其松散性而容易受水。在下卧层和滑动层之间常具备供水条件。如下卧层顶面为地下洼槽时易于聚水。地下水量的增加,使土体的含水量增大,从而使强度降低。而地下水流速加大,在含有易溶矿物或粉细砂层的地层中,会产生潜蚀作用而降低强度。地下水位和河、湖、水库水位的升降会相应地改变原有的静动水压力。水位上升时,会增加下滑力和水对土的浮力,降低抗剪强度。水位骤降时,会造成岸边动水压力。这些都是助长滑动的因素。地下水与周围岩土体产生长期的水化学作用,会不断改变周围岩土体的性质和强度。在一定的水化学条件下,含水地层中的某些易分解矿物不断转变为相应的次生黏土矿物,如高岭石、水云母、蒙脱石、绿泥石、褐铁矿等。这些新的次生矿物本身都易于吸水膨胀且强度较低。地下水中盐含量的降低与钠离子含量的升高,将导致岩土抗剪强度的大幅度降低,成为滑坡的有利条件。采取滑坡区内外的地下水样进行水化学分析对比,是识别滑坡的有效手段之一。综上所述,在识别滑坡时,应注意调查滑坡区的独特水文地质条件,特别是注意对滑坡泉进行成因分析。

3.4.3.2 现代滑坡的野外鉴别

现代滑坡的主要特点是滑坡的各部分要素发育齐全,它往往可以具有如图 3-8 所示的各种滑坡要素。在野外鉴别现代滑坡,也就是识别各种滑坡要素。当滑坡要素齐全或基本具备时,就可以判定滑坡的存在。在宏观上远眺,可以观察现代滑坡的周界。而在滑坡体上的相应位置,可以直接观察到不同的滑坡要素。现代滑坡作为一种特殊的地形地貌,滑移体在滑动过程中会产生各种裂缝、台阶、褶皱、镜面擦痕等滑动形迹。这些滑动形迹在滑坡体内的组合是有规律的,如图3-13所示。常可根据所有滑动形迹在空间的展布规律来确定现代滑坡的范围。现代滑坡的擦痕是新鲜的,在野外较易识别。根据擦痕的方向和所处的部位,常可判断滑体各部分的滑移方向和受力状态。对于人为因素使原始地形破坏较多的现代滑坡,应仔细观察残留的滑动形迹,分析其所代表的受力状态,确定其在滑坡体上的相对部位,然后根据滑坡体内各种构造形迹的展布规律,推断滑坡的存在及其展布范围。

3.4.3.3 古老滑坡的野外鉴别

古老滑坡往往受后期剥蚀夷平风化作用的改造,使滑坡要素短缺或变得模糊不清。古老滑坡的野外鉴别,应首先在宏观上远眺其与周围山坡的异常之处,然后进一步研究对比山坡地貌的发育过程,从而推断古老滑坡的存在。古老滑坡的野外鉴别特征如下:

(1)河流阶地的变位:滑坡使阶地的原始产状和特征遭到破坏,使阶地平台不再连续,使阶地前缘与河床的距离缩短,使阶地高程降低,与区域上相应阶地的高程产生差异性变位。

(2)坡面地形的菱形转折:正常坡面在纵断面上多呈浑圆状的凸形坡或凹形坡,而高陡滑坡壁的存在,将使斜坡纵断面上出现明显的菱形转折。当古老滑坡的后壁受风化剥蚀夷平作用而变得模糊不清时,要通过认真的观察对比,才能正确地进行鉴别。

(3)河流凹岸中的局部凸出:河道水流对凹岸的强烈冲刷,常造成滑坡。滑坡体的前缘伸入河道,占据部分河床,形成河流凹岸中的局部凸出。在后期冲刷作用改造后仍残留巨大的孤石于岸边,这是古老滑坡存在的一种标志。平面上山坡堆积物在阶地面上的明显凸出也是古老滑坡存在的标志。

(4)环谷状洼地:在正常的斜坡上出现低于周围原坡面的环谷状或簸箕状洼地地形。洼地内部起伏不平,甚至出现向坡内反倾的台地。洼地内部冲沟发育,方向紊乱。这些冲沟往往沿古老滑坡的裂缝发育。洼地两侧发育的冲沟往往呈双沟同源现象。

(5)基岩陡坡区域内的局部缓坡:在由基岩组成的陡坡地段,由于滑坡使地形坡度减小,构成由松散碎石夹土组成的局部滑坡。

3.4.4 滑坡破坏模式

由于变形破坏的复杂性和表现形式的多样性,滑坡的破坏模式很多,按滑体的物质组成,可以分为两个大类:岩质滑坡和土质滑坡。

3.4.4.1 岩质滑坡

岩质滑坡按主滑带(面)成因划分为3个大类:顺层(层面)滑坡、构造结构面滑坡和同生面滑坡。

1)顺层(层面)滑坡

按主滑面特征可细分为如下6种破坏模式。

①完全平面式顺层破坏模式:在沉积岩顺坡层状岩体结构和变质岩中顺坡似层状岩体结构中,当层面和似层面倾角小于边坡坡角时,由于边坡开挖,切断了顺坡层面或近层面,沿层面或似层面可能发生完全平面式顺层破坏,其后缘拉裂缝往往追踪一组陡倾的构造结构面,如图3-14所示。

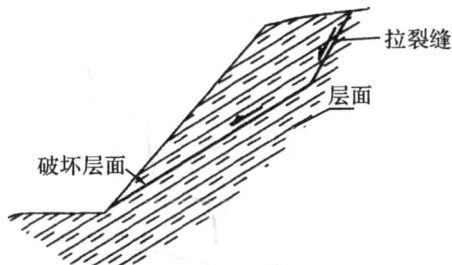

图 3-14　完全平面式顺层破坏模式

　②前缘剪出式顺层破坏模式：在沉积岩顺坡层状岩体结构和变质岩顺坡岩体结构中，当层面倾角与坡面倾角基本相等时，由于软弱滑动面以上岩体的下滑力较大，在滑动体下缘较薄弱的部位剪出破坏，破裂面可能追踪一组缓倾顺坡节理或缓倾反坡节理，也可能在薄弱部位将软弱薄层剪断，形成前缘剪出式顺层破坏，如图 3-15 所示。

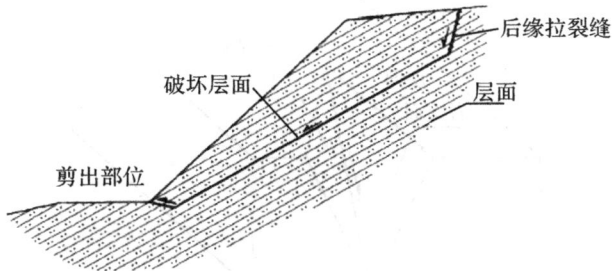

图 3-15　前缘剪出式顺层破坏模式

　③溃屈式顺层破坏模式：高大顺坡层状边坡岩体的下部经过长期蠕变，岩层逐渐发生弯曲，在弯曲的部位岩层脱空、弯折、破裂，最后破裂面与顺层滑动面连通，产生溃屈式顺层滑动破坏，这类滑坡称为溃屈式顺层滑坡，如图 3-16 所示。这类顺层滑坡需要长期蠕动变形，因此多见于天然斜坡，在工程边坡中很少见。

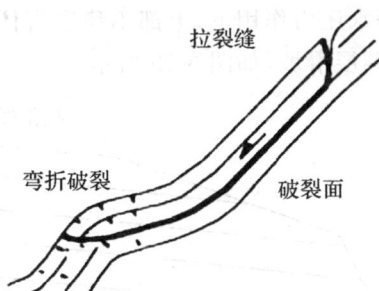

图 3-16　溃屈式顺层破坏模式

　④阶梯式顺层破坏模式：在沉积岩顺坡层状岩体结构中，当岩层倾角小，而且软弱夹层较发育时，开挖边坡较陡，同时切割了几个软弱夹层，使边坡顺层岩体产生沿多个软弱夹层的阶梯式顺层滑坡，这种滑坡称为阶梯式顺层滑坡，如图 3-17 所示。

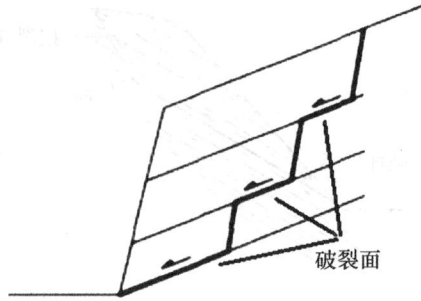

图 3-17　阶梯式顺层破坏模式

⑤楔形顺层破坏模式:在斜交顺层层状岩体结构中,岩层的层面与构造结构面相交,交线倾向临空面,岩层面、结构面与坡顶面和边坡面所切割成的楔形岩体沿交线向下滑动,如图 3-18 所示。

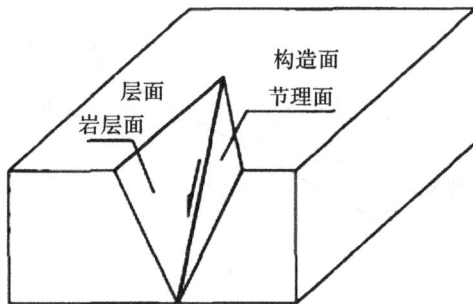

图 3-18　楔形顺层破坏模式

⑥缓倾平推式顺层破坏模式:在缓倾近水平层状边坡岩体中,岩层缓倾,倾角通常在 10°左右,上部岩体常为厚层硬岩(如砂岩),下部为软岩,硬岩中常有两组近直立的陡倾节理,透水性好。软硬岩之间常为不透水的软弱夹层。在长期大雨之中,雨水沿陡倾裂隙向下渗透,不仅软化了软弱夹层的土,使其强度很低,而且充满陡倾裂隙的水,沿软弱夹层顶,可以向下流动。在裂隙水的动静水压力作用下,上部不稳定岩体就会产生缓倾平推式顺层破坏,这种滑坡就是缓倾平推式顺层滑坡,如图 3-19 所示。

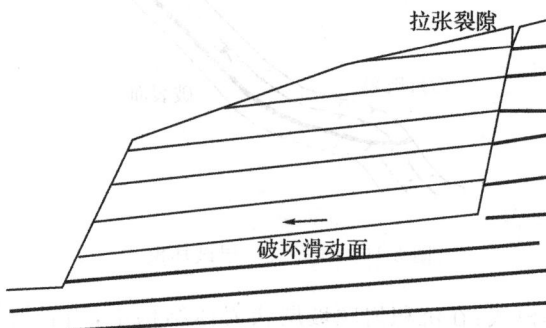

图 3-19　缓倾平推式顺层破坏模式

2)构造结构面滑坡

按主滑面特征划分为下面 4 种破坏模式。

①单一平面式结构面破坏模式:在沉积岩巨厚反倾层状边坡岩体结构和岩浆岩、变质岩巨块状有向临空倾结构面的边坡地质结构中,常有平滑的延伸很远的向临空倾结构面,其上的不稳定岩体常沿单一平面式结构面发生破坏,这种滑坡称为单一平面式结构面滑坡。这类滑坡较多,因为滑动面切穿了岩层面,有人也称为切层滑坡,如图 3-20 所示。

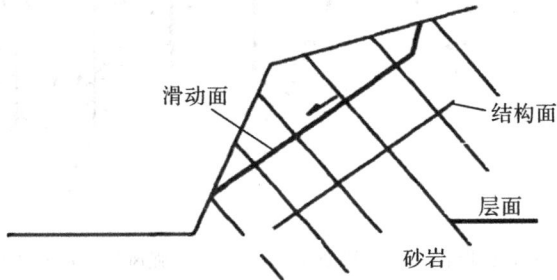

图 3-20　单一平面式结构面破坏模式

②双结构面楔形破坏模式:在反倾层状边坡岩体、反倾斜交层状边坡岩体及岩浆岩、变质岩巨块状整体边坡地质结构中,当有两组构造结构面相交,交线向临空面倾斜时,由两组构造结构面和边坡顶面、边坡面共同切割的楔形体,可能沿交线或下滑力最大的方向发生双结构面的楔形破坏,情况类似于楔形顺层破坏模式,不同的是其楔形面由两个构造结构面组成,如图 3-21 所示。

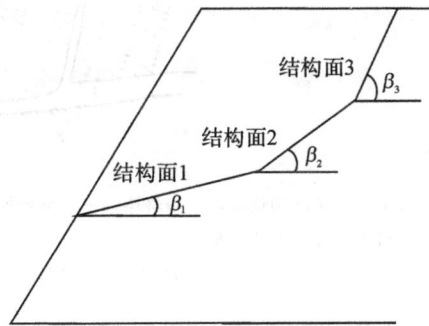

③多结构面折线式破坏模式:在反倾层状边坡地质结构和反倾拟层状边坡岩体结构中,当倾向临空的构造结构面发育时,滑坡的主滑带及滑坡后缘、前缘可能追踪不同的结构面发育,形成多结构面折线式破坏模式,如图 3-22 所示。

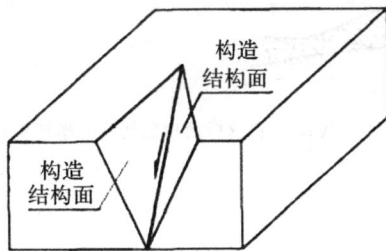

图 3-21　双结构面楔形破坏模式　　　　图 3-22　多结构面折线式破坏模式

④断层破碎带破坏模式:断层破碎带的岩体通常为边坡碎裂岩体,并常有泥质充填。在边坡开挖过程中,一旦挖穿断层破碎带,断层破碎带的不稳定岩体极易沿断层破碎带发生破坏,这种破坏模式就是断层破碎带模式,如图 3-23 所示。

3)同生面滑坡

按主滑面特征进一步划分为 3 种破坏模式。

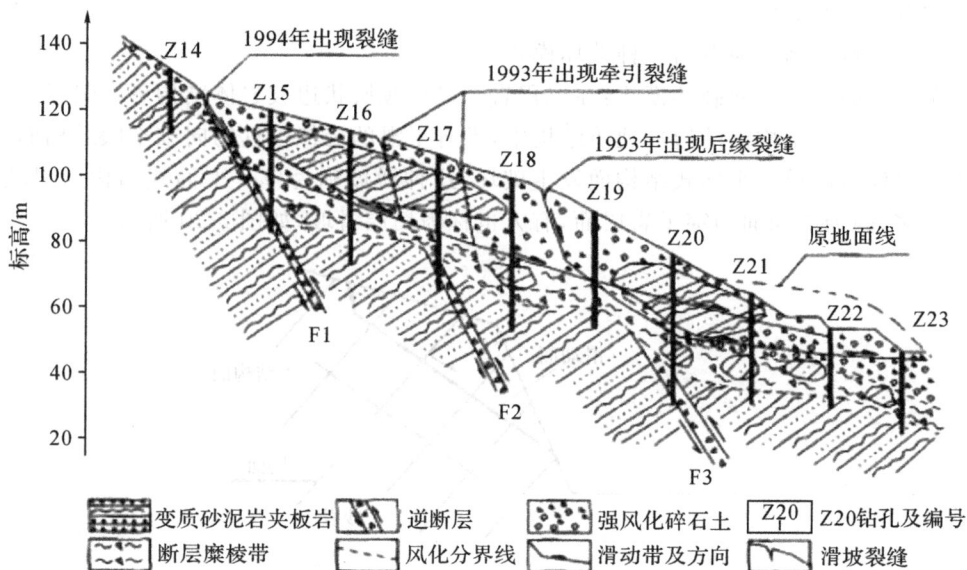

变质砂泥岩夹板岩　逆断层　强风化碎石土　Z20　Z20钻孔及编号

断层糜棱带　风化分界线　滑动带及方向　滑坡裂缝

图 3-23　断层破碎带破坏模式

①错落挤压剪切式破坏模式：在近水平边坡地质结构中，当上部有柱状、板柱状等高大坚硬岩体，下部为软弱的砂页岩互层时，在上部高大岩体垂直挤压下，下部软岩中就会形成新生的剪切缓倾裂隙，上部不稳定岩体就会沿下部的挤压剪切裂隙发生滑动破坏，这种滑坡就是错落式挤压剪切式滑坡，如图 3-24 所示。

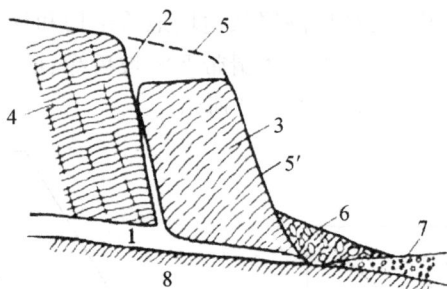

1—挤压剪切带；2—错落构造面；3—错落体；4—完整岩体；5—原状地面线；5′—错落后的地面线；6—岸坡堆积体；
7—河床；8—挤压破碎带下伏完整岩体。

图 3-24　错落挤压剪切式破坏模式

②碎裂岩体压裂式破坏模式：在软岩反倾互层状边坡岩体和近水平互层状边坡岩体中，边坡表层常有较厚的碎裂岩体，它们在重力和长期雨水作用下，不稳定的碎裂岩体在较薄弱的部位可能被压裂，随之沿压裂面产生滑动破坏，压裂面是在滑动破坏的同时产生的，这种滑坡就是破裂岩体压裂式滑坡。一般这种滑坡的规模较小，典型碎裂岩体压裂式破坏模式的滑坡如图 3-25 所示。

③类均质岩体弧形破坏模式：在散体粒状边坡地质结构中，如强风化花岗岩散体粒状边坡，它们在结构上属类均质体，在无倾向临空的结构面时，在长期雨水作用下，可能产生均质

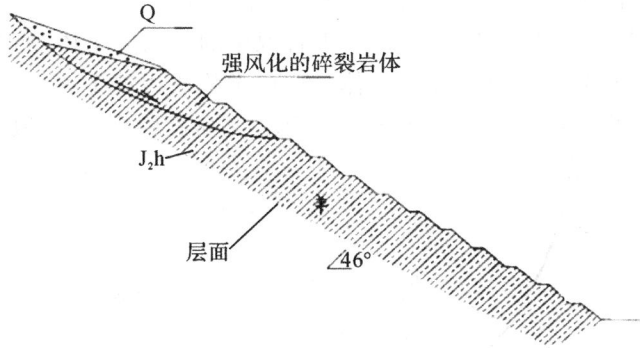

图 3-25 碎裂岩体压裂式破坏模式

岩体的弧形滑坡,如图 3-26 所示。

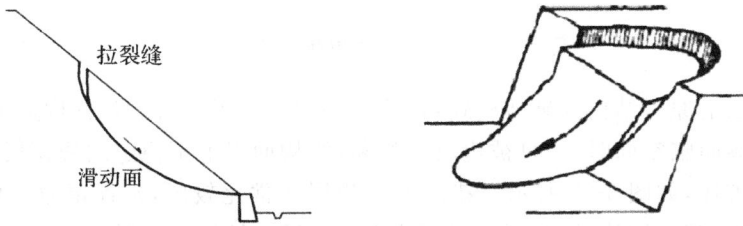

图 3-26 类均质岩体弧形破坏模式

3.4.4.2 土质滑坡

土质滑坡按主滑面(带)特征可细分为 6 种破坏模式。

①堆积土沿基岩顶面破坏模式:在二元边坡地质结构中,上部为坡残积、坡崩积和坡洪积等堆积层;下部为基岩,基岩向临空面倾斜,若开挖边坡切断堆积层,会引起堆积层沿基岩顶面滑动破坏,如图 3-27 所示。

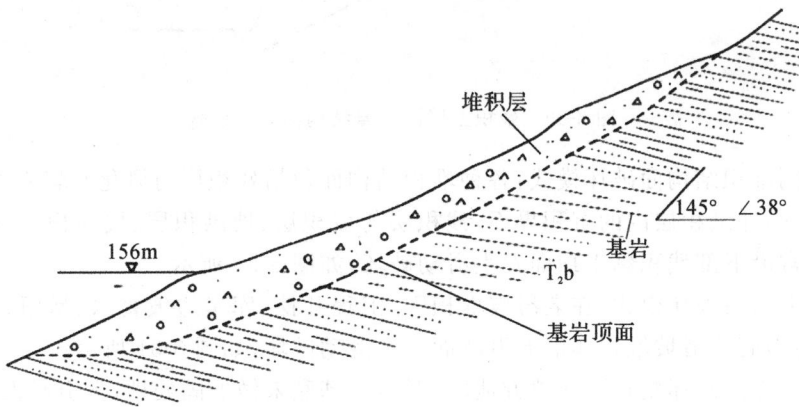

图 3-27 堆积土沿基岩顶面破坏模式

②类均质土体内弧形破坏模式：所谓类均质土体包括细颗粒类的类均质黏性土、类均质黄土、类均质残积层、类均质堆填土，也包括土石混杂的类均质土体，如类均质坡残积层土体、类均质坡崩积层土体、类均质坡积层土体。这些类均质边坡土体，在降雨入渗或地下水作用下，都可能产生弧形滑动破坏，如图 3-28 所示。通常在膨胀土、一般黏性土以及堆填土中产生的滑坡属于此类情况。

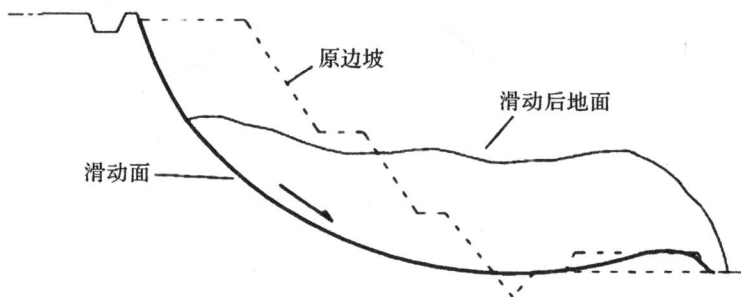

图 3-28　类均质土体内弧形破坏模式

③残积土层沿原岩结构面破坏模式：在残积层中保留了原岩的各种构造结构面，当残留的构造结构面倾向临空面时，一旦被边坡面切断，结构面以上不稳定的残积层极易沿原岩结构面发生剪切破坏，如图 3-29 所示。花岗岩残积层通常比较厚，常保留原岩中的构造结构面，当构造结构面倾向坡外时，在雨季就可能产生沿原岩结构面的滑动破坏。

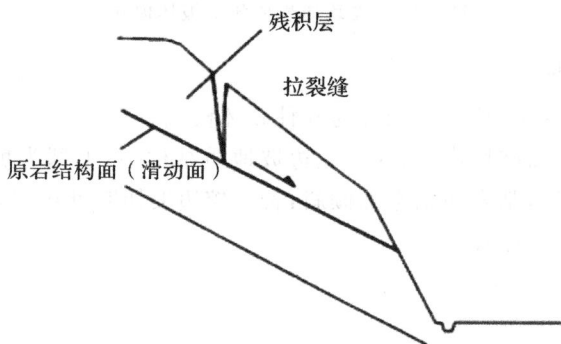

图 3-29　残积土层沿原岩结构面破坏模式

④沿不同堆积结构面破坏模式：各种堆积结构面包括残积层与风化基岩界面，坡积层与崩积层的界面，冲洪积层内的沉积界面，残积层与坡积层、坡洪积层、坡崩积层的界面，如坡崩积层边坡常沿下部残积黏土顶面发生滑动破坏，如图 3-30 所示。

⑤沿老滑动面破坏模式：在老滑坡堆积区，工程开挖、库岸边坡蓄水、暴雨、地下水的长期作用，可能引起老滑坡堆积体沿老滑坡面产生滑动破坏，如图 3-31 所示。

⑥沿填土界面破坏模式。在填方地段，对填方基底未做加固处理，常引起人工填土沿原地面残积层产生滑动破坏，如图 3-32 所示。通常地下水和雨水的入渗作用，会促进残积土沿老地面的滑动破坏产生。

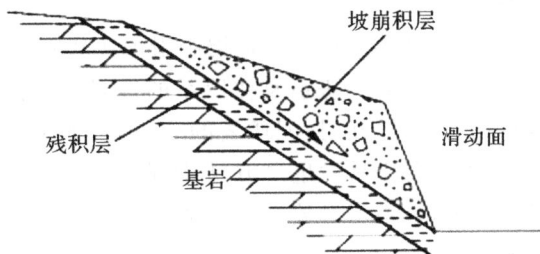

图 3-30 坡崩积层沿残积层滑坡

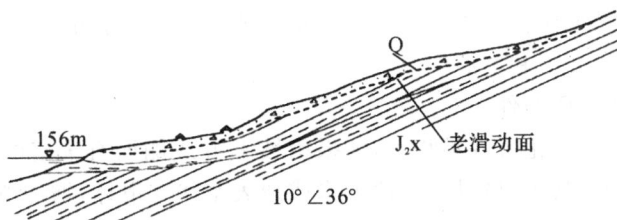

图 3-31 沿老滑动面破坏模式

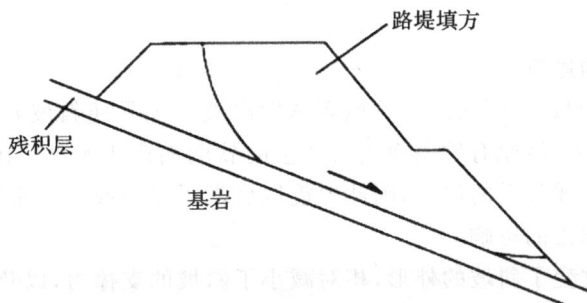

图 3-32 路堤填方沿残积土老地面滑坡

3.4.5 滑坡的影响因素

边坡不是固定不变的,而是在一定条件下由于各种自然和人为因素的影响而不断发展和变化的。滑坡是在一定的地貌、岩性条件下,受自然地质或人为因素影响的产物。某一个滑坡,其发生和发展的每一个阶段,常是几个条件和因素起主导作用,对某一个滑坡应确定其主导作用的条件和因素,以利于分析判断滑坡的发展阶段、稳定程度,据此制定正确的勘察和防治措施。

3.4.5.1 地形地貌条件

斜坡的高度、坡度和斜坡的形态、成因与斜坡的稳定性有着密切的关系。在斜坡地质条件基本相同的条件下,高陡斜坡失去稳定性比低缓斜坡容易。斜坡的成因、形态反映了斜坡的形成历史、稳定程度和发展趋势,对其进行分析可有助于了解斜坡的形成和发展。

3.4.5.2　地层岩性条件

地层岩性是滑坡形成的物质基础。在一些地层中滑坡比较发育:第四系的各种黏性土、黄土以及各种成因的堆积土;第三系、白垩系及侏罗系的砂岩、页岩、泥岩和砂页岩互层,煤系地层;石炭系的石灰岩和页岩、泥岩互层;泥质岩的变质岩,如千枚岩、板岩、云母片岩、绿泥石片岩和滑石片岩等。这些岩层中易发生滑坡,原因在于这些岩层本身岩性软弱,在水和其他营力作用下,易形成滑动带,具备了滑坡产生的基本条件。

3.4.5.3　地质构造条件

地质构造与滑坡的形成及发展的关系主要表现在以下三个方面:一是在大的断裂构造带附近,岩体破碎,构成破碎岩层滑坡的岩体。因此在断裂带附近滑坡往往会成群出现。二是各种构造结构面(断层面、岩层面、节理面、片理面及不整合面)控制了滑动面的空间位置及滑坡的范围。三是地质构造决定了滑坡区地下水的类型、分布、状态和运动规律,从而不同程度地影响滑坡的产生和发展。

3.4.5.4　水文地质条件

各种软弱层、松散风化带容易积水,如果山坡上方或侧面有丰富的地下水补给,则易促进滑坡的形成和发展,其主要作用有:地下水或地表水渗入滑体,增加滑体重量,并且使润湿带中的土强度降低(基质吸力丧失);地下水在隔水层汇集成含水层,会对上覆岩层产生浮托力,降低抗滑力;地下水和周围岩体长期作用,不断改变周围岩土的性质和强度,从而引起坡体滑动;地下水的升降还会产生很大的静水压力和动水压力。所有这些都有利于滑坡的发生。

3.4.5.5　地震的影响

地震是诱发滑坡的重要因素之一。地震诱发滑坡首先是使斜坡岩土结构破坏,在地震力的反复振动和冲击下,沿原有软弱面或新产生的软弱面产生滑动。由于地震产生裂缝和断崖,助长了其后降雨或降雪的渗透,因此地震以后常因降雨或降雪而发生滑坡。

3.4.5.6　人为因素的影响

人工开挖边坡,改变了斜坡的外形,相对减小了斜坡的支撑力,以及坡体上部加载,改变了坡体应力状态,增大了下滑力,引起滑坡。

4 边坡稳定性计算分析

边坡稳定性计算分析是边坡工程设计的基础,分为定性分析和定量分析两大类。定性分析方法包括:自然历史分析法、工程地质类比法、坡率法及图解法等。定量分析法在大类上可分为确定性分析法和不确定性分析法,前者包括刚体极限平衡法、极限分析法及数值模拟法;后者包括可靠度分析法(概率分析法)、模糊分析法、区间分析法、灰色系统法及人工智能法等。

边坡稳定分析必须在查明工程地质条件的基础上进行,根据坡体结构特征确定边坡可能的破坏形式,针对不同的破坏形式采用相应的分析方法。若边坡可能产生沿单一结构面或几组结构面的滑动破坏,应采用平面滑动法、楔形体滑动法或折线形滑动法进行计算分析;对于土质边坡及较大规模的碎裂结构岩质边坡,一般采用圆弧滑动法或复合滑动面法进行计算分析;当边坡的变形破坏机制较为复杂时,可采用数值模拟法来分析边坡的稳定性;若岩土体参数的不确定性对边坡稳定性影响较大,应采用不确定性分析法进行边坡稳定性评价。

4.1 极限平衡法

刚体极限平衡法(简称极限平衡法)是当前最广泛使用的边坡稳定性分析方法。该方法假定岩土体是不变形的刚体,通过考虑岩土体的静力平衡条件和滑动面上摩尔-库仑(Mohr-Coulomb)破坏准则来求解边坡的安全系数。当坡体沿平面滑动,或者沿多个平面组成的楔形体滑动时,可以求得安全系数的解析公式;否则,需要将岩土体划分为若干条块,采用极限平衡条分法来求解边坡的安全系数。

4.1.1 边坡平面滑动稳定性分析

岩质边坡结构面倾向与边坡倾向相同,且结构面倾角小于边坡倾角时,边坡可能沿结构面产生滑动破坏。如图 4-1 所示,ABC 为潜在滑动体;AB 为软弱结构面(滑动面),其长度为 L,与水平面的夹角为 α;AC 为边坡面,它与水平面的夹角为 θ。潜在滑动体 ABC 的重量 W 可以分解为垂直于滑动面 AB 的法向力 $W\cos\alpha$ 及沿滑动面向下的滑动力 $W\sin\alpha$。

边坡的安全系数是滑动面上抗滑力与滑动力的比值。如图 4-1 所示,取单位宽度进行安全系数计算。单宽滑体的重量为:

$$W = \frac{\gamma H^2 \sin(\theta - \alpha)}{2\sin\theta\sin\alpha} \tag{4-1}$$

式中,γ 为滑体重度。

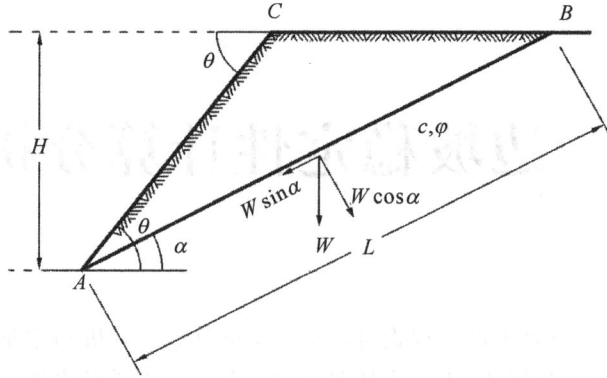

图 4-1 平面滑动边坡

记滑动面 AB 上岩土体的黏聚力及内摩擦角分别为 c 及 φ,则下滑力为 $W\sin\alpha$,抗滑力为 $W\cos\alpha\tan\varphi + cL$,边坡安全系数 F_s 为:

$$F_s = \frac{W\cos\alpha\tan\varphi + cL}{W\sin\alpha} = \frac{\tan\varphi}{\tan\alpha} + \frac{cL}{W\sin\alpha} \tag{4-2}$$

当滑坡后缘存在拉张裂缝时(见图 4-2),地表水将有可能从拉张裂隙渗入,沿着滑动面渗流并在坡脚 A 点出露。

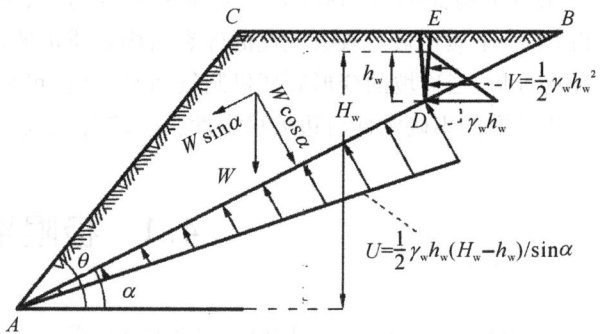

图 4-2 坡顶有拉张裂缝的平面滑动边坡

假定滑动体及不动岩体不透水。设拉张裂缝中水柱的高度为 h_w,则地下水在拉张裂缝 ED 及滑动面 DA 上的水压力如图 4-2 所示。其中,拉张裂缝底面 D 点的静水压力为 $\gamma_w h_w$,拉张裂缝中静水压力的合力 V 及滑动面 AD 上静水压力的合力 U 分别为:

$$V = \frac{1}{2}\gamma_w h_w^2 \tag{4-3}$$

$$U = \frac{1}{2}\gamma_w h_w \cdot AD = \frac{1}{2}\gamma_w h_w \frac{H_w - h_w}{\sin\alpha} \tag{4-4}$$

将静水压力的合力 V 分解为沿滑动面方向的分力 $V\cos\alpha$ 及垂直于滑动面方向的分力 $V\sin\alpha$,则可根据滑动面上抗滑力与滑动力之比求得边坡的安全系数:

$$F_s = \frac{(W\cos\alpha - U - V\sin\alpha)\tan\varphi + c \cdot AD}{W\sin\alpha + V\cos\alpha} \tag{4-5}$$

4.1.2 边坡楔形体滑动稳定性分析

楔形体破坏是岩质边坡的一种常见形式,它由两个或两个以上相交结构面切割形成楔形体,并沿着两个结构面发生滑动。其主要特点是:①楔形体滑动方向与两个结构面交线的倾向一致;②两个结构面交线的倾角小于边坡的坡角。边坡的楔形体稳定性分析,首先要根据结构面的分布确定潜在滑体,并采用赤平极射投影的方法确定滑动体的空间位置和必要的几何参数,然后在此基础上进行力学分析。

4.1.2.1 坡顶水平条件下楔形体边坡的稳定性计算

如图 4-3 所示的边坡,坡高为 h,由 ABC、ABD 这两个斜交滑面构成楔形滑体 $ABCD$,其重量为 W,两个结构面的交线为 AB,其倾角为 α;两个结构面的黏聚力分别为 c_1 和 c_2,内摩擦角分别为 φ_1 和 φ_2。设楔形体同时沿两个结构面滑动,则该楔形体边坡的安全系数为:

$$F_s = \frac{c_1 S_{ABC} + N_1 \tan\varphi_1 + c_2 S_{ABD} + N_2 \tan\varphi_2}{W \sin\alpha} \tag{4-6}$$

式中,S_{ABC} 及 S_{ABD} 分别为滑面 ABC 及 ABD 的面积,N_1 及 N_2 分别为滑体重力作用在这两个滑面上的法向力。

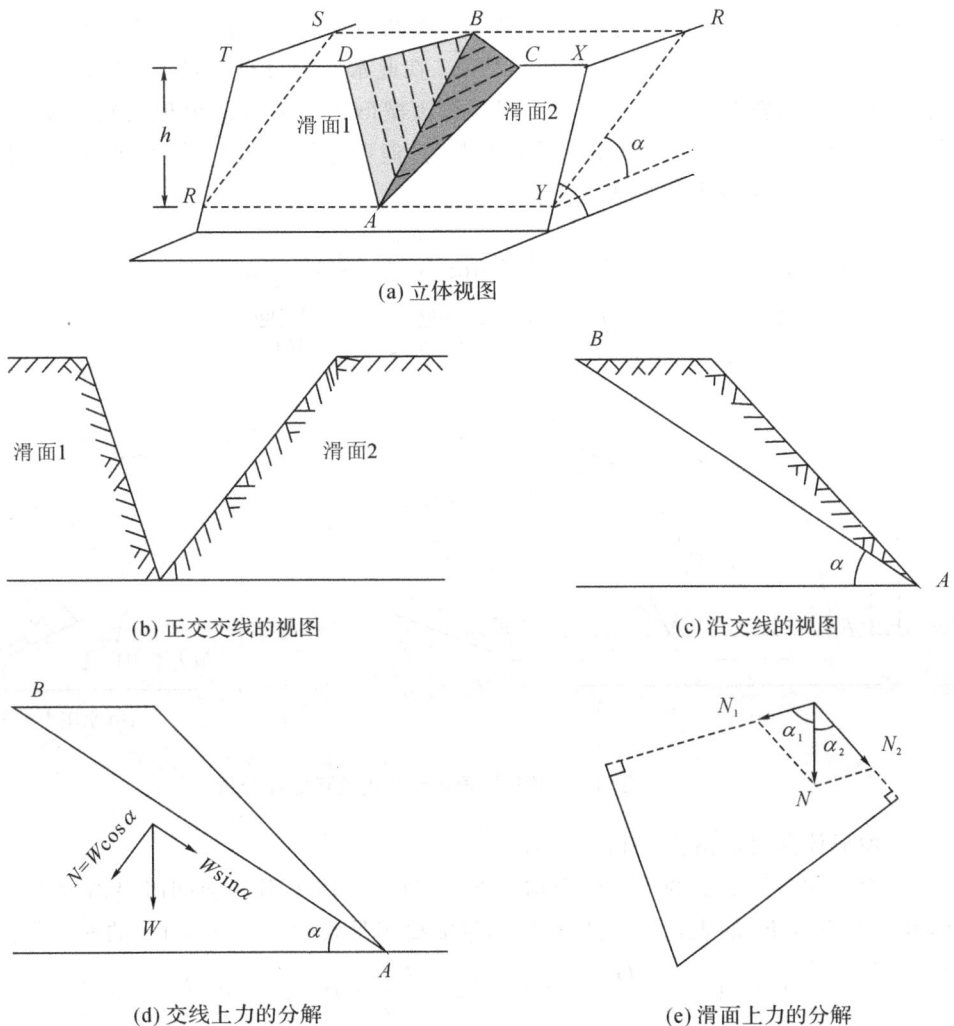

(a) 立体视图

(b) 正交交线的视图

(c) 沿交线的视图

(d) 交线上力的分解

(e) 滑面上力的分解

图 4-3 平顶楔形体边坡稳定性分析

由图 4-3(d) 可得滑体重力在垂直于滑动交线方向的分力为:

$$N = W \cos\alpha \tag{4-7}$$

由图 4-3(e)可得两个法向力 N_1 及 N_2 的计算公式为：

$$N_1 = \frac{N\sin\alpha_2}{\sin(\alpha_1 + \alpha_2)} \tag{4-8}$$

$$N_2 = \frac{N\sin\alpha_1}{\sin(\alpha_1 + \alpha_2)} \tag{4-9}$$

4.1.2.2　坡顶倾斜条件下楔形体边坡的稳定性计算

如图 4-4 所示，坡顶及坡面倾角分别为 ω 及 θ；滑面 1($AB'C$)和滑面 2($AB'D$)的走向与坡面走向的夹角分别为 ε_1 和 ε_2，倾角分别为 δ_1 和 δ_2，黏聚力分别为 c_1、c_2，内摩擦角分别为 φ_1、φ_2，滑面交线 AB' 与水平面的夹角 α 可由式(4-10)计算，且需满足几何条件 $\omega < \alpha < \theta$；坡高为 H，坡顶线 TX 与假想的滑面出露线 RY 所在水平面的竖直距离为 h[可由式(4-11)计算]；坡体及水的重度分别为 γ 及 γ_w；水压力在两滑面交线 AB' 上呈金字塔状分布，即 AB' 的中点处为最大水压力，两端处水压力为 0。在此水压力分布条件下，作用在滑面 1 和滑面 2 上的单位面积静水压力 $u_1 = u_2 = \gamma_w H/6$。该楔形体边坡可能出现的破坏模式为：楔形体同时沿滑面 1 和 2 滑动；楔形体沿滑面 1 滑动；楔形体沿滑面 2 滑动；楔形体浮起。各种情况下边坡的安全系数求解公式如下：

$$\alpha = \arctan \frac{\sin(\varepsilon_1 + \varepsilon_2)}{\sin\varepsilon_1 \cot\delta_2 + \sin\varepsilon_2 \cot\delta_1} \tag{4-10}$$

$$h = \left[H\left(1 - \frac{\tan\omega}{\tan\alpha}\right) \right] \bigg/ \left(1 - \frac{\tan\omega}{\tan\theta}\right) \tag{4-11}$$

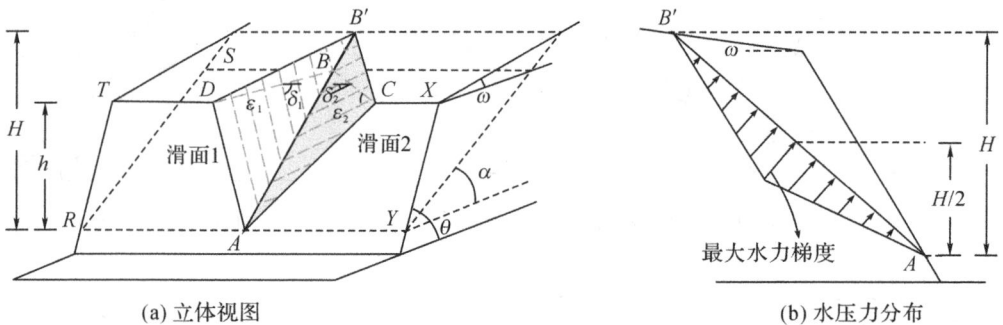

图 4-4　倾斜坡顶楔形体边坡稳定性分析

1)楔形体同时沿滑面 1 和 2 滑动

滑面 1 和滑面 2 上的净法向力均向下，导致楔形体下滑时会同时沿滑面 1 及滑面 2 滑动，其安全系数 F_{s1} 的表达式为式(4-12)，且需要满足式(4-13)和(4-14)的前提条件。

$$F_{s1} = \left(a_1 - \frac{b_1 G_{w1}}{s_\gamma}\right)\tan\varphi_1 + \left(a_2 - \frac{b_2 G_{w2}}{s_\gamma}\right)\tan\varphi_2 + 3b_1 \frac{c_1}{\gamma h} + 3b_2 \frac{c_2}{\gamma h} \tag{4-12}$$

$$a_1 - \frac{b_1 G_{w1}}{s_\gamma} > 0 \tag{4-13}$$

$$a_2 - \frac{b_2 G_{w2}}{s_\gamma} > 0 \tag{4-14}$$

2）楔形体沿滑面 1 滑动

滑面 1 上的净法向力向下，滑面 2 上的净法向力向上，导致楔形体下滑时会仅沿着滑面 1 滑动，其安全系数 F_{s2} 表达式为式（4-15），且需要满足式（4-16）和式（4-17）的前提条件。

$$F_{s2} = \left\{ \left[\left(a_1 - \frac{b_1 G_{w1}}{s_\gamma} \right) - \left(\frac{b_2 G_{w2}}{s_\gamma} - a_2 \right) Z \right] \tan\varphi_1 + 3b_1 \frac{c_1}{\gamma h} \right\} \bigg/ \sqrt{1 + \left[\left(a_2 - \frac{b_2 G_{w2}}{s_\gamma} \right) \sin\psi \right]^2}$$

$$\tag{4-15}$$

$$\left(a_1 - \frac{b_1 G_{w1}}{s_\gamma} \right) - \left(\frac{b_2 G_{w2}}{s_\gamma} - a_2 \right) Z \geqslant 0 \tag{4-16}$$

$$a_2 - \frac{b_2 G_{w2}}{s_\gamma} \leqslant 0 \tag{4-17}$$

3）楔形体沿滑面 2 滑动

滑面 1 上的净法向力向上，滑面 2 上的净法向力向下，导致楔形体下滑时会仅沿着滑面 2 滑动，其安全系数 F_{s3} 表达式为式（4-18），且需要满足式（4-19）和式（4-20）的前提条件。

$$F_{s3} = \left\{ \left[\left(a_2 - \frac{b_2 G_{w2}}{s_\gamma} \right) - \left(\frac{b_1 G_{w1}}{s_\gamma} - a_1 \right) Z \right] \tan\varphi_2 + 3b_2 \frac{c_2}{\gamma h} \right\} \bigg/ \sqrt{1 + \left[\left(a_1 - \frac{b_1 G_{w1}}{s_\gamma} \right) \sin\psi \right]^2}$$

$$\tag{4-18}$$

$$a_1 - \frac{b_1 G_{w1}}{s_\gamma} \leqslant 0 \tag{4-19}$$

$$\left(a_2 - \frac{b_2 G_{w2}}{s_\gamma} \right) - \left(\frac{b_1 G_{w1}}{s_\gamma} - a_1 \right) Z \geqslant 0 \tag{4-20}$$

4）楔形体浮起

滑面 1 和滑面 2 上的净法向力均向上，导致楔形体由于水压力而浮起，其安全系数 $F_{s4} = 0$，且需要满足式（4-21）和式（4-22）的前提条件。

$$\left(a_1 - \frac{b_1 G_{w1}}{s_\gamma} \right) - \left(\frac{b_2 G_{w2}}{s_\gamma} - a_2 \right) Z \leqslant 0 \tag{4-21}$$

$$\left(a_2 - \frac{b_2 G_{w2}}{s_\gamma} \right) - \left(\frac{b_1 G_{w1}}{s_\gamma} - a_1 \right) Z \leqslant 0 \tag{4-22}$$

式（4-12）～（4-22）中，a_1、a_2、b_1、b_2、Z 以及 ψ 均由楔形体边坡的几何参数换算求得，其表达式见式（4-23）；$s_\gamma = \gamma / \gamma_w$；$G_{w1}$ 和 G_{w2} 为滑面 1 和滑面 2 上的归一化的水压力参数，与对应滑面上单位面积的静水压力 u_1 和 u_2 有关，其表达式见式（4-24）。

$$a_1 = \frac{\sin\delta_2 \cot\delta_1 - \cos\delta_2 \cos(\varepsilon_1 + \varepsilon_2)}{\sin\psi \sin(\varepsilon_1 + \varepsilon_2)}$$

$$a_2 = \frac{\sin\delta_1 \cot\delta_2 - \cos\delta_1 \cos(\varepsilon_1 + \varepsilon_2)}{\sin\psi \sin(\varepsilon_1 + \varepsilon_2)}$$

$$b_1 = \frac{\sin\psi \sin\varepsilon_1 \sin\delta_2}{\left[\sin(\varepsilon_1 + \varepsilon_2) \sin\delta_1 \sin\delta_2 \right]^2 (\cot\alpha - \cot\theta)} \tag{4-23}$$

$$b_2 = \frac{\sin\psi \sin\varepsilon_2 \sin\delta_1}{\left[\sin(\varepsilon_1 + \varepsilon_2) \sin\delta_1 \sin\delta_2 \right]^2 (\cot\alpha - \cot\theta)}$$

$$Z = \cos\delta_1 \cos\delta_2 + \sin\delta_1 \cot\delta_2 \cos(\varepsilon_1 + \varepsilon_2)$$

$$\psi = \arcsin \left| \sqrt{1 - \left[\sin\delta_1 \sin\delta_2 \cos(\varepsilon_1 + \varepsilon_2) + \cos\delta_1 \cos\delta_2 \right]^2} \right|$$

$$G_{w1}=\frac{3}{\gamma_w h}u_1=\frac{3}{\gamma_w h}\frac{\gamma_w H}{6}=\frac{H}{2h}, \ G_{w2}=\frac{3}{\gamma_w h}u_2=\frac{3}{\gamma_w h}\frac{\gamma_w H}{6}=\frac{H}{2h} \qquad (4-24)$$

4.1.3 边坡折线形滑动稳定分析

当边坡的潜在滑面为折线形时,可以采用不平衡推力法(又称剩余推力法或传递系数法)进行边坡的稳定性分析,该方法计算简捷,是我国工业与民用建筑、交通运输及地质等部门在计算滑坡稳定性时广泛使用的方法。该方法假定条间力与上一条块的底面平行,条间力的作用点在条间竖向分隔面的中央。根据力的平衡条件逐条从上往下推求条间力,当作用在最后一个条块上的推力为零时,即可求得滑坡的安全系数。

如图 4-5 所示,假定 i 块段作用于 $i+1$ 块段的剩余下滑推力平行于 i 块段的底滑面,则根据垂直及平行于土条底面方向的力的平衡条件和摩尔-库仑破坏准则,可以得到第 i 块段的剩余下滑推力 E_i 的计算公式为:

$$E_i=E_{i-1}\psi_{i-1}+F_s W_i\sin\theta_i-W_i\cos\theta_i\tan\varphi_i-c_i L_i \qquad (4-25)$$

其中,

$$\psi_{i-1}=\cos(\theta_{i-1}-\theta_i)-\sin(\theta_{i-1}-\theta_i)\tan\varphi_i \qquad (4-26)$$

式中,E_{i-1} 为第 $i-1$ 块段的剩余下滑推力(kN/m);ψ_{i-1} 为第 $i-1$ 块段的剩余下滑推力传递至第 i 块段时的传递系数;F_s 为滑坡推力法计算的安全系数;W_i 为第 i 块段滑体的重量(kN/m);θ_i 为第 i 块段的倾角(°);φ_i 为第 i 块段滑面的摩擦角(°);c_i 为第 i 块段滑面的黏聚力(kPa);L_i 为第 i 块段滑面的长度(m)。

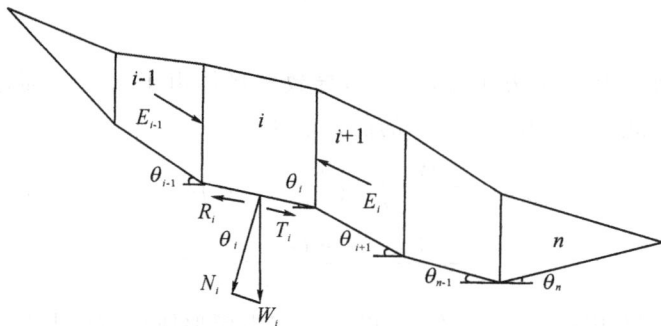

图 4-5 折线形滑面滑坡推力计算

在不平衡推力法中,边坡的安全系数 F_s 需要通过试算迭代求解,即先假定一个 F_s 值,根据式(4-25)由边坡顶部从上至下逐条计算条间力。若作用在最后一个条块上的推力(即滑坡剪出口处的剩余下滑推力)不为零,则需要重新假定 F_s 值并重复计算,直至作用在最后一个条块上的推力为零,此时的 F_s 值即为滑坡的安全系数。工程中为了简化计算,亦可采用近似显式解法直接估算边坡的安全系数,其计算公式如下:

$$F_s=\frac{\sum_{i=1}^{n-1}\left(R_i\prod_{j=i}^{n-1}\psi_j\right)+R_n}{\sum_{i=1}^{n-1}\left(T_i\prod_{j=i}^{n-1}\psi_j\right)+T_n} \qquad (4-27)$$

式中,R_i 为第 i 块段的抗滑力(kN/m);ψ_{i-1} 为第 $i-1$ 块段的剩余下滑推力传递至第 i 块段时的传递系数；T_i 为第 i 块段的下滑力(kN/m)；n 为条块数。

4.1.4　边坡的极限平衡条分法

4.1.4.1　条分法的基本原理和假设

极限平衡条分法假定岩土体为不变形的刚体。对于任一假定的滑动面，先将滑动面以上的边坡岩土体（滑动体）划分成若干条块（见图 4-6），分析每一条块上的作用力；再利用每一条块上力和力矩的静力平衡条件来求边坡的安全系数。该方法不仅可用于任意形状的滑动面，而且可以考虑用于各种复杂的边坡外形、岩土层分布及渗透力、地震力等复杂荷载的情况。与数值模拟法相比，极限平衡条分法的计算速度快，因此在边坡工程中得到了广泛的应用。

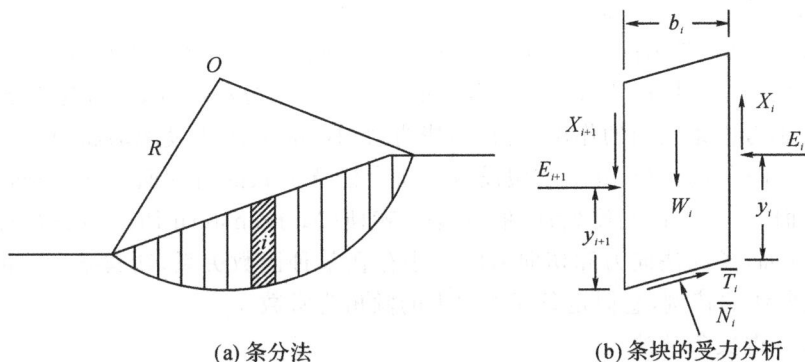

(a) 条分法　　　　　**(b) 条块的受力分析**

图 4-6　条分法及其条块受力分析

极限平衡条分法是建立在 Mohr-Coulomb 强度准则的基础上的，其特点是只考虑岩土体的静力平衡条件和滑动面上的 Mohr-Coulomb 破坏准则。对于边坡稳定性分析中大多数的静不定问题，极限平衡条分法通过引入一些简化假定来使问题变得静定可解。

对于图 4-6(a)中任一条块 i，作用力如图 4-6(b)所示。如果条块划分得足够多，条块宽度足够小，则可认为每个条块底面的滑弧是直线；滑弧上的法向应力均匀分布且合力作用于条块底面的中点。设滑动体内条块总数为 n，任一条块 i 上作用的力有：

①条块自重 W_i：方向竖直向下，大小为岩土体重度与条块面积的乘积。

②作用在条块底面的法向反力 $\overline{N_i}$ 和切向抗剪力 $\overline{T_i}$：设 $\overline{N_i}$ 作用在条块底面中点，$\overline{T_i}$ 的作用方向平行于第 i 条块的滑动面并与滑动趋势方向相反。抗剪力 $\overline{T_i}$ 可能发挥的最大值为条块底面的抗剪强度与滑弧长度的乘积。设边坡的安全系数为 F_s，则条块底面实际发挥的抗剪力可以根据 Mohr-Coulomb 理论求得，即

$$\overline{T_i}=\tau_i l_i=\frac{\tau_{ti}}{F_s}l_i=\frac{(c_i+\sigma_i\tan\varphi_i)l_i}{F_s}=\frac{c_i l_i+\overline{N_i}\tan\varphi_i}{F_s} \tag{4-28}$$

式中，l_i 为条块 i 的滑动面长度；τ_i、τ_{ti} 及 σ_i 分别为条块 i 底面中点处的岩土体剪应力、抗剪强度及法向应力；c_i 及 φ_i 分别为条块 i 底面中点所在土层的黏聚力及内摩擦角。

由于法向反力 $\overline{N_i}$ 和抗剪力 $\overline{T_i}$ 有上述函数关系，因此，n 个条块的 $\overline{N_i}$、$\overline{T_i}$ 和 F_s 共有 $n+1$ 个未知量。

③作用在条块两侧面的法向作用力 E_i、E_{i+1} 及切向作用力 X_i、X_{i+1}：n 个条块间共有 n

－1个法向力、$n-1$个切向力及其作用点的位置,因此,共有 $3(n-1)$ 个未知量。

由上述分析可知,n 个条块在静力平衡条件下共有 $4n-2$ 个未知量。但是,对每个条块只能列出两个互相垂直方向(如:竖直方向和水平方向;条块底部法线方向和切线方向)的静力平衡方程及一个力矩平衡方程,故能够列出的平衡方程总数为 $3n$ 个。因此,未知量个数比平衡方程数多 $n-2$ 个。只要条块个数 n 大于2(即未知量的个数大于零),边坡稳定性分析就是超静定问题。为了使该超静定问题可解,可以通过引入对条块间作用力的假设条件来减少未知量的数目,从而使方程个数不少于未知量个数。当引入的假设条件多于 $n-2$ 个,使未知量的个数少于 $3n$ 时,解得的各条块上的作用力不能满足全部的 $3n$ 个平衡条件,此时的极限平衡条分法为近似方法;当引入的假设条件有 $n-2$ 个,使未知量的个数恰好等于 $3n$ 时,各条块上的作用力能满足全部的 $3n$ 个平衡条件,此时的极限平衡条分法是严格的方法,安全系数的解足够准确。

由于力的三要素是力的大小、作用点及方向,因此,多位学者分别从这三个方面对条间力作了假定,提出了不同的边坡稳定性分析的极限平衡条分法。例如:瑞典条分法假设滑动面为圆弧面,不考虑条间力的作用;简化的毕肖普(Bishop)法假设滑动面为圆弧面,不考虑条间切向力的作用;简布(Janbu)法假设滑动面为任意形状的滑动面,条间法向力的作用点位置在滑动面以上 $1/3$ 的高度处;摩根斯坦-普赖斯(Morgenstern-Price)法假设滑动面为任意形状的滑动面,条间法向力和切向力的大小存在某种函数关系;斯宾塞(Spencer)法是摩根斯坦-普赖斯法的特例,它假定条间侧向力的倾角为常数。

4.1.4.2 瑞典条分法

瑞典条分法由瑞典人 Fellenius 提出,是古老而又简单的一种条分法,因此又称为瑞典法、Fellenius 法或普通条分法。如图 4-7 所示,某均质土坡,AC 是假定的滑动面,其圆心为 O,半径为 R。现将滑动体 ABC 分为若干条块,取其中任一条(第 i 条)进行受力分析。瑞典条分法假定不考虑条块两侧面上的作用力。因此,条块 i 上作用的力有:

①条块自重 W_i:方向竖直向下,其数值与岩土体重度及条块面积有关。将重力 W_i 引至条块底部的滑动面上,分解为垂直于滑动面的法向力 N_i 和与滑弧相切并指向滑动方向的剪切力 T_i。对于圆弧形滑动面,条块底面的法向力通过滑弧的圆心。记条块底面中点的法线与竖直线的交角为 α_i,则:

$$N_i = W_i \cos\alpha_i \tag{4-29}$$

$$T_i = W_i \sin\alpha_i \tag{4-30}$$

②作用在条块底面的法向反力 $\overline{N_i}$:方向指向滑弧的圆心。

③作用在条块底面的切向力(抗剪力)$\overline{T_i}$:条块实际发挥的抗剪力可用式(4-28)求得,即抗剪力 $\overline{T_i}$ 可由条块底面的法向反力 $\overline{N_i}$ 及边坡的安全系数 F_s 来表示。

综上所述,将滑动体划分为 n 个条块时,瑞典条分法的总未知量个数只有 $n+1$ 个,这些未知量可利用 n 个条块底面法向力的平衡条件和整个滑动体的力矩平衡条件进行求解。

①条块底面法线方向的静力平衡:条块重力在滑动面法线方向的分力 N_i 与条块底面的法向反力 $\overline{N_i}$ 相等,即

$$\overline{N_i} = N_i \tag{4-31}$$

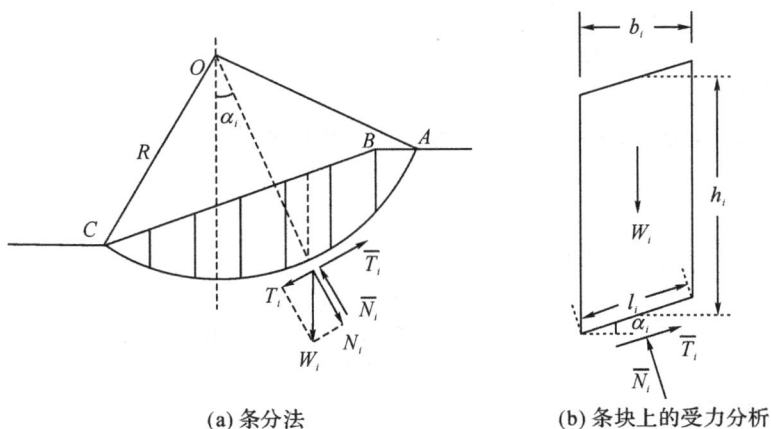

(a) 条分法　　　　　　(b) 条块上的受力分析

图 4-7　瑞典条分法计算

将式(4-29)代入上式,可得:

$$\overline{N_i} = W_i \cos\alpha_i \tag{4-32}$$

②整个滑动体的力矩平衡:将滑动体内所有条块对滑弧中心点 O 取力矩平衡,得:

$$\sum T_i R = \sum \overline{T_i} R \tag{4-33}$$

式中,求和符号 $\sum$ 表示对所有条块求和。将式(4-28)、式(4-30)及(4-32)代入上式,得:

$$\sum W_i(\sin\alpha_i)R = \sum \frac{c_i l_i + \overline{N_i}\tan\varphi_i}{F_s}R = \sum \frac{c_i l_i + W_i\cos\alpha_i\tan\varphi_i}{F_s}R \tag{4-34}$$

因此,

$$F_s = \sum \frac{c_i l_i + \overline{N_i}\tan\varphi_i}{F_s}R = \frac{\sum(c_i l_i + W_i\cos\alpha_i\tan\varphi_i)}{\sum W_i\sin\alpha_i} \tag{4-35}$$

式(4-35)即为瑞典条分法求解边坡安全系数的总应力法计算公式,式中的强度参数(c 和 φ)为总应力强度参数。

若考虑坡体内孔隙水压力对边坡稳定性的影响,采用有效应力法进行边坡稳定性分析,只需将式(4-35)中强度参数替换为有效应力强度参数,将滑动面法向力 $\overline{N_i}$ 替换为法向有效应力的合力 $\overline{N_i'}$ 即可。其中,法向有效应力的合力 N_i' 可由滑动面法线方向的静力平衡条件求得:

$$\overline{N_i'} = N_i - u_i l_i = W_i\cos\alpha_i - u_i l_i \tag{4-36}$$

因此,

$$F_s = \frac{\sum[c_i' l_i + (W_i\cos\alpha_i - u_i l_i)\tan\varphi_i']}{\sum W_i\sin\alpha_i} \tag{4-37}$$

式中,c_i' 及 φ_i' 分别为第 i 条块底面中点所在土层的有效黏聚力及有效内摩擦角;u_i 为第 i 条块底面中点所在土层的孔隙水压力值,它可由渗流分析求得,亦可由某种简化方法求得。例如,可以由孔隙水压力系数 r_u 来估算孔隙水压力,公式如下:

$$u_i = r_u W_i/b_i \tag{4-38}$$

式中,b_i 为第 i 条块的宽度。

式(4-35)和式(4-37)是采用瑞典条分法求解边坡安全系数的基本公式,式中条块自重 W_i 的求解与土层的分布有关。

1)均质边坡

对于均质边坡,记 γ_i、b_i 和 h_i 分别为第 i 条块的重度、宽度和平均高度,则条块的自重为:

$$W_i = \gamma_i b_i h_i \tag{4-39}$$

将上式代入式(4-35),可得边坡的安全系数为:

$$F_s = \frac{c\hat{L} + \left(\sum \gamma_i b_i h_i \cos\alpha_i\right)\tan\varphi}{\sum \gamma_i b_i h_i \sin\alpha_i} \tag{4-40}$$

式中,$\hat{L}$ 为滑弧的长度。

2)分层边坡

若边坡由多层土组成,如图4-8所示,则在计算边坡的安全系数时需注意两个问题:一是安全系数求解公式中黏聚力及内摩擦角应取第 i 条块底面中点所在土层的强度参数;二是应分层计算条块的重力,如第 i 条块包含 m 层土,则:

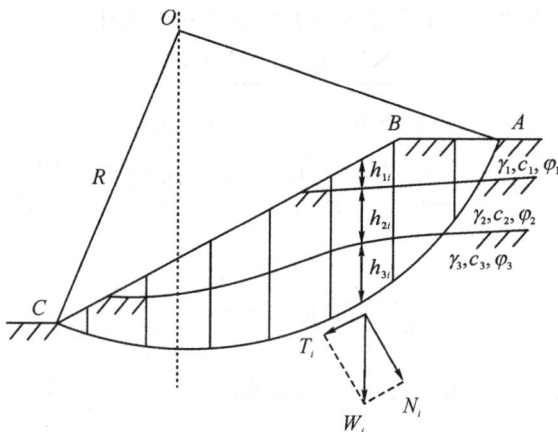

图 4-8　分层边坡计算

$$W_i = b_i(\gamma_1 h_{1i} + \gamma_2 h_{2i} + \cdots + \gamma_m h_{mi}) \tag{4-41}$$

由此可得分层边坡的安全系数计算公式:

$$F_s = \frac{\sum[c_i l_i + b_i(\gamma_1 h_{1i} + \gamma_2 h_{2i} + \cdots + \gamma_m h_{mi})\cos\alpha_i \tan\varphi_i]}{\sum b_i(\gamma_1 h_{1i} + \gamma_2 h_{2i} + \cdots + \gamma_m h_{mi})\sin\alpha_i} \tag{4-42}$$

需要指出的是,在采用条分法求解边坡的安全系数时应注意条块的位置。如图4-8所示,若条块底面中心在滑弧圆心 O 的垂线右侧时,剪切力 T_i 与滑动趋势方向相同,属于下滑力,滑动面倾角 α_i 应取正号;若条块底面中心在滑弧圆心 O 的垂线左侧时,剪切力 T_i 与滑动趋势方向相反,属于抗滑力,滑动面倾角 α_i 应取负号。

4.1.4.3　简化的 Bishop 法

由于瑞典条分法假定不考虑条块间作用力,一般而言它得到的边坡安全系数偏小。在工程实践中,为了改进条分法的计算精度,应该考虑条块间的作用力,以求得比较合理的结果。目前已有许多解决问题的办法,其中毕肖普(Bishop)提出的简化条分法比较合理、实用。

Bishop 法也假定滑动面为圆弧面,它考虑了条块侧面的作用力。Bishop 采用了有效应力法推导公式,该方法也可用于总应力法。

如图 4-9 所示边坡,任取一条块 i,其受到的作用力有:

①条块自重 W_i:方向竖直向下,大小与岩土体重度及条块面积有关。

②作用在条块底面的切向抗剪力 $\overline{T_i}$、有效法向反力 $\overline{N'_i}$ 及孔隙水压力的合力 $u_i l_i$:设这些力的作用点都在条块底面中点。由 Mohr-Coulomb 理论可得切向力 $\overline{T_i}$ 和有效法向反力 $\overline{N'_i}$ 之间的关系:

$$\overline{T_i} = \frac{\tau_{fi}}{F_s} l_i = \frac{(c'_i + \sigma'_i \tan\varphi'_i) l_i}{F_s} = \frac{c'_i l_i + \overline{N'_i} \tan\varphi'_i}{F_s} \tag{4-43}$$

③作用在条块两侧面的条间法向力 E_i、E_{i+1} 及条间切向力 X_i、X_{i+1}:记 $X_{i+1} - X_i = \Delta X_i$,$E_{i+1} - E_i = \Delta E_i$。

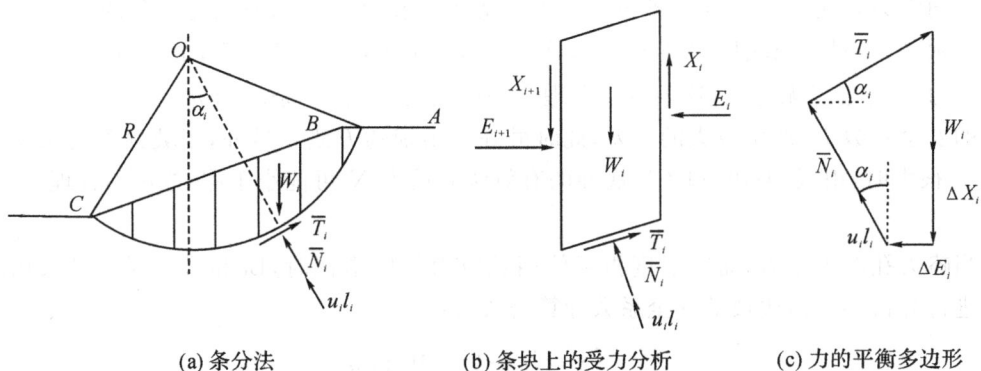

(a) 条分法　　　　　(b) 条块上的受力分析　　　　　(c) 力的平衡多边形

图 4-9　Bishop 法计算

为了求解边坡的安全系数,Bishop 法采用如下两个平衡条件:

①条块底面竖向力的平衡:

$$W_i + \Delta X_i - \overline{T_i}\sin\alpha_i - \overline{N'_i}\cos\alpha_i - u_i l_i \cos\alpha_i = 0 \tag{4-44}$$

②整个滑动体的力矩平衡:由于相邻条块间切向力的力矩将相互抵消,而各条块底面的有效法向反力 N'_i 及孔隙水压力的合力 $u_i l_i$ 的作用线均通过圆心,故有:

$$\sum W_i R_i \sin\alpha_i = \sum \overline{T_i} R \tag{4-45}$$

将式(4-43)代入式(4-44),可得:

$$\overline{N'_i} = \left(W_i + \Delta X_i - \frac{c'_i l_i}{F_s}\sin\alpha_i\right) / m_{\alpha_i} \tag{4-46}$$

式中,

$$m_{\alpha_i} = \cos\alpha_i + \frac{\tan\varphi'_i}{F_s}\sin\alpha_i \tag{4-47}$$

将式(4-46)代入式(4-43)后再代入式(4-45)可得安全系数的计算公式:

$$F_s = \frac{\sum \frac{1}{m_{a_i}}[c_i'b_i + (W_i - u_ib_i + \Delta X_i)\tan\varphi_i']}{\sum W_i\sin\alpha_i} \tag{4-48}$$

上式即为采用 Bishop 法求土坡安全系数的计算公式,式中 ΔX_i 仍是未知的,为求 F_s 值必须先估算 ΔX_i,每试算迭代一次就要估算一次,计算十分繁杂。Bishop 已证明,若假设 $\Delta X_i = 0$,所产生的误差仅为 1%,此时上式可简化为:

$$F_s = \frac{\sum \frac{1}{m_{a_i}}[c_i'b_i + (W_i - u_ib_i)\tan\varphi_i']}{\sum W_i\sin\alpha_i} \tag{4-49}$$

这就是国内外普遍使用的简化 Bishop 公式。由式(4-47)可知 m_{a_i} 的表达式中含有 F_s,因此,式(4-49)是 F_s 的隐函数,需要迭代求解。求解 F_s 的具体方法是:先假定安全系数 F_s 的初值(一般假定初值为1),再按上式求解 F_s 的新值。若计算出的 F_s 新值不等于1,则用此 F_s 新值求解出新的 m_{a_i},再代入式(4-49)重新计算 F_s 值,直至前后两次算出的 F_s 值非常接近。通常只要迭代 3 ~ 4 次即可满足工程精度要求,而且迭代通常是收敛的。

必须指出,对于条块底面倾角 α_i 为负值的那些条块,m_{a_i} 可能为零,由式(4-46)可知此时法向反力 $\overline{N_i'}$ 将趋于无穷大,这显然不合理。一般而言,当任一条块的 $m_{a_i} \leqslant 0.2$ 时,就会使求出的安全系数 F_s 产生较大的误差,此时最好采用别的方法。另外,当坡顶附近条块底面倾角 α_i 很大时,由式(4-46)知条块底面的有效法向反力 N_i' 可能小于零,这也不合理,此时可取 $\overline{N_i'} = 0$。

当略去孔隙水压力,而且强度指标使用总应力强度指标时,Bishop 法同样可采用总应力法进行分析,此时,边坡的安全系数计算公式为:

$$F_s = \frac{\sum \frac{1}{m_{a_i}}(c_ib_i + W_i\tan\varphi_i)}{\sum W_i\sin\alpha_i} \tag{4-50}$$

4.1.4.4 Morgenstern-Price 法

Morgenstern 和 Price(1965)提出了适用于任意形状滑裂面的严格极限平衡条分法。如图 4-10(a)所示边坡,任取一条块 i,其受到的作用力有[见图 4-10(b)]:

① 条块自重 ΔW:方向竖直向下,大小可根据岩土体重度及条块面积求得。

② 坡表面垂直荷载 $q\Delta x$:q 为坡表均布荷载,Δx 为条块宽度。方向竖直向下。

③ 地震力 $\Delta Q = \eta\Delta W$,其中 η 为比例系数。ΔQ 的方向水平指向坡外,作用点与土条底面中点的竖直距离为 h_e。

④ 作用在条块底面的切向抗剪力 $\Delta\overline{T}$、法向有效反力 $\Delta\overline{N'}$ 及孔隙水压力的合力 $u\Delta l$ 或 $u\Delta x\sec\alpha$(其中,Δl 及 α 分别为条块底面滑弧的长度及倾角)。设这些力的作用点都在条块底面中点。

⑤ 作用在条块两侧面的条间法向力 E、$E + \Delta E$ 及条间切向力 X、$X + \Delta X$。记条间法向力与切向力的合力为 G 及 $G + \Delta G$,条间力的合力与水平面的倾角为 ε 及 $\varepsilon + \Delta\varepsilon$,合力作用点与坐标原点间竖直距离为 y_t 及 $y_t + \Delta y_t$。

Morgenstern-Price 法假定条间切向力与法向力之比(即条间合力倾角的正切 $\tan\varepsilon$)为待定参数 λ 及条间力函数 $f(x)$ 的乘积:

(a) 滑坡体　　　　　　　　　　　　　　　(b) 条块受力分析

(c) 条间力假定1　　　　(d) 条间力假定2　　　　(e) 条间力假定3

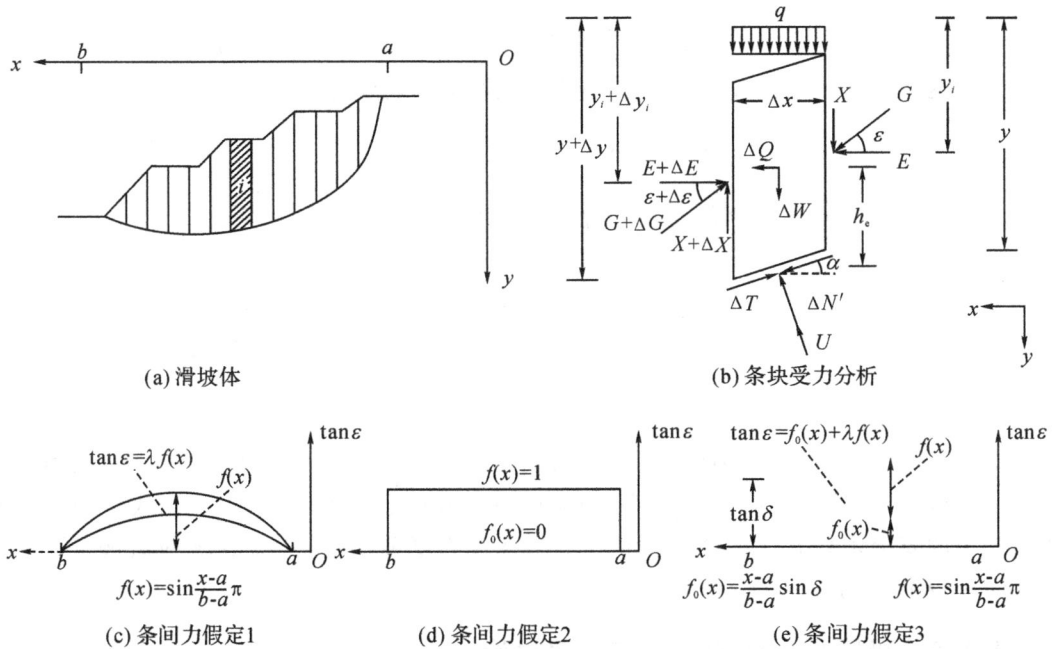

图 4-10　通用条分法计算

$$\tan\varepsilon = \lambda f(x) \tag{4-51}$$

式中，x 为条块所在位置的横坐标，$f(x)$ 为某种假定的函数[见图 4-10(c)]。

当 $f(x)=1$ 时[见图 4-10(d)]，各土条的条间力倾角为常数，即条块间的推力平行，此即 Spencer 法对条间力的假定。因此，Spencer 法是 Morgenstern-Price 法中假设条间力倾角为常数时的特例。

为了保证在滑动体两侧边界上的剪应力成对原理不被破坏，应保证条间力倾角在 $x=a$ 及 $x=b$ 处为指定值，此时可假定：

$$\tan\varepsilon = f_0(x) + \lambda f(x) \tag{4-52}$$

式中，$f_0(x)$ 为线性函数，用于保证 $\tan\varepsilon$ 在 $x=a$ 及 $x=b$ 处为指定值[见图 4-10(e)]。

对土条分别建立 x 和 y 方向的静力平衡方程，考虑 Mohr-Coulomb 强度准则，并令土条宽度 $\Delta x \to 0$，可得静力平衡的微分方程：

$$\cos\left(\frac{\varphi'}{F_s} - \alpha + \varepsilon\right)\frac{\mathrm{d}G}{\mathrm{d}x} - \sin\left(\frac{\varphi'}{F_s} - \alpha + \varepsilon\right)\frac{\mathrm{d}\varepsilon}{\mathrm{d}x}G = -p(x) \tag{4-53}$$

其中，

$$p(x) = \left(\frac{\mathrm{d}W}{\mathrm{d}x} + q\right)\sin\left(\frac{\varphi'}{F_s} - \alpha\right) - r_u\frac{\mathrm{d}W}{\mathrm{d}x}\sec\alpha\sin\left(\frac{\varphi'}{F_s}\right) + \frac{c'}{F_s}\sec\alpha\cos\left(\frac{\varphi'}{F_s}\right) - \eta\frac{\mathrm{d}W}{\mathrm{d}x}\cos\left(\frac{\varphi'}{F_s} - \alpha\right) \tag{4-54}$$

同时，对土条底面中点取力矩平衡，并令土条宽度 $\Delta x \to 0$，可得力矩平衡方程的微分方程：

$$G\sin\varepsilon = -y\frac{\mathrm{d}}{\mathrm{d}x}(G\cos\varepsilon) + \frac{\mathrm{d}}{\mathrm{d}x}(y_t G\cos\varepsilon) + \eta\frac{\mathrm{d}W}{\mathrm{d}x}h_e \tag{4-55}$$

结合图 4-10 可得式(4-53)及式(4-55)对应的边界条件如下：

$$G(a)=0, \quad G(b)=0, \quad y_t(a)=y(a), \quad y_t(b)=y(b) \tag{4-56}$$

利用这一边界条件,可以将上述微分形式的静力平衡及力矩平衡方程改写成积分形式：

$$G_n(F_s,\lambda) = \int_a^b p(x)s(x)\mathrm{d}x = 0 \tag{4-57}$$

$$M_n(F_s,\lambda) = \int_a^b p(x)s(x)t(x)\mathrm{d}x - M_e = 0 \tag{4-58}$$

其中,

$$t(x) = \int_a^x (\sin\varepsilon - \cos\varepsilon\tan\alpha) \exp \int_a^\xi \left[\tan(\frac{\varphi'}{F_s} - \alpha + \varepsilon) \frac{\mathrm{d}\varepsilon}{\mathrm{d}\zeta}\mathrm{d}\zeta \right] \mathrm{d}\xi \tag{4-59}$$

$$M_e = \int_a^b \eta \frac{\mathrm{d}W}{\mathrm{d}x} h_e \mathrm{d}x \tag{4-60}$$

式(4-59)和式(4-60)分别反映了滑动体的静力平衡及力矩平衡条件。这两个方程中包含安全系数 F_s 及条间力函数的待定系数 λ 这两个未知量。联立式(4-59)和式(4-60),即可求得边坡的安全系数 F_s。具体的数值计算方法较为复杂,涉及二维牛顿-拉夫逊(Newton-Raphson)迭代等内容。

4.1.5 极限平衡法的对比与应用讨论

边坡稳定性分析中各种极限平衡条分法的力学模型简单直观、计算简洁,易于处理工程中复杂的土层剖面及荷载,可以定量地对边坡进行稳定性分析与评价,确定其临界破坏面的位置。极限平衡法已成为目前相对成熟且应用广泛的边坡稳定分析方法。但是,极限平衡法假设土体为刚体,没有考虑岩土体的应力应变关系,只关注岩土体在极限平衡状态下的破坏机制,无法分析边坡破坏的发生及发展过程,且需要假定滑动面的形状。因此,根据假定条件的不同,各种极限平衡法的计算精度及适用情况也有所不同。经过几十年的理论发展及工程应用,学者对极限平衡法的精度及适用条件已有了较为一致的看法,主要结论如下：

①在进行边坡稳定性分析之前,应根据岩土体性质与结构面位置等地质条件,判断边坡的可能破坏方式、破坏方向及影响范围等情况。当边坡可能沿结构面发生滑动时,应根据结构面的形态特征选择平面滑动、楔形体滑动或折线形滑动稳定性分析方法;对于土质边坡、极软或破碎的岩质边坡,可以采用圆弧形滑动面进行稳定性分析。

②圆弧滑动法是目前工程实践中分析黏性土边坡稳定性广泛使用的方法。该方法把滑动面简单地视为圆弧,认为滑动土体是刚性体。该方法虽不能完全符合实际,但由于概念简明,计算较为简单,且能分析复杂条件下的边坡稳定性,因而得到了广泛的工程应用,并积累了丰富的使用经验。这些经验表明,由均质黏性土组成的土坡,其真正最危险滑动面的形状接近圆弧,因而采用圆弧滑动面的假设较为合理。如果是非均质土,例如土石坝或坝基下存在软弱夹层等,滑动面的形状就是非圆弧形或为复合滑动面。

③瑞典条分法不存在数值分析的问题。但是,该方法忽略了条块侧面的作用力,不能满足所有的力及力矩平衡条件,由此算出的边坡安全系数比其他严格的方法可能偏低 $10\% \sim 20\%$。相比于圆弧滑动面的总应力法,该方法可以得出基本正确的结果。在平缓边坡和高孔隙水压力情况下,采用瑞典条分法的有效应力法公式进行边坡稳定性分析的结果误差较大,其误差随着滑弧圆心角和孔隙水压力的增大而增大,严重时可以使安全系数的计算值比

其他较严格的方法偏低一半。

④简化的 Bishop 法利用每一条块竖向力的平衡条件及整个滑动土体的力矩平衡条件来求解边坡的安全系数,它不能满足所有的平衡条件,因而还不是一个严格的方法。简化的 Bishop 法对于圆弧形滑动面可以得到精确的计算结果(除非遇到数值分析的困难)。因此,对于一般没有软弱土层或结构面的边坡,可以假设滑动面为圆弧形,采用 Bishop 法进行边坡的稳定性分析。该方法计算简便,因而使用十分广泛。但是,该方法仅适用于圆弧形滑动面,有时会遇到数值分析的问题。通常情况下,简化 Bishop 法的安全系数平均高出瑞典条分法的 6%~7%。如果使用简化 Bishop 法计算所得的安全系数反而比瑞典条分法的小,则可以认为简化的 Bishop 法中存在数值分析问题。此时,瑞典条分法的计算结果比简化的 Bishop 法好。与严格的极限平衡条分法相比,简化 Bishop 法的误差约为 2%~7%。

⑤满足全部平衡条件(静力平衡及力矩平衡)的方法(Morgenstern-Price 法及 Spencer 法等)能得到足够精确的结果,可以适用于任意形状的滑动面,因而在国际岩土工程界受到广泛欢迎,可以用来验证其他方法的正确性。对于一般可认为是正确的安全系数,误差不会超过 6%。该类方法的缺点是计算过程较为复杂;有时可能会遇到数值分析问题。

⑥当遇到软弱夹层或折线形滑面时,相关规范都推荐使用不平衡推力法。它借助于地质构造特征进行边坡的剩余推力计算及稳定性分析,可以方便快速地获得任意形状滑动面在复杂荷载作用下的滑坡推力及边坡的安全系数。

4.2 数值模拟法

数值模拟法假定土体为可变形的弹塑性材料,通过对土体的应力应变分析来求解边坡的稳定性。与极限平衡条分法相比,边坡稳定性分析的数值模拟法所需计算量较大。但是,数值模拟法全面满足了岩土体的静力许可、应变相容及材料的本构关系,可以考虑边坡的复杂几何形状、岩土体材料的非均质、非线性及复杂的荷载情况,可以模拟边坡的开挖、支护及地下水渗流等,可以动态展示边坡的变形及破坏过程。因此,随着计算机软硬件技术的飞速发展,数值模拟法在边坡稳定性分析中的应用日益增加。

根据研究对象是否连续,可以将数值模拟法分为以下两大类:

①基于连续介质假设的数值模拟法:包括有限元法(FEM)、有限差分法(FDM)及边界元法(BEM)等。这类方法假定边坡岩土体属于可变形的连续介质(或包含有限个结构面的连续介质),采用弹塑性理论来分析边坡岩土体的应力应变特征。该类方法具有严格的理论体系,可以处理复杂的几何边界条件及岩土体的非线性特征,可以进行复杂条件下的流固耦合分析。

②基于非连续介质假设的数值模拟法:包括离散元法(DEM)、非连续变形分析法(DDA)、界面元法(IEM)及流形元法(NMM)等。这类方法具有强大的处理非连续介质和大变形的能力,可以有效分析由众多结构面切割的岩体边坡稳定性,能比较真实地模拟边坡变形破坏全过程的应力应变特征及边坡破坏后的塌落与崩解过程。

下面以有限元法为重点介绍数值模拟方法在边坡稳定性分析中的应用。

4.2.1　有限元法

有限元法(亦称有限单元法,finite element method,简称 FEM)是一种把连续系统分割成数目有限的单元,在单元内进行插值以求解偏微分方程边值问题的数值方法。有限元法用有限个单元的集合来代替原来具有无限个自由度的连续体,单元之间仅在有限个结点相互连接。有限元法广泛应用于结构工程分析、渗流及流体力学、流变学、传热分析、电磁场等可以用偏微分方程描述的领域,是工程领域中应用最广泛的一种数值方法。其主要步骤是有限元建模(前处理)、有限元计算(主体部分)和结果分析(后处理)。与极限平衡法相比,有限元法的主要不足之处是需要输入材料的本构关系,数据准备及计算模型的建立较为复杂,计算工作量较大。

采用有限元法对边坡的受力及破坏过程进行数值模拟,其优点是适用性强,有利于揭示边坡的变形破坏机理,分析边坡的变形破坏规律及影响因素,计算得到的滑动面上应力应变较为真实,可以考虑边坡岩土体的非线性、非均质和复杂的几何条件及荷载情况等问题。结合极限平衡理论,采用有限元法还可以得到边坡的安全系数。根据对安全系数求解方法的不同,边坡稳定的有限元法主要可以分为滑面应力分析法及强度折减法。

4.2.1.1　滑面应力分析法

边坡稳定的滑面应力分析法(slip surface stress analysis,简称 SSA)与极限平衡条分法类似,其共同点是它们都需要对假定的滑动面求解边坡的安全系数,再求解整个边坡的最小安全系数。主要区别是前者滑动面上抗滑力及滑动力由数值模拟法求得,后者滑动面上抗滑力及滑动力由边坡岩土体的力学平衡条件来求解。

假设边坡岩土体为理想弹塑性材料,满足 Mohr-Coulomb 破坏准则。采用滑面应力分析法进行边坡稳定性分析的主要步骤如下:

①对边坡建立数值计算模型,包括确定模型的大小、进行有限元网格剖分、指定材料参数、确定荷载及边界条件等内容。

②进行数值模拟分析,求得每个单元的应力张量(σ_x,σ_y,τ_{xy})。其中,σ_x、σ_y 及 τ_{xy} 分别代表水平方向的正应力、竖直方向的正应力及 xy 平面上的剪应力。

③假定一个滑动面,判断哪些单元与该滑动面相交(见图 4-11)。求解滑动面在每一个相交单元内的弧长 Δl_i 及倾角 α_i,并采用式(4-61)求解边坡的安全系数:

$$F_s = \frac{\sum_e \tau_f \mathrm{d}l}{\sum_e \tau \mathrm{d}l} = \frac{\sum_e (\sigma_n \tan\varphi + c)\mathrm{d}l}{\sum_e \tau \mathrm{d}l} \tag{4-61}$$

式中,分子与分母分别表示滑动面上的抗滑力与下滑力;求和符号 $\sum_e$ 表示对该滑动面上所有 N_e 个单元求和,这些相交单元将滑弧切割为 N_e 段小滑弧;τ_f、τ 及 σ_n 分别为滑弧所在单元的抗剪强度、剪应力及正应力;c 及 φ 分别为滑弧中点所在土层的黏聚力及内摩擦角。

需要指出的是,采用有限元法直接求得的是应力张量 $\boldsymbol{\sigma} = [\sigma_x, \sigma_y, \tau_{xy}]^\mathrm{T}$,它与滑动面法向应力 σ_n 及剪应力 τ_n 的关系如下:

$$\sigma_n = \frac{\sigma_x + \sigma_y}{2} - \frac{\sigma_x - \sigma_y}{2}\cos(2\alpha) + \tau_{xy}\sin(2\alpha) \tag{4-62}$$

$$\tau_n = \frac{\sigma_x - \sigma_y}{2}\sin(2\alpha) + \tau_{xy}\cos(2\alpha) \tag{4-63}$$

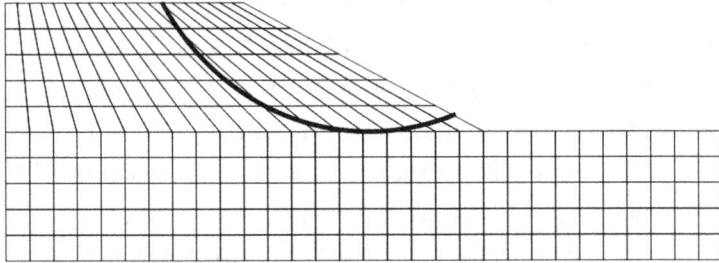

图 4-11 网格剖分及假定的滑动面位置(SSA)

式中，α 为单元所截滑动面与水平面间的夹角，α 在数值上等于 y 截面的外法线(即 y 轴方向)与剪切面外法线方向的夹角[见图 4-12(a)]。定义 y 轴顺时针转至滑动面外法线的 α 角为正。图 4-12(a)中亦标明了各应力正值的方向。图 4-12(b)是相应的应力摩尔圆，点 A 为摩尔圆的圆心，点 B 及点 C 分别代表大小主应力作用面，点 D 及点 E 分别代表 x 截面和 y 截面，点 F 代表所研究的剪切面。

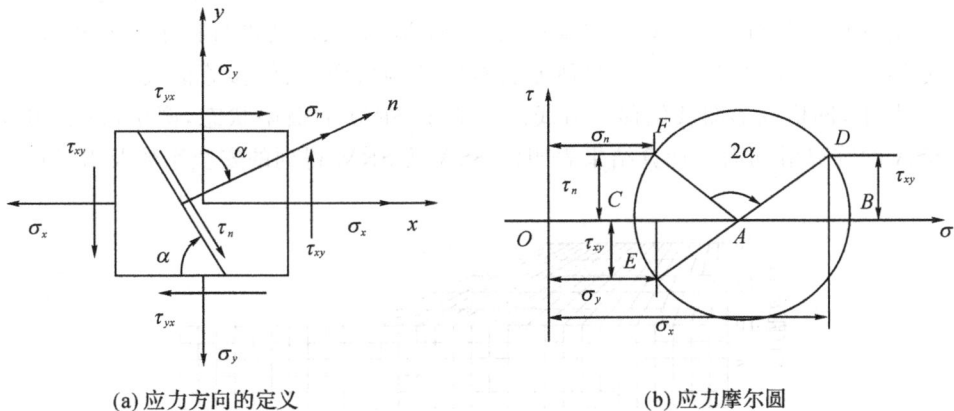

(a) 应力方向的定义

(b) 应力摩尔圆

图 4-12 应力方向的定义及应力摩尔圆

④重复步骤③，并采用某种最优化方法求解安全系数的最小值 F_{smin}，此值即为整个边坡的安全系数。

4.2.1.2 强度折减法

边坡稳定分析的强度折减法(strength reduction method，简称 SRM)的基本原理是将边坡强度参数 c、φ、ψ(黏聚力、内摩擦角、膨胀角)同时除以一个折减系数 F_s，得到一组新的强度参数值 c'、φ'、ψ'；再将这组新值作为输入参数进行有限元计算；当计算至边坡达到极限状态时，对应的折减系数 F_s 就是边坡的安全系数。对 c、φ、ψ 值的折减公式如下：

$$c' = c/F_s \tag{4-64}$$

$$\varphi' = \arctan \frac{\tan\varphi}{F_s} \tag{4-65}$$

$$\psi' = \arctan \frac{\tan\psi}{F_s} \tag{4-66}$$

边坡稳定性分析的强度折减法无须假定滑动面的形状即可求出边坡的安全系数，而且可以由网格变形图及塑性变形图等方式直观地显示临界滑动面的位置。此外，该方法计算简单,可方便地利用现有的各种数值模拟软件进行边坡的稳定性分析。因此,强度折减法自20世纪90年代被用于边坡的稳定性分析以来,在国内外受到了广泛重视。

在边坡稳定性分析的强度折减法中,一项重要工作是判断边坡是否达到极限状态(失稳或破坏状态)。常用的判断标准有:数值模拟过程不收敛;边坡中某个特征点的位移发生突变;广义剪应变或广义塑性应变等值线由坡顶连通到坡底。其中,最常使用的是以数值计算的迭代过程不收敛为判断标准。该方法认为在指定的最大迭代次数内,若数值模拟计算不收敛,就表示没有发现既能满足 Mohr-Coulomb 破坏准则又能满足静力平衡的应力分布。因此,边坡发生破坏。采用该标准判断边坡是否发生破坏的前提是需要有一个成熟的非线性数值分析程序。否则,无法判断数值计算不收敛的原因是边坡达到极限状态还是程序本身的缺陷。

图 4-13 是覆盖于坚硬土层上的非均质二层不排水黏土堤坝边坡,上下两层土的不排水强度分别为 $c_{u1}=50.0$ kPa, $c_{u2}=73.1$ kPa;两层土体的重度、弹性模量及泊松比相同,均为 $\gamma=20$ kN/m³, $E=10^5$ kPa, $\mu=0.3$。建立数值模型时,对模型的左右边界施加水平位移约束,对模型的底边界施加水平及竖直位移约束。视土体为 Mohr-Coulomb 理想弹塑性模型。分别采用滑面应力分析法(SSA)及强度折减法(SRM)对该边坡进行稳定性分析,求得的边坡安全系数分别为 2.02 及 2.03。两种方法对应的网格变形、位移等值线及滑动面位置见图 4-14。其中,网格变形图及位移等值线图对应于 SRM 的极限状态,图中圆弧(滑动面位置)是 SSA 的临界滑动面。计算结果表明由 SSA 及 SRM 得到的安全系数及滑动面位置均十分接近。

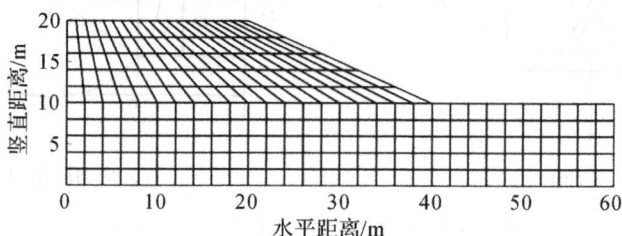

图 4-13　边坡的数值计算模型

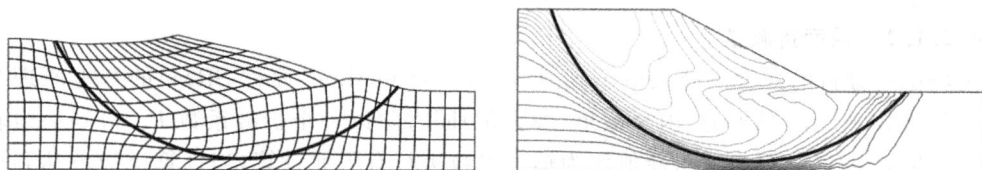

(a) 变形后的网格(SRM)及滑动面位置(SSA)　　(b) 位移等值线图(SRM)及滑动面位置(SSA)

图 4-14　有限元计算结果

4.2.2　其他数值模拟法

4.2.2.1　有限差分法

有限差分法(finite difference method,简称 FDM)的基本思想是将连续的定解域用有限个离散点构成的网格来代替,用差分公式将科学问题的控制方程转化为差分方程,然后结合初始条件和边界条件求解线性代数方程组。有限差分法计算直观,易于编程。

基于连续介质理论和显式有限差分方法,美国 ITASCA 公司开发了著名的岩土工程数值模拟软件 FLAC(Fast Lagrangian Analysis of Continua)。FLAC 软件包括二维及三维版本,它利用差分格式,随着材料构形的变化不断更新坐标,允许介质有大变形,特别适用于处理有限元方法难于解决的岩土工程复杂课题,如多工况、大变形、非线性、失稳破坏的发生和发展历程,接触面非连续张开和滑移变形等问题。FLAC 采用强度折减法求解边坡的安全系数,无须事先假定滑动面的形状,可以通过岩土体的塑性变形等值线图显示滑动面的形状与位置,因此在边坡稳定性分析中得到了广泛的应用。

4.2.2.2　边界元法

边界元法(boundary element method,简称 BEM)是在有限元法之后发展起来的一种较为精确有效的数值分析方法,又称边界积分方程——边界元法。它不对边坡整体进行网格划分,只对边界区域的危险滑坡体进行网格划分,它以建立在边界上的边界积分方程为控制方程,通过对边界离散插值,化为代数方程组来求解边界处单元体的应力或位移,在此基础上计算边坡的安全系数。边界元法使研究问题降阶及离散化带来的误差值仅产生在研究区域的边界,计算量小。该方法在处理无限域或半无限域的工程问题中具有明显优势,但不适合处理非均质及非线性的边坡问题。

4.2.2.3　离散元法

离散元法(discrete element method,简称 DEM)是将边坡离散成若干个块体单元,边坡中的节理、裂隙和断层等结构面被视为离散体之间相互作用的接触面。离散元法对块体无连续性的要求,即块体的运动没有变形协调的问题。块体与块体之间的相互作用是在角与面上有接触,块体之间相互作用的力可以根据力与位移的关系求解,单个块体的运动可根据该块体所受的不平衡力及不平衡力矩的大小按牛顿运动定律确定,块体可以脱离母体而下落。与有限元法不同,离散元法无须求解大型的矩阵方程,它采用以时步渐近迭代的、动态松弛的显式解法来求解动力平衡方程。离散元法的常用软件有 ITASCA 公司开发的 UDEC(Universal Distinct Element Code)和 3DEC(3 Dimension Distinct Element Code)。

离散元法特别适用于节理岩体的应力分析,能很好地反映块体间接触面的滑移。在边坡稳定性分析中,离散元法可以模拟边坡失稳的动态过程,允许岩土体存在滑动、平移和转动,具有宏观上的不连续性和单个块体运动的随机性,可以较为直观地模拟边坡的应力、位移和状态的变化,因此,离散元法在边坡稳定性分析中得到了广泛的应用。但是,离散元法无法模拟岩土体裂缝的产生及发展过程,确定离散元法需要的输入参数时带有较大的随意性和盲目性。

4.2.2.4　非连续变形分析法

非连续变形分析法(discrete deformation analysis,简称 DDA)是一种离散型数值分析方法。它采用类似于离散元的块体来模拟被不连续面分割的块体;采用类似于有限元的方法根据变分原理建立系统平衡方程,基于最小势能原理对势能泛函取最小值。非连续变形分析法兼具有限元法与离散元法的部分优点。该方法引入了非连续接触和惯性力,考虑了时间因素,可计算静力和动力问题、破坏前的小位移与破坏后的大位移。但是,该方法在分析问题时常将研究对象完全离散,不太适用于对连续与半连续问题的分析;而且,计算时步对分析结果影响很大,需要耗用大量的计算机内存及计算时间。

4.2.3　混合数值模拟法

数值模拟法可以考虑边坡的复杂几何形状、地质条件及荷载条件,根据岩土体的破坏准则确定边坡塑性破坏区范围并动态展示边坡的变形及破坏过程,模拟岩土体的开挖及堆填过程,考虑边坡体与锚杆、抗滑桩等加固体之间的相互作用,进行岩土体中的饱和-非饱和渗流及流固耦合分析等。因此,随着计算机软硬件技术的飞速发展,数值模拟法已越来越多地应用于边坡的稳定性分析。

为了解决边坡稳定性分析中的各种复杂问题,现已提出了多种数值模拟法。各种数值模拟法的原理不同,各有其优缺点及适用条件。根据边坡工程的具体特点,充分利用不同方法的优点并避免其不足,联合采用多种数值模拟法进行边坡稳定性分析是未来的发展方向。例如,基于连续介质假设的有限元法是一种传统的数值模拟方法,但它难以分析裂缝的产生、扩展及分离实体的力学行为;基于非连续介质的离散元法可以显式地表示含有大量不连续面的裂隙岩体的大变形和大位移,但其需要的输入参数非常复杂且计算工作量很大。因此,连续-离散耦合算法成为新的研究热点。连续-离散耦合算法是一种创新的数值技术,它对可能发生破裂的岩土体以离散元进行求解,对较远的岩土体或岩土体周边的连续体以连续介质力学的计算方法进行求解。该方法可以综合利用连续和非连续技术的优势,能够捕捉整个加载和破坏路径以及裂隙的渐进损伤过程,提供了通过断裂和破碎过程显式模拟从连续到不连续行为转变的能力。该方法既能利用连续元对大型岩土体便捷建模和快速计算的优势,又能避免离散元法建模及计算时间过长的缺点。在边坡工程中,混合数值模拟法可用于模拟滑移带附近的宏细观力学特征、边坡的变形破坏过程及其稳定性评价。

4.2.4　三维稳定性分析

当前广泛使用的边坡稳定性分析方法一般是只取边坡的某一剖面或某几个剖面进行稳定性分析。大量的边坡破坏实例表明边坡的滑动破坏面是空间三维曲面。因此,应采用三维极限平衡或三维数值模拟法进行边坡稳定性分析。对边坡进行三维稳定性分析的主要困难在于其计算工作量较大,这影响了三维稳定性分析方法在边坡工程中的应用。McQuillan等对 43 位岩土工程师的匿名调查表明,只有少于 15% 的人在使用三维数值模拟法进行边坡的稳定性分析。随着计算技术的发展,计算量问题已不再阻碍三维坡稳定性分析法在边坡工程中的应用。

与二维边坡稳定分析相对应,三维边坡稳定性分析的主要方法亦是极限平衡法与数值模拟法。三维边坡稳定性分析法可视为平面分析法在三维空间中的拓展,但是,三维边坡稳定性分析需要考虑滑体的端部效应(如平面端部、椭圆形端部等)、滑体厚度及厚度方向上几何形状、土层条件及荷载变化等因素对边坡稳定性的影响,因此三维边坡稳定性分析的难度及计算量急剧增加。对于复杂的边坡工程,采用三维数值分析法进行边坡稳定性分析时的另一难点是建立数值计算模型,单一的边坡稳定性分析软件在建模精度及计算效率上可能无法满足要求,此时需要综合采用具有较高模型精度及工作效率的建模及计算软件来进行边坡稳定性分析等。

4.3　可靠度分析方法

可靠度分析是基于概率论与数理统计的一种随机分析方法。它将影响工程结构稳定性的参数视为随机变量,通过数学方法求解结构的破坏概率或可靠指标。与传统的确定性理论相比,可靠度分析能更好地表示工程中各种不确定性因素对工程结构稳定性的影响,能够为不同工程提供结构安全性的判断标准。

边坡工程中存在着大量的不确定性,其来源主要有:

1)物理不确定性

物理不确定性包括:边坡工程所受的荷载有地下水、地应力、地震、降雨等,它们在时间及空间上的变化造成了荷载大小与概率分布类型的不确定性;岩土体成因及赋存条件的不同而导致的材料参数的内在变异性;地层剖面与边界条件的不确定性;现场与实验室测定的岩土体性质指标的不确定性;勘探取样方法与试验方法的不确定性等。

2)统计不确定性

岩土体的强度、变形、渗透等性质参数需要通过试验来确定。但是,由于现场条件及试验成本等因素的限制,试验数据一般较少。由较少的试验结果去推测三维空间中地质体的性质参数,会导致因为试验数量不足而产生的参数概率分布类型及分布参数的不确定性。参数统计方法的不同也会造成统计不确定性。

3)计算模型的不确定性

边坡稳定性分析有多种方法,每种方法都对应于不同的简化假设条件。采用不同的计算模型会得到不同的边坡稳定性分析结果,这就是计算模型的不确定性。

由于边坡工程中存在着多种不确定性,因此,可靠度分析方法自从 20 世纪 70 年代引入边坡工程以来,引起了国内外众多学者及工程技术人员的广泛关注。近 50 年来,有关边坡稳定可靠度的研究及应用非常活跃。国际标准化组织 2015 年颁布的《结构可靠性总原则》(ISO 2394)中明确提及实现岩土和结构可靠度设计一致性的必要性。基于可靠度理论的概率极限状态设计方法在北美及欧洲得到了广泛应用,我国也已将边坡稳定的可靠度分析与概率极限状态设计纳入了多个规范。

4.3.1　边坡工程可靠度分析的基本概念

结构的可靠度是指结构在规定的时间内及规定的条件下,完成预定功能的概率。结构的可靠度与特定的极限状态相对应。极限状态是指整个结构或结构的一部分超过某一状态就不能满足设计规定的某一功能要求。一般用极限状态函数(亦称为功能函数)来表示结构的极限状态。

设 Z 为结构的功能,$\boldsymbol{X} = [X_1, X_2, \cdots, X_n]^{\mathrm{T}}$ 为影响结构功能的随机变量(简称为基本变量。$i = 1, 2, \cdots, n$;n 为基本变量的个数),则结构的功能函数可用抗力项与荷载项表示(见图 4-15)为:

$$Z = g(\boldsymbol{X}) = R(\boldsymbol{X}) - S(\boldsymbol{X}) \tag{4-67}$$

式中,g 表示功能函数,R、S 分别表示结构的抗力与荷载,它们都是基本变量 $\boldsymbol{X}$ 的函数。

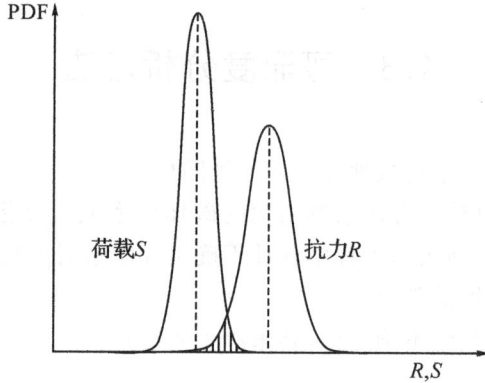

图 4-15 抗力与荷载的概率密度

式(4-67)亦可改写成如下的等价形式：

$$Z = g(\boldsymbol{X}) = \frac{R(\boldsymbol{X})}{S(\boldsymbol{X})} - 1 \tag{4-68}$$

式(4-67)及式(4-68)中，$Z=0$ 表示结构处于极限状态，$Z>0$ 表示结构处于可靠状态，$Z<0$ 表示结构处于失稳状态。

对于边坡工程而言，R 及 S 分别对应于滑动面上的抗滑力及滑动力。但是，式(4-67)及式(4-68)只适用于边坡安全系数可以用显式表示的简单情况（如平面滑动的岩质边坡及土质边坡稳定性分析的瑞典条分法）。在大多数情况下，边坡的安全系数无法用显式表示（如简化的 Bishop 法、Morgenstern-Price 法、数值模拟法等）。此时，可根据式(4-67)及式(4-68)将边坡的功能函数表示为：

$$Z = g(\boldsymbol{X}) = F_s(\boldsymbol{X}) - 1 \tag{4-69}$$

式中，边坡安全系数 F_s 是基本变量 $\boldsymbol{X}$ 的函数，它无须显式表达，适用于各种边坡稳定性分析方法。只要能求解边坡的安全系数，就可方便地求解边坡的功能函数值 Z。因此，边坡稳定性分析中常采用式(4-69)表示边坡的功能函数，它可以利用现有各种边坡稳定性分析程序求解边坡的安全系数，无须对现有定值法分析程序进行改动，使用方便，适用性广。

由式(4-69)知，当 $F_s > 1$ 时，$Z > 0$，边坡处于可靠状态；当 $F_s = 1$ 时，$Z = 0$，边坡处于极限状态；当 $F_s < 1$ 时，$Z < 0$，边坡处于失稳状态。因此，如图 4-16 所示，边坡的破坏概率 P_f 可由下式计算：

$$P_f = P(Z < 0) = \int_{-\infty}^{0} f_z(z) \mathrm{d}z \tag{4-70}$$

式中，$f_z(z)$ 为功能函数 Z 的概率密度函数。

由式(4-67)～(4-69)知，功能 Z 的分布取决于其包含的随机变量 $\boldsymbol{X}$ 的概率分布和功能函数的形式。设 Z 服从正态分布，其均值及标准差分别为 μ_z 及 σ_z，则失效概率为：

$$P_f = \int_{-\infty}^{0} f_z(z) \mathrm{d}z = \int_{-\infty}^{0} \frac{1}{\sqrt{2\pi}\,\sigma_z} \exp\left(-\frac{(z - \mu_z)^2}{2\sigma_z^2}\right) \mathrm{d}z \tag{4-71}$$

令 $z = \mu_z + \sigma_z t$，则 $\mathrm{d}z = \sigma_z \mathrm{d}t$。当 $z \to \infty$ 时，$t \to \infty$；$z = 0$ 时，$t = -\mu_z / \sigma_z$。则上式变为：

$$P_f = \int_{-\infty}^{-\mu_z/\sigma_z} \frac{1}{\sqrt{2\pi}} \exp\left(-\frac{t^2}{2}\right) dt = \Phi\left(-\frac{\mu_z}{\sigma_z}\right) = \Phi(-\beta) \tag{4-72}$$

其中，

$$\beta = \frac{\mu_z}{\sigma_z} \tag{4-73}$$

式中，β 为可靠指标。式(4-72)表示破坏概率与可靠指标一一对应。因此，在可靠度分析中，可以将对破坏概率的求解转化为对可靠指标的求解。

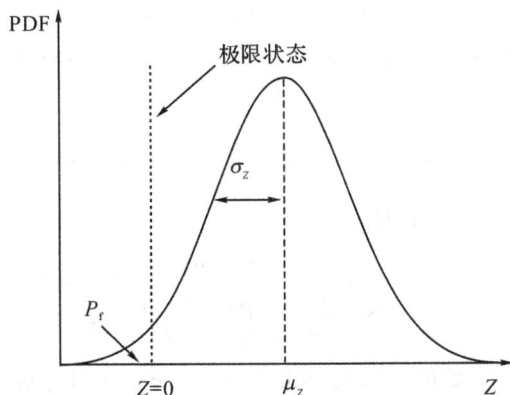

图 4-16　功能函数的概率密度

在边坡稳定的定值法分析中，既可以求得边坡的安全系数(所有滑面中最小安全系数 F_{smin})，又可以求得定值法临界滑动面的位置(F_{smin} 对应的滑动面位置，简称为 F_{smin} 面)。同理，在边坡稳定的可靠度分析中，既可以求得边坡的可靠指标(所有滑面中最小可靠指标 β_{min})，也可以求得概率法临界滑动面的位置(β_{min} 对应的滑动面位置，简称为 β_{min} 面)。

4.3.2　边坡工程可靠度分析的基本方法

根据非线性功能函数处理方法的不同，可以将可靠度分析方法划分为一阶可靠度方法(first order reliability method，简称 FORM)、二阶可靠度方法(second order reliability method，简称 SORM)、蒙特卡罗模拟法(Monte-Carlo simulation method，简称 MCSM)、响应面法(response surface method，简称 RSM)等。

FORM 及 SORM 分别通过对非线性功能函数进行一阶及二阶泰勒级数展开来求解结构的可靠指标。由于 SORM 的计算复杂程度远大于 FORM，因此工程中主要采用 FORM 进行可靠度分析。FORM 在计算过程中只用到了功能函数的一阶泰勒级数展开项及基本变量的前两阶矩(均值及标准差)，因此又称为一次二阶矩法(first order second moment，简称 FOSM)。这种方法又可细分为中心点法和验算点法。

MCSM 通过随机模拟和统计试验来求解结构的可靠指标，因此又称为随机抽样法、概率模拟法或统计试验法。只要模拟次数足够多，就可以准确求得边坡的破坏概率或可靠指标。

RSM 是统计学的综合试验技术，用于处理复杂系统的输入(基本变量)和输出(系统响应)之间的转换关系。对于大多数边坡稳定性分析方法，其安全系数一般无法用显式表示，即边坡的功能函数是基本变量的隐函数。此时,可采用响应面来表示基本变量与功能函数值之间的对应关系,将隐式的功能函数显式化,再通过 FORM 或 MCSM 来进行可靠度分析。

下面分别以一阶可靠度分析的中心点法、验算点法及蒙特卡罗模拟法为例,介绍可靠度分析的基本方法。

4.3.2.1 中心点法

中心点法又称均值一阶可靠度分析方法(mean first order reliability mehtod,简称 MFORM)。设基本变量为 $\boldsymbol{X} = [X_1, X_2, \cdots, X_n]^T$,则结构的功能函数 $Z = g(\boldsymbol{X})$ 可视为 $n+1$ 维空间中的超曲面。中心点法是在基本变量的中心点($\boldsymbol{\mu_X} = [\mu_{X_1}, \mu_{X_2}, \cdots, \mu_{X_n}]^T$)处将结构的功能函数展开成泰勒级数,并只取到一次项。在中心点处展开后,功能函数的一阶泰勒表达式如下:

$$Z \approx Z' = g(\mu_{X_1}, \mu_{X_2}, \cdots, \mu_{X_n}) + \sum_{i=1}^{n}(X_i - \mu_{X_i})\frac{\partial g(\boldsymbol{\mu_X})}{\partial X_i} \qquad (4\text{-}74)$$

此时,可靠指标可以近似表示为:

$$\beta = \frac{\mu_Z}{\sigma_Z} = \frac{g(\boldsymbol{\mu_X})}{\sqrt{\displaystyle\sum_{i=1}^{n}\sum_{j=1}^{n}\frac{\partial g(\boldsymbol{\mu_X})}{\partial X_i}\frac{\partial g(\boldsymbol{\mu_X})}{\partial X_j}\rho_{X_i X_j}\sigma_{X_i}\sigma_{X_j}}} \qquad (4\text{-}75)$$

式中,μ_Z 及 σ_Z 分别为功能函数的均值与标准差;μ_X 及 σ_X 分别为基本变量的均值与标准差;$\rho_{X_i X_j}$ 为变量 X_i 与 X_j 之间的相关系数;$g(\boldsymbol{\mu_X})$ 为中心点处的功能函数值;$\dfrac{\partial g(\boldsymbol{\mu_X})}{\partial X_i}$ 为中心点处功能函数对基本变量的偏导数。

中心点法的优点是概念清楚,计算简单,便于实际应用。但中心点法存在如下缺点:未考虑基本变量的概率分布信息;计算精度取决于线性近似的极限状态超曲面与真正的极限状态超曲面之间的差异程度;可靠指标与极限状态函数的表达式形式有关,不具有唯一性。

4.3.2.2 验算点法

为了改进中心点法存在的缺点,Hasofer 和 Lind 在验算点处将结构的功能函数展开成泰勒级数。由于分析中要迭代求解验算点,因此称这种方法为验算点法,亦称为 HL 算法、改进的一阶可靠度方法(AFORM)或改进的一次二阶矩法(AFOSM)。该方法能考虑变量的概率分布信息。对于非正态变量,Rackwitz 和 Fiessler 提出了一种将非正态变量变换为等价正态变量的迭代求解算法,因此验算点法亦称 HL-RF 算法。该方法被国际结构安全度联合委员会(International Joint Committee on Structural Safety,简称 JCSS)推荐使用,故而亦称为 JC 法。

在验算点法中,可靠指标需要按下式进行迭代求解:

$$\beta = \frac{\mu_Z}{\sigma_Z} = \frac{g(x_1^*, x_2^*, \cdots, x_n^*) - \displaystyle\sum_{i=1}^{n}\frac{\partial g(\boldsymbol{x}^*)}{\partial X_i}(x_i^* - \mu_{X_i})}{\sqrt{\displaystyle\sum_{i=1}^{n}\sum_{j=1}^{n}\frac{\partial g(\boldsymbol{x}^*)}{\partial X_i}\frac{\partial g(\boldsymbol{x}^*)}{\partial X_j}\rho_{X_i X_j}\sigma_{X_i}\sigma_{X_j}}} \qquad (4\text{-}76)$$

$$\alpha_{X_i} = -\frac{\displaystyle\sum_{k=1}^{n}\frac{\partial g(\boldsymbol{x}^*)}{\partial X_k}\rho_{X_i X_k}\sigma_{X_k}}{\sqrt{\displaystyle\sum_{i=1}^{n}\sum_{j=1}^{n}\frac{\partial g(\boldsymbol{x}^*)}{\partial X_i}\frac{\partial g(\boldsymbol{x}^*)}{\partial X_j}\rho_{X_i X_j}\sigma_{X_i}\sigma_{X_j}}} \qquad (4\text{-}77)$$

$$x_i^* = \mu_{X_i} + \alpha_{X_i}\beta\sigma_{X_i} \tag{4-78}$$

式中，$\boldsymbol{x}^* = [x_1^*, x_2^*, \cdots, x_n^*]^T$ 为验算点坐标；$\rho_{X_iX_j}$ 为变量 X_i 和 X_j 的互相关系数；α_{X_i} 为变量 X_i 的敏感性系数。在大多数情况下，按式(4-76)～(4-78)进行迭代计算能快速收敛，得到可靠指标的稳定解。但有时按式(4-76)～(4-78)进行迭代计算无法收敛，此时可采用其他迭代算法，如 M-HLRF 等方法来进行可靠指标的迭代求解。

对比式(4-75)和式(4-76)可知，若取 $\boldsymbol{x}^*$ 恒为中心点（即 $\boldsymbol{x}^* = \boldsymbol{\mu_X}$），且不进行迭代求解，则验算点法简化为中心点法。

可以证明，β 是标准正态空间中坐标原点到极限状态曲面的最短距离；相应地，验算点是标准正态空间中极限状态曲面上到原点距离最近的点。基于这种几何关系，亦可采用几何法或电子表格法求解边坡的可靠指标。

4.3.2.3　蒙特卡罗模拟法

MCSM 通过随机抽样的方法来求解结构的破坏概率。当随机抽样次数足够大时，MCSM 能精确求得结构的破坏概率。MCSM 的主要步骤如下：

①按式(4-79)预估随机模拟次数 N：

$$N = \frac{1 - P_f}{\delta_{P_f}^2 P_f} \tag{4-79}$$

式中，P_f 为破坏概率，预估随机模拟次数时只需初步确定其数量级即可；δ_{P_f} 为破坏概率的变异系数，用以表示模拟的精度。

②随机产生符合基本变量 $\boldsymbol{X}$ 的概率分布的 N 组随机数 $\boldsymbol{x} = [x_1, x_2, \cdots, x_n]^T$。

③将 N 组随机数分别代入功能函数的表达式，求解 N 组功能函数值。

④统计功能函数值小于零的个数（记为 m），则破坏概率可由下式求解：

$$P_f = P[g(x_1, x_2, \cdots, x_n) < 0] = m/N \tag{4-80}$$

相应地，可由式(4-81)求解可靠指标：

$$\beta = \Phi^{-1}(1 - P_f) \tag{4-81}$$

根据大数定律，N 值越大则 P_f 的计算结果越精确。因此，MCSM 的缺点是计算量大。但其优点是计算简单，容易实现。只要有定值法计算程序，就可以采用 MCSM 进行可靠度分析。

4.4　不确定性分析与机器学习稳定性分析

边坡稳定性分析是边坡工程研究的核心问题。由于边坡工程的非连续、非线性、大变形、不确定性等特征，进行边坡稳定性分析计算一直是岩土工程研究的热点及难点问题。多年来，为了解决工程难题，人们提出了很多边坡稳定性分析的新理论与新方法。由于计算机软硬件的限制，很多方法难以在工程实践中推广使用。随着计算技术的飞速发展，边坡稳定性分析方法将会在不确定性分析及机器学习方面取得重要进展。

4.4.1　不确定性分析

在边坡工程中包含大量的不确定性因素，其中最主要的两种不确定性是随机性和模糊性,两者的内涵有所不同。随机性是因果关系不充分所致,表现为因果率的缺失所造成的结果不可预知性;模糊性是指事物的差异在中介过渡中所呈现出的亦此亦彼性,表现为排中律的缺陷造成的事物边界的不清晰。

对于随机不确定性,可以采用基于概率论与数理统计的可靠度方法进行边坡稳定性分析。越来越多的边坡稳定性分析与设计软件(如 Slide、Swedge、Rocplane 及 RS2)已将概率方法纳入其中,国内外多个规范已明确要求对边坡进行可靠度分析与设计。这表明随机可靠度方法已在边坡工程中得到了广泛认可。传统的随机可靠度分析方法视边坡岩土体性质参数为随机变量。近年来的研究表明,岩土体参数具有空间变异性。空间变异性是指空间任意两点的性质不完全相同但具有某种相关性;两点间的距离越大,这种相关性越小。空间变异性可以用自相关函数与自相关距离表示。在进行边坡稳定性分析时,应考虑岩土体参数的空间变异性,将岩土体参数视为随机场来进行分析。否则,将岩土体参数只视为随机变量的方法一般会高估边坡的破坏概率,并导致偏于保守的评价结果。

模糊不确定性是与随机不确定性不同的另一种不确定性,这种不确定性无法用随机变量来表示。为了研究这类不确定性对边坡稳定性的影响,学者们从不同角度出发,提出了多种不确定性分析法,如边坡稳定性分析的模糊数学法、区间分析法、灰色系统理论法、不精确概率法、人工智能法等。模糊数学法是将模糊理论引入边坡稳定性分析中,采用隶属函数来表示边坡稳定性的影响因素,该方法适用于边界不清的、多变量影响的边坡稳定分析,但隶属函数的确定和因素权重分配具有很大的主观性。区间分析法采用区间变量来表示不确定性参数,由此可以得到边坡安全系数、可靠指标或破坏概率的范围值。

边坡工程中同时存在随机性与模糊性。因此,可以在边坡稳定性分析中同时采用随机变量与区间变量表示这两种不确定性,并采用概率法、模糊数学法或区间分析法求解边坡破坏概率的范围值。通过引入区间变量,可以在试验数据有限的条件下进行边坡的可靠度分析,避免准确描述变量的概率分布而带来的误差,便于可靠度方法在边坡工程中的应用。

需要指出的是,边坡稳定性分析的各种不确定性分析法都以确定性分析法为基础。采用定值法进行边坡稳定性分析具有丰富的工程实践经验;不确定性分析法可以更好地反映边坡工程中各种不确定因素对边坡稳定性的影响,但它要已知岩土体参数的概率特征,这需要以大量的室内外试验为基础,影响了概率方法在边坡工程中的应用。因此,定值分析法与不确定性分析法应相辅相成,互为补充。

4.4.2 基于机器学习的边坡稳定性分析

机器学习涉及概率论、数理统计、近似理论和复杂算法等知识,是人工智能的核心,是使计算机具有智能的根本途径。通过机器学习,可以采用使计算机模拟人类的学习方式来获取新的知识或技能。当前,有关机器学习的研究及学术活动空间活跃。

传统的机器学习方法有人工神经网络(artificial neutral network,简称 ANN)、支持向量机(support vector machine,简称 SVM)、贝叶斯理论等内容,以 ANN 和 SVM 为代表的机器学习方法在边坡稳定性评价及预测方面已得到了广泛的应用。随着学科的发展与研究的深入,多种新的机器学习方法被提出并应用于边坡稳定性分析。融合了多种不同机器学习方法优点且形式多样的集成学习系统正在兴起。例如,将粒子群算法(particle swarm optimization,简称 PSO)与最小二乘支持向量机(least square support vector machine,简称

LSSVM)相结合,采用 PSO-LSSVM 混合模型进行岩质边坡的变形预测;采用基于生物地理学的优化(biogeography-based optimization,简称 BBO)、蚁群优化(ant colony optimization,简称 ACO)、遗传算法(genetic algorithm,简称 GA)、进化策略(evolutionary strategies,简称 ES)、粒子群优化和基于概率的增量学习法(population－based increased learning,简称 PBIL)来训练多层感知器(multilayer perceptron,简称 MLP),再将其应用于边坡的稳定性评估,比较 6 种基于机器学习的集成人工智能方法(逻辑回归、决策树、随机森林、梯度提升机、支持向量机和多层感知器神经网络),分析它们在边坡稳定性分析中的应用及其优缺点,并推荐使用 SVM 法进行边坡稳定性分析。

随着科技的进步、信息化施工及大数据时代的到来,进行边坡稳定性分析将有更多的数据支撑,对数据的获取、分析、处理及存储有了更高的技术要求。在大数据还无法装载进计算机内存的情况下,需要提出新的机器学习算法以适应对大数据处理的需要,采用分布式和并行计算是提高机器学习算法运行效率的有效途径。基于大数据理论方法,采用 GIS(geographic information systems)技术进行空间多元数据融合是进行边坡稳定性数字化研究与评价的有效技术手段。

需要指出的是,上述各种稳定性分析方法并不互相独立。随着科技的进步及学科之间的交叉渗透,将边坡稳定性分析的多种方法相互结合、发挥各自的优点将成为新的研究及工程应用中的热点。

5　边坡灾害防治

岩土体的应力状态在各种自然应力及工程影响下,随着边坡演变而不断变化。岩土体在重力、水、振动力以及其他因素作用下,常常发生具有危害性的变形与破坏。边坡变形破坏过程及其产生的不良地质环境均可对人类活动产生严重的危害,甚至会引起生态环境的失调和破坏,从而造成更大范围和更为深远的影响。因此,为了消除边坡失稳可能造成的危害、保障生命财产和重要设施的安全,完善边坡防护与加固理论、掌握相关技术手段必不可少。

5.1　边坡防治基本要求

5.1.1　防治原则

边坡防治依据是通过调查分析实体边坡物理、力学性质,判别其可能产生的破坏模式,评价其危险性等级,在自然状态和防护措施下,进行边坡稳定性计算、分析和预测,确定边坡在使用过程中所承担的风险值。对任何类型和规模的边坡来说,如何结合现场的实际情况进行处理,必须根据具体情况作具体分析。

①要正确地选择建设场地,合理地制定人工边坡的布置和开挖方案。例如在高地应力区开挖人工边坡时,应注意合理布置边坡方向,尽可能使边坡走向与地区最大主应力方向基本一致,露天采矿宜采用椭圆形矿坑,其长轴应平行于最大主应力方向。对于稳定性极差,且治理难度大、耗资多的边坡地段,应以绕避为宜。

②处置措施的选择必须建立在工程地质勘察和边坡破坏机制分析的基础之上。

③在必须对滑坡进行处理时,应针对引起滑坡的主导因素进行制定,原则上应一次根治不留后患。

④对性质复杂、规模巨大、短期内不易查清或工程建设进度不允许完全查清后再处置的滑坡或变形体,应在保证工程建设安全的前提下,作出全面的处置规划,采用分期治理的方法,使后期工程既可获得必需的资料,又能争取到一定的建设时间,保证整个工程的安全和效益。

⑤对场地内随时可能产生危害的滑坡,应先采用立即生效的工程措施,然后再做其他工程。

⑥对滑坡进行整治的时间宜放在旱季为好,一般应做好排水系统。施工方法和程序应避免造成滑坡产生新的滑动。

总之,对边坡病害以预防为主,定性要准,治理要早,措施要稳,养护要勤。

5.1.2 防治工程等级

针对不同类型的边坡工程,应根据工程规模及其重要性进行具体划分。通常边坡级别确定应考虑以下因素:

①对建筑物安全和正常运营的影响程度;

②对人身和财产安全的影响程度;

③边坡失事后的损失大小;

④边坡规模大小;

⑤边坡所处位置;

⑥边坡服务年限;

⑦社会和环境因素等。

建筑边坡工程根据其损坏后可能造成的破坏后果(危及人的生命、造成经济损失、产生不良社会影响)的严重性、边坡类型和边坡高度等因素,参考《建筑边坡工程技术规范》(GB 50330—2013)确定边坡工程安全等级(见表 5-1)。

表 5-1 边坡工程安全等级

边坡类型		边坡高度 H/m	破坏后果	安全等级
岩质边坡	岩体类型为Ⅰ或Ⅱ类	$H \geqslant 30$	很严重	一级
			严重	二级
			不严重	三级
	岩体类型为Ⅲ或Ⅳ类	$15 < H \leqslant 30$	很严重	一级
			严重	二级
		$H \leqslant 15$	很严重	一级
			严重	二级
			不严重	三级
土质边坡		$10 < H \leqslant 15$	很严重	一级
			严重	二级
		$H \leqslant 10$	很严重	一级
			严重	二级
			不严重	三级

注:1. 一个边坡工程的各段,可根据实际情况采用不同的安全等级。

2. 对危害极严重、环境和地质条件复杂的边坡工程,其安全等级应根据工程情况适当提高。

3. 很严重:造成重大人员伤亡或财产损失;严重:可能造成人员伤亡或财产损失;不严重:可能造成财产损失。

5.1.3 设计标准

5.1.3.1 边坡工程设计要求

①当支护结构的承载能力达到了最大值、锚固系统失效、发生了不适于继续承载的变形或坡体失稳时,边坡工程应满足承载能力极限状态下的设计要求。

②当支护结构和边坡的变形值达到了支护结构或邻近建（构）筑物的正常使用所规定的变形限值，或是达到了耐久性的某项规定限值时，边坡工程应满足正常使用极限状态下的设计要求。

5.1.3.2　边坡工程设计所采用作用效应组合与相应的抗力限值

①按地基承载力确定支护结构或构件的基础底面积及埋深或按单桩承载力确定桩数时，传至支护结构基础或桩上的作用效应应采用荷载效应标准组合；相应的抗力计算应采用地基承载力特征值或单桩承载力特征值。

②计算边坡与支护结构的稳定性时，应采用荷载效应基本组合，但其分项系数均为1.0。

③计算锚杆截面积、锚杆杆体与砂浆的锚固长度、锚杆锚固体与岩土层的锚固长度时，传至锚杆的作用应采用荷载效应标准组合。

④在确定支护结构截面、基础高度、计算基础或支护结构内力、确定配筋和验算材料强度时，应采用荷载效应基本组合，并应满足下式的要求：

$$\gamma_0 S \leqslant R \tag{5-1}$$

式中，S 表示基本组合的效应设计值；R 表示结构构件抗力的设计值；γ_0 表示支护结构重要性系数，对安全等级为一级的边坡不应低于1.1，二、三级边坡不应低于1.0。

⑤计算支护结构变形和锚杆变形时，应采用荷载效应的准永久组合，不计入风荷载和地震作用，相应的限值应为支护结构和锚杆的变形允许值。

⑥支护结构抗裂计算时，应采用荷载效应标准组合，并考虑长期作用影响。

⑦抗震设计时地震作用效应和荷载效应的组合应按国家现行有关标准执行。

5.1.3.3　地震区边坡工程应按下列原则考虑地震作用的影响

①边坡工程抗震设防烈度应根据中国地震动参数区划图确定的本地区地震基本烈度，且不应低于边坡塌滑区内建筑物的设防烈度。

②抗震设防的边坡工程，其地震作用计算应按国家现行有关标准执行；抗震设防烈度为6度的地区，边坡工程支护结构可不进行地震作用计算，但应采取抗震构造措施；抗震设防烈度6度以上的地区，边坡工程支护结构应进行地震作用计算，临时性边坡可不作抗震计算。

③支护结构和锚杆外锚头等，应按抗震设防烈度要求采取相应的抗震构造措施。

④抗震设防区，支护结构或构件承载能力应采用地震作用效应和荷载效应基本组合进行验算。

5.1.3.4　边坡支护结构设计时应进行的计算和验算

主要包括以下计算验算：

①支护结构及其基础的抗压、抗弯、抗剪、局部抗压承载力的计算，支护结构基础的地基承载力计算；

②锚杆锚固体的抗拔承载力及锚杆杆体抗拉承载力的计算；

③支护结构稳定性验算；

④地下水发育边坡的地下水控制计算；

⑤对变形有较高要求的边坡工程还应结合当地经验进行变形验算。

5.1.4　防治方案比选

一个具体的边坡病害可以有多种方案进行治理,而一个治理方案中可以包含多种治理措施,一种边坡治理工程措施又可以对多种边坡病害的治理起作用。在选择工程措施时,要遵循两个要点:

①对症下药,即按病害的性质、成因采用适宜的治理工程措施;

②量体裁衣,根据病害体的规模、稳定性、发展趋势,确定治理的工程尺寸。

在具体方案选择时,一般从以下 4 个方面进行比较分析:

①安全性,防治工程以安全为第一保证,包括对防护对象的保护、施工过程安全、生态安全等方面;

②经济性,不同方案的投资比较,在达到安全的要求前提下,以概预算较低、尽量降低成本为原则;

③低碳性,对环境扰动少、绿色环保、碳排放低的工程防治方案优先考虑;

④施工难易程度,结合现场实际环境,综合考虑防治工程材料、机械的布设和进出场条件,选择施工难度较小的方案。

5.1.5　既有边坡防治技术特点

目前边坡防治技术主要有边坡控制工程技术、边坡抑制工程技术和边坡坡面防护技术。

5.1.5.1　边坡控制工程技术

控制工程是改变边坡或滑坡体内在的物理力学及几何性质的工程措施。主要包括两个方面:一方面是改变边坡几何要素,如清方放缓边坡,以减小下滑力,或坡脚加载,以增加边坡抗滑力;另一方面是地面排水、地下排水,改善边坡外部或内部排水条件,控制水渗透对边坡的不利影响。

1)改变边坡的几何要素

放缓边坡减小下滑力,如某红砂岩削方边坡坡比为 1∶0.75 时,边坡稳定性差,可放缓路堑边坡,提高边坡稳定系数,降低边坡的危险值。通过改变边坡的几何要素,为边坡稳定提供基本条件,同时为边坡防护和绿化奠定良好的基础。实践证明,边坡放缓是必要的,既节省工程造价,又控制施工工期。因此,在边坡设计时,应通过技术经济分析,边坡坡比尽量采用稳定坡比。

2)改善边坡外部或内部的排水条件

水是边坡产生破坏的主要条件,滑坡的发生和发展多受水文地质条件控制。地表水冲刷、地下水活动、暴雨激发等往往是诱发滑坡的主要因素。雨水渗入边坡岩体,岩体软化加快。因此,加强地表排水,防止雨水直接渗入边坡是整治溜坍、滑坡的基本措施之一。

①排除地表水:边坡坡顶以上有超过 8m 的顺坡坡面,可在边坡顶设置截水沟,隔断坡面汇水,防止外来地表水冲刷边坡区内。截水沟的断面尺寸,应根据山坡沟间汇水面积、径流和土质等因素来确定,截水沟到坡顶部位应封闭。设置排水明沟时,边坡坡面应设置急流槽,骨架护坡应与排水设施相结合,对地下水位较高的削方边坡,应加深削方边沟和加大沟底纵坡等。

②排除地下水:若边坡渗水严重,应设置边坡支撑渗沟或排水管。排水管通常是在边坡体内钻 $\phi10cm$ 平孔,孔内放置透水软管或 PVC 花管,管内充填粗砂或卵石。当边坡面采用

锚喷、喷浆及土钉墙防护时，必须设置排水管，以防止雨水或裂隙水长期在边坡内浸泡，尤其要防止侵蚀边坡坡脚，避免坡脚软化，抗滑力降低。支撑渗沟是指一种沿边坡方向成排布置的重力式排水结构物，它既可稳定边坡，又可疏排坡面出露的局部水流。主渗沟之间由支渗沟连接构成坡面支护与排水系统。利用渗沟疏排裂隙水，其主次骨架间坡面表层回填耕植土植草可防止大气降雨入渗，对边坡内部土体进行"保湿防渗"。支撑渗沟适应于富含裂隙水、容易局部坍塌的边坡，且施工简便，布置灵活，效果明显。另外就是采用注浆包括高压注浆等方法来改善和提高边坡体滑动面或滑动带土壤的力学性质，提高抗剪切强度。该方法适用于小型滑坡，边坡高度不超过 20m，且已确切掌握其滑动面的特性及高程，滑动带地下水丰富，滑面土体综合内摩擦角较低的部位。

5.1.5.2 边坡抑制工程技术

抑制工程是指提供支挡防护，增加抗滑力，主要包括抗滑挡土墙、抗滑桩、预应力锚索等支挡结构。在边坡支护和滑坡治理中，能采用控制工程成功处置边坡的，尽量采用控制工程；如不能，则采用控制工程与抑制工程的综合处置措施。

1）抗滑挡土墙

抗滑挡土墙是目前整治中小型边坡滑动应用最为广泛而且较为有效的措施之一。根据滑动性质、类型和抗滑挡土墙的受力特点材料和结构不同，抗滑挡土墙又分为重力式抗滑挡土墙、锚杆式抗滑挡土墙、加筋土抗滑挡土墙、板桩式抗滑挡土墙等类型。

采用抗滑挡土墙整治边坡滑动，对于小型滑动，可直接在边坡下部或前缘修建抗滑挡土墙，对于中、大型滑坡，抗滑挡土墙常与排水工程、削坡减重工程等整治措施联合使用。其优点是对山体破坏少，稳定滑坡收效快，适用范围广，尤其对于边坡因前缘崩塌而引起的破坏有良好的整治效果。缺点是当滑动岩土体体积较大时，挡墙圬工量较大。在修建抗滑挡土墙时，应尽量避免或减少对滑坡体前缘的开挖。

2）抗滑桩

抗滑桩是通过桩身将上部承受的坡体推力传给桩下部的侧向岩土体，依靠桩下部的侧向阻力来承担边坡的下滑力，而使边坡保持稳定的工程结构。20 世纪 90 年代以来，抗滑桩与钢筋混凝土挡板、桩间挡土墙、土钉墙、预应力锚索等结构结合组成桩板墙、锚索桩等复合结构，在边坡的坡脚与加固工程中经常使用，抗滑桩适用范围十分广泛，也是边坡处置工程中常用的加固措施之一，目前在边坡工程中常用的是钢筋混凝土桩，断面形式有圆形和矩形，施工方法有打入、机械成孔和人工成孔等方法。与挡墙相比，桩位可灵活设置，既可以设置在坡脚，也可设置在滑体的其他部位，可以单独使用，还可与其他结构联合使用，因开挖量少，对滑体稳定性影响小，施工安全。缺点是造价较高，对松散土、软土地基的适应性较差。

3）锚固结构

工程上常将一种受拉杆件埋入岩土体，用以提高岩土体的自身强度和自稳能力，这种受拉杆件称为锚杆或锚索，其所起的作用即为锚固。边坡工程中使用的锚杆是一种安设在岩土层深处的受拉杆件，其一端与工程构筑物相连；另一端锚固在岩土层中，必要时需对其施加预应力，以承受岩土压力、水压力或风荷载等所产生的拉力，再将拉力传递到深部稳定岩土层中，达到有效承受结构荷载及防止边坡变形失稳的目的。

5.1.5.3 边坡坡面防护技术

坡面防护一方面可保护坡面免受雨水冲刷，减小温度及湿度变化的影响，防止软质岩进一步风化及雨水对边坡的影响,防止软弱岩土表面的风化、开裂、剥蚀演变或延缓其进程,提高边坡的稳定性;另一方面可防止水土流失,保护环境,改善环境景观,维护生态平衡。坡面防护主要有植物防护和工程防护。

1)植物防护

植物防护对于坡高不大,边坡比较平缓的土质坡面是种简易而有效的防护设施。植物防护主要形式有种草、栽草、铺草皮和植树等。实践证明植物防护有很明显的优点,施工简单,造价低廉,保护坡面,改善环境。所以在适宜植草植树的路段,坡面防护工程应优先考虑植物防护,即使当地条件不太适宜,也应创造条件,尽量采用植物防护。

2)工程防护

当不宜使用植物防护或考虑就地取材时,可采用砂石、水泥、石灰等矿质材料进行坡面防护,称为工程防护。主要形式有砂浆抹面、勾缝或喷浆、填缝以及石砌护坡或护面墙等。

除传统的植物防护和工程防护外,目前工程中还采用一些新型的防护技术,如挂网式护坡防护、三维植被网植草防护、客土喷播防护、喷混凝土植草防护等。土工织物在防护工程中也得到了广泛的应用。另外,对于岩质边坡也推广应用植物防护。

5.2 滑坡推力

5.2.1 滑坡推力计算一般规定及基本要求

5.2.1.1 一般规定

与边坡稳定性分析方法相对应,滑坡推力计算方法一般采用刚体极限平衡法进行。计算滑坡推力时,一般作如下假定:

①滑坡体是不可压缩的介质,不考虑滑坡体的局部挤压变形;

②块间只传递推力不传递拉力;

③块间作用力(即推力)以集中力表示,其方向平行于前一块滑动面;

④垂直于主滑动方向取 1m 宽的土条作为计算单元,忽略土条两侧的摩阻力;

⑤滑坡体的每一计算块体的滑动面为平面,并沿滑动面整体滑动。

5.2.1.2 基本要求

在计算滑坡推力时,《建筑地基基础设计规范》(GB 50007—2011)要求如下:

①当滑体有多层滑动面(带)时,可取推力最大的滑动面(带)确定滑坡推力。

②选择平行于滑动方向的几个具有代表性的断面进行计算。计算断面一般不得少于2个,其中应有一个是滑动主轴断面。根据不同断面的推力设计相应的抗滑结构。

③滑坡推力作用点,可取在滑体厚度的 1/2 处。

④滑坡推力安全系数,应根据滑坡现状及其对工程的影响等因素确定,对边坡工程安全等级为一级的边坡宜取 1.30,安全等级为二级的边坡宜取 1.20,安全等级为三级的边坡宜取 1.10。

⑤根据岩土的性质和当地经验,可采用试验和反算相结合的方法,合理地确定滑动面上的抗剪强度。

另外,滑坡计算应考虑滑坡自重、滑坡体上建(构)筑物等的附加荷载、地下水及洪水的静水压力和动水压力以及地震作用等的影响,取荷载效应的最不利组合值作为滑坡的设计控制值。计算剖面不宜少于 3 条,其中应有 1 条是主轴(主滑方向)剖面,剖面间距不宜大于30m。当滑体具有多层滑面时,应分别计算各滑动面的滑坡推力,取滑坡推力作用效应对支护结构产生的弯矩或剪力最大值作为设计值:滑坡滑面(带)的强度指标应考虑岩土性质、滑坡的变形特征及含水条件等因素,根据试验值、反算值和地区经验值等综合分析确定。作用在抗滑支挡结构上的滑坡推力分布可根据滑体性质和高度等因素确定为三角形、矩形或梯形。

5.2.2　滑坡推力计算的基本原则

原则上滑坡推力计算应与其稳定性分析方法保持一致,这样计算出的滑坡推力和相应的稳定系数才能对应。在用极限平衡法分析边坡的稳定性时,根据条间力的不同假定有各种不同的稳定性计算方法,所以也就有计算滑坡推力的各种假定和算法。根据常见的滑移面形式,在此将其分为如下 5 种并提出相应的滑坡推力计算方法。

①滑面为单一平面,这种滑动形式的稳定性计算方法较为简单,其滑坡推力即为该平面水平方向的下滑力与抗滑力之差。

②滑面为圆弧面或可近似为圆弧面,在这种类型的滑动中,考虑到其整体的力矩平衡起主要作用和计算的简便性,其滑坡推力可采用简化 Bishop 法的稳定性分析。

③滑面为连续的曲面或滑面由不规则(较陡)折线段组成时,可采用 Janbu 法的稳定性分析。

④对于由一些倾角较小、相互间变化不大的折线段组成的滑面,滑坡推力的计算则可采用计算方便的传递系数法。

⑤当滑面倾角较大且滑动时滑体有明显的分块,各分块之间发生错动时,与相应的稳定性分析方法相适应,可采用分块极限平衡法计算其滑坡推力。

每一种滑坡推力的计算方法均与相应的坡体稳定性计算方法相对应,具体计算方法参照第 4 章,计算原理、假定均与各相应稳定性分析方法相同。

5.2.3　边坡稳定安全系数

5.2.3.1　稳定安全系数

边坡稳定性计算含有若干不确定性因素,为了保证设计的边坡处于稳定状态,应使计算得到的安全系数大于1,确保边坡具有一定的安全储备,即规定一个设计限值,一般称为设计安全系数或稳定安全系数。

由于不同边坡的类型、高度、破坏后危害度等各不相同,边坡的安全等级也不尽相同,因此在边坡设计过程中应该根据边坡的工程实际情况,选用不同的设计安全系数。例如,对于大型水利水电工程与交通干线的边坡,边坡破坏后果比较严重,宜采用较大限值,设计安全系数一般取 1.30～1.50。对露天矿边坡而言,由于矿山服务年限一般较短,且允许局部破坏,采用的设计限值可相对较小,设计安全系数取 1.10～1.30。

根据边坡工程安全等级,总体边坡的设计安全系数应不小于表 5-2 的规定值(《建筑边坡工程技术规范》(GB 50330—2013)。

表 5-2 边坡稳定安全系数

边坡类型		安全等级		
		一级	二级	三级
永久边坡	一般工况	1.35	1.30	1.25
	地震工况	1.15	1.10	1.05
临时边坡		1.25	1.20	1.15

注:1. 对于地震工况,安全系数仅适用于塌滑区内无重要建(构)筑物的边坡。

2. 对地质条件很复杂或破坏后果极严重的边坡工程,其稳定安全系数应适当提高。

边坡稳定安全系数的确定主要取决于三类因素:一是边坡的失稳概率。坡顶加载、岩土遇水强度降低、坡脚切坡等,都会导致边坡失稳。这种偶然因素对不同工程不同地点都是不同的,很难有一致的规律,一般只能依据设计者的经验、事故的统计数据来定。二是边坡工程的重要性和危害性。越是重要的工程和危害性大的工程所取的安全系数越高,例如土石坝的稳定安全系数取1.5,《建筑边坡工程技术规范》(GB 50330—2013)中推荐的边坡安全系数值,一级边坡为1.15~1.35,二级边坡为1.10~1.30,三级边坡为1.05~1.25,可见,边坡稳定安全系数的确定与边坡工程的重要性与危害性密切相关。三是边坡的破坏类型、滑裂面的形状和位置。边(滑)坡稳定安全系数的取值在边坡工程中具有重要的技术经济意义。当前国内各行业采用的边(滑)坡稳定安全系数及其所采用的计算方法列于表5-3中。

表 5-3 边坡稳定安全系数及稳定分析方法

部门	工程名称			安全系数	分析方法	备注
建筑	地基边坡			1.20	不平衡推力法	《建筑地基基础设计规范》(GB 50007—2011)
	自然边坡	甲级建筑物		1.25		《建筑地基基础设计规范》(GB 50007—2011)
		乙级建筑物		1.15		
		丙级建筑物		1.05		
公路	路堤边坡	二级及二级以上公路	正常工况	1.45	直剪的固结快剪或三轴固结不排水剪	《公路路基设计规范》(JTGD 30—2015)
			非正常工况	1.35		
		三、四级公路	正常工况	1.35		
			非正常工况	1.25		
		二级及二级以上公路	正常工况	1.35	快剪	
			正常工况	1.30		
		三、四级公路	正常工况	1.25		
			非正常工况	1.15		
	软基路堤	二级及二级以上公路				《公路路基设计规范》(JTGD 30—2015)
		三、四级公路				

续表

部门		工程名称		安全系数	分析方法	备注
铁路	路堤边坡	永久边坡		1.15~1.25		《铁路路基设计规范》(TB 10001—2016)
		临时边坡		1.05~1.10		
	铁路边坡	一级边坡		1.25	不平衡推方法	
		二级边坡		1.15		
		三级边坡		1.05		
水利	土堤边坡	一级	正常运用条件	1.30	瑞典圆弧法	《堤防工程设计规范》(GB 50286—2013)
			非常运用条件Ⅰ	1.20		
			非常运用条件Ⅱ	1.10		
		二级	正常运用条件	1.25		
			非常运用条件Ⅰ	1.15		
			非常运用条件Ⅱ	1.05		
		三级	正常运用条件	1.20		
			非常运用条件Ⅰ	1.10		
			非常运用条件Ⅱ	1.05		
		四级	正常运用条件	1.15		
			非常运用条件Ⅰ	1.05		
			非常运用条件Ⅱ	1.00		
		五级	正常运用条件	1.10		
			非常运用条件Ⅰ	1.05		
			非常运用条件Ⅱ	1.00		
		一级	正常运用条件	1.50	简化 Bishop 法	
			非常运用条件Ⅰ	1.30		
			非常运用条件Ⅱ	1.20		
		二级	正常运用条件	1.35		
			非常运用条件Ⅰ	1.25		
			非常运用条件Ⅱ	1.15		
		三级	正常运用条件	1.30		
			非常运用条件Ⅰ	1.20		
			非常运用条件Ⅱ	1.15		
		四级	正常运用条件	1.25		
			非常运用条件Ⅰ	1.15		
			非常运用条件Ⅱ	1.10		
		五级	正常运用条件	1.20		
			非常运用条件Ⅰ	1.10		
			非常运用条件Ⅱ	1.05		

续表

部门	工程名称	安全系数	分析方法	备注
港口	土坡	1.0~1.2	瑞典法、快剪	《港口工程地基规范》(JTS 147—1—2010)
		1.1~1.2	瑞典法、固快	
		1.3~1.5	Bishop 法、有效剪	

注:1. 正常工况:路基投入运营后经常发生或持续时间长的工况。

2. 非正常工况Ⅰ:路基处于暴雨或连续降雨状态下的工况。

3. 正常运用条件:设计洪水位下的稳定渗流期或不稳定渗流期的背水侧堤坡;设计洪水位骤降期的临水侧堤坡。

4. 非常运用条件Ⅰ:施工期的临水、背水侧堤坡。

5. 非常运用条件Ⅱ:多年平均水位时遭遇地震,其他稀遇荷载的临水、背水侧堤坡。

以目前的安全系数取值情况看,由于工程重要性不同,规范制定者的经验与看法不同,以及所采用的计算方法不同,当前国内各行业以及不同地区所采用的安全系数值是有所差别的。但是它们却具有以下共同特点:

①除重要工程滑坡外,边坡的安全系数一般高于滑坡的安全系数,这是因为滑坡规模大,治理费用高;

②建筑边坡安全系数要高于道路边坡的安全系数;

③重要性高和危害性大的边坡(对财产生命危害程度大的一级边坡)安全系数要高于重要性低的二、三级边坡安全系数;

④建筑边坡中对不同的边坡稳定分析方法采用不同的安全系数,对瑞典圆弧法采用较低的安全系数。

由于边坡稳定影响因素的复杂性、多变性以及人们对其认识上的局限性,安全系数的计算结果与边坡实际稳定状况可能不符,因此,计算得到的安全系数只能从相对意义上去看待其准确性。

5.2.3.2 允许可靠指标

考虑边坡中存在的多种不确定性,采用概率的方法进行边坡稳定性分析与设计时,需要将计算所得可靠指标与允许可靠指标进行对比。国内外已有多个规范对允许可靠指标作了规定。表 5-4 为《水利水电工程结构可靠度设计统一标准》(GB 50199—2013)中列出的允许可靠指标。表中第一类破坏及第二类破坏分别表示非突发性破坏及突发性破坏(突发性破坏是指破坏前无明显征兆,结构一旦发生事故则难于补救或修复)。

表 5-4 水工规范规定的持久结构承载力极限状态的允许可靠指标

结构安全级别	Ⅰ级	Ⅱ级	Ⅲ级
第一类破坏	3.7	3.2	2.7
第二类破坏	4.2	3.7	3.2

5.2.4 滑坡计算参数选取

滑坡稳定性计算中,滑面倾角 α 和滑面长度 L 均可从断面上直接量取,滑块重力由断面面积乘以滑体重度进行计算,也容易取得,但滑带土的抗剪强度参数 c、φ 值难以确定和选取。

5.2.4.1 抗剪强度参数获取方法

1)室内试验及原位测试法

室内试验及原位测试法主要通过仪器测试来获得滑坡计算所需的抗剪强度参数。任何仪器测定方法都是对滑坡的实际受力和运动状态的一种近似的模拟。试验结果的可靠性取决于试验仪器和方法对实际模拟的程度。由于常规的土工试验仪器和方法不能很好地模拟滑坡,故研究者先后创造了现场大型直剪、滑面重合剪、多次直剪、反复直剪、环剪仪大位移剪和三轴切面剪等仪器和测试方法。

①现场大型直剪即对于在滑坡现场上的试坑或探洞(井)中挖出的滑带,沿着滑动方向进行现场大面积剪切试验。该法对滑坡的扰动少,符合滑坡的实际状态。但这种方法一般只能在滑坡的前、后缘或边缘,滑带埋藏较浅处进行,在探洞或井中进行试验毕竟工程大、花费多。而且由于试样的均质性较差,常常要多个试样(4~6 个)才能得到一条较理想的强度曲线。

②滑面重合剪是在现场滑带中取包含滑动面的试样,在直剪仪上把天然滑面放在上、下盒之间,沿实际滑动方向进行剪切。从符合滑坡实际情况来说,它仅次于现场大型直剪试验,但取样、制样、保存、试验的要求高,操作困难,限制了其广泛应用。

③多次直剪主要用于研究滑带土随剪切次数的增加抗剪强度降低的规律和残余强度。由于设备简单,操作方便,在国内已广泛被采用。其优点是可用重塑土进行试验,土样均匀,规律性较好。要求是土样的密度和含水率要与实际滑带土一致。其缺点是每次剪切后要卸去垂直荷载,人工把试样推断再行重合剪切,改变了试样的受力状态,试样易歪斜和发生剪切面积变化。每次剪切都顺原来的擦痕沟槽,这与实际滑坡是不符的,因此多次直剪的试验值比实际滑坡稍偏低。此外,当土样含水率较高时,易从上、下盒缝间挤出,影响试验效果。

④反复直剪克服了多次直剪每次卸荷和人为推断试样的缺点,在往复多次剪切中达到残余强度。土颗粒和团粒在剪切面上定向排列上,这种方法可以达到,但与滑坡滑动过程是不同的。在直剪试验中,试样的剪切变形是不能任意增大的,为了克服这种缺点,斯肯普顿(Skempton)首先提出用反复剪切的办法来增大累积的剪切变形量。反复剪切试验的缺点是:每当剪力盒被推回到原来的位置并再次向前剪切时,往往又出现一个小的峰值,这是由于整个剪切过程不够连续,需要暂停并再次开始。除此之外反复剪试验还兼有直剪试验的固有不足,如剪切面人为确定、应力应变不均匀、剪切面积不断发生变化等。

⑤环剪化大位移剪,即环剪试验,用环状试样的旋转剪切,可进行大位移剪切试验,以研究抗剪强度随剪切距离增加而降低的过程。环剪试验属于直接扭剪试验(torsional direct shear tests)的一种。直接扭剪试验按试样制备的不同可分为实心圆柱扭剪试验和空心扭剪试验两大类,而环剪试验就属于空心扭剪试验。扭剪试验设备的明显优点是扭剪面上的面积没有变化,而且土样的剪切位移可以为无限大,因此可以研究大变形下土体的抗剪能力。而这正是研究边坡、滑坡等不良地质现象的关键,环剪试验仪器最早由日本京都大学研制。

⑥三轴切面剪,即三轴剪切试验,是利用常规三轴仪测定土的残余强度的一种较新的试验方法。试验过程如下:将原状或扰动的圆柱形试样,用细钢丝锯预先切出一个剪切面,使

其与水平成($45°+\varphi/2$)的夹角,其中 φ 为预估内摩擦角。然后把切开的两半试样沿剪切面方向定向摩擦数次,使剪切面上的黏土颗粒呈定向排列,继之把两半试样合拢对好,按三轴试验程序安装试样和测定。在围压 σ_3 一定的情况下,逐渐施加轴向应力。轴向压缩百分表指针每前进 0.2mm 记录量力环百分表读数一次,当量力环百分表读数达到最大值时,指针开始不断后退,至一稳定数值,此时即表示已经达到残余强度,试验停止。

以往的试验证明,三轴剪切试验测得土的残余抗剪强度指标 c_r 和 φ_r 与反复剪切试验结果基本一致;而与环剪试验结果相比,三轴剪切试验所得的 φ_r 值偏低,而 c_r 值两种方法测定的结果相近。对于砂性较大的黏土,因其透水性能好,在多次反复直剪试验过程中含水率变化较大,因而抗剪强度值往往一次比一次大,不易得到稳定的残余值,其残余强度也就不易取得。相对来说,用三轴剪切试验则较易得到残余强度指标 c_r 和 φ_r 值。

应当指出,滑坡的主滑和抗滑地段滑带的受力状态是不同的,主滑地段一般为纯剪切破坏,抗滑地段则为压扭性的被动破坏。因此,在试验方法上也应有所区别。

2)反算法(针对传递系数法)

反算法的基本原理是,根据现场滑坡的变形特征,判定滑坡的稳定性情况,取稳定系数 K_0(根据滑坡初始地面线或现状地面线的不同情况来确定 K_0 值,见表5-5),假定 $E_n=0$,用边坡滑动力与抗滑力的平衡来求解 c 值或 φ 值。反算法的两种计算方法(模型)如下:

①一个断面的反算(其必要条件是恢复滑动前的滑坡主断面):假定其中一个变化幅度不大且容易掌握其范围的,来反求另一个(一般先用试验值求 c 值来反算 φ 值)。注意:一般 c 值的大小取决于滑带土的物质组成(主要为黏粒含量及含水状态和滑体的厚度,变化幅度不大)。

②多断面联立方程的反算(断面必需地质条件、运动状态和滑动过程、滑坡的发育阶段要类似):采取类似条件下两个或多个断面方程联立求解。注意:反算求得的中值是整个滑面的综合内摩擦角,结合了试验的值,可以直接用这个综合内摩擦角计算滑坡推力。

③经验数据对比法:在初勘阶段粗略评价滑坡的稳定性或估算滑坡推力时,由于缺少试验资料,可采用经验数据对比法。主要有两种方法:工程地质对比法,同种地层、同类滑坡,滑带土的物质成分、成因和含水状态及滑坡的运动状态类似的滑坡可以相对比选取指标,使用已有滑坡的资料用于无资料的类似滑坡;数理统计资料,为了能较快地选取抗剪强度参数,许多学者研究土的物理力学性质与参数间的统计规律。应用经验数据,最主要的是两者的条件要相似,否则会得出错误的结果。

表 5-5　反算法中滑坡稳定系数

剖面情况	局部变形阶段	微滑阶段	稳定固结阶段		稳定的古老滑坡
			微滑阶段较长	微滑阶段很短	
初始地面线	1.00	1.00	1.00	0.90~0.95	1.00
现状地面线	1.00	0.90~0.99	1.05~1.10	1.10~1.20	≥1.20

5.2.4.2　抗剪强度参数的选择

1)选择抗剪强度参数应考虑的因素

①要考虑滑坡的类型、模式、产生的条件因素。如地下水在滑坡形成中的作用大小,滑坡产生的季节及滑动时滑带的含水状态,以便选取相应含水状态下的参数。

②要考虑滑坡的性质。是新滑坡还是老滑坡;是牵引式滑坡还是推移式滑坡;滑距有多大,是久已稳定的,还是已经复活的。

对新滑坡,根据其所处的发育阶段,对各段选用不同的参数。老滑坡尚未复活者,应选较残余强度稍高的参数;已经复活者,主滑和抗滑段可选用相应的残余强度。

③要考虑滑坡的发育阶段。只在滑坡大滑动之后才可选用残余强度参数,在此之前应大于残余强度。

④要考虑工程使用年限内可能出现的最不利情况及工程修建后对最不利情况或某些因素的控制程度,以决定选用较低的参数或较高的参数。如做出排水工程疏干滑带水,其抗剪强度参数可予以适当提高。

2)参数变化的范围

对一般滑坡来说,由于滑动导致滑带土的结构已遭破坏,除了新生的处在蠕动挤压阶段的滑坡的抗滑地段外,原状土的峰值强度已不存在,故强度上限为扰动(重塑)土的峰值强度,下限为残余强度,多依据滑动的情况在两者之间进行选择。

3)用综合分析法选择参数

在弄清了滑坡的地质条件、类型、机理、滑带土的成因、结构、状态、变化的规律、影响强度的因素及其变化趋势,以及滑坡的运动状态之后,即可综合应用上述几种方法互相核对选取参数,只要三者基本一致,就可得出比较符合实际的结果。

由于受研究对象复杂性的限制,想通过一种方法准确确定需要的参数,目前仍是难以办到的,因此建立在因素分析基础上的综合分析法是比较可靠的一种方法。若能与工程地质比拟法确定的参数一致,则更为可靠。

5.3 防护工程组合应用与优化选择

近年来,国内外学者和工程人员在边坡防护措施的研究方面取得了大量成果。边坡病害防护措施主要包括支挡、锚固、注浆以及排水等。排水作为辅助工程,往往要与支挡或锚固类措施相结合才能达到治理目的。注浆技术较难控制并且其效果难以预见,故在边坡病害治理中也很少单独使用。

边坡工程的开挖或填筑施工过程中,弃土、粉尘对地表植被的破坏、地表和地下水流向的改变、水质的污染等都会对当地的生态环境造成很不利的影响。人民对美好生活的向往和环境保护要求的提高,要求边坡治理不能只停留在边坡岩土加固上,而忽视对生态环境的保护,它要求在开挖或填筑的边坡坡面上恢复植被,达到保护坡面、防治水土流失和绿化环境的目的。支挡结构的设计和施工与边坡植被防护的有机结合,是当前防护工程设计面临的新组合。

5.3.1 支挡和锚固共同作用类结构

边坡加固的主体工程主要包括支挡和锚固两大类,前者主要指抗滑挡墙、抗滑桩以及地下连续墙等结构,后者主要指系统锚杆、预应力锚杆(索)、锚杆框架、锚索地梁等结构。岩土体的稳定性问题,有时靠单一的支挡或锚固工程并不能经济有效地解决,因此,实际中支挡和锚固工程密不可分,共同存在于同一工程之中。以下是几种支挡和锚固共同作用类结构形式。

5.3.1.1 锚拉桩、锚定板式挡土墙

这类结构采用了支挡和锚固的共同作用形式,桩或墙起直接挡土作用,锚拉结构起提供支撑力、稳定支挡结构作用,如图 5-1 所示。

图 5-1 锚索抗滑桩防护工程

5.3.1.2 格构锚

边坡治理中常采用格构锚杆(索)形式,锚固工程起主要作用,尤其是预应力锚固工程,强大的预应力使结构与坡体整体性明显提高,反力结构对坡面产生较好的预加固效应,钢筋混凝土框格梁起辅助挡土和分散锚固力的作用,如图 5-2 所示。

图 5-2 格构锚杆防护工程

5.3.1.3 土钉墙

土钉墙是在岩土体内放置一定长度和分布密度的加筋体,与岩土体共同作用,以弥补岩

土体自身强度的不足,虽然整体上看起挡土作用,但本质上利用土体在变形过程中钉体和土体之间的摩擦阻力,实际上成为一种复合结构,但其锚固的功效不可忽视。

5.3.1.4 柔性防护网系统

岩质边坡防护中常常用到的柔性防护网系统,按其作用方式可分为主动防护网系统和被动防护网系统。主动防护系统(见图 5-3),又可分为主动加固和围护两类;而被动防护系统是以钢丝绳网、环形网等高强度金属柔性网为主要构件,并以钢柱为直立支撑的栅栏式柔性拦挡结构,通常设置于斜坡某一适当位置处,以拦截来自其上方的崩塌落石,如图 5-4 所示,因此一般也称为拦石网。目前国内外的拦石网技术主要来自瑞士布鲁克(GeoBrugg)公司。柔性防护技术在 20 世纪 50 年代起源于欧洲,现已在全球范围广泛应用于铁路、公路、水电和地灾行业。

图 5-3　主动网防护

图 5-4　被动网防护

由于岩土工程的复杂性,除了支挡和锚固主体工程外,为了保证支挡和锚固工程的顺利施工和使用期的稳定性要求,还必须辅助其他措施,如对滑坡体辅助地表排水系统,深基坑开挖时设必要的降排水措施等。综上所述,支挡和锚固工程的结构类型较多,在实际应用中除了与岩土体本身的变形破坏机理对症外,现阶段还要照顾到各个行业对工程的具体功能和安全要求。

5.3.2　支挡结构与植被防护

支挡结构是稳定边坡的工程措施,其不足之处是缺乏生态效果,但是能有效地使边坡达到稳定的目的,为植被生长提供安定的生存环境。坡面种植植物后,植物的根系可增强坡面表层稳定性,对边坡整体稳定也起重要作用。对于坡体表面局部失稳、易溜塌、易冲刷的边坡,一般都采用三维土工网垫、土工格栅、土工网、土工格室和浆砌片石形成框架的工程措施和植被防护相结合。对于深层失稳,容易产生滑坡的边坡,则采用钢筋混凝土形成框架,用锚杆或锚索加固边坡的工程措施与植被防护相结合。将支挡结构和植被防护有机结合形成有效的综合防护体系,是需要我们不断进行创新和优化的。

5.3.2.1 缓边坡及墙面的植被护坡技术

一般缓边坡指坡率小于 1 : 1 的边坡,在那种边坡上恢复植被通常不加过多的工程措施,采用常规的植被护坡方法或铺之以土工材料,例如土工格栅、土工格室等。在这些墙面上可栽植攀援性和垂吊性植物。在重力式挡土墙、锚杆挡土墙、桩板式挡土墙、加筋土挡土墙等作为支挡结构的岩土边坡的上方一般都是缓边坡,如图5-5所示。在缓边坡上可采用的植被护坡的方法很多,但应该选择经济而合理的方法,例如挂三维网喷播植草绿化、挖沟植草绿化、土工(网)格栅植草绿化、土工格室植草绿化、植草皮护坡、穴播或沟播、液压喷播、有机基材喷播植草绿化等。

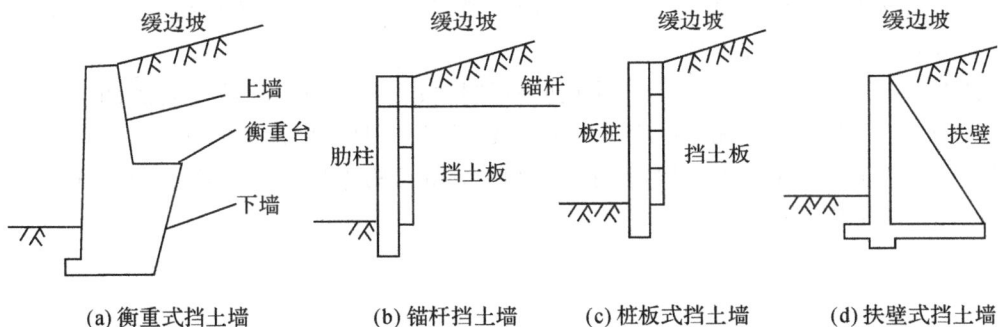

图 5-5　几种挡土墙上方的缓边坡

5.3.2.2　高陡边坡的植被护坡方法

在地形复杂的山区修建铁路、高等级公路等基础设施时,有许多深挖高填的工程,会导致形成高陡边坡。高陡边坡系指坡度大于60°的高边坡和超高边坡。在这类坡面上应用植被护坡的方法有较大的难度,需要施加更强的工程措施。在坡脚加固一般采用的支挡结构是桩板墙、锚拉式桩板墙、抗滑桩、预应力锚索抗滑桩等,在坡面加固一般采用的支挡结构有带预应力锚索或锚杆的锚墩、预应力锚索地梁、预应力锚索框架地梁等。

高陡边坡的植被防护技术中首要的问题是做好坡体的支挡加固,为植物的生长提供安定的环境。目前采用的支挡加固措施主要是类似于如图5-6所示的结构,即在坡脚设置抗滑桩或预应力锚索抗滑桩以承受土压力或滑坡推力,坡面则构建钢筋混凝土框架、地梁等结

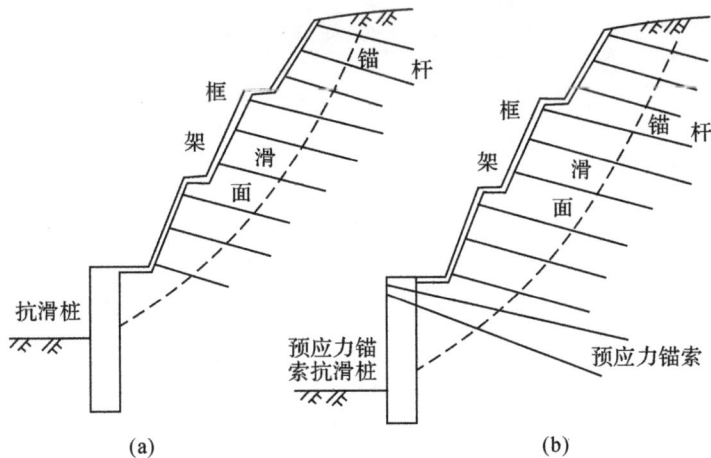

图 5-6　高陡边坡的加固防护措施

构，在这些结构内进行植被护坡。

5.3.2.3 厚层基材喷射植被护坡技术

厚层基材喷射植被护坡是采用混凝土喷射机把基材与植被种子的混合物按照设计厚度均匀喷射到需要防护的边坡坡面的绿色护坡技术。厚层基材喷射植被护坡技术主要是针对岩质边坡的植被防护开发的。因此它适合于难以用常规方法恢复植被的所有边坡，有恢复植被快、便于机械化操作的特点。另外该方法可与任何一种支挡结构相结合进行植被防护，但是由于该方法较挖沟植草绿化、撒播法、液压喷播法等常规方法价格高，因此在进行设计时应根据工程具体情况加以选用。

岩质边坡不同于土质边坡，目前常用的植被护坡方法（如撒播、液压喷播、植生带、框格植被、三维土工网植草等）无法应用于岩质边坡。厚层基材喷射植被护坡技术则通过在坡面喷附一层类似于自然土壤的结构，贮存水分和养分等植物生长所需的基层材料，解决岩质边坡上植物无法生长的难题。

6 边坡坡率法

在边坡设计中,坡率法通过控制边坡的高度和坡度,使边坡对所有可能的潜在滑动面的下滑力和抗滑力处于安全的平衡状态,无须对边坡进行特殊工程加固,从而使边坡达到自身稳定的状态,其具有造价经济、施工简单、技术成熟的优点。因此,在建筑、公路、铁路及市政道路路堑、填方路堤边坡、大型高边坡治理等工程设计中广泛使用。

6.1 坡率法及其适用条件

6.1.1 适用条件

在边坡处理中,当周围场地条件允许且无不良地质作用时常采用坡率法,工程中又称为削坡(或刷坡),如图 6-1 所示。

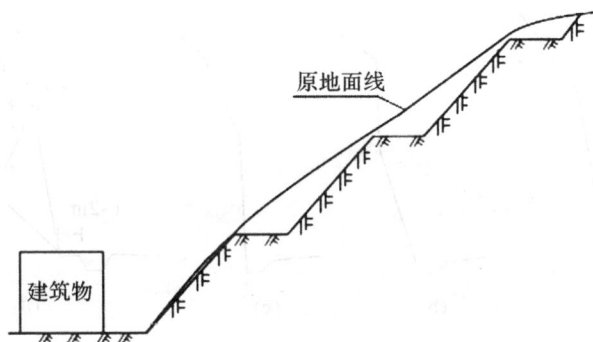

图 6-1 坡率法

坡率法适用于岩层、塑性黏土和良好的砂性土中,并要求地下水位较低,放坡开挖时有足够的场地条件。坡率法可分别与挡土墙、锚杆(索)或锚喷支护、堆载阻滑、格构等方法联合应用,形成组合边坡。高度较大的边坡应分级开挖放坡,分级放坡时应分别验算边坡整体和各级的稳定性。当不具备全高放坡时,上段可采用坡率法,下段可采用工程加固方法以稳定边坡。对于填方边坡可在填料中增加加筋材料提高边坡的稳定性或减小边坡的坡度以保证边坡的稳定性。采用坡率法时应进行边坡环境整治、坡面绿化和排水处理。

下列边坡不应单独采用坡率法,应与其他边坡支护方法联合使用:

①放坡开挖对相邻建（构）筑物有不利影响的边坡；

②地下水丰富的边坡；

③软弱土层等稳定性差的边坡；

④坡体内有外倾软弱结构面或深层滑动面的边坡；

⑤自然斜坡高度大，放坡开挖难以到达坡顶的边坡；

⑥地质条件复杂的一级边坡。

边坡维持稳定的坡率是由边坡的岩性、地质构造、边坡高度、地下水及地表水、荷载条件等多种因素决定的。设计时，结合实践经验按照工程类比的原则，并参考地区地质条件相似的已有稳定边坡的坡率综合分析确定。

坡率法设计边坡主要是在保证边坡稳定的条件下确定边坡的形状和坡度。其设计内容包括确定边坡的形状、坡度，设计坡面防护和边坡稳定性验算。在进行设计之前必须查明边坡的地质环境条件，包括边坡岩土类型及性质、各种软弱结构面的产状、地质构造、岩土风化或密实程度、地下水、地表水、当地地质条件相似的自然斜坡或人工边坡稳定性特征。

边坡的形式一般可以分为四种：直线形[见图 6-2(a)]、上陡下缓折线形[见图 6-2(b)]、上缓下陡折线形[见图 6-2(c)]和台阶形[见图 6-2(d)]。直线形边坡一般适用于均质或薄层互层且高度较小的边坡；如果边坡较高或由多层土组成而上部岩土层的稳定性较下部好，则可采用上陡下缓的折线形边坡；若上部为覆盖层或稳定性较下部岩土层差，宜采用上缓下陡的折线形边坡；当边坡由多层土组成或边坡高度较大时，可在边坡中部或岩土层界面处设置不小于 1.0m 宽的平台，形成台阶式边坡。台阶形边坡稳定性较好，但相应的土石方量较大。

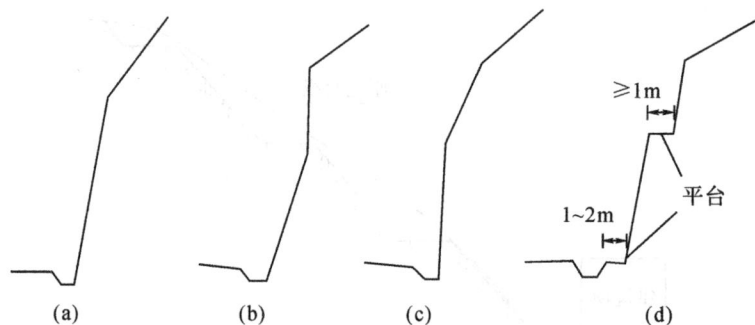

图 6-2　坡率法边坡形式

6.1.2　宽平台坡率法

在大型边坡工程设计中，常采用台阶形边坡分级形式进行坡率设计，多级平台间隔 8～10m，每级台阶宽 1～5m。但多级平台放坡时若无法有效拦截坡面落石、边坡局部失稳，则易诱发整体失稳等问题，若采用宽平台放坡，则可有效解决上述问题，故考虑宽平台放坡是一种坡率法设计的新思路。

宽平台是指放坡平台宽度大于 5m 的放坡台阶。现有研究成果已表明，在边坡的堆填和开挖过程中保留一定宽度的平台，能够有效地提高边坡的整体稳定性。当多级边坡的各级边坡水平长度在 1.5 倍边坡高度以内时,设置一定宽度的平台可以显著提高边坡的稳定性;在大型边坡中部设置宽平台,可将其潜在整体剪切变形带分解成相对独立的非贯通剪切带,将边坡整体失稳机制转化为被宽平台分割形成的若干块体的局部失稳,从而实现宽平台的分解效应;随着分解平台宽度递增,边坡整体稳定性逐步稳步提高,当宽平台增至一定宽度以后,边坡稳定安全系数趋于稳定,可据此确定最优平台宽度。宽平台设置方案可以采用较少的加固工程量使边坡支护取得更好的实施效果,并且更有利于保证边坡实施过程中的安全。

因此,对整体稳定性较差的高边坡,在地形条件允许的情况下,可在边坡中部设置宽平台。平台宽度达到定值时,可使边坡平台上下级开挖互不影响,这样做的好处是当边坡产生局部失稳时就不会波及其他级边坡,从而避免从上到下连续大滑坡。

近年来,有学者利用刚体极限平衡法和渗流数值模拟,并结合浅层土质边坡的破坏模式,研究降雨情况下浅层土质边坡的稳定性系数分布形式,提出考虑降雨的多级边坡平台宽度的设计方法;利用基于有限元应力状态的边坡稳定性分析方法,以二阶阶梯形均质挖方边坡为研究对象,提出在阶梯形均质挖方边坡的设计中,平台宽度宜大于其上下级坡高平均值的 0.5 倍,上下级边坡的坡高比宜控制在 1~2 范围,且下级边坡的坡率小于上级边坡坡率时更有利于边坡的整体稳定。此外,边坡宽平台可作为危岩体的被动防护措施。

可见,宽平台坡率法不仅可以有效拦截坡面落石,而且将大型边坡分解为多个相对独立的非贯通剪切带,避免整体失稳,提高了边坡的整体稳定性,是坡率法边坡处置的进一步发展。

6.1.3 三维立面式坡率法

除了采用常规的平面式坡面放坡外,还可采用三维立面式坡面放坡。三维立面式坡面放坡包括凹面坡和凸面坡。坡面形态对边坡稳定的影响其实就是坡面形态效应,在坡度及其他参数不变的情况下,凹面坡相对具有较高的稳定性。若比较圆形凸坡和长直坡的稳定性大小,则当边坡坡度较小时,圆形凸坡的稳定性高于长直坡;当边坡坡度较大时,长直坡的稳定性高于圆形凸坡。在露天矿边坡中,合理的外凸坡面产生的形态效应有利于边坡稳定;对矿山边坡,多以坡率法开挖成俯视形似椭圆形或圆形的矿坑,并尽量保证边坡表层开挖方向和矿坑长轴方向与主应力方向一致,以确保坡面形态发挥最佳效果。

可见,在进行边坡坡率法设计时,可同时考虑采用三维立面式放坡设计,此种方法可在坡率不变的前提下,改变坡面形态,充分利用坡面形态效应,从而改变坡体的稳定系数,增强整体稳定性。

6.2 岩质边坡的削坡坡率

对于岩质边坡,在坡体整体稳定的条件下,要选择合理的允许坡率。应根据岩性、地质构造、岩石风化破碎程度、边坡高度、地下水及地表水等因素,结合实际经验按照工程类比的原则,并参考该地区已有的稳定边坡的坡率综合分析确定。当无外倾结构面时,可参考表 6-1 进行确定。

表 6-1　岩质边坡坡率值

边坡岩石类型	风化破碎程度	坡率值	
		坡高<20m	坡高 20～30m
岩浆岩、厚层灰岩、厚层砂砾岩、片麻岩、石英岩、大理岩	轻度	1：0.10～1：0.20	1：0.10～1：0.20
	中等	1：0.10～1：0.30	1：0.20～1：0.40
	严重	1：0.20～1：0.40	1：0.30～1：0.50
	极重	1：0.30～1：0.50	1：0.50～1：0.75
中薄层灰岩、中薄层砂砾岩、较硬的板岩、千枚岩	轻度	1：0.10～1：0.30	1：0.10～1：0.40
	中等	1：0.20～1：0.40	1：0.30～1：0.50
	严重	1：0.30～1：0.50	1：0.50～1：0.75
	极重	1：0.50～1：0.75	1：0.75～1：1.00
薄层砂页岩互层、千枚岩、云母片岩、绿泥石片岩	轻度	1：0.20～1：0.04	1：0.30～1：0.50
	中等	1：0.30～1：0.50	1：0.50～1：0.75
	严重	1：0.50～1：0.75	1：0.75～1：1.00
	极重	1：0.75～1：1.00	1：1.00～1：1.25

注：表 6-1 中岩石风化破碎程度按表 6-2 进行划分。

表 6-2　岩石风化破碎程度

等级	颜色	矿物成分	结构构造	破碎程度	强度
轻度	较新鲜	无变化	无变化	裂缝不多，基本上是整体，裂缝基本上不张开	基本上不降低，用锤击时很易回弹
中等	造岩矿物失去光泽	基本不变	无显著变化	开裂成直径 20～50cm 的大块体，大多数裂缝张开较小	降低，用锤击时声音清脆
严重	显著改变	有次生矿物	不清晰	开裂成直径 5～20cm 的碎石状，有时裂缝张开较大	有显著降低，用锤击时声音低沉
极重	变化极重	大部成分已改变	只具有外形，矿物失去结晶联系	裂缝极多，爆破以后较多呈碎石土状，有时细粒部分已略具塑性	极低，用锤击时基本上不回弹

对岩质边坡来说，岩体中软弱面是其变形破坏的控制因素。结构面的成因、性质、延展特点、分布密度以及不同方向结构面的组合关系等对岩质边坡的稳定具有重要作用。在边坡稳定性研究中，主要软弱面与边坡的关系至关重要。可以分为如下几种基本情况：

6.2.1　平迭坡

主要软弱结构面是近水平的。这种边坡一般比较稳定，但岩层软硬相间，岩层会形成崩塌破坏，如图 6-3 所示，厚层软弱岩（如黏土岩）会发生像均质土那样的无层或切层滑坡。

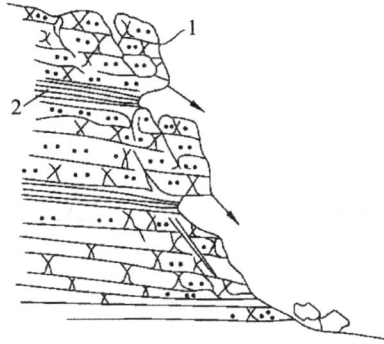

1—砂岩;2—页岩。

图 6-3 软硬相间岩层破坏

6.2.2 逆向坡

主要软弱结构面的倾向与边坡倾向相反,如图 6-4 所示,即岩层倾向坡内。这种边坡是比较稳定的,有时会发生崩塌,而发生滑坡的可能性很小。

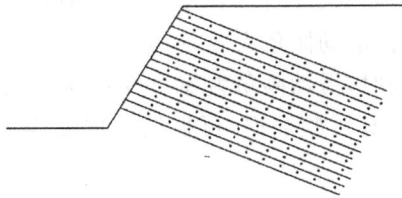

图 6-4 逆向坡

6.2.3 横交坡

主要软弱结构面的走向与边坡走向正交,如图 6-5 所示。这类斜坡的稳定较好,很少发生滑坡。

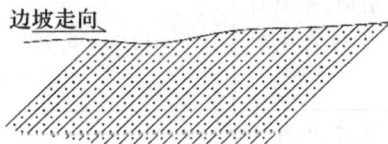

图 6-5 横交坡

6.2.4 斜交坡

主要软弱结构面的走向与边坡走向斜交。这类边坡当软弱结构面倾向坡外其交角小于 40° 时稳定性较差,否则较稳定。

6.2.5 顺向坡

主要软弱结构面或岩土层面的倾向与边坡倾向一致。其倾角与坡角的相对大小不同,稳定性情况是不相同的。当坡角 β 大于软弱面倾角 α 时,如图 6-6(a)所示,斜坡稳定性最差,极易发生顺层滑坡,自然界这种滑坡最为常见。当 $\alpha > \beta$ 时,如图 6-6(b)所示,边坡稍稳

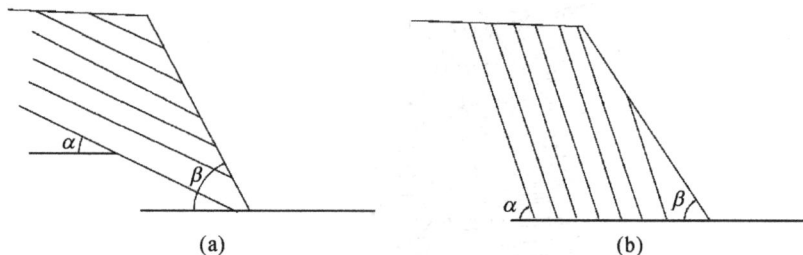

图 6-6　顺向坡

定。但因还有其他结构面存在,特别是与向坡外缓倾的结构面相组合,还可能产生崩塌。

上述仅为一组软弱结构面的情况,若有两组或两组以上软弱结构面时,则还要看它们的组合情况如何,再对边坡稳定性的影响进行分析。不利组合情况经常发生的是岩质边坡的楔形体破坏。楔形体破坏是岩质边坡工程中常见的破坏形式。

调查统计资料表明,当滑动面为下列情况,且边坡仅在重力作用下,软弱面的倾角大于其摩擦角而小于坡角时属最危险的软弱面:

①黏土岩、黏土页岩、泥质灰岩、泥质板岩等泥化层面时,滑动倾角为 $9°\sim12°$;

②砂岩层面或砾岩层面时,滑动倾角为 $30°\sim35°$;

③无泥质充填物的结构面时,滑动倾角为 $30°\sim75°$(大多变化于 $35°\sim60°$范围)。

在进行稳定性计算时如没有试验数据,可根据边坡工程地质条件参考表 6-3 及表 6-4 中的数值。

表 6-3　各种软弱面的抗剪强度有关参数

软弱面类型	摩擦系数	黏聚力 c/kPa
各种泥化的软弱面、滑石片岩片理面、云母片岩片理面等	$0.16\sim0.36$	$0\sim50$
黏土岩层面、泥灰岩层面、凝灰岩层面、夹泥断层面、页岩层面面、炭质灰层面、千枚岩片理面、绿泥石片岩片理面等	$0.36\sim0.58$	$50\sim100$
砂岩层面、石灰岩层面、部分页岩层面、构造节理面等	$0.58\sim0.84$	$50\sim100$ 有时至 400
各种坚硬岩体的构造节理面、砾岩层面、部分砂岩层面、部分石灰岩层面等	$0.84\sim0.95$ 有时至 1.15	$80\sim220$ 有时至 500

注:本表是根据大量的现场试验,沿软弱面施加剪力所得的岩体软弱面峰值抗剪强度资料而综合得出的。

表 6-4　软弱夹层的抗剪强度参数

软弱夹层性质	摩擦系数 f	黏聚力 c/kPa	软弱夹层性质	摩擦系数 f	黏聚力 c/kPa
含阳起石的构造挤压破碎带	0.48	27	节理中充填30%的黏土	0.4	100

软弱夹层性质	摩擦系数 f	黏聚力 c/kPa	软弱夹层性质	摩擦系数 f	黏聚力 c/kPa
黏土页岩夹层	0.40	15	节理中充填 40% 的黏土	0.5	100
断层破裂带	0.35	0	碎石充填的节理	0.4~0.5	100~200
膨润土薄层充填的页岩状石灰岩	0.13	15	有黏土覆盖的节理	0.2~0.3	0~100
膨润土薄层	0.21~0.30	93~119	含角砾的泥岩	0.42	10

若边坡所在地层具有明显的倾斜结构面(如层面、节理裂隙面、断层面和其他软弱面)且倾向边坡外侧,则此结构面的倾斜角度及其黏聚力和内摩擦角的大小将影响边坡的稳定性。此时应根据岩质边坡的破坏模式通过稳定性计算来确定边坡的坡率,必要时应采取其他相应的加固措施。

对下列边坡的坡率允许值应通过稳定性分析计算确定:

①有外倾软弱结构面的岩质边坡;

②岩质较软的边坡;

③坡顶边缘附近有较大荷载的边坡;

④坡高超过表 6-1 范围的边坡。

6.3 土质边坡的削坡坡率

对于土质边坡,在确定坡率时应根据边坡的高度、土的密实程度、地下水、地表水的情况、土的成因类型及生成时代等因素并参考同类土的稳定坡率进行确定。如果边坡高度大于 8m,或土层中地下水发育且不易排出,或土层为软质土,或有堆积荷载时,应通过边坡稳定计算来确定土坡坡率。稳定性计算方法应根据土质边坡的破坏模式进行相应的计算。

6.3.1 一般土质边坡削坡坡率的确定

对于土质均匀良好、地下水贫乏、无不良地质作用和地质环境条件简单的土质边坡,可参考表 6-5 进行确定。

表 6-5 土质边坡坡率值

土质类型	状态	坡高≤5m	5m<坡高≤8m
黏性土	硬塑	1:0.75~1:1.25	1:1.25~1:1.50
	可塑	1:1.25~1:1.50	1:0.50~1:1.75
人工素填土（填土年限＞8 年）	密实	1:0.75~1:1.00	1:1.00~1:1.25
	中密	1:1.00~1:1.25	1:1.25~1:1.50
	稍密	1:1.25~1:1.50	1:1.50~1:1.75

注:1. 表中碎石土的填充物为坚硬或硬塑状态的黏性土。

2. 对于砂土或充填物为砂土的碎石土,其边坡坡率允许值应按自然休止角确定。

6.3.2　土石堆积体边坡

对于土石混合堆积体边坡,一般采用与天然休止角相应的边坡坡率(见表 6-6);但对于已稳定的堆积体可根据其胶结和密实程度采用较大的边坡坡度。如果边坡中出现松散夹层,应进行适当的防护。边坡高度超过 20m,应分台阶进行放坡。在堆积体中开挖后形成的边坡应特别注意剩余土体的稳定性,必要时可放缓边坡或清除全部剩余土体。因挖方破坏了原堆积体的平衡条件,堆积体可能沿接触面滑动,应注意形成整体滑坡的可能性分析。

表 6-6　堆积体边坡坡率参考值

岩堆情况	条件说明	边坡坡率
不含杂质的碎石	山区的堆积层	1:10～1:1.25
不含杂质的碎石	平坦地区,已密实	1:0.75～1:10
碎石被小颗粒包围,碎石间互不接触	小颗粒是无黏结力的砂	1:1.50
碎石被小颗粒包围,碎石间互不接触	小颗粒是黏性土	1:1.75～1:20
碎石相互间尚能接触,中夹黏性土	碎石有棱角	1:1.25
碎石相互间尚能接触,中夹黏性土	碎石失去棱角,较圆滑	1:1.50
一般堆积层		≥1:1.50

6.3.3　膨胀土边坡

由于膨胀土工程性质特殊而复杂,使膨胀土地区的边坡变形破坏受多种因素的影响,往往对建筑工程的潜在破坏十分严重。因此在进行边坡设计前,应充分进行工程地质调查、既有建筑物调查,并收集当地气象资料,然后在此基础上确定经济合理的边坡形式和坡率。

实践证明,膨胀土边坡坡率的确定,是一个比较复杂的工程地质问题,对于这类边坡的设计,目前尚无成熟的理论与方法。现场调查表明,无论公路、铁路或渠道膨胀土边坡,坡率在 1:2～1:3 的边坡,仍表现出普遍不稳定性,甚至有的铁路路堑及渠道膨胀土边坡,坡率小至 1:5～1:8 也不一定完全稳定。特别是在边坡土体结构与环境地质条件比较复杂的地区,或分布软弱夹层(如灰白色、灰绿色强膨胀土),边坡稳定问题更为复杂。膨胀土边坡的破坏,有些位于坡脚,也有些位于坡腰与坡顶,与一般黏性土边坡的破坏完全不同。因此,在膨胀土路堑边坡设计中,目前仍然以工程地质类比法为主,必要时再进行力学分析验算边坡稳定性。

工程地质类比法,是以同类膨胀土边坡,在相同或相似工程地质、水文地质及环境地质条件下的稳定性为参照系,参照稳定程度最佳的边坡进行设计的一种方法。因为自然界是千变万化的,在进行对比分析时一定要收集足够的第一手资料,并充分掌握已有膨胀土边坡的历史和现状,切不可简单照搬。表 6-7 是根据实践经验得出的边坡设计参考值。

6.3.4　黄土边坡

黄土是第四纪的一种特殊堆积物,颜色以黄色为主,有灰黄、褐黄等色,含有大量粉粒,一般在 55% 以上,孔隙比在 1 左右,垂直节理发育,具有湿陷性、溶蚀性、易冲刷和各向异性等工程特性。广泛分布于我国北纬 34°～45°的干旱和半干旱地区。目前黄土边坡的设计方法主要以工程地质类比法为主,力学分析验算为辅。表 6-8 为各类黄土边坡设计参考值。

表 6-7 膨胀土边坡设计参考值

膨胀土类别	边坡高度/m	边坡坡率	边坡平台宽度/m
弱膨胀土	≤6	1：1.50	1
	6～10	1：1.50～1：2.00	
	≥10	1：1.75～1：2.00	
中等膨胀土	≤6	1：1.50～1：1.75	2
	6～10	1：1.75～1：2.0	
	≥10	1：1.75～1：2.50	
强膨胀土	≤6	1：1.75	2
	6～10	1：1.75～1：2.50	
	≥10	1：2.00～1：2.50	

表 6-8 黄土边坡设计参考值

地区	工程分类		边坡高度				
			≤6m	6～12m	12～20m	20～30m	30～40m
黄土高原东南地区	新近堆积黄土	坡积	1：0.50	1：0.50～1：0.75	1：0.75～1：1.00		
		洪积、冲积	1：0.20～1：0.30	1：0.30～1：0.50	1：0.50～1：0.75	1：0.75～1：1.00	
	新黄土(马兰黄土)		1：0.30～1：0.40	1：0.40～1：0.60	1：0.60～1：0.75	1：0.75～1：1.00	1：1.00～1：1.25
	老黄土(离石黄土)		1：0.10～1：0.30	1：0.20～1：0.40	1：0.30～1：0.50	1：0.50～1：0.75	1：0.75～1：1.00
黄土高原中部地区	新黄土(马兰黄土)	坡积	1：0.50	1：0.50～1：0.75	1：0.75～1：1.00		
		洪积、冲积	1：0.20～1：0.30	1：0.30～1：0.50	1：0.50～1：0.75	1：0.75～1：1.00	
	新黄土(马兰黄土)		1：0.30～1：0.40	1：0.40～1：0.50	1：0.50～1：0.75	1：0.75～1：1.00	1：1.00～1：1.25
	老黄土(离石黄土)		1：0.10～1：0.30	1：0.20～1：0.40	1：0.30～1：0.50	1：0.50～1：0.75	1：0.75～1：1.00
	红色黄土(午城黄土)		1：0.10～1：0.20	1：0.20～1：0.40	1：0.30～1：0.40	1：0.40～1：0.60	1：0.60～1：0.75
黄土高原西部地区	新黄土(马兰黄土)	坡积	1：0.50～1：0.75	1：0.75～1：1.00	1：1.00～1：1.25		
		洪积、冲积	1：0.20～1：0.40	1：0.40～1：0.60	1：0.60～1：0.75	1：0.75～1：1.00	
	新黄土(马兰黄土)		1：0.40～1：0.50	1：0.50～1：0.75	1：0.75～1：1.00	1：1.00～1：1.25	1：1.25
	老黄土(离石黄土)		1：0.10～1：0.30	1：0.20～1：0.40	1：0.30～1：0.50	1：0.50～1：0.75	1：0.75～1：1.00
黄土高原北部地区	新黄土(马兰黄土)	坡积	1：0.50～1：0.75	1：0.75～1：1.00	1：1.00～1：1.25		
		洪积、冲积	1：0.20～1：0.40	1：0.40～1：0.60	1：0.60～1：0.75	1：0.75～1：1.00	
	新黄土(马兰黄土)		1：0.30～1：0.40	1：0.40～1：0.60	1：0.60～1：0.75	1：0.75～1：1.00	1：0.75～1：1.00
	老黄土(离石黄土上部)		1：0.10～1：0.30	1：0.20～1：0.40	1：0.20～1：0.40	1：0.50～1：0.75	1：0.75～1：1.00
	老黄土(离石黄土下部)		1：0.10～1：0.20	1：0.20～1：0.30	1：0.20～1：0.30	1：0.40～1：0.60	1：0.60～1：0.75

6.3.5 花岗岩类土质边坡

花岗岩类土质边坡,是指由花岗岩类岩体风化而成,保留或部分继承了原岩的结构面等其他岩体特征且未经二次搬运堆积的土体物质或破碎岩体物质构成,稳定特性明显区别于均质土边坡及岩质边坡的一类边坡。花岗岩类土质边坡区别于其他一般均质土边坡的最大特点在于坡体内继承了原岩中的部分结构面。这些结构面得以保存并体现结构面特征的一个重要条件就是坡体土体未经搬运和较大扰动,土体也未经深程度的淋滤。

花岗岩及花岗岩类岩石本身的结构特征,使得类土质特征,即边坡土体介质中继承了原岩中的结构面,在花岗岩残积土及全-强风化花岗岩边坡中最典型,将其单独归类,更利于该类边坡工程地质模型的建立及边坡稳定性、加固工程设计的研究。

类土质边坡的概念提出后,学者们认识到了其在自然状态及工程开挖过程中的稳定性及失稳模式有别于一般的均质土边坡和岩质边坡。对于该类边坡稳定性的计算分析方法,应强调其结构面的重要性。基于坡体中结构面的空间特征,其破坏方式存在异于均质土边坡的特殊性。其破坏模式如图 6-7 所示。

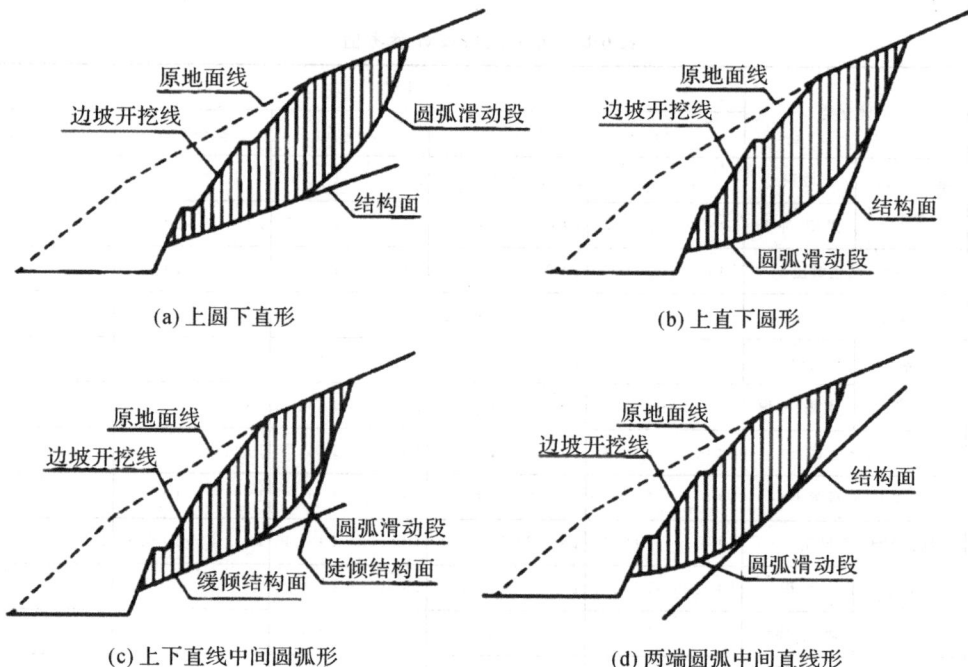

图 6-7 受结构面控制的类土质边坡破坏模式

因此,对类土质边坡采用坡率法设计时应该考虑各类结构面对坡体稳定的控制作用。然而,类土质边坡中的结构面与岩质边坡中的结构面有很大程度的不同,最重要的区别在于类土质边坡中的结构面多数是隐藏的,边坡开挖前是肉眼不可见或难于直接勘察的。工程实践中,人们往往很难像勘察岩质边坡中的结构面那样确定类土质边坡中结构面的空间分布。因此,在花岗岩类土质边坡的工程实践中,仍需按均质土边坡的圆弧滑面进行边坡稳定性计算。但应加强此类边坡的动态设计信息化施工,根据开挖揭露是否存在外倾不利结构面修正边坡稳定性计算方法,并对坡体采取相应的加固措施,而非单一采用坡率法设计。

基于花岗岩类土质边坡的工程特性,该类边坡的设计应注意以下几点。

1)加强坡面冲刷防护设计

类土质边坡抗冲刷能力较差,在该类边坡的设计中,应加强坡面冲刷防护设计,特别是在缓倾岩脉(墙)的上层面处加强坡面防护措施。具体措施可采用人字形截水骨架植草护坡或结合其他加固工程(如带排水槽的锚索框架等)进行植草护坡。

2)加强边坡护脚及压顶设计

类土质边坡抗冲刷能力差的另一个体现就是坡脚易被侵蚀,并逐渐向坡体内部发展,引起边坡局部破坏,故应加强边坡护脚设计。同时应注意每级边坡坡顶的设计,要使坡顶平顺,必要时做混凝土片石压顶设计。

3)加强边坡截排水设计

类土质边坡开挖过程中的卸荷效应明显,易在坡顶一定范围内形成拉张裂缝,充水后会形成水压力,水的侵入也会使土体抗剪强度降低,影响边坡稳定。故类土质边坡设计中,要即时夯填后部张开裂缝,并应加强坡顶外围的截水设计,同时注意坡面的排水设计,每级边坡平台设置截水沟,引入两端的排水系统内,减小降雨对坡面的冲刷作用。

4)多级边坡要逐级防护、逐级开挖

类土质边坡虽然临时边坡稳定性较强,可以进行较陡的坡面开挖,但多级边坡开挖过程中,会逐级卸荷,从而对已经施工完成的加固工程产生附加力,严重时将使加固工程产生变形,甚至破坏。故对于多级类土质边坡而言,更应确保在上一级边坡加固工程施工完成并达到相关要求后,再进行下一级边坡的开挖。

6.4　填方边坡

填方的边坡坡率应根据填方高度、填土的种类和其重要性在设计中加以考虑,对于工程地质条件比较简单的填方边坡,可采用表6-9中的经验坡率;对使用时间较长的临时性填方边坡坡率,当填方高度小于10m时,可采用1:1.50;超过10m时,可做成折线形,上部采用1:1.50,下部采用1:1.75。

填方边坡高度较大、基底存在软弱层、地下水丰富的填方边坡,其稳定性计算应根据填方边坡的破坏模式进行相应的计算。位于斜坡上的人工压实填土边坡应验算填土沿斜坡滑动的稳定性。分层填筑前应将斜坡的坡面修成若干台阶,使压实填土与斜坡面紧密接触。填方边坡采用坡率法时可与加筋材料联合应用。

丘陵山地沟谷中的工程建设大多采用半挖半填的方式,填筑料一般就地取材,土石方填挖方量巨大。土石方工程不仅改造了场地的地形地貌,破坏了自然的植被,更改变了场地自然的地表排水途径及地下水的补给、径流、排泄条件,使工程水文条件变得复杂,其中土石方平整工程产生的人工高填方,有时填筑在地势较高的上游沟谷,有时恰好填筑在沟谷地带中游,填堵了上游沟谷地表水的排泄通道,易引发泥石流灾害。对此类填方边坡应首先做好地表及地下的疏排水设计,对场地进行水文分析,对沟谷地表水通道处高填方边坡进行暴雨条件下和坡脚积水条件下的稳定性计算。

表 6-9　永久性填方边坡的高度限值和边坡坡率

土的种类	填方高度/m	边坡坡率
黏性类土、黄土、类黄土	≤6	1:1.50
粉质黏土、泥灰岩土	6～7	1:1.50
中砂或粗砂	≤10	1:1.50
砾石和碎石土	10～12	1:1.50
易风化的岩土	≥12	1:1.50
中风化至微风化、尺寸 25cm 内的石料	<6	1:1.30
	6～12	1:1.50
中风化至微风化、尺寸大于 25cm 的石料,边坡用最大石块分排整齐铺砌	<12	1:0.75～1:1.50
中风化至微风化、尺寸大于 40cm 的石料,边坡分排整齐铺砌	<5	1:0.50
	5～10	1:0.65
	>10	1:1.00

注:1. 当填方高度超过本表规定限值时,其边坡可做成折线形,填方下部的边坡坡率应为 1:1.75～2.00。

2. 凡永久性填方,土的种类未列入本表者,其边坡坡度不得大于 $45°+\dfrac{\varphi}{2}$,φ 为土的自然倾斜角。

常规的坡率法主要应用于岩质边坡、土质边坡等原生岩土体中,而随着我国基础建设的不断发展,如高铁建设、西部大开发和城市化的推进等,产生了许多如垃圾填埋场、弃土场、建筑物废弃物填埋场等边坡场地,其物理力学性质与传统原生岩土体存在巨大差异,因而在坡率法设计中,其边坡稳定性验算方法也面临新的挑战。当前在以建筑垃圾、生活垃圾、松散土体等为主的填方边坡设计中,尚未形成较为成熟和配套的规范体系,其理论研究和实际应用还存在一定的完善空间。2015 年 12 月 20 日,深圳市光明新区的红坳渣土受纳场,没有建设有效的导排水系统及严重超量超高堆填,导致渣土失稳滑坡,造成重大人员伤亡和财产损失。

弃土场在堆填整形过程中,应力大小与位移变形随台阶高度和台阶坡率的增大而增大、随平台宽度的增大而减小,边坡的稳定系数随台阶高度和台阶坡率的增大而减小,随平台宽度的增大而增大。针对特殊土体边坡坡率法设计时,应根据具体边坡的土的类型、物理力学性质参数、地下水埋藏及赋存、原始地形地貌等实际情况,选取合适的计算参数及计算模式,采用适宜的稳定性分析方法,最终确定边坡坡率。

6.5　滑坡处置中的削方减载与反压堆载

6.5.1　削方(坡)减载

削方(坡)减载是一种通过改变边坡几何形态而提高滑坡体稳定性的一种滑坡治理方法,具有技术简单、工期短的优点,但其治理效果与削坡减载部位及地质环境关系密切。削方减载的概念是针对滑坡处置而提出的,它通过减轻滑坡致滑段的滑体超重部分,减小滑体的下滑力,使滑坡趋于稳定。不同于一般的边坡坡率法削坡,因为减重的目的是使滑坡稳定,故减去的土体位于滑坡的致滑段(一般在滑坡的上部),如图 6-8 所示。

采用削坡减载治理滑坡,应注意避免出现激活滑坡或引起坡体在减载后产生次生滑坡的情况,同时应验算滑坡减载后滑面从残存滑体的薄弱部分剪出的可能性。削方后应有利于排水,不要因削方而使地表

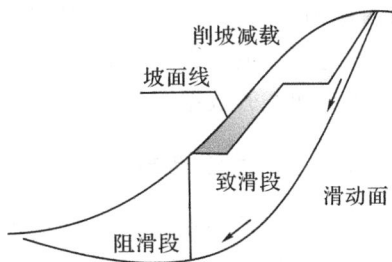

图 6-8　削方减载

水汇集,且要有合适的弃土场地。对于滑带土会松弛膨胀、浸水后抗滑力急剧下降的滑坡,则不宜采用削坡减载的方法。施工时,如滑体上的开挖高度小于 8m 宜一次性开挖到底;土质边坡的开挖高度为 8～10m、岩质边坡开挖高度为 15～20m 时,应自上而下分段开挖,边开挖边用喷锚网、钢筋混凝土格构支护或采用浆砌块石挡墙支挡。堆积体或土质边坡每级台阶设置平台(马道)宽度 2～3m,岩质边坡平台(马道)宽度 1.5～2.5m。每级平台(马道)上设横向排水沟,纵向排水沟宜与坡脚排水系统衔接。

6.5.1.1　削方减载的适用条件

①滑坡减重设计前必须掌握滑坡的成因和性质,查明滑动面的位置、形状及可能发展的范围,根据稳定滑坡和修建防滑构造物的要求进行设计计算,以决定减重范围。对于小型滑坡可以全部清除。

②滑坡后壁及两侧地层稳定,不会因削方引起新的边坡滑动。

③滑坡减重的弃土,不能堆置在滑坡的主滑地段,应尽量堆填于滑坡前缘,以便起到堆载阻滑的作用。

④错落坍塌转变成的滑坡,不会恶化地质环境的推移式滑坡,可通过上部卸载提高滑坡稳定性;滑带土具有卸载膨胀性质的滑坡,不宜采用削坡减重的方法。

⑤滑坡减重之后,应验算滑面从残存滑体的薄弱部分剪出的可能性。

⑥滑坡减重后的坡面必须注意整平、排水及防渗处理。

6.5.1.2　削方减载计算

滑坡超重计算是滑坡减重设计的重要依据,一个滑坡应在什么部位减重,减重多少完全取决于滑坡超重计算的结果。超重计算在主滑断面上进行,对于大面积的滑坡应取多个纵断面计算。计算方法采用不平衡推力传递系数法。计算步骤如下:

①确定潜在滑动面及滑体、滑面的物理力学参数,地下水位;

②确定稳定系数;

③对滑体分条并用传递系数法计算每个土条的下滑力、剩余下滑力;

④根据③的计算结果确定减重的部位和数量。

在滑坡超重计算后,便可按照计算获得的减重部位和数量对滑坡进行削坡设计,设计中应注意控制滑坡体从残存滑体的薄弱部分剪出。为了检验设计是否满足边坡稳定的要求,需要对减重后的滑坡进行稳定性验算。验算所用的力学参数、安全系数、主滑断面、计算方法均与超重计算完全相同;验算时除了验算原滑动面外,还要对滑坡从残存滑体的薄弱部分剪出的可能的潜在滑动面进行验算。当所有验算均满足要求时,可认为滑坡的减重设计可

行;否则须重新修改设计或采用其他方案。

在进行滑坡稳定性验算时,滑带岩土抗剪强度指标的选取除采用试验方法外,还应采用反分析法和经验数据法加以验证。

6.5.2 反压堆载

反压堆载是采用土石等材料堆填在滑坡的阻滑段(一般在滑坡的下部)来增加抗滑力、提高滑坡的稳定性的工程措施,也称回填压脚,如图6-9所示,实际上也是一种支挡工程。回填压脚的作用原理比较简单,就是增加抗滑力而稳定滑坡。在一般情况下,回填压脚只能减小滑体的下滑力或增大阻滑力,不能改变其下滑的趋势。因此,它们常与其他整治措施配合使用。

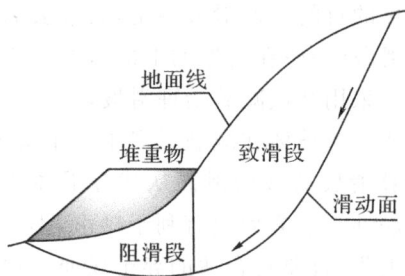

图 6-9　回填压脚

根据滑坡前缘地形条件,反压工程可有多种形式,如前缘地形比较开阔,可采用填堤的形式;当滑坡前缘为狭窄的沟道时,可采用在沟中做洞或盲沟而在洞(沟)顶填土压脚的方法稳定滑坡;当沟道较宽时,可局部改沟而在前缘压脚。有条件时还可局部改移工程位置和纵坡,留出空间进行填土压脚,如图6-10所示。

(a)填沟压脚　　　(b)改沟压脚　　　(c)填堤压脚　　　(d)改移线路

图 6-10　回填压脚形式

在回填压脚工程的设计中,主要是进行滑坡稳定性计算,稳定性系数以达到规范要求为准。经过专门设计的回填体,其对于滑坡稳定系数的提高值可作为工程设计依据;未经专门设计的回填体,其对于稳定系数的提高值不得作为设计依据,但可作为安全储备加以考虑。

回填压脚工程的设计,应确保填土本身的稳定性,填土的基底软弱土层必须挖除或进行换填等地基处理,陡坡地段应挖台阶处理;回填压脚填料宜采用碎石土,碎石土中碎石粒径小于8cm,碎石土中碎石含量为30%~80%。碎石土最优含水量需通过现场压实试验确定,含水量与最优含水量误差小于3%;回填土必须压实,以增加密实度和提高抗滑能力。可采用碾压或夯实的方法达到规定的压实度。压实度的要求为:距表层0~80cm填料的压实度大于等于93%;距表层80cm以下填料的压实度大于90%。当填土在沟岸或河岸时,填土坡脚应进行地下水渗流和防冲刷处理,可设置盲沟、反滤层和进行防冲刷护坡处理,以保证填土的稳定性,并应注意沟道或河道的过洪能力;对于填土的高度,应经过验算后确定,以滑坡不能从其顶部剪出为原则。

6.6　坡率法施工

6.6.1　挖方边坡

坡率法削方整形应逐级开挖,逐级支护,自上而下分层分区开挖,严禁先掏挖坡脚,同一坡面上、下不得同时开挖。开挖坡面与填坡区应设置地表排水系统,并与原排水系统或自然冲沟相衔接,临时排水设施和永久排水设施相结合。

采用爆破方法对岩质边坡削方时,应对周边环境进行专项调查,评估爆破振动对坡体稳定性的影响和爆破飞石对周边环境的危害,必要时应设置滚石拦挡结构,并对周边重要建(构)筑物进行爆破振动监测。削方整形后的坡面应平整,无松动岩块,坡比及平整度应符合设计要求及有关规范要求。坡面平台(马道)的宽度、标高应符合设计及有关规范要求。

雨天不宜进行削坡与填坡施工,开挖面应及时进行防护,不宜长期暴露。雨期施工应采用彩条布、塑料薄膜、喷射水泥砂浆或沙(土)袋等对开挖面进行临时防护。削方后的弃渣不应随意堆放,应及时运至指定地点堆放稳定,边坡潜在滑塌区严禁堆载。应优先考虑弃渣再利用,如作为石料或坡面回填压脚、路基填筑及造地土源等。

开挖的坡面需进行防护时,应及时跟进坡面防护工程施工。填坡应分层碾压或夯实,其压实度或密实度应满足要求。

软岩和强风化岩石削坡,可采用机械开挖或人工开挖,小规模危石可用人工清除。若岩质边坡削方规模、厚度及削方工程量较大时,采取人工清理与爆破相结合的方法进行削坡。岩层削方需要进行爆破的,应制定专项的爆破施工方案,选择合理的爆破方式和用药量,爆破作业不应影响和破坏设计坡面以下的岩体。在设计坡面位置宜采用光面爆破。沿开挖面走向坡面宜平顺,不得有棱角或较小转弯半径。

削方过程中应及时检查开挖坡面,根据检查结果及时调整改进施工工艺。削方过程中应及时对临时崩塌、危岩体采取支挡措施,保护相邻非削方区坡体的稳定。顺向坡开挖应及时做好支护加固。清除原地面上的树木、杂草及坡面松散的岩土体,保证坡面岩土体的稳定。

6.6.2　填方边坡

填方边坡施工之前,应清除原地面上的树木及杂草,避免植被层腐烂后形成潜在的滑动面;当基底为松土时应对基面进行分层碾压夯实,或对基层进行换填等地基处理。坡面不宜采用浅层松土填坡,局部的凹坑凹槽宜采用砌石或混凝土填坡。填坡应按先低处后高处顺序进行,填坡土应分层碾压或分层夯实,碾压或夯实的次数及夯实功能应符合设计要求。分层压实厚度宜为30cm,分层夯实的厚度宜根据夯实功能确定,压实度或密实度应达到设计要求。填坡土填料宜采用碎石土,碎石含量为30%～80%,块径不宜超过30cm,碎石土最优含水量需做现场击实试验,含水量与最优含水量偏差控制在3%之内。细粒土作填料时,土的含水量应接近最优含水量,当含水量过高时,应采取晾晒或掺入石灰、水泥、粉煤灰等材料进行改良处置。填坡施工中做必要的截、排水措施和坡面保护,防止坡面产生滑移。透水性差的填土宜分层设排水层。排水层为级配碎石,外倾 5°,层厚 0.3～0.5m,排水层高差为 5～8m。当填坡区地基坡比大于 1∶5 时,应将坡面软土清除干净,将基底开挖成台阶。坡面若有地下水渗出,应设置盲沟将地下水引出填坡体外。

7 支挡工程

支挡结构是用来支撑、加固填土或边坡土体,防止其塌滑以保持稳定的一种建筑结构。岩土工程中遇到滑坡、崩塌、岩堆体、落石、泥石流等不良地质灾害时,支挡结构主要用于加固或拦挡不良地质体。在铁路、公路路基工程中,支挡结构被广泛应用于稳定路堤、路堑、隧道洞口以及桥梁两端的路基边坡中,主要用于承受土体侧向土压力。

7.1 土压力

作用在支挡结构上的荷载主要是土压力和滑坡推力。对于填方工程而言,作用于支挡结构上的主要荷载是填土和填土表面上的外荷载对墙背或墙面所产生的侧向土压力;对于挖方工程而言,若在土体或破裂状或散体结构岩体中开挖低矮边坡,作用于支挡结构上的主要荷载依然是土压力。正确合理地确定土压力的大小、方向、作用点以及对支挡结构作用的规律,是支挡结构设计的基础。

土压力的性质和大小与墙身的位移、墙高和墙后填土的性质等有关。根据墙的位移方向和大小,作用在墙背上的土压力可分为主动土压力、静止土压力和被动土压力三种。土压力的类型与墙身位移之间的关系如图 7-1 所示,若作用在墙背上的土压力为主动土压力 E_a,墙身前倾,位移 δ 为负;若为静止土压力 E_0,墙身不动,位移 δ 为 0;若为被动土压力 E_p,墙身后倾,位移 δ 为正。主动土压力最小,被动土压力最大,静止土压力介于两者之间。

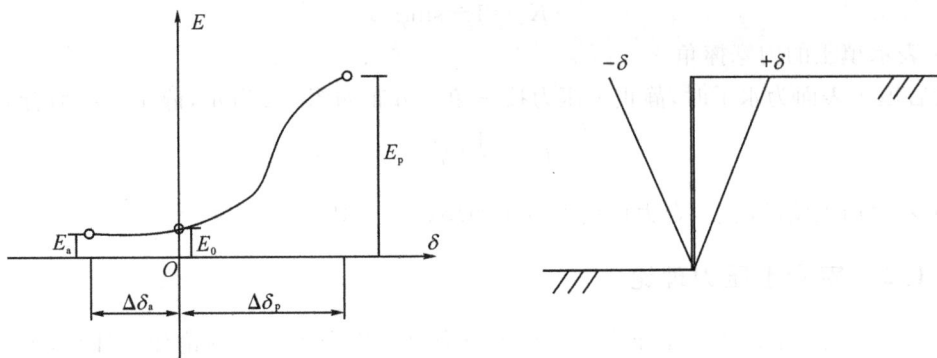

图 7-1 土压力与墙身位移的关系

7.1.1　静止土压力计算

修建于坚实地基中的具有足够大断面的挡土墙,在墙后填土的推力作用下,墙不产生任何位移和变形(图 7-1 中 $\delta=0$),即挡土墙绝对不动时,墙后土体由于墙背的侧限作用而处于弹性平衡状态。此时,作用于墙背上的土压力就是静止土压力。

取单位长度的挡土墙来分析,可根据弹性理论平面问题来求解静止土压力,计算简图如图 7-2 所示。填土表面以下任意深度 z 处 M 点取一单元体(在 M 点附近一微小立方体),作用于单元体的应力有 σ_z,τ_{xz},σ_x,按照弹性力学的平衡方程和相容方程则有:

$$\begin{cases} \dfrac{\partial \sigma_x}{\partial x} + \dfrac{\partial \tau_{xz}}{\partial z} = 0 \\ \dfrac{\partial \sigma_z}{\partial z} + \dfrac{\partial \tau_{xz}}{\partial x} - \gamma = 0 \end{cases} \tag{7-1}$$

$$\nabla^2 (\sigma_x + \sigma_z) = 0 \tag{7-2}$$

式中,γ 表示填土的容重;$\nabla^2 = \dfrac{\partial^2}{\partial x^2} + \dfrac{\partial^2}{\partial z^2}$ 为拉普拉斯算子。

解上述方程可得 M 点的竖直方向应力 σ_c 和侧向即水平方向的应力 p_0 分别为:

$$\begin{cases} \sigma_c = \sigma_z = \gamma z \\ p_0 = \sigma_x = \dfrac{\mu}{1-\mu} \gamma z \end{cases} \tag{7-3}$$

静止土压力即侧向压力,它与竖直方向压力之间关系为:

$$p_0 = K_0 \sigma_c = K_0 \gamma z \tag{7-4}$$

式中,K_0 表示静止土压力系数,按弹性理论由式(7-3)可知 $K_0 = \dfrac{\mu}{1-\mu}$,其中 μ 是填土的泊松比,由试验确定。

静止土压力系数 K_0 与土的种类有关,而同一种土的 K_0,还与其孔隙比、含水量、加压条件、压缩程度有关。常见土的 K_0 值有:黏土 $K_0 = 0.5 \sim 0.7$;砂土 $K_0 = 0.34 \sim 0.45$。也可根据半经验公式

$$K_0 = 1 - \sin\varphi \tag{7-5}$$

式中,φ 表示填土的内摩擦角。

墙后填土表面为水平时,静止土压力按三角形分布如图 7-2 所示,静止土压力合力:

$$E_0 = \frac{1}{2} \gamma h^2 K_0 \tag{7-6}$$

式中,h 表示挡土墙的高度,合力作用点位于距墙踵 $h/3$ 处。

7.1.2　库仑土压力理论

作用于挡土墙上的主动土压力和被动土压力可用库仑土压力理论加以计算,该理论由法国科学家库仑(Coulomb)于 1773 年发表。库仑土压力理论基本假定:

①挡土墙墙后填土为砂土(仅有内摩擦力而无黏聚力);

②挡土墙后填土产生主动土压力或被动土压力时,填土形成滑动楔体,其滑裂面为通过墙踵的平面。

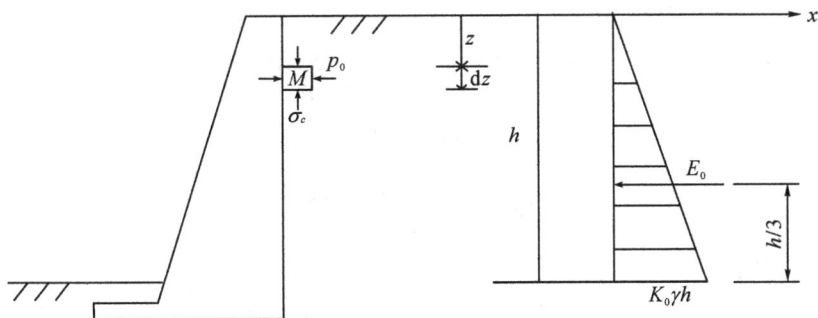

图 7-2　静止土压力计算图式

库仑土压力理论根据滑动楔体处于极限平衡状态时,应用静力平衡条件求得主动土压力和被动土压力。

7.1.2.1　主动土压力计算

取单位长度的挡土墙加以分析。设挡土墙高为 h,墙背俯斜并与竖直面之间夹角为 ρ,墙后填土为砂土,填土表面与水平面成 β 角,墙背与土体的摩擦角为 δ。挡土墙在主动土压力作用下向前位移(平移或转动),当墙后填土处于极限平衡状态时,填土内产生一滑裂平面 BC,与水平面之间的夹角为 θ,此时,形成滑动楔体 ABC,如图 7-3(a)所示。

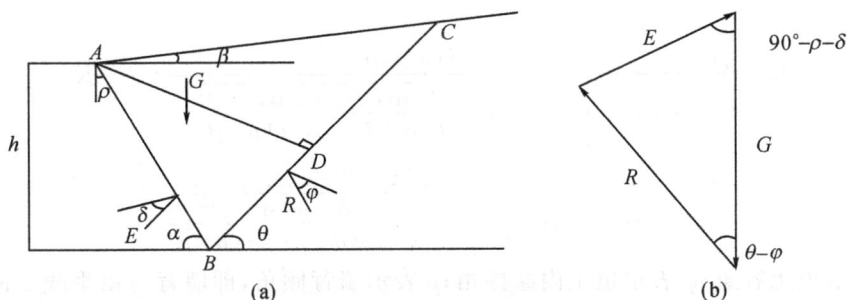

图 7-3　主动状态下滑动楔体

为求解主动土压力,设滑动土体 ABC 围限的三角形隔离体的面积为 $S_{\triangle ABC}$,作用其上的力系为:上楔体自重力 $G=S_{\triangle ABC}\gamma$,方向竖直向下;滑裂面 BC 上的反力 R,大小未知,但作用方向与滑裂面 BC 法线顺时针成 φ 角(土的内摩擦角);墙背对土体的反作用力 E,当土体向下滑动,墙对土楔的反力向上,其方向与墙背法线逆时针成 δ 角,大小未知。

滑动楔体在 G、R、E 三力作用下处于平衡状态,其封闭力三角形如图 7-3(b)所示。由正弦定理可知:

$$\frac{E}{\sin(\theta-\varphi)}=\frac{G}{\sin[180°-(\theta-\varphi+\psi)]}=\frac{G}{\sin(\theta-\varphi+\psi)}$$

$$E=\frac{\sin(\theta-\varphi)}{\sin(\theta-\varphi+\psi)}G \tag{7-7}$$

式中,$\psi=90°-\rho-\delta$。

$$G=S_{\triangle ABC}\gamma=\frac{1}{2}BC\cdot AD\cdot\gamma \tag{7-8}$$

在 $\triangle ABC$ 中，由正弦定理可知：

$$BC = AB \cdot \frac{\sin(90° - \rho + \beta)}{\sin(\theta - \beta)}$$

因为

$$AB = \frac{h}{\cos\rho}$$

所以

$$BC = h \frac{\cos(\rho - \beta)}{\cos\rho\sin(\theta - \beta)} \tag{7-9}$$

由 $\triangle ABD$ 知：

$$AD = AB \cdot \cos(\theta - \rho) = \frac{h\cos(\theta - \rho)}{\cos\rho} \tag{7-10}$$

将 AD、BC 代入式(7-8)中，得：

$$G = \frac{\gamma h^2}{2} \frac{\cos(\rho - \beta)\cos(\theta - \rho)}{\cos^2\rho\sin(\theta - \beta)}$$

将上式 G 代入式(7-7)中，得：

$$E = \frac{\gamma h^2}{2} \frac{\cos(\rho - \beta)\cos(\theta - \rho)\sin(\theta - \varphi)}{\cos^2\rho\sin(\theta - \beta)\sin(\theta - \varphi + \psi)} \tag{7-11}$$

由式(7-11)可知 E 是滑裂面与水平线之间夹角 θ 的函数，实际作用于挡土墙上的土压力 E_a 应当是 E_{max}，即求 E 的极值。由 $\frac{dE}{d\theta} = 0$，求得最危险滑裂面的角 θ_0，将 θ_0 代入式(7-11)得：

$$E_a = \frac{\gamma h^2}{2} \frac{\cos^2(\varphi - \rho)}{\cos^2\rho\cos(\delta + \rho)\left[1 + \sqrt{\dfrac{\sin(\delta + \varphi)\sin(\varphi - \beta)}{\cos(\delta + \rho)\cos(\rho - \beta)}}\right]^2} = \frac{\gamma h^2}{2}K_a \tag{7-12}$$

$$K_a = \frac{\cos^2(\varphi - \rho)}{\cos^2\rho\cos(\delta + \rho)\left[1 + \sqrt{\dfrac{\sin(\delta + \varphi)\sin(\varphi - \beta)}{\cos(\delta + \rho)\cos(\rho - \beta)}}\right]^2} \tag{7-13}$$

式中，γ 表示填土容重；φ 表示填土内摩擦角；ρ 表示墙背倾角，即墙背与铅垂线之间夹角，反时针为正(称为俯斜)，顺时针为负(称为仰斜)；β 表示墙背填土表面的倾角；δ 表示墙背与土体之间的摩擦角；K_a 表示主动土压力系数。

由式(7-12)知：主动土压力合力的大小与墙背 h 的平方成正比。因此，土压力强度呈三角形分布，如图 7-4 所示。深度 z 处 M 点的土压力强度为：

$$p_{az} = \frac{dE_a}{dz} = K_a\gamma z \tag{7-14}$$

合力作用点位于距墙踵 $h/3$ 处，作用方向与墙背成 δ 角，墙体正常，土压力强度分布如图 7-4 中间部分所示；墙体前倾，则土压力强度分布如图 7-4 右边部分所示。

7.1.2.2 被动土压力计算

如图 7-1 所示，挡土墙在外力作用下向填土方向位移 $+\delta$，直至使墙后填土沿某一滑裂面 BC 滑动而破坏。在发生破坏的瞬间，滑动楔体处于极限平衡状态。此时，作用于隔离体 ABC 上仍是三个力：楔体 ABC 自重力 G、滑动面上的反力 R、墙背的反力 E_p。

除土楔体自重力仍为竖直向下外，其他两个力的方向和相应法线夹角均与主动土压力计算时相反，即均位于法线的另一侧。按照求解主动土压力的原理和方法，可求得被动土压力计算公式：

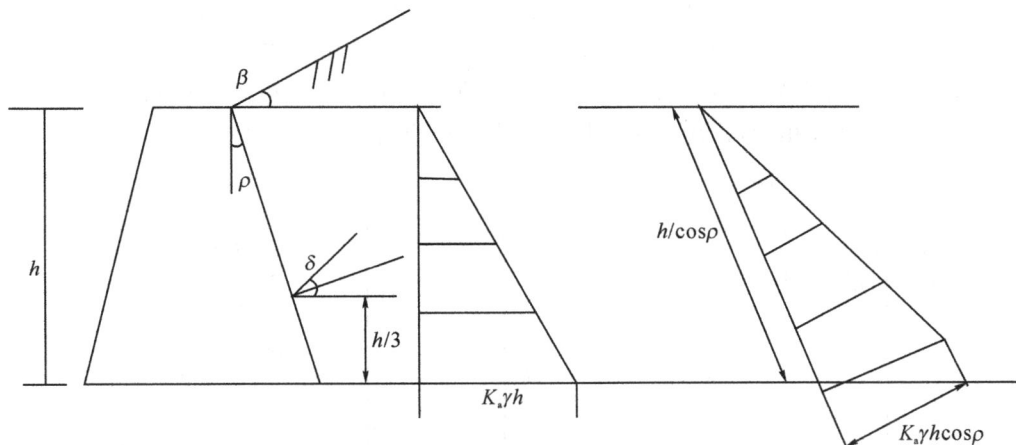

图 7-4　主动土压强度分布

$$E_{\mathrm{p}}=\frac{\gamma h^{2}}{2}\frac{\cos^{2}(\varphi+\rho)}{\cos^{2}\rho\cos(\rho-\delta)\left[1+\sqrt{\dfrac{\sin(\varphi+\delta)\sin(\varphi+\beta)}{\cos(\rho-\delta)\cos(\rho-\beta)}}\right]^{2}}\frac{\gamma h^{2}}{2}K_{\mathrm{p}} \qquad (7\text{-}15)$$

式中，K_{p} 表示被动土压力系数。

$$K_{\mathrm{p}}=\frac{\cos^{2}(\varphi+\rho)}{\cos^{2}\rho\cos(\rho-\delta)\left[1+\sqrt{\dfrac{\sin(\varphi+\delta)\sin(\varphi+\beta)}{\cos(\rho-\delta)\cos(\rho-\beta)}}\right]^{2}} \qquad (7\text{-}16)$$

被动土压力强度分布也呈三角形，被动土压力合力 E_{p} 作用点为距墙踵 $h/3$ 处，其方向与墙背法线顺时针成 δ 角。

7.1.2.3　库仑土压力理论适用条件

①回填土为砂土。

②滑裂面为通过墙踵的平面。

③土表面倾角 β 不能大于内摩擦角 φ，否则，求得主动土压力系数为虚根。

④当墙背仰斜时，土压力减小，若倾角等于 φ，土压力为零。而实际上不为零，其原因是假定破裂面为平面，而实际为曲面，因此，墙背不宜缓于 1∶0.30。

⑤当墙背俯斜时，若倾斜角很大，即墙背过于平缓，则滑动土体不一定沿墙背滑动，而是沿土体内另一破裂面（即第二破裂面）滑动。因此，本节推导的公式不能用。

7.1.3　朗金土压力理论

朗金土压力理论是由英国学者朗金（Rankine）于 1857 年提出的，其基本假定：挡土墙背竖直、光滑；墙后砂性填土表面水平并无限延长。因此，砂性填土内任意水平面与墙背面均为主平面（即平面上无剪应力作用），作用于两平面上的正应力均为主应力。假定墙后填土处于极限平衡状态，应用极限平衡条件可推导出主动土压力及被动土压力公式。

7.1.3.1　主动土压力计算公式

考虑挡土墙后填土表面以下 z 处的土单元体的应力状态，作用于上面的竖向应力为 γz。由于挡土墙既无变形又无位移，则侧向水平力为 $K_{0}\gamma_{z}$，即为静止土压力，两者均为主应力。此点的应力圆在土的抗剪强度线下不与其相切,如图 7-5 所示,墙后填土处于弹性平衡状态。当挡土墙在土压力作用下,离开填土向前移动时,作用于单元体上的竖直应力仍为 γ_z,但侧向水平应力逐渐减小。如果墙的移动量使墙后填土处于极限平衡状态,那么,应力圆与土的抗剪强度线相切,作用于单元体的最大主压应力为 γz,而最小主压应力为 p_a,就是我们研究的主动土压力强度。

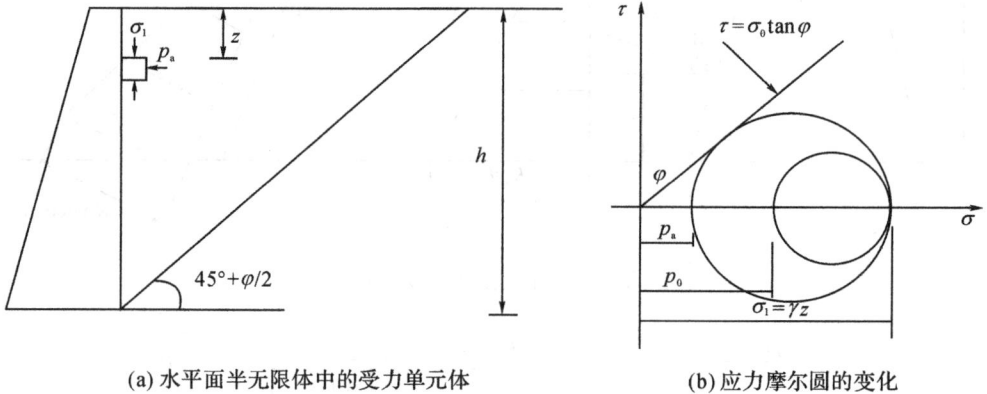

(a) 水平面半无限体中的受力单元体   (b) 应力摩尔圆的变化

图 7-5 主动土压力计算图

$$p_a = \gamma z \tan^2\left(45° - \frac{\varphi}{2}\right) = \gamma z K_a \tag{7-17}$$

式中,p_a 表示主动土压力强度;γ 表示填土重度;z 表示计算点到填土表面距离;K_a 表示主动土压力系数;φ 表示填土内摩擦角。

发生主动土压力时的滑裂面与水平面之间的夹角为 $45° + \varphi/2$。主动土压力强度与 z 成正比,沿墙高土压力强度分布为三角形,主动土压力合力为:

$$E_a = \frac{\gamma h^2}{2}\tan^2\left(45° - \frac{\varphi}{2}\right) = \frac{\gamma h^2}{2}K_a \tag{7-18}$$

主动土压力合力作用线经过土压力强度分布图形形心,位于距墙踵 $h/3$ 处,并垂直于墙背。

7.1.3.2 被动土压力计算

当挡土墙在外力作用下,向填土方向移动时,墙后填土被压缩。这时,距填土表面为 z 处的单元体,作用于上面的竖直应力仍为 γ_z;水平向应力则由静止土压力逐渐增大。如墙继续后移,达到临界数值,墙后填土会出现滑裂面,而填土处于极限平衡状态,应力圆与土的抗剪强度线相切(见图 7-6),作用于单元体上竖直应力为最小主压应力,其值为 γz;而水平应力为最大主压应力 p_p,即我们要求的被动土压力强度。

根据土体的极限平衡条件,作用在挡土墙上的被动土压力强度为:

$$p_p = \gamma z \tan^2\left(45° + \frac{\varphi}{2}\right) = \gamma z K_p \tag{7-19}$$

式中,p_p 表示被动土压力强度;K_p 表示被动土压力系数。

被动土压力强度呈三角形分布。被动土压力作用时,滑裂面与水平面之间夹角为 $(45° - \varphi/2)$。被动土压力合力为:

$$E_p = \frac{\gamma h^2}{2}\tan^2\left(45° + \frac{\varphi}{2}\right) = \frac{\gamma h^2}{2}K_p \tag{7-20}$$

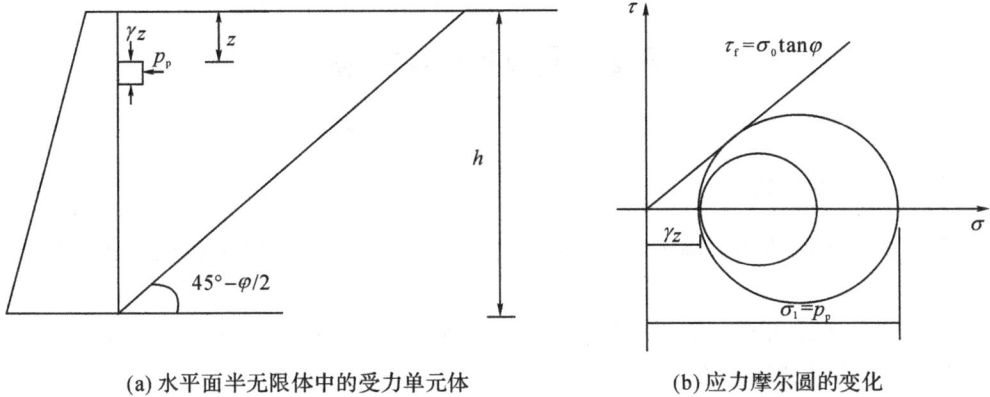

(a) 水平面半无限体中的受力单元体　　　　(b) 应力摩尔圆的变化

图 7-6　被动土压力计算图式

　　被动土压力合力 E_p 通过被动土压力强度分布图形的形心,距墙踵 $h/3$ 处,并垂直于墙背。

7.1.3.3　朗金土压力理论适用范围

①地面为水平面(含地面上的均布荷载)。

②墙背是竖直的。

③墙背光滑,即墙背与土体之间的摩擦角 δ 为零。

　　对于倾斜墙背和悬臂式挡墙由朗金土压力理论计算其土压力时,可按图 7-7 的方法处理,土压力方向都假定与地面平行;对于图 7-7(a)的俯斜式墙背,可假设通过墙踵的内切面 $A'B$ 为假想墙面,但土体 ABA' 的自重力必须包括在力学分析中;对于图 7-7(b)的仰斜式墙背,可假设通过墙顶的内切面 AB' 为假想墙面,求出 E_a 后只用其水平分力 E_{ah},因其竖向分力和土块 ABB' 的自重力对墙是不发生作用的;对于图 7-7(c)悬臂式钢筋混凝土挡墙,设计时通常求出假想墙面 $A'A_2$ 上的土压力 E_a,再将底板上土块 AA_1A_2A' 的自重力包括在地基压力和稳定性验算中即可。

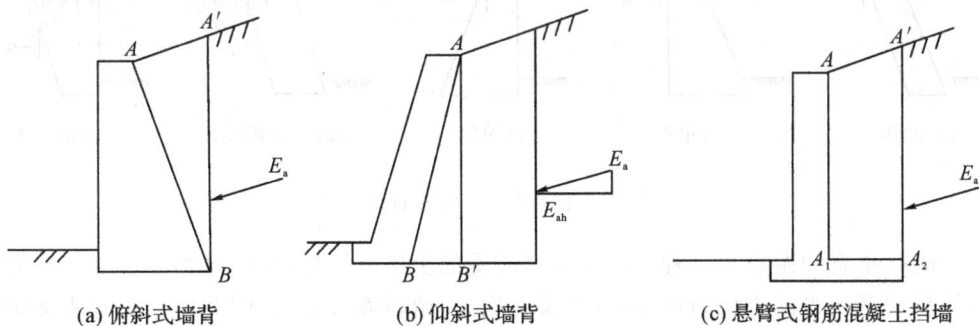

(a) 俯斜式墙背　　　　　(b) 仰斜式墙背　　　　　(c) 悬臂式钢筋混凝土挡墙

图 7-7　倾斜墙背和悬臂式挡墙的土压力计算图

7.2 重力式挡土墙

7.2.1 一般规定

①重力式挡土墙适用于高度小于8m、地层稳定、开挖土石方时不会危及相邻建筑物的地段。

②重力式挡土墙可在基底设置逆坡。对于土质地基,基底逆坡坡率不宜大于1:10;对于岩质地基,基底逆坡坡率不宜大于1:5。

③毛石挡土墙的墙顶宽度不宜小于400mm,混凝土挡土墙的墙顶宽度不宜小于200mm。

④重力式挡墙的基础埋置深度,应根据地基承载力、水流冲刷、岩石裂隙发育及风化程度等因素进行确定。在特强冻涨、强冻涨地区应考虑冻涨的影响。在土质地基中,基础埋置深度不宜小于0.5m;在软质岩地基中,基础埋置深度不宜小于0.3m。

⑤重力式挡土墙应每间隔10～20m设置一道伸缩缝。当地基有变化时宜加设沉降缝。在挡土结构的拐角处,应采取加强的构造措施。

7.2.2 重力式挡土墙构造

常用的重力式挡土墙,一般由墙身、基础、排水设施、沉降缝和伸缩缝等几部分组成。

7.2.2.1 墙身

1)墙背

根据墙背倾斜方向的不同,墙身断面形式可分为仰斜、垂直、俯斜、凸形折线式和衡重式等几种,如图7-8所示。

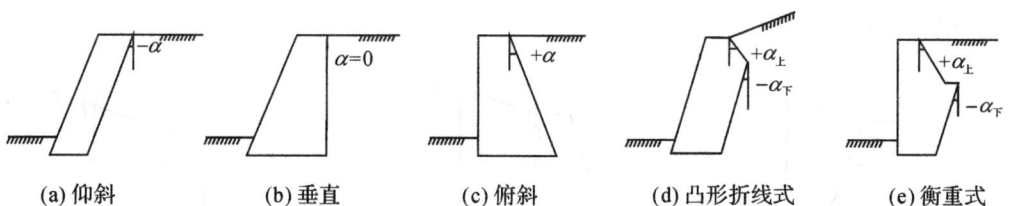

(a) 仰斜   (b) 垂直   (c) 俯斜   (d) 凸形折线式   (e) 衡重式

图7-8 重力式挡土墙的断面形式

对仰斜、垂直和俯斜式三种不同的墙背所受的土压力分析,在墙高和墙后填料等条件相同时,仰斜墙背所受的土压力最小,垂直墙背次之,俯斜墙背较大;因此仰斜式的墙身断面较经济。用于路堑墙时,墙背与开挖的临时边坡较贴合,开挖量与回填量均较小。但当墙趾处地面横坡较陡时,采用仰斜式墙背会增加墙高,断面增大。故仰斜墙背适用于路堑墙及墙趾处地面平坦的路肩墙或路堤墙。仰斜墙背的坡度愈小,所受的土压力愈小,但施工愈困难,故仰斜墙背的坡率不宜小于1:0.30。

俯斜墙背所受的土压力较大,相对而言,俯斜墙背的断面比仰斜式要大。但当地面横坡较陡时,俯斜式挡土墙可采用陡直的墙面,从而减小墙高。俯斜墙背缓些固然对施工有利,但所受的土压力亦随之增加,致使断面增大,因此墙背不宜过缓,通常控制墙背坡度 $\alpha < 21°48'$ (即 $1:0.40$)。

垂直墙背的特点介于仰斜和俯斜墙背之间。

凸形折线墙背系将仰斜式挡土墙的上部墙背改为俯斜,以减小上部断面尺寸,故其断面较为经济,多用于路堑墙,也可用于路肩墙。

衡重式墙背可视为在凸形折线式的上下墙之间设衡重台,并采用陡直的墙面。上墙俯斜墙背的坡率通常为 $1:0.25\sim1:0.45$,下墙仰斜墙背的坡率一般在 $1:0.25$ 左右,上下墙的墙高比一般为 $2:3$。适用于山区地形陡峻处的路肩墙和路堤墙,也可用于路堑墙。

2)墙面

墙面一般为平面,墙面坡率除应与墙背的坡率相协调外,还应考虑到墙趾处地面的横坡率(影响挡土墙的高度)。当地面横坡率较陡时,墙面可直立或外斜 $1:0.05\sim1:0.20$,以减小墙高;当地面横坡平缓时,一般采用 $1:0.20\sim1:0.35$ 较为经济。

3)墙顶

重力式挡土墙可采用浆砌或干砌圬工。墙顶最小宽度,浆砌时不应小于 50cm,干砌时不应小于 60cm。干砌挡土墙的高度一般不宜大于 6m。浆砌挡土墙墙顶应用 5 号砂浆抹平,或用较大石块砌筑,并勾缝。浆砌路肩墙墙顶宜采用粗料石或混凝土做成顶帽,厚度取 40cm。干砌挡土墙顶部 50cm 厚度内,宜用 5 号砂浆砌筑,以求稳定。

4)护栏

为增加驾驶员心理上的安全感,保证行车安全,在地形险峻地段的路肩墙,或墙顶高出地面 6m 以上且连续长度大于 20m 的路肩墙,或弯道处的路肩墙的墙顶应设置护栏等防护设施。护栏分墙式和柱式两种,所采用的材料,护栏高度、宽度,视实际需要而定。护栏内侧边缘距路面边缘的距离,应满足路肩最小宽度的要求。

7.2.2.2　基础

地基不良和基础处理不当,往往引起挡土墙的破坏,因此,应重视挡土墙的基础设计。基础设计的程序是:首先应对地基的地质条件作详细调查,必要时须做挖探或钻探,然后再来确定基础类型与埋置深度。

1)基础类型

当地基承载力不足且墙趾处地形平坦时,挡土墙大多数都是直接砌筑在天然地基上的浅基础。为减少基底应力和增加抗倾覆稳定性,常常采用扩大基础。

如地基有短段缺口(如深沟等)或挖基困难(如局部地段地基软弱等),可采用拱形基础,以石砌拱圈跨过,再在其上砌筑墙身。但应注意土压力不宜过大,以免横向推力导致拱圈开裂。设计时应对拱圈予以验算。

当地基为软弱土层,如淤泥、软黏土等,可采用砂砾、碎石、矿渣或石灰土等材料予以换填,以扩散基底压应力,使之均匀地传递到下卧软弱土层中。

2)基础埋置深度

挡土墙基础,应视地形、地质条件埋置足够的深度,以保证挡土墙的稳定性。设置在土质地基上的挡土墙,基底埋置深度应符合下列要求:

①无冲刷时,一般应在天然地面下不小于 1.0m;

②有冲刷时,应在冲刷线下不小于 1.0m;

③受冻胀影响时,应在受冻胀线以下不小于 0.25m。非冰胀土层中的基础,例如岩石、卵石、砾石、中砂或粗砂等,埋置深度可不受冻深的限制。

挡土墙基础设置在岩石上时,应清除表面风化层;当风化层较厚难以全部清除时,可根据地基的风化程度及其相应的容许承载力将基底埋在风化层中。当墙趾前地面横坡较大时,基础埋置深度用墙趾前的安全襟边宽度 l 来控制,以防地基剪切破坏。襟边宽度见表 7-1。

表 7-1　挡土墙安全襟边宽度

地质情况	安全襟边宽度 l/m	基础埋深 h/m	示意图
轻风化的硬质岩石	0.25～0.6	0.25	
风化岩石或软质岩石	0.6～1.0	0.6	
坚实的粗粒土	1.0～2.0	1.0	

7.2.2.3　排水设施

挡土墙的排水处理是否得当,直接影响到挡土墙的安全及使用效果。因此,挡土墙应设置排水设施,以疏干墙后坡料中的水分,防止地表水下渗造成墙后积水,从而使墙身免受额外的静水压力;消除黏性土填料因含水量增加产生的膨胀压力;减小季节性冰冻地区填料的冻胀压力。

挡土墙的排水设施通常由地面排水和墙身排水两部分组成。

地面排水可设置地面排水沟,引排地面水;夯实回填土顶面和地面松土,防止雨水和地面水下渗,必要时可加设铺砌;对路堑挡土墙墙趾前的边沟应予以铺砌加固,以防止边沟水渗入基础。

墙身排水主要是为了迅速排除墙后积水。浆砌挡土墙应根据渗水量在墙身的适当高度处布置泄水孔(见图 7-9)。泄水孔尺寸可视泄水量大小分别采用 5cm×10cm、10cm×10cm、15cm×20cm 的方孔,或直径为 5～10cm 的圆孔。泄水孔间距一般为 2～3m,上下交错设置。最下排泄水孔的底部应高出墙趾前地面 0.3m;当为路堑墙时,出水口应高出边沟水位 0.3m;若为浸水挡土墙,则应高出常水位以上 0.3m,以避免墙外水流倒灌。为防止水分渗入地基,在最下一排泄水孔的底部应设置 30cm 厚的黏土隔水层。在泄水孔进口处应设置粗粒料反滤层,以避免堵塞孔道。当墙背填土透水性不良或有冻胀可能时,应在墙后最低一排泄水孔到墙顶 0.5m 之间设置厚度不小于 0.3m 的砂、卵石排水层或采用土工布。干砌挡土墙围墙身透水可不设泄水孔。

7.2.2.4　沉降缝和伸缩缝

为了防止因地基不均匀沉陷而引起墙身开裂,应根据地基的地质条件及墙高、墙身断面的变化情况设置沉降缝;为了防止圬工砌体因砂浆硬化收缩和温度变化而产生裂缝,应设置

图 7-9 挡墙泄水孔

伸缩缝。通常把沉降缝与伸缩缝合并在一起,统称为沉降伸缩缝或变形缝。沉降伸缩缝的间距按实际情况而定,对于非岩石地基,宜每隔 $10\sim15m$ 设置一道沉降伸缩缝;对于岩石地基,其沉降伸缩缝间距可适当增大。沉降伸缩缝的缝宽一般为 $2\sim3cm$。浆砌挡土墙的沉降伸缩缝内可用胶泥填塞,但在渗水量大、冻害严重的地区,宜用沥青麻筋或沥青木板等材料,沿墙内、外、顶三边填塞,填深不宜小于 $0.15m$;当墙背为填石且冻害不严重时,可仅留空隙,不嵌填料。对于干砌挡土墙,沉降伸缩缝两侧应选平整石料砌筑,使其形成垂直通缝。

7.2.3 稳定性验算

为保证挡土墙在土压力及外荷载作用下,有足够的强度及稳定性,在设计挡土墙时,应验算挡土墙沿基底的抗滑动稳定性、绕墙趾的抗倾覆稳定性、基底应力和偏心距,以及墙身强度等。一般情况下,主要由基底承载力和滑动稳定性来控制设计,墙身应力可不必验算。挡土墙的力学计算取单位长度计算。

7.2.3.1 作用于挡土墙的力系

挡土墙设计的荷载与荷载组合可采用相关规范的规定采用。一般地区的挡土墙,作用于墙上的力系有:

①挡土墙自重及位于墙上的恒载;

②作用于墙背上的主动土压力(包括墙后填料破坏棱体上的荷载);

③基底的法向反力及摩阻力。

各种力的取舍,应根据挡土墙所处的具体工作条件,以最不利的组合为设计的依据。

7.2.3.2 抗滑动稳定性验算

在主动土压力的水平分力 E 作用下,挡土墙向外滑动,抵抗滑动的是基础底面与地基之间的摩阻力。抗滑力与滑动力的比值称为抗滑稳定系数,用 K_c 表示,在一般情况下:

$$K_c = \frac{(W+E_y)f}{E_x} \geqslant [K_c] \tag{7-21}$$

式中,W 表示挡土墙自重(kN);E_x、E_y 表示主动土压力的水平与垂直分量(kN);f 表示基础地面(圬工)与地基土之间的摩擦系数,可通过现场试验确定,当无实测资料时,可参考表 7-2 选用;$[K_c]$ 表示容许的抗滑动稳定系数。

表 7-2　基底摩擦系数

地基土名称		摩擦系数 f	地基土名称	摩擦系数 f
黏性土	软塑状态	0.25	砂类土	0.40
	硬塑状态	0.30	碎(卵)石类土	0.50
	半干塑状态	0.30~0.40	软质岩石	0.40~0.60
轻亚黏土		0.30~0.40	硬质岩石	0.60~0.70

当 $K_c < [K_c]$，表明挡土墙的抗滑稳定性不足，可考虑采用下列措施，以增加其抗滑动稳定性。

①采用倾斜基底，设置向内倾斜的基底，可以增加抗滑力和减小滑动力，从而提高抗滑稳定性。对于土质地基，基底不陡于 1:5；对于岩石地基，基底不陡于 1:3。

②采用凸榫基础，在挡土墙基础底面设置混凝土凸榫，与基础连成整体，利用凸榫前土体所产生的被动土压力以增加挡土墙的抗滑稳定性。

③更换基底土层，以增大基础底面与地基之间的摩擦系数。

④改变墙身断面形式和尺寸，以增大垂直力系，但单纯扩大断面尺寸，收效不大，也不经济。

7.2.3.3　抗倾覆稳定性验算

墙趾总的稳定力矩与总的倾覆力矩之比称为抗倾覆稳定系数，用 K_0 表示。

$$K_0 = \frac{\sum M_y}{\sum M_0} = \frac{W Z_W + E_y Z_y}{E_x Z_x} \geqslant [K_0] \tag{7-22}$$

式中，$\sum M_y$ 表示稳定力系对墙趾的稳定力矩(kN·m)；$\sum M_0$ 表示倾覆力系对墙趾的倾覆力矩(kN·m)；Z_x、Z_y 表示分别为 E_x、E_y 对墙趾的力臂(m)；Z_W 表示墙重 W 对墙趾的力臂(m)；$[K_0]$ 表示容许的抗倾覆稳定性系数。

当 $K_0 < [K_0]$ 时，表明挡土墙的抗倾覆稳定性不足，此时考虑下列措施，来提高抗倾覆稳定性：

①加宽墙趾，即在墙趾处加宽基础，以增大力臂。但当墙趾前地面横坡较陡时，会因加宽墙趾而使墙高增加。

②减小墙面坡度，以增加力臂。

③改陡墙背坡，以减小土压力。

④墙背设置衡重台，以增加抗倾覆力矩。

7.3　悬臂式与扶壁式挡土墙

悬臂式和扶壁式挡土墙是一种轻型支挡建筑物。它依靠墙身自重和墙底板以上填筑土体(包括荷载)的重力维持挡土墙的稳定，其主要特点是厚度小，自重轻，挡土较高，而且经济指标也较好，适用于石料缺乏和地基承载力较低的填方地段。

7.3.1　一般规定

(1)适用于地基承载力较低的填方边坡工程;

(2)适用高度,对悬臂式挡墙其不宜超过 6m,对扶壁式挡墙不宜超过 10m;

(3)应采用现浇钢筋混凝土结构。

(4)基础埋置深度应符合下列要求:

①一般情况下不小于 1.0m;

②当冻结深度不大于 1.0m 时,在冻结深度线以下不小于 0.25m(弱冻胀土除外)的同时不小于 1.0m;当冻结深度大于 1.0m 时,不小于 1.25m,还应将基底至冻结线下 0.25m 深度范围内的地基土换填为弱冻胀土或不冻胀土;

③受水流冲刷时,在冲刷线下不小于 1.0m;

④在软质岩层地基上,不小于 1.0m。

(5)其他规定:

①伸缩缝的间距不应小于 20m。在地基的地层变化处,应设置沉降缝,伸缩缝和沉降缝可合并设置。其缝宽均采用 2~3cm,缝内填塞沥青麻筋或沥青木板,塞入深度不得小于 0.2m。

②挡土墙上应设置泄水孔,按上下左右每隔 2~3m 交错布置。泄水孔的坡度不小于 4%,向墙外为下坡,其进水侧应设反滤层,厚度不得小于 0.3m,在最低一排泄水孔的进水口下部应设置隔水层,在地下水较多的地段或有大股水流处,应加密泄水孔或加大其尺寸,其出水口下部应采取保护措施。

③当墙背填料为细粒土时,应在最低排泄孔至墙顶以下 0.5m 高度以内,填筑不小于 0.3m 厚的砂砾石或土工合成材料作为反滤层,反滤层的顶部与下部应设置隔水层。

④墙身混凝土强度等级不宜低于 C20,受力钢筋直径不应小于 12mm。

⑤墙后填土应在墙身混凝土强度达到设计强度的 70%后才可进行,填料应分层夯实,反滤层应在填筑过程中及时施作。

7.3.2　悬臂式挡土墙构造

①采用钢筋混凝土材料,由立臂、墙趾板、墙踵板三部分组成(见图 7-10),墙的断面尺寸较小;

②墙高时立臂下部的弯矩较大;

③宜在石料缺乏、地基承载力较低的填方地段使用;

④墙高不宜大于 6m,当墙高大于 4m 时宜在墙面板前加肋。

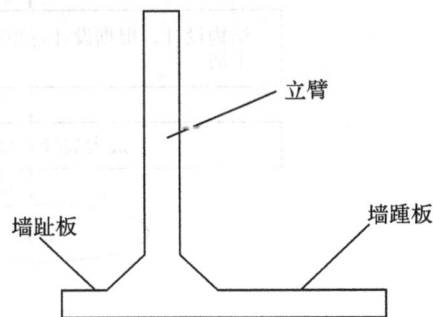

图 7-10　悬臂式挡墙

7.3.2.1　立臂

悬臂式挡土墙由立臂、墙趾板和墙踵板三部分组成,为便于施工,立臂内侧(即墙背)做成竖直面,外侧(墙面)可做成 1:0.02~1:0.05 的斜坡,具体坡率值应根据立臂的强度和刚度要求确定。当挡土墙墙高不大时,立臂可做成等厚度。墙顶的最小厚度通常采用 20cm。当墙较高时,宜在立臂下部将截面加厚。

7.3.2.2 墙趾板和墙踵板

墙趾板和墙踵板一般水平设置。通常做成变厚度,底面水平,顶面则与立臂连接处向两侧倾斜。当墙身受抗滑稳定控制时,多采用凸榫基础。

墙踵板长度由墙身抗滑稳定验算确定,并具有一定的刚度。靠近立臂处厚度一般取墙高的 $1/12 \sim 1/10$,且不应小于 30cm。

墙趾板的长度应根据全墙的倾覆稳定、基底应力(即地基承载力)和偏心距等条件来确定,其厚度与墙踵板相同。通常底板的宽度 B 由墙的整体稳定性决定,一般可取墙高度 H 的 $0.6 \sim 0.8$ 倍。当墙后地下水位较高,且地基承载力为很小的软弱地基时,B 值可能会增大到 1 倍墙高或者更大。

7.3.3 悬臂式挡土墙设计

悬臂式挡土墙设计分为墙身截面尺寸拟定及钢筋混凝土结构设计两部分。确定墙身的断面尺寸是通过试算法进行的,其做法是先拟定截面的试算尺寸,计算作用其上的土压力,通过全部稳定验算来最终确定墙踵板和墙趾板的长度。悬臂式挡土墙设计流程见图 7-11。

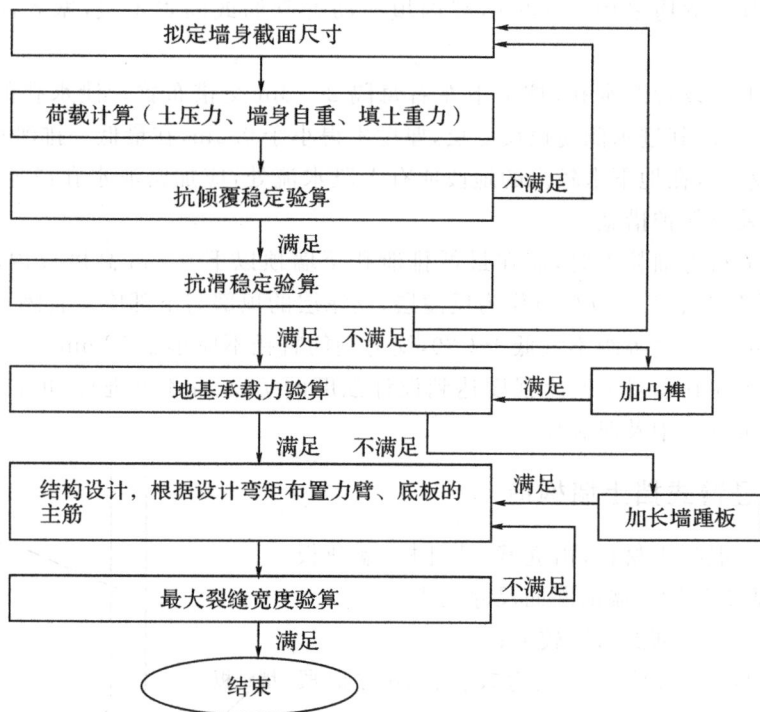

图 7-11 悬臂式挡土墙设计流程

7.3.3.1 墙身截面尺寸的拟定

根据上节的构造要求,也可以参考以往成功的设计,初步拟定出试算的墙身截面尺寸,墙高 H 是根据工程需要确定的,墙顶宽可选用 20cm。墙背取竖直面,墙面取 $1:0.02 \sim 1:0.05$ 的倾斜面,因而定出立臂的截面尺寸。

底板在与立臂相接处厚度为 $(1/12 \sim 1/10)H$,而墙趾板与墙踵板端部厚度不小于

30cm;其宽度 B 可近似取(0.6~0.8)H,当遇到地下水位高或软弱地基时,B 值应增大。

1)墙踵板长度

墙踵板长度可按下式确定:

一般情况下
$$K_c = \frac{f\sum G}{E_x} \geqslant 1.3 \qquad (7-23)$$

有凸榫时
$$K_c = \frac{f\sum G}{E_x} \geqslant 1.0 \qquad (7-24)$$

①路肩墙,如图 7-12(a)所示,墙顶有均布荷载 h_0、立臂面坡率为 0 时
$$B_3 = \frac{K_c E_x}{f(H+h_0)\mu\gamma} - B_2 \qquad (7-25)$$

②路堤墙,如图 7-12(b)所示,墙顶地面与水平线呈 β 角,立臂面坡的坡率为 0 时
$$B_3 = \frac{K_c E_x - f E_y}{f(H+\frac{1}{2}B_3\tan\beta)\mu\gamma} \qquad (7-26)$$

③如图 7-12(c)所示,当立臂面坡的坡率为 $1:m$ 时,上两式应加上立臂面坡修正长度 ΔB_3
$$\Delta B_3 = \frac{1}{2}mH_1 \qquad (7-27)$$

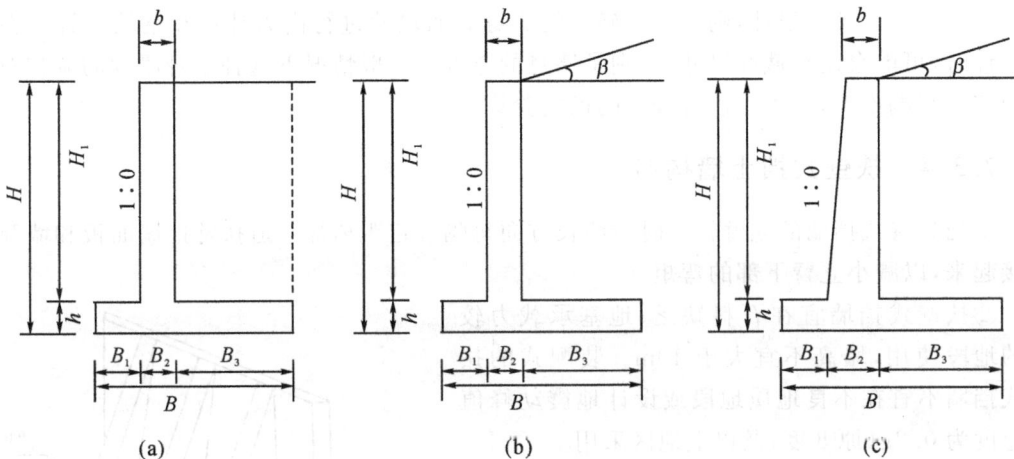

图 7-12 墙踵板长度计算

上述式中,K_c 表示滑动稳定系数;f 表示基底摩擦系数;γ 表示填土容重;h_0 表示活荷载的换算土层高;E_x 表示主动土压力水平分力;E_y 表示主动土压力竖直分力;$\sum G$ 表示墙身自重力、墙踵板以上第二破裂面(或假想墙背)与墙背之间的土体自重力和土压力的竖向分量之和,一般情况下墙趾板上的土体重力将被忽略;μ 表示容重修正系数,由于未考虑墙趾板及其上部土重对抗滑动的作用,因而将填土容重根据不同的 γ 和 f 提高 3% ~ 20%,见表 7-3。

表 7-3　容重修正系数 μ

容量 /(kN·m⁻³)	摩擦系数 f								
	0.30	0.35	0.40	0.45	0.50	0.60	0.70	0.84	1.00
16	1.07	1.08	1.09	1.10	1.12	1.13	1.15	1.17	1.20
18	1.05	1.06	1.07	1.08	1.09	1.11	1.12	1.14	1.16
20	1.03	1.04	1.04	1.05	1.06	1.07	1.08	1.10	1.12

2)墙趾板长度

①如图 7-12(a)所示路肩墙

$$B_1 = 0.5fH \frac{2\sigma_0 + \sigma_H}{K_c(\sigma_0 + \sigma_H)} - 0.25(B_2 + B_3) \tag{7-28}$$

式中,$\sigma_0 = \gamma h_0 K$,$\sigma_H = \gamma H K_0$

②如图 7-12(b)所示路堤墙

$$B_1 = \frac{0.5(H + B_3 \tan\beta)f}{K_c} - 0.25(B_2 + B_3) \tag{7-29}$$

如果由 $B = B_1 + B_2 + B_3$ 计算出的基底应力 $\sigma > [\sigma]$,或偏心距 $e > B/6$,则应采取加宽基础的方法加大 B_1,使其满足要求。

7.3.3.2　钢筋混凝土结构设计

钢筋混凝土结构设计,则是对已确定的墙身截面尺寸进行内力计算和钢筋设计。在配筋设计时,可能会调整截面尺寸,特别是墙身的厚度。一般情况下这种墙身厚度的调整对整体稳定性影响不大,可不再进行全墙的稳定验算。

7.3.4　扶壁式挡土墙构造

①当悬臂式挡墙的立臂较高时沿墙长方向每隔一定距离加一道扶臂把墙面板和墙踵板连接起来,以减小立臂下部的弯矩。

②扶壁式挡墙宜在石料缺乏、地基承载力较低的地段使用,墙高不宜大于 10m。装配式的扶壁式挡墙不宜在不良地质地段或设计地震动峰值加速度为 0.2g(原 8 度)及以上地区采用。

扶壁式挡土墙(见图 7-13)由墙面板、墙趾板、墙踵板和扶壁组成。墙趾板的构造与悬臂式挡土墙相同。

墙面板通常为等厚的竖直板,与扶壁和墙踵板固结相连。对于其厚度,低墙决定于板的最小厚度,高墙则根据配筋要求确定。墙面板的最小厚度与悬臂式挡土墙相同。

墙踵板与扶壁的连接为固结,与墙面板的连接考虑铰接较为合适,其厚度的确定方式与悬臂式挡土墙相同。

扶壁为固结于墙踵板的 T 形变截面悬臂梁,墙面板可视为扶壁的翼缘板。扶壁的经济

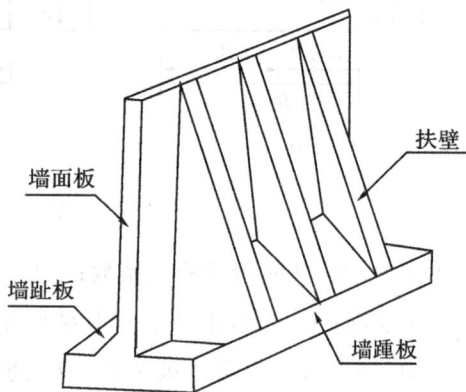

图 7-13　扶壁式挡土墙

间距与混凝土、钢筋、模板和劳动力的相对价格有关,应根据试算决定,一般为墙高的 1/3～1/2。其厚度取决于扶壁背面配筋的要求,通常为两扶壁间距的 1/8～1/6,但不得小于 30cm。

扶壁两端墙面板悬出端的长度,根据悬臂端的固端弯矩与中间跨固端弯矩相等的原则确定,通常采用两扶壁间净距的 0.41 倍。

7.3.5 扶壁式挡土墙设计

扶壁式挡土墙的设计流程见图 7-14。扶壁式挡土墙的墙踵板与墙趾板长度确定同悬臂式挡土墙。

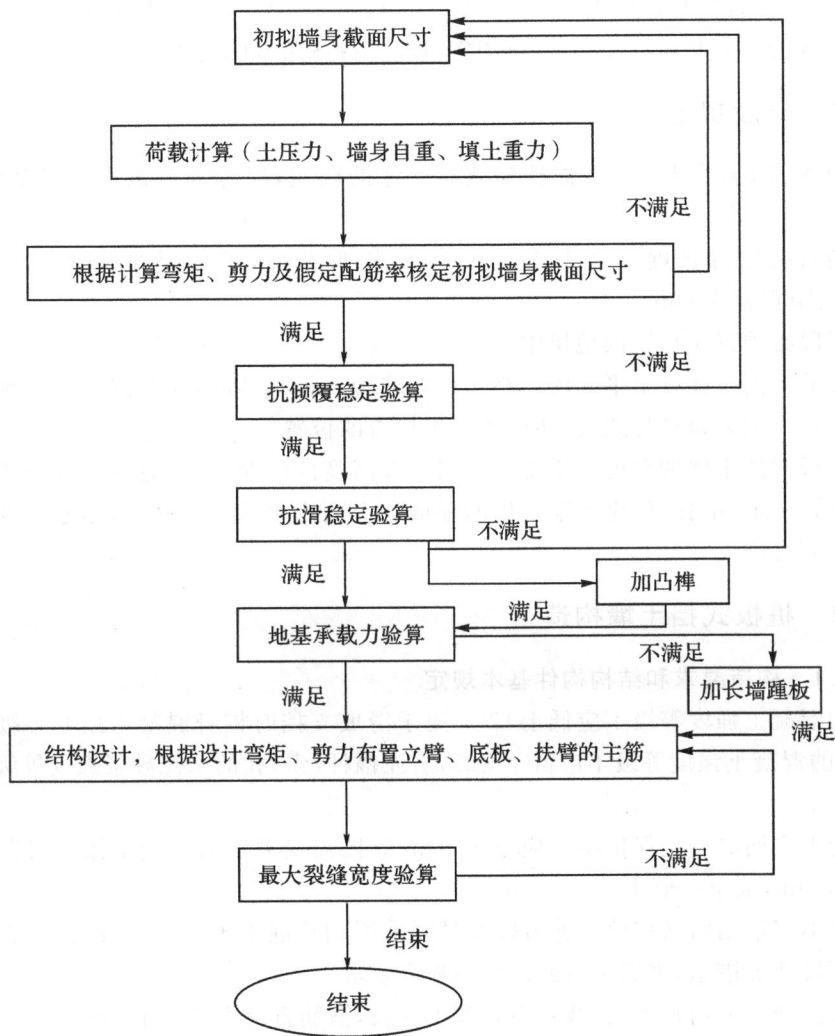

图 7-14 扶壁式挡土墙设计流程

墙身钢筋混凝土配筋设计。扶壁式挡土墙的墙面板、墙趾板和墙踵板按一般受弯构件(板)配筋、扶壁按变截面的 T 形梁配筋。在配置扶壁背侧的受拉钢筋时,一般根据扶壁的弯矩图选择取 2～3 个截面,分布计算所需受拉钢筋根数。为了节省混凝土,钢筋可按多层排列,但不得多于三层,而且钢筋间距必须满足规范要求,必要时可采用束筋。各层钢筋上端应较按计算不需要此钢筋的截面处向上延长一个钢筋锚固长度,下端埋入墙底板的长度不得小于钢筋的锚固长度,必要时可将钢筋沿横向弯入墙踵板的底面。

7.4 桩板式挡土墙

桩板式挡土墙是由锚固桩发展而来的,当路基边坡采用悬臂式锚固桩支挡时,存在桩间支挡类型选择问题,桩间挂板或搭板就形成了桩板墙。桩板式挡土墙可用作一般地区、浸水地区和地震区的路堑和路堤支挡,也可用作滑坡等特殊路基的支挡。

7.4.1 一般规定

①桩板式挡土墙的桩间距、桩长和截面尺寸的确定,应综合考虑达到安全可靠、经济合理。

②桩的自由悬臂长度不宜大于 15m;对于矩形截面,桩截面的短边尺寸不宜小于 1.25m;桩间距宜为 5～8m。

③锚固段必须置于稳定的地层中。

④挂板的一侧应在一个平面内。路堑边坡坡脚设桩板墙时,靠线路一侧应预留出锁扣和护臂的位置。如果是外挂式板,还应预留出挂板的位置。

由于桩板式挡土墙的高度可不受一般挡土墙高度的限制,一般悬臂式桩板墙地面以上悬臂高度可达 15m 左右,预应力锚索桩的地面以上高度可达 20～25m,地基强度不足可由桩的埋深得到补偿。

7.4.2 桩板式挡土墙构造

7.4.2.1 构造要求和结构构件基本规定

①桩的混凝土强度等级不应低于 C25,用于滑坡支挡时桩身混凝土强度等级不应低于 C30。挡板的混凝土强度等级不应低于 C25,灌注锚杆(索)孔的水泥砂浆强度等级不应低于 M30。

②桩受力主筋混凝土保护层不应小于 50mm,挡板受力主筋混凝土保护层在挡土一侧不应小于 25mm,临空一侧不应小于 20mm。

③桩内不宜采用斜筋抗剪。剪力较大时可采用调整混凝土强度等级、箍筋直径和间距和桩身截面尺寸等措施,来满足斜截面抗剪强度要求。

④桩的箍筋宜采用封闭式,肢数不宜多于 4 肢,箍筋直径不应小于 8mm。

⑤桩的两侧和受压边应配置纵向构造钢筋,两侧纵向钢筋直径不宜小于 12mm,间距不宜大于 400mm;受压边钢筋直径不宜小于 14mm,间距不宜大于 200mm。

⑥锚拉式桩板挡墙锚孔距桩顶距离不宜小于 1500mm,锚固点附近桩身箍筋应适当加密。

⑦悬臂式桩板挡墙桩长在岩质地基中嵌固深度不宜小于桩总长的 1/4,土质地基中不

宜小于1/3。

⑧桩板式挡墙纵向伸缩缝间距不宜大于25m。面板宜沿边坡纵向每隔20～25m的长度分段设置竖向伸缩缝。

7.4.2.2 材料要求

①桩、挡土板(包括人行道板)的使用年限按100年考虑,混凝土等级为C30,不再考虑专门的措施,当地下水有侵蚀性时,水泥应按有关规定选用。锁口和护壁的混凝土等级,一般地区采用C15,严寒和软土地区采用C20。

主筋一般采用HRB400,箍筋一般为HRB335或HRB235,当间距太小时,可采用HRB40。构造钢筋为HRB235。

②锚杆可采用HRB400钢筋,锚索采用高强度低松弛预应力钢绞线。

③预埋钢筋可采用HRB400钢筋,钢垫板可采用Q235钢。

④当墙背为细粒土时,墙背反滤层的材料可采用砂砾石、砂卵石或土工合成材料。

7.4.3 桩板式挡土墙设计

桩板式挡墙(见图7-15)是一种在桩之间设挡板或土钉等其他结构来稳定土体的挡土结构;桩板式挡墙可用作一般地区、浸水地区和地震区的路堑和路堤支挡,也可用于滑坡等特殊路基的支挡工程;桩的自由臂长度不宜大于15m,桩间距宜为7～8m;当桩的地面以上长度大于15m或桩侧土压力较大时,可在桩上部设锚索(杆)组成预应力锚索(杆)桩。

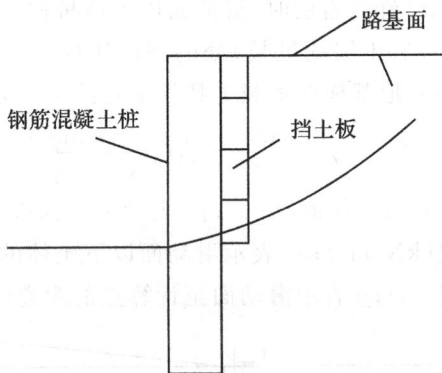

图7-15 桩板式挡土墙

(1)桩板墙的岩土侧向压力可按库仑主动土压力计算,并根据对支护结构变形的不同限制要求,按《建筑边坡工程技术规范》(GB 50330—2013)第六章相关规定确定岩土侧向压力。锚拉式桩板挡墙的岩土侧压力可按《建筑边坡工程技术规范》(GB 50330—2013)第9.2.2条确定。

(2)对有潜在滑动面的边坡及工程滑坡,应取滑动剩余下滑力与主动岩土压力两者中较大值进行桩板式挡墙设计。

(3)作用在桩上的荷载宽度可按左右两相邻桩中心之间距离的各一半之和计算。作用在挡板上的荷载宽度可取板的计算板跨度。

(4)桩板式挡墙用于滑坡支挡时,滑动面以上桩前滑体抗力可由桩前剩余抗滑力或被动土压力确定,设计时选较小值。当桩前滑体可能滑动时,不应计其抗力。

(5)桩板式挡墙桩身内力计算时,临空段或边坡滑动面以上部分桩身内力,应根据岩土侧压力或滑坡推力计算。嵌入段或滑动面以下部分桩身内力,宜根据埋入段地面或滑动面处弯矩和剪力,采用地基系数法计算。根据岩土条件可选用 k 法或 m 法。地基系数值宜根据试验资料、地方经验和工程类比综合确定。

(6)桩板式挡墙的桩嵌入岩土层部分的内力采用地基系数法计算时,桩的计算宽度可按下列规定取值:

圆形桩:$d \leqslant 1$m 时,$B_p = 0.9(1.5d + 0.5)$;$d > 1$m 时,$B_p = 0.9(d+1)$。

矩形桩:$b \leqslant 1$m 时,$B_p = 1.5b + 0.5$;$b > 1$m 时,$B_p = b + 1$。

式中,B_p 表示桩身计算宽度(m);b 表示桩宽(m);d 表示桩径(m)。

(7)桩底支承应结合岩土层情况和桩基埋入深度,可按自由端或铰支端考虑。

(8)桩嵌入岩土层的深度应根据地基的横向承载力特征值确定,并应符合下列规定:

①嵌入岩层时,桩的最大横向压应力 σ_{max} 应小于或等于地基的横向承载力特征值 f_H。桩为矩形截面时,地基的横向承载力特征值可按下式计算:

$$f_H = K_H \eta f_{rk} \tag{7-30}$$

式中,f_H 表示地基的横向承载力特征值(kPa);K_H 表示在水平方向的换算系数,根据岩层构造可取 0.50~1.00;η 表示折减系数,根据岩层的裂缝、风化及软化程度可取 0.30~0.45;f_{rk} 表示岩石天然单轴极限抗压强度标准值(kPa)。

②嵌入土层或风化层土、砂砾状岩层时,滑动面以下或桩嵌入稳定岩土层内深度为 $hz/3$ 和 h_2(滑动面以下或嵌入稳定岩土层内桩长)处的横向压应力不应大于地基横向承载力特征值。悬臂抗滑桩(见图 7-16)地基横向承载力特征值可按下列公式计算:

$$f_H = 4\gamma_2 y \frac{\tan\varphi_0}{\cos\varphi_0} - \gamma_1 h_1 \frac{1 - \sin\varphi_0}{1 + \sin\varphi_0} \tag{7-31}$$

式中,f_H 表示地基的横向承载力特征值(kPa);γ_1 表示滑动面以上土体的重度(kN/m³);γ_2 表示滑动面以下土体的重度(kN/m³);φ_0 表示滑动面以下土体的等效内摩擦角(°);h_1 表示设桩处滑动面至地面的距离(m);y 表示滑动面至计算点的距离(m)。

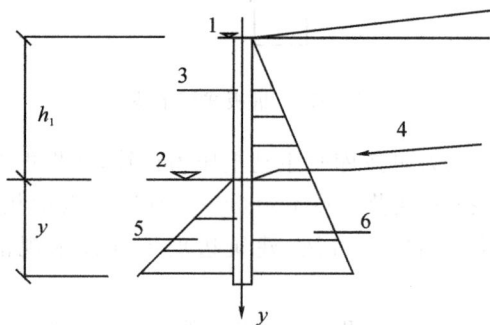

1—桩顶地面;2—滑面;3—抗滑桩;4—滑动方向;5—被动土压力分布;6—主动土压力分布。

图 7-16 悬臂抗滑桩土质地基横向承载力特征值计算

当设桩处沿滑动方向地面坡度小于 8°时,地基 y 点的横向承载力特征值可按下式计算:

当设桩处沿滑动方向地面坡度 $i \geqslant 8°$ 且 $i \leqslant \varphi_0$ 时,地基 y 点的横向承载力特征值可按下式计算:

$$f_{\mathrm{H}} = 4\gamma_2 y \frac{\cos^2 i \sqrt{\cos^2 i - \cos^2 \varphi}}{\cos^2 \varphi} - \gamma_1 h_1 \cos i \frac{\cos i - \sqrt{\cos^2 i - \cos^2 \varphi}}{\cos i + \sqrt{\cos^2 i - \cos^2 \varphi}} \quad (7\text{-}32)$$

式中,φ 表示滑动面以下土体的内摩擦角(°)。

(9)桩基嵌固段顶端地面处的水平位移不宜大于 10mm。当地基强度或位移不能满足要求时,应通过调整桩的埋深、截面尺寸或间距等措施进行处理。

(10)桩板式挡墙的桩身按受弯构件设计,当无特殊要求时,可不作裂缝宽度验算。

(11)锚拉式桩板挡墙计算时可考虑将桩、锚固段岩土体及锚索(杆)视为整体,锚索(杆)视为弹性支座,桩简化为受横向变形约束的弹性地基梁,根据位移变形协调原理,按 k 法或 m 法计算锚杆(索)拉力及桩各段内力和位移。

(12)锚拉桩采用锚固段为岩石的预应力锚杆(索)或全黏结岩石锚杆时,锚杆(索)可按刚性杆考虑,将桩简化为单跨简支梁或多跨连续梁,计算桩各段内力和位移。

8 锚固工程

在边坡工程中,由于坡体应力状态的改变,当潜在的滑体沿剪切滑动面的下滑力超过抗滑力时,将会出现沿剪切面的滑移和破坏。为保持边坡的稳定,工程上常将一种以承受拉荷载为主的杆件埋入岩土体,用以调动岩土体的自身强度和提高边坡的自稳能力,这种受拉杆件称为锚杆或锚索,其所起的作用即为锚固。

8.1 锚杆结构与应用

8.1.1 普通锚杆的构造

工程上所指的锚杆,通常是对由受拉杆件所组成的锚固系统中基本构件的统称。锚杆作为锚固工程最重要、最基本的构件,一般由锚头、杆体(拉杆)及锚固体(段)三个基本部分组成,普通锚杆的构造如图 8-1 所示。

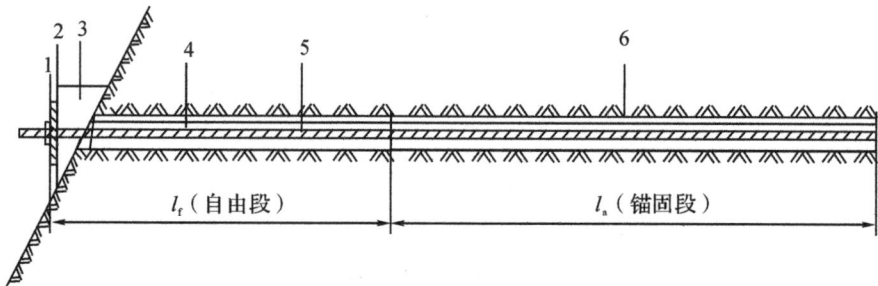

1—紧固装置;2—承压板;3—台座;4—套管;5—拉杆;6—锚固砂浆体。

图 8-1 普通锚杆的构造

锚头是构筑物与拉杆的连接部分,其作用是将来自构筑物的作用力有效地传递给拉杆。锚头一般由台座、承压板和锚具或锚固装置等部件组成。

锚杆杆体要求位于锚固结构的中心线上,其作用是将来自锚头的拉力传递给锚固体。杆体通常要承受一定的荷载,故一般采用抗拉强度较高的钢材制成。

锚固体(段)位于锚杆尾部,与岩土层紧密相连,其作用是将来自拉杆的力通过锚固体与周围岩土层间的摩擦阻力(或支承抵抗力)传递给稳固的地层。

工程上常将一种高承载力的锚杆专称为锚索,与普通锚杆相比,其杆体采用高强钢丝或钢绞线制作,从而其强度、锚固深度、单锚锚固力均较大。另外,普通锚杆主要处于张拉状态,剪切次之,一般不能承受弯曲作用,而锚索只存在张拉状态。

类似地,锚索结构也可分为三个主要部分,即锚头、锚索体和锚固体。其中,锚头由垫板、锚环、锚塞和混凝土墩组成,锚索体由高强度钢丝、钢丝束或钢绞线制成,锚固体主要还包括定位环、止浆塞、扩张环及导向帽等辅助构件。

8.1.2　复合锚杆的构造

8.1.2.1　框架预应力锚杆

框架预应力锚杆支护结构是最近几年随着支护结构的发展而提出的一种新型支护结构。它由框架、挡土板、锚杆和墙后土体组成,属于轻型挡土结构。挡土板的作用是挡土,它与一系列间距相等的框架刚性连接而成为连续板。框架的作用是:立柱为挡土板的支座,横梁将两侧的挡土板连接成整体以保持挡土墙的稳定;锚杆的外端与框架连接,内端锚固在土体中。挡土板所受的土压力通过锚头传至钢拉杆,再通过拉杆周边砂浆的握裹力传递至水泥砂浆中,然后通过锚固段周边地层的摩擦力传递到锚固区的稳定地层中,以承受土体或水体对结构施加的压力,从而利用地层深处的锚固力。另外,框架与锚杆构成空间框架,与钢筋混凝土挡土板共同承担基坑或边坡的土压力,即墙后土体产生的土压力通过框架横梁和立柱传给锚杆。事实上,在框架预应力锚杆支护结构中,锚杆在一定的锚固区域内形成压应力带,通过框架挡土墙及挡土板形成压力面,从根本上改善土体的力学性能。将传统的被动支护变为充分利用土体本身自稳能力的主动支护,有效地控制了土体位移。支护力随边坡向外破坏力的增大而增大,直至超出极限平衡而破坏。支护力随锚杆的拔出逐步减弱,形成柔性支护结构。

框架预应力锚杆柔性支护结构与传统的桩锚支护结构和锚杆肋梁支护结构相比有以下优点:

①改变了受力原理。传统的桩锚或锚杆肋梁支护结构是被动受力结构,只有当基坑或边坡发生位移后,土压力作用在支护结构上,才能起到支护或加固的作用。而框架预应力锚杆柔性支护结构是主动受力结构,施加的预应力提高了边坡的稳定性。

②克服了传统边坡支护结构的支护高度受限制、造价高、工程量大、稳定性差等缺点,同时在施工过程中对边坡的扰动较小。

③可以有效地控制基坑或边坡的侧移。杆上施加的预应力可以使框架产生沿土体方向的位移,对控制基坑或边坡的变形十分有效。

④在公路和铁路边坡采用该支护结构施工完毕以后还可以结合一定的绿化措施,这比较符合公路、铁路边坡的生态支护理念。

由于框架预应力锚杆柔性支护结构存在以上优点,尽管它的作用机理和理论研究还不很成熟,但是它已经在深基坑开挖支护、边坡和桥台加固等工程实践当中得到了广泛的应用。

8.1.2.2　单孔复合锚固技术

传统的岩土锚固方法,即拉力型锚杆,在锚杆受荷时,不能将荷载均匀地分布于固定长度上,会产生严重的应力集中现象。由于黏结应力分布的不均匀性,随着锚杆上荷载的增大,在荷载传至固定长度最远端之前,在杆体与灌浆体或灌浆体与地层界面上就会发生黏结效应逐步弱化或脱开的现象。为了从根本上改变拉力型锚固方法的弊端,冶金工业部建筑研究总院等单位已研究成功单孔复合锚固方法。该方法是在同一钻孔中安装几个单元锚杆,而每个单元锚杆有自己的杆体、自由长度和固定长度,而且承受的荷载也是通过各自的张拉千斤顶施加的,并通过预先的补偿张拉(补偿各单元锚杆在同等荷载下因自由段长度不等而引起的位移差),而使所有单元锚杆始终承受相同的荷载。这种新型锚固体系,可将集中荷载分散为几个较小的荷载作用于固定段的不同部位,使黏结应力峰值大大降低,因单元锚杆的固定长度很小,不会发生黏结效应逐步弱化的现象,能使黏结应力均匀地分布在整个固定长度上,最大限度地调用整个锚杆固定长度范围内的地层强度,锚杆承载力可随固定长度的增长而成比例地提高。与拉力型锚杆相比,承载力可提高30%~200%。

8.1.2.3 预制锚头预应力锚索

预制内锚头新型锚索是基于传统压力集中型锚索的锚头进行研制的,在传统压力集中型锚索承压板处预制一个内锚头,锚头内采用纤维细石高强混凝土及环向箍筋,增强钢质承压板前注浆体强度及密实度。预制内锚头的结构形式见图8-2。

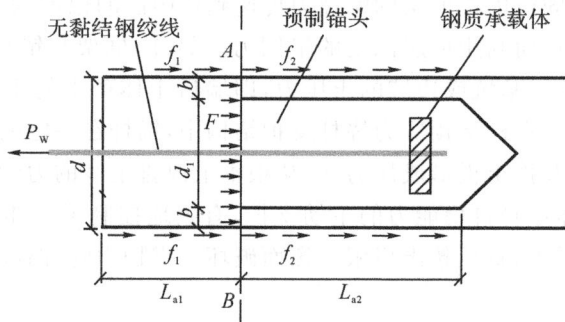

图 8-2 预制内锚头的结构形式

预制内锚头新型锚索的适用条件为:①适用于岩土介质和水介质具有腐蚀性的锚固地层,如煤系地层;②在锚固条件好的地层中,如块状灰岩,可提供较大锚固力;③在锚固条件差的地层中,如软弱、含水、破碎地层,可代替传统的压力分散型预应力锚索。

8.1.2.4 双锚固段预应力锚索

双锚固段预应力锚索结构分为三段,即孔底内锚固段、中间自由段、孔口外锚头段。中间自由段钢绞线处于自由状态,锚固注浆分两次,第一次注浆至自由段中部止,形成内锚固段,在内锚固段浆体达到龄期对锚索进行张拉后,再对外锚固段注浆,除中间一段钢绞线处于自由外,其他钢绞线全部与注浆体黏结。当外锚头预应力损失或破坏时,外锚固段可以产生反向锚固作用,使内、外锚固段形成对拉,锚索处于自锁状态,即使锚头破坏或失效,锚索仍有一定的锚固力,而不至于瞬间失效或处于不工作状态。双锚固段锚索结构见图8-3。

双锚固段预应力锚索对大变形土体和破碎岩体的锚固效果显著,具有明显优势。中间自由段一般不小于4m,根据滑面深度尽可能长。根据外锚固段不同的地层条件,外锚固段长度按6~12m进行选取(硬质岩锚固地层长度取小值,软岩取大值)。

8.1.2.5 NPR 锚杆/索

恒阻大变形(NPR)锚杆/索作为一种高效的吸能锚索已广泛应用于边坡和采矿工程的

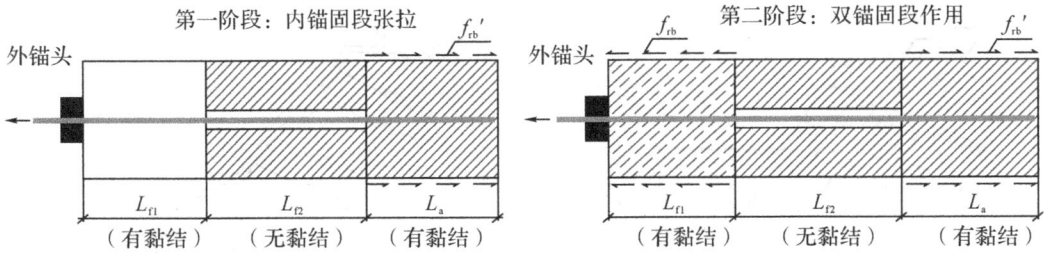

第一阶段：内锚固段张拉 第二阶段：双锚固段作用

图 8-3　双锚固段锚索结构

加固和监测预警中。这种锚固结构称为吸能锚索，具有高强度、高韧性和高延伸率的优良特性。NPR 锚索的超常力学特性源于锚索内部具有负泊松比（negative Poisson's ration，NPR）结构效应的特殊复合装置，因此该类锚杆/索也称为"NPR 锚杆/索"。如图 8-4 所示为 NPR 锚索的结构，主要由圆台形恒阻体、恒阻套筒和高强度钢绞线组成。钢绞线远端连接恒阻体。近端由垫片和锚头固定，恒阻套筒经锚固剂与围岩锚固，通过调节恒阻套管内壁的摩擦系数，当钢绞线承受拉拔力达到设计值时，恒阻体将在恒阻套筒内滑动，由于恒阻体末端直径略大于套管内壁直径，恒阻体的贯入将导致套管产生径向膨胀，从而产生恒定工作阻力。

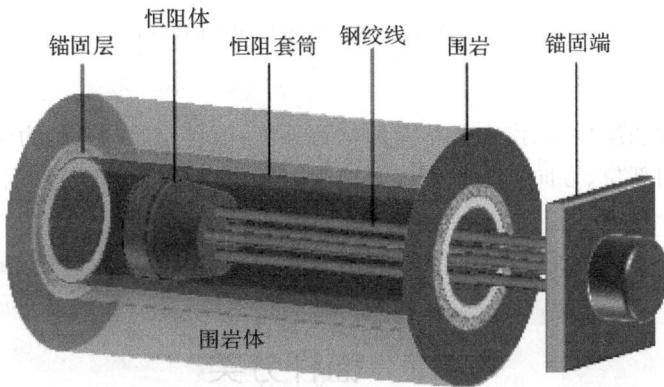

图 8-4　NPR 锚索结构

8.1.3　锚固工程应用

锚固在边坡稳定工程中的常见具体应用主要有：岩质边坡加固［见图 8-5(a)］，边坡挡土与防护［见图 8-5(b)］，路基、岸坡或填土边坡锚杆挡墙［见图 8-5(c)］，欠稳定边坡、滑坡支挡防治［见图 8-5(d)］。此外，锚固技术也广泛用于深基础和地下结构工程支护、结构抗倾覆、井巷及隧道工程支护、桥梁基础加固、现有结构物补强与加固等工程中。

运用数学、力学和工程材料等科学知识解决岩土工程中的锚固设计、计算、施工和监测等方面问题的技术和工艺称为锚固工程。锚固工程相比于其他边坡支护方式，具有以下显著优点：

①将结构物与地层紧密联锁形成共同工作体系，改善岩土体的应力状态，使其向有利于

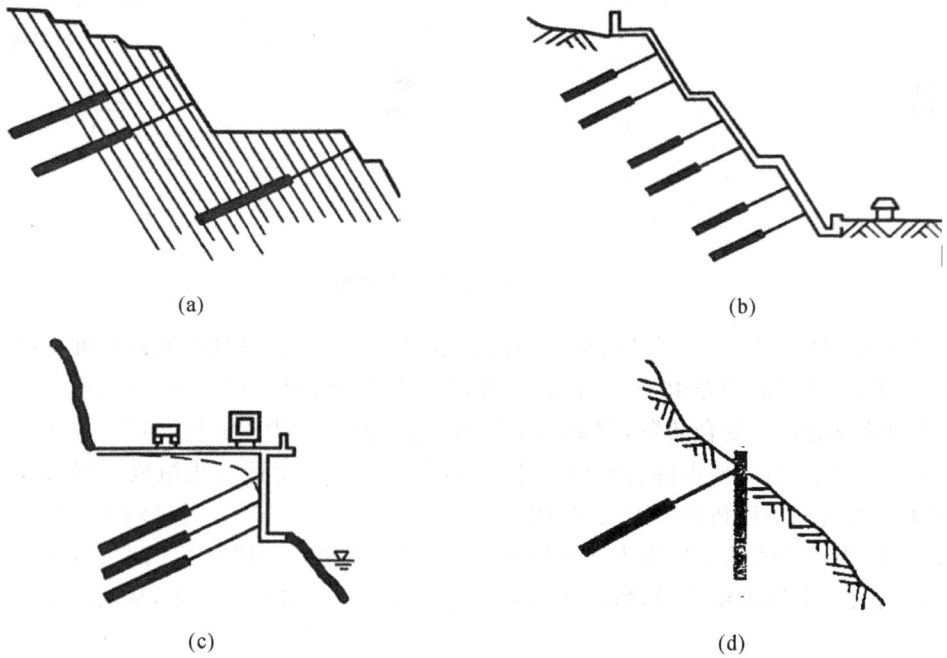

图 8-5 锚固技术在边坡稳定中的应用

稳定的方向转化；

②提高地层软弱结构面、潜在滑移面的抗剪强度，改善地层的其他力学性能；

③锚杆的作用部位、方向、间距、密度和施工时间可以根据需要灵活调整，以获得最佳加固效果；

④用锚杆代替钢或钢筋混凝土支撑，可节省大量钢材，减小土方开挖量，改善施工条件。

8.2 锚杆分类

锚杆的分类方式有很多种，比较典型的分类有按锚杆锚固段的受力状态分类、按应用对象分类、按是否预先施加应力分类、按锚固体形态分类等。这里重点介绍根据锚固段的受力状态、锚固体形态和施加预应力与否的锚杆分类，然后进一步简单介绍其他分类方法。

8.2.1 按受力状态分类

按锚杆锚固段的受力状态进行区分，可将现阶段使用的各类锚杆（索）大致划分为拉力型锚杆、压力型锚杆、拉力分散型锚杆、压力分散型锚杆、拉压分散型锚杆等几大类，其中拉力分散型、压力分散型和拉压分散型三种锚杆又可统称为荷载分散型锚杆。它们之间的主要区别在于荷载由钢筋或钢绞线传递给锚固段砂浆体的方式不同，现将这几种锚杆（索）的工作原理作简要说明。

8.2.1.1 拉力型锚杆

如图 8-6 所示,拉力型锚杆是现阶段岩土工程中普遍使用的锚杆形式,它通过钢筋与锚固段砂浆体间的黏结力来传递荷载。拉力型锚杆锚固段砂浆体与孔壁间的剪应力分布十分不均匀,锚固段前端存在严重的剪应力集中现象,从而易导致浆体拉裂、有效锚固段后移,整个锚固段长度范围内的岩土抗剪能力无法充分利用,因此其承载能力与耐久性同其他锚杆形式相比都显得不足。但由于其设计方法与施工技术相对成熟,故拉力型锚杆仍是现阶段工程中主要的锚杆使用形式。

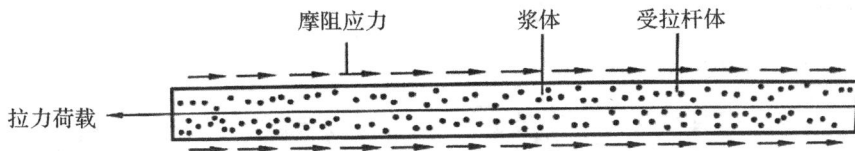

图 8-6   拉力型锚杆

8.2.1.2 压力型锚杆

如图 8-7 所示,压力型锚杆的荷载传递途径和拉力型锚杆不同,它是通过无黏结的预应力钢绞线直接把拉力荷载传到设置在锚固段末端的承载体上,再由承载体将荷载传递给锚固段的砂浆体,使得锚固段砂浆体由传统的受拉应力状态转变为受压,从而改善锚杆的受力状态。虽然其应力状态比拉力型合理,承载能力也有大幅提高,但压力型锚杆仍然在其锚固段末端存在着应力集中现象。

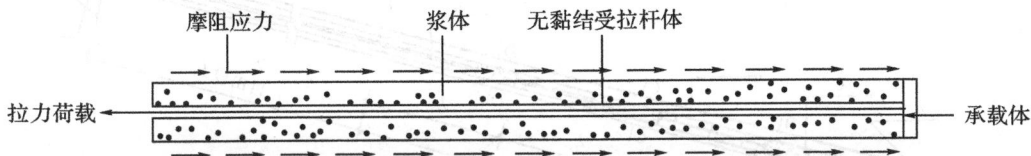

图 8-7   压力型锚杆

8.2.1.3 拉力分散型锚杆

如图 8-8 所示,拉力分散型锚杆一般采用无黏结的预应力钢绞线,其传荷机理是将处在内锚固段不同部位处的钢绞线按一定的顺序逐步剥除其表面的防护套管,使其变成有黏结段,从而将拉力荷载逐段分散地传递至锚固段砂浆体。在荷载被分散传递的情况下,拉力分散型锚杆锚固段的应力分布相对更加均匀,但由于其锚固段中的拉应力状态没有改变,因此拉力分散型锚杆的受力形式并非最佳的选择。

8.2.1.4 压力分散型锚杆

如图 8-9 所示,压力分散型锚杆的传荷机理与压力型锚杆类似,不同之处在于压力分散型锚杆的锚固段内设置了多个承载体,使得预应力钢绞线传递来的拉力荷载能够分散地作用到各个承载体上,这样的受力形式既可以保证锚固段砂浆体处于压应力状态,又可以使得应力分布更加均匀,从而避免了应力集中,提高了锚杆的承载力。

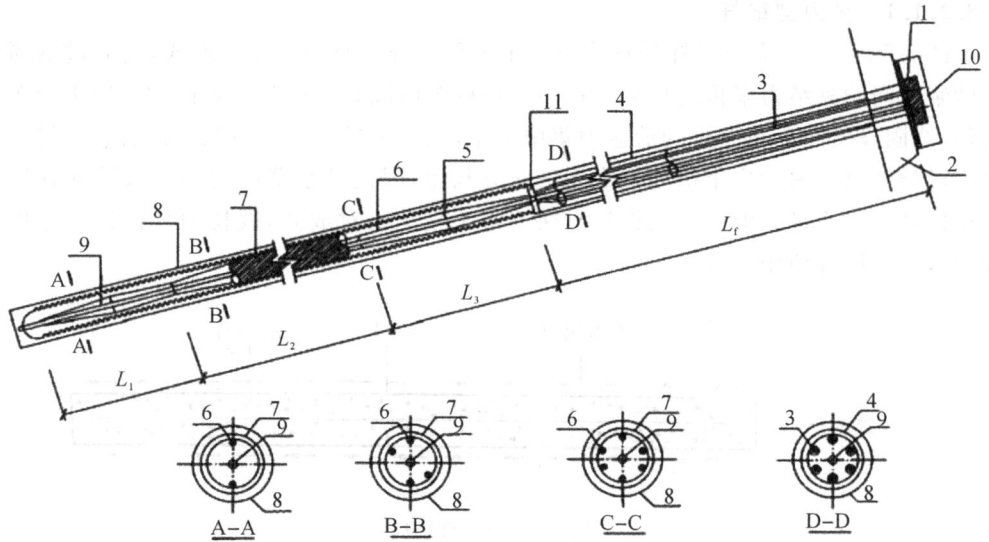

1—锚具；2—垫座；3—涂塑钢绞线；4—光滑套管；5—隔离架；6—无包裹钢绞线；7—波形套管；8—钻孔；9—注浆管；10—保护罩；11—光滑套管与波形套管搭接处；L_1、L_2、L_3—单元锚杆的锚固长度；L_f—单元锚杆的自由段长度。

图 8-8　拉力分散型锚杆

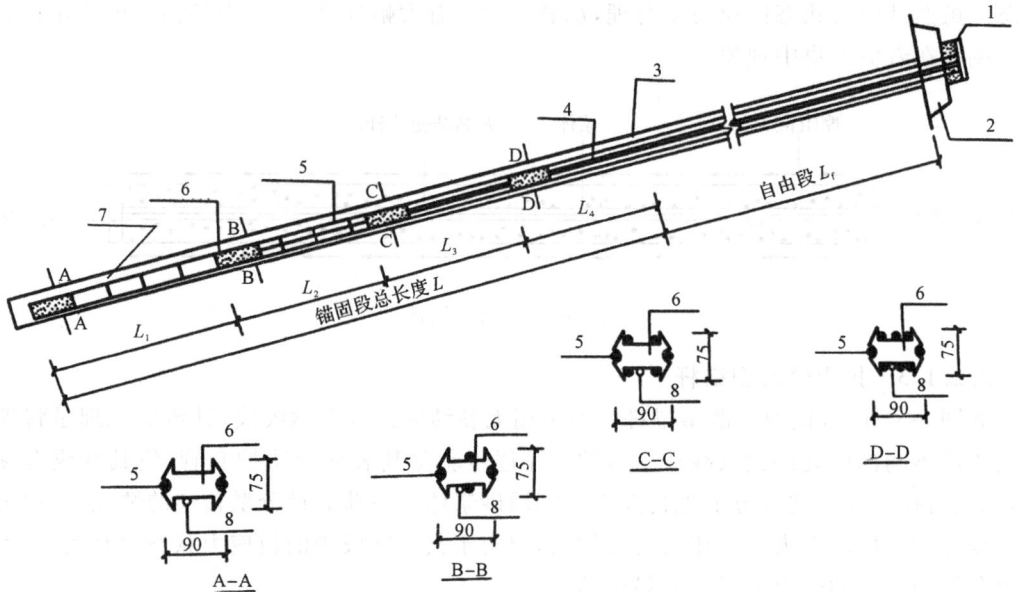

1—锚具；2—混凝土垫座；3—钻孔；4—隔离环；5—无黏结钢绞线；6—承载体；7—水泥浆；8—注浆管。

图 8-9　压力分散型锚杆

注：图中尺寸单位为 mm。

8.2.1.5　拉压分散型锚杆

拉压分散型锚杆是拉力分散型和压力分散型的"结合体"，它既逐段剥除无黏结钢绞线使之形成拉力锚固区段，又在相应的部位设置承载体使之形成压力锚固区段，从而达到充分利用整个内锚固段承载能力的目的。

以上不同类型锚杆各有优缺点。从受力机理上看,相对最为合理的是压力分散型和拉压分散型这两种锚杆。但从工艺的角度考虑,压力分散型锚杆比拉压分散型锚杆的施工操作性更强,因此压力分散型锚杆具有更强的工程适应性,这已在大量的实际工程应用中得到了证实。

8.2.2 按锚固体形态分类

按锚固体形态划分,锚杆可分为圆柱形锚杆(见图 8-10)、端部扩大头形锚杆(见图 8-11)和连续球形锚杆(见图 8-12)。

8.2.2.1 圆柱形锚杆

圆柱形锚杆是国内外早期开发的一种锚杆形式,这种锚杆可以预先施加预应力而成为预应力锚杆,也可以是非预应力锚杆。锚杆的承载力主要由锚固体与周围岩土介质间的黏结摩阻强度提供,这种锚杆适用于各类岩石和较坚硬的土层,一般不在软弱黏土层中应用,因软黏土中的黏结摩阻强度较低,往往难以满足设计抗拔力的要求。圆柱形锚杆构造如图 8-10 所示。

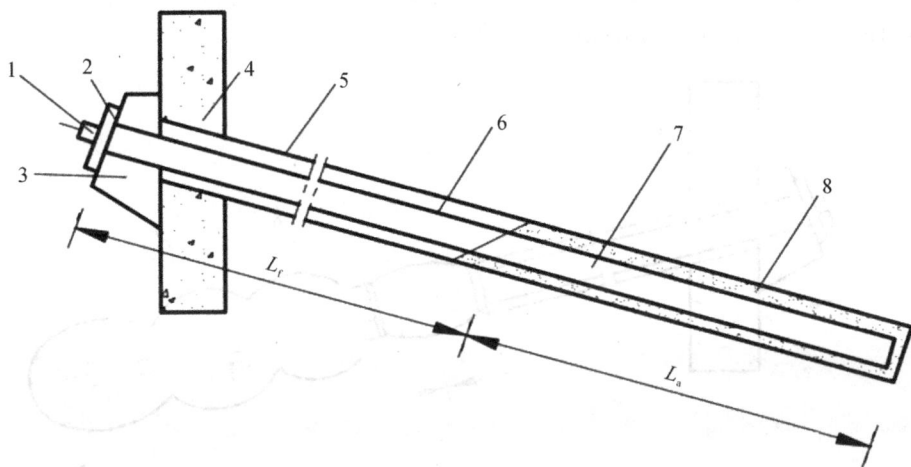

1—紧固器(螺母);2—垫板;3—台座;4—构筑物;5—钻孔;6—套管;7—钢拉杆;8—锚固体

图 8-10　圆柱形锚杆

8.2.2.2 端部扩大头形锚杆

端部扩大头形锚杆是为了提高锚杆的承载力而在锚固段最底端设置扩大头的锚杆,锚杆的承载力由锚固体与土体间的摩阻强度和扩大头处的端承强度共同提供,因此在相同的锚固长度和锚固地层条件下,端部扩大头形锚杆的承载力远比圆柱形锚杆大。这种锚杆较适用于黏土等软弱土层以及比邻地界限制土锚长度不宜过长的土层和一般圆柱形锚杆无法满足要求的情况。端部扩大头形锚杆可采用爆破或叶片切刀削方法进行施工。端部扩大头形锚杆构造如图 8-11 所示。

8.2.2.3 连续球形锚杆

连续球形锚杆是利用设于自由段与锚固段交接处的密封袋和带许多环圈的套管,对锚

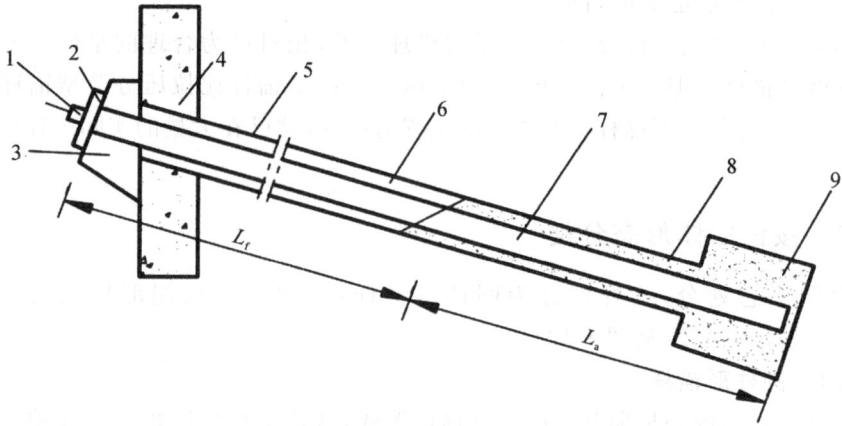

1—紧固器(螺母);2—垫板;3—台座;4—构筑物;5—钻孔;6—套管;7—钢拉杆;8—锚固体;9—扩大头。

图 8-11　端部扩大头形锚杆

固段进行二次或多次灌浆处理,使锚固段形成一连串球状体,从而提高锚固体与周围土体之间的锚固强度。这种锚杆一般适用于淤泥、淤泥质黏土等极软土层或对锚固力有较高要求的土层锚杆。连续球形锚杆构造如图 8-12 所示。

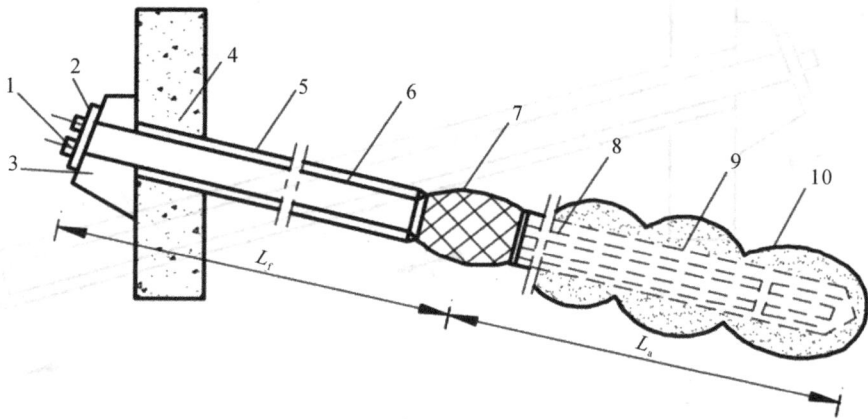

1—紧固器(螺母);2—垫板;3—台座;4—构筑物;5—钻孔；6—套管;7—钢拉杆;8—锚固体;9—环圈;10—串球伏体。

图 8-12　连续球形锚杆

8.2.3　按施加预应力与否分类

按是否预先施加应力分为非预应力锚杆(索)和预应力锚杆(索)。

8.2.3.1　非预应力锚杆

非预应力锚杆(索)一般简称锚杆,是指锚杆锚固后不施加外力,锚杆处于被动受载状态。非预应力锚杆通常采用 HRB335、HRB400 级钢筋,锚头较简单,如板肋式锚杆挡墙、锚板护坡等结构中通常采用非预应力锚杆,锚头最简单的做法就是将锚筋做成直角弯钩并浇筑于面板或肋梁中,如图 8-13(a)所示。

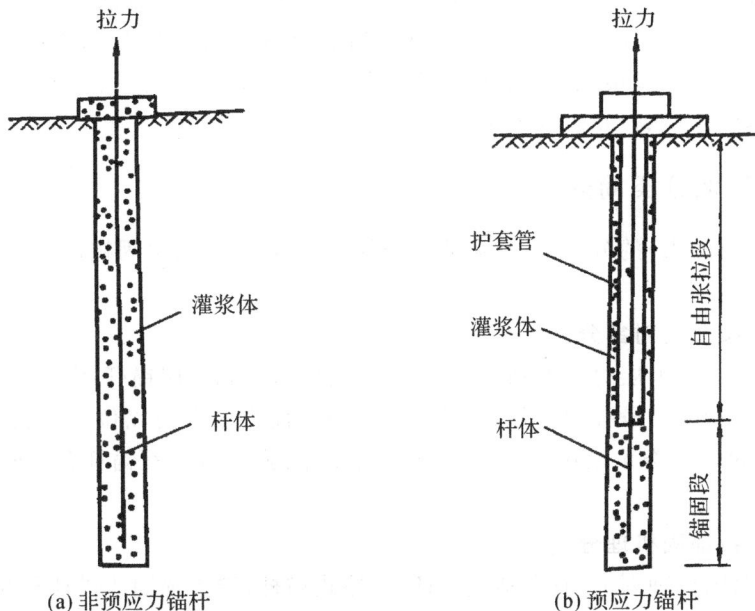

(a) 非预应力锚杆　　　　　　　(b) 预应力锚杆

图 8-13　预应力锚杆与非预应力锚杆

8.2.3.2　预应力锚杆

预应力锚杆(索)一般简称为锚索,是指锚杆锚固后施加一定的外力,使锚杆处于主动受载状态;预应力锚索在锚固工程中占有重要地位。预应力锚索的设计与施工比非预应力锚杆复杂,其锚筋一般采用精轧螺纹钢筋或钢绞线,如图 8-13(b)所示。

锚索是一种主要承受拉力的杆状构件,它通过钻孔将钢绞线或高强度钢丝固定于深部稳定的地层中,并在被加固体表面通过张拉产生预应力,从而达到使被加固体稳定和限制其变形的目的。锚索技术源于国外,它是锚杆技术发展的产物。据资料记载,1933 年阿尔及利亚的 Coyne 工程师首次将锚索加固技术用于水电工程的坝体加固并获得成功。从 20 世纪 40 年代末至 70 年代初,锚索加固技术得到了迅速发展,加固理论、设计方法和有关规范也逐步出现和完善。目前,锚索加固技术已广泛应用于岩土加固工程的各个领域,并积累了丰富的工程实践经验。

预应力锚固技术最大的特点是能够充分利用岩土体自身强度,大大减轻结构自重,节省工程材料,是高效和经济的加固技术。我国的预应力锚索加固技术始于 20 世纪 60 年代,自 1964 年梅山水库在右岸坝基的加固中首次成功地使用了锚索加固技术以来,该项技术已在我国的铁路、公路、水电、矿山、建筑、国防等领域的边坡、基坑、地下工程、坝基、码头、船坞等工程中的加固、支挡及抗浮、抗倾覆稳定性加固中逐步广泛使用。锚索与其他结构物组合的新型支挡结构,如锚索桩、锚索墙、锚索板桩墙、锚索地梁、锚索格构梁也得到了大力发展。

随着锚固技术的发展,对锚索的要求越来越高,越来越精,特别是永久建筑物要求采用永久防护锚索。对外锚头,要求有可靠的锚固效果,避免产生滑丝等造成预应力损失。对锚索体要求具有高强、低松弛及高防护性能;对锚固段,要求能够提供更高的锚固力,特别是对处于土体中的锚固段,提出了更高的要求。

目前在加固工程中使用的锚索类型种类繁多,按不同的分类方法可将锚索划分为不同的类型。例如,按外锚头的结构形式,分为 OVM 锚、QM 锚、XM 锚等;按锚索体种类,分为钢绞线束锚索、高强钢丝束锚索;按锚固段的受力状态,分为拉力型、压力型、荷载分散型。另外,还有可拆除式锚索、观测锚索等。

8.2.4 其他分类简介

除了上述锚杆(索)的分类,还常见从应用的地层对象类别、锚固机理和使用年限等角度进行的锚杆分类。

8.2.4.1 按应用对象分类

根据锚杆应用的地层对象类别,可分为岩石锚杆(索)和土层锚杆(索)。

岩石锚杆是指内锚段锚固于各类岩层中的锚杆,而自由段可以位于岩层或土层中。土层锚杆是指锚固于各类土层中的锚杆,其构造、设计、施工与岩石锚杆有共同点,也有其特殊性。

8.2.4.2 按锚固机理分类

按锚杆的锚固机理划分,有黏结式锚杆、摩擦式锚杆、端头锚固式锚杆和混合式锚杆。

8.2.4.3 按使用年限分类

按锚杆的设计使用年限,可分为永久性锚杆和临时性锚杆。一般边坡工程加固中采用永久性锚杆,其设计使用年限为 100 年,可参照相关规范;临时性锚杆在一些临时支护边坡,如基坑边坡中使用。

8.3 锚固工程设计

在调查研究和岩土工程勘察工作基础上,锚固工程应采用理论计算、工程类比和监控量测相结合的设计方法,合理发挥岩土体的固有强度和自承能力。在锚杆设计前,应依据调查及勘察结果,对所采用的锚固工程的安全性、经济性进行评估,对施工可行性作出判断。

锚杆按其服务期限可分为临时性锚杆和永久性锚杆:使用期限在两年以内的,可按临时性锚杆设计;使用年限超过两年的,应按永久性锚杆设计。

8.3.1 设计原则与基本要求

锚固方案或锚固措施是否适用于具体边坡工程,应遵循如下五个方面的基本原则进行综合考虑。

①锚固工程设计应事先充分研究安全性、经济性和施工可行性,并使其对周围构筑物等不产生有害的影响。

②设计锚杆的使用寿命应不小于被服务建筑物的正常年限,一般使用期限在两年以内的工程锚杆应按临时性锚杆进行设计,使用期限在两年以上的锚杆应按永久性锚杆进行设计。

③在锚固工程设计前应该认真调查边坡工程的地质条件,并进行工程地质勘察以及有关的岩土物理力学性能实验。通过勘察资料认真分析锚固工程适用的工程地质条件。特别

对于永久性锚杆,锚固段不应设在有机质土、液限大于50%的黏性土或相对密度小于0.3的砂土层中,原因是有机质土会引起锚杆的腐蚀破坏,液限大于50%的土层,其高塑性会引起明显的蠕变而导致锚固力不能长期保持恒定,相对密度小于0.3的土层松散不能提供足够的锚固力。

④对支护结构变形量容许值要求较高、岩层边坡施工期稳定性较差、土层锚固性能较差或高度较大且存在软弱外倾结构面的岩质边坡、推力较大的滑坡采用锚杆整治,或采用了钢绞线和精轧钢时,宜采用预应力锚杆(索)。但预应力的作用对支撑结构的加载影响、对锚固地层的牵引作用以及相邻构筑物的不利影响应控制在安全范围之内。

再有,采用新工艺、新材料或新技术的锚杆,无锚固工程经验的岩土层内的锚杆,一级边坡工程的锚杆,一般均应先进行基本试验,在获得相关参数的基础上再设计锚杆。

⑤锚杆的形式应根据锚固段岩土层的工程特性、锚杆承载力大小、锚杆材料和长度以及施工工艺等因素综合考虑。锚杆的布设位置及方位应根据边坡潜在的破坏模式、支护结构抗滑移、抗倾覆和构件强度等要求确定,并考虑边坡作用力分布形态。

在以上基本原则的基础上,进行锚固工程设计需要满足如下基本要求:

①拉杆具有足够的抗拉强度;

②锚固体对拉杆筋有足够的握固力;

③岩土体较为密实,具有足够的抗剪强度、摩阻力及承载力;

④锚固结构整体稳定性良好;

⑤岩土体可以施工钻孔,现有注浆工艺能够在锚固段灌注满足质量要求的浆体;

⑥结合相应防冲刷措施对表面易受冲刷的边坡进行锚固工程设计。

8.3.2 设计流程

对边坡锚杆加固设计首先必须对边坡工程进行地质调查,在掌握地质情况的基础上,对边坡的破坏方式进行判断,并分析采用锚杆方案的可行性和经济性,如果采用锚杆方案可行,则开始计算边坡作用在支挡结构物上的侧压力,根据侧压力的大小和边坡实际情况选择合理的锚杆形式,并确定锚杆数量、布置形式、承载力设计值,计算锚筋截面、选择锚筋材料和数量。在确定锚筋后,按照锚筋承载力设计值进行锚固体设计(包括锚固段长度、锚固体直径、注浆材料和工艺等的设计)。如果采用预应力锚杆还要确定预应力张拉值和锁定值,并给出张拉程序。最后是进行外锚头和防腐构造设计并给出施工建议、试验、验收和监测要求。锚固工程设计一般流程如图8-14所示。

8.3.3 边坡锚杆侧压力计算

锚杆锚固设计荷载的确定应根据边坡的推力大小和支护结构的类型综合考虑进行确定。根据前述锚固工程设计的一般流程,在进行方案适用性分析后,首要的工作就是要计算锚固工程需要承担的荷载,即边坡作用在锚固工程结构上的侧压力,然后根据支挡结构的形式计算该边坡要达到规范规定的安全要求时需要锚固提供的支撑力。根据这个支撑力和锚杆数量、布置便可确定出锚杆锚固荷载的大小,该荷载的大小将作为锚筋截面计算和锚固体设计的重要依据。

边坡锚杆侧压力计算过程中,首先需按照现行相关规范确定边坡设计安全系数,其次针

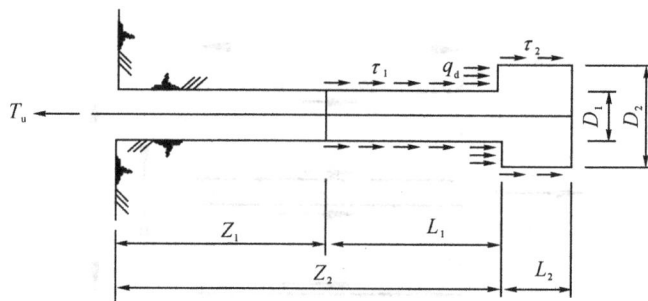

图 8-17　压缩桩法

对于设置在黏性土中的锚杆,当承压断面部分有足够的埋置深度,可按深基础端支承力处理。捷博塔辽夫提出了极限承载力 q_d 的计算方法,即:

$$q_d = 9c \tag{8-7}$$

而门纳尔特(Menard)建议取

$$q_d = 6kc \tag{8-8}$$

式中,k 表示锚固体与土体之间的黏结系数,当土体为软黏土时取 1.5,为硬黏土时取 2;c 表示黏聚力。

式(8-6)中考虑了摩擦阻力与抗压力两个方面,通常 $T_u < F_{max} + Q_{max}$。也就是说,实际上锚固体的极限抗拔力不可能达到摩擦阻力与抗压力全部充分发挥的程度。因此这样推算的结果就会偏大,而这种偏大是不安全的。为此,在考虑锚固体构造和形状的同时,应预测锚杆各部分在设计荷载作用下的变位状态,由此来判断式(8-6)中的 τ 和 q_d 的取值。

2)柱状剪切法

对于土层扩孔锚杆,假定锚杆在拉拔力的作用下锚固体扩大部分以上的土体沿锚杆轴线方向作柱状剪切破坏,如图 8-18 所示,由柱剪切法确定的锚固体极限抗拔力为:

$$T_u = \pi D_2 L_1 \tau_1 + \pi D_2 L_2 \tau_2 \tag{8-9}$$

式中,τ_1 表示锚固体扩大部分以上滑动土体与外界土体表面间的抗剪强度(kPa)。

τ_1 值是根据统计资料凭经验选定,有时也可采用式(8-4)推算,然后根据现场拉拔试验数值综合确定。

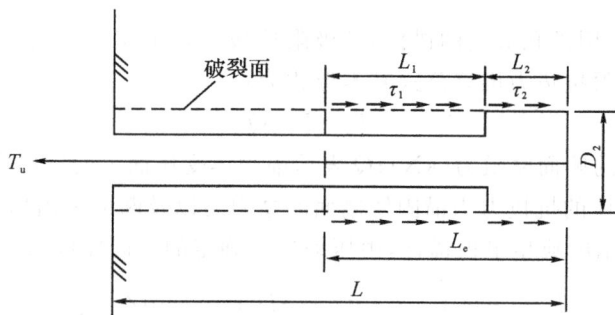

图 8-18　柱状剪切法

8.3.5 锚杆形式与布置

8.3.5.1 锚杆形式

在边坡锚杆加固中要选择合理的锚杆形式,必须结合被加固边坡的具体情况,根据锚固段所处的地层类型、工程特征、锚杆承载力的大小、锚杆材料、长度、施工工艺等条件综合考虑进行选择。

表 8-2 给出了岩层中的预应力和非预应力常用锚杆类型的有关参数,可供边坡锚杆加固工程具体选型使用。

表 8-2　锚杆选型

	材料	锚杆承载力设计值/kN	锚杆长度/m	应力状况	备注
岩层锚杆	钢筋	<450	<16	非预应力	锚杆超长时,施工安装难度较大
	钢绞线、高强钢丝	500~3000	>10	预应力	锚杆超长时施工方便
	精轧螺纹钢筋	400~1100	>10	预应力或非预应力	杆体防腐性好,施工安装方便

8.3.5.2 锚杆布置

锚杆的布置直接涉及锚杆挡土墙墙面构件和锚杆本身设计的可行性和经济性,包括确定锚杆层数、水平垂直间距和锚杆的倾角等。锚杆的层数取决于支护结构的高度和上部所承受的荷载。一般上、下排垂直间距不宜小于 2.0m;锚杆的水平间距取决于支护结构的荷载和每根锚杆所能承受的拉力,为防止群锚效应,一般锚杆水平间距不得小于 2.0m。锚杆倾角的确定是锚杆设计的重要内容,一方面,从受力角度考虑锚杆倾角越小越好;另一方面锚杆要求锚固在稳定地层上,以提高其承载力,而一般稳定土层较深,这就要求倾角大些好。因此要求综合考虑所有因素以确定倾角,一般倾角宜取 $10°\sim35°$。

8.3.6 锚杆结构设计

按照前述一般设计流程,在确定出锚杆轴向设计荷载后,需要对锚杆进行结构设计。结构设计的第一步就是根据锚杆轴向设计荷载计算锚杆的锚筋截面,并选择合理的钢筋或钢绞线配置锚筋;在配置锚筋后可由锚筋的实际面积和锚筋的抗拉强度标准值计算出锚杆承载力设计值,然后方能进行锚杆体和锚固体的设计计算。

8.3.6.1 锚筋截面面积

锚杆轴向拉力标准值应按下式计算:

$$N_{ak}=\frac{H_{tk}}{\cos\alpha} \tag{8-10}$$

式中,N_{ak} 表示锚杆所受轴向拉力(kN);H_{tk} 表示锚杆水平拉力标准值(kN);α 表示锚杆倾角(°)。

锚杆钢筋截面面积应满足下列公式的要求：

普通钢筋锚杆：

$$A_s \geq \frac{K_b N_{ak}}{f_y} \qquad (8\text{-}11)$$

预应力锚索锚杆：

$$A_s \geq \frac{K_b N_{ak}}{f_{py}} \qquad (8\text{-}12)$$

式中，A_s 表示锚杆钢筋或预应力锚索截面面积（m^2）；f_y，f_{py} 表示普通钢筋或预应力钢绞线抗拉强度设计值（kPa）；K_b 表示锚杆杆体抗拉安全系数，应按表 8-3 取值。

表 8-3　锚杆杆体抗拉安全系数

边坡工程安全等级	安全系数	
	临时性锚杆	永久性锚杆
一级	1.8	2.2
二级	1.6	2.0
三级	1.4	1.8

8.3.6.2　锚固体与地层锚固长度

锚杆锚固体与地层的锚固长度应满足下式：

$$l_a \geq \frac{K N_{ak}}{\pi D f_{rbk}} \qquad (8\text{-}13)$$

式中，K 表示锚杆锚固体抗拔安全系数，应按表 8-4 取值；l_a 表示锚杆锚固段长度（m），尚应满足《建筑边坡工程技术规范》（GB 50330—2013）第 8.4.1 条规定；f_{rbk} 表示岩土层与锚固体极限黏结强度标准值（kPa），应通过试验确定；若无试验数据，则岩石锚杆可根据表 8-5、土层锚杆可根据表 8-6 确定；D 表示锚杆锚固段钻孔直径（mm）。

表 8-4　岩石锚杆锚固体抗拔安全系数

边坡工程安全等级	安全系数	
	临时性锚杆	永久性锚杆
一级	2.0	2.6
二级	1.8	2.4
三级	1.6	2.2

表 8-5　岩石与锚固体极限黏结强度标准值

岩石类别	f_{rbk} 值/kPa
极软岩	270 ～ 360
软岩	360 ～ 760
较软岩	760 ～ 1200
较硬岩	1200 ～ 1800

岩石类别	f_{rbk}值/kPa
坚硬岩	1800 ～ 2600

注:1. 适用于注浆强度等级为 M30。

2. 仅适用于初步设计,施工时应通过试验检验。

3. 岩体结构面发育时,取表中下限值。

4. 岩石类别根据天然单轴抗压强度 f_r 划分:$f_r<5MPa$ 为极软岩;$5MPa\leqslant f_r<15MPa$ 为软岩;$15MPa\leqslant f_r<30MPa$ 为较软岩;$30MPa\leqslant f_r<60MPa$ 为较硬岩;$f_r\geqslant60MPa$ 为坚硬岩。

表 8-6 土体与锚固体极限黏结强度标准值

土层种类	土的状态	f_{rbk}值/kPa
黏性土	坚硬	65～100
	硬塑	50～65
	可塑	40～50
	软塑	20～40
砂土	稍密	100～140
	中密	140～200
	密实	200～280
碎石土	稍密	120～160
	中密	160～220
	密实	220～300

注:1. 适用于注浆强度等级为 M30。

2. 仅适用于初步设计,施工时应通过试验检验。

8.3.6.3 杆体与锚固砂浆间的锚固长度

锚杆杆体与锚固砂浆间的锚固长度应满足下式:

$$l_a\geqslant\frac{KN_{ak}}{n\pi d f_b} \tag{8-14}$$

式中,l_a 表示锚筋与砂浆间的锚固长度(m);n 表示杆体数量(根);d 表示锚筋直径(m);f_b 表示钢筋与锚固砂浆间的黏结强度设计值(kPa),应由试验确定,当缺乏试验资料时可按表 8-7 取值。

表 8-7 钢筋、钢绞线与水泥砂浆间的黏结强度设计值 f_b　　　　　单位:MPa

锚杆类型	水泥砂浆强度等级		
	M25	M30	M35
水泥砂浆与螺纹钢筋间	2.10	2.40	2.70
水泥砂浆与钢绞线、高强钢丝间	2.75	2.95	3.40

注:1. 当采用两根钢筋电焊成束的做法时,黏结强度应乘以 0.85 折减系数。

2. 当采用三根钢筋点焊成束的做法时,黏结强度应乘 0.7 折减系数。

3. 成束钢筋的根数不应超过三根,钢筋截面总面积不应超过锚孔面积的 20%。当锚固段钢筋和注浆材料采用特殊设计,并经试验验证锚固效果良好时,可适当增加锚筋用量。

8.3.7 锚杆构造与材料要求

锚固工程的结构设计,必须满足现行规范对锚杆的基本构造要求和原材料基本规定。

8.3.7.1 构造要求

锚固工程的结构设计,可能根据基本构造要求进行调整。参照现行相关规范,锚杆的一般构造要求包括:

①锚杆总长度为锚固段、自由段和外锚段长度之和。锚杆自由段长度按外锚头到潜在滑裂面的长度计算,但预应力锚杆自由段长度不小于5.0m;锚杆锚固段长度按计算确定,同时土层锚杆锚固段长度宜大于4.0m小于14.0m,岩石锚杆锚固段长度宜大于3.0m小于10.0m。

如果岩石锚杆承载力设计值小于等于250kN,且锚固区段为结构完整无明显裂隙的硬质岩石,则锚固段长度可取2.0~3.0m。

②对中支架(架线环)应沿锚杆轴线方向每隔1.0~2.0m设置一个,对于岩石锚杆支架间距可适当增大至2.0~2.5m。

③在无特殊要求的条件下,锚杆浆体一般采用水泥砂浆,其强度设计值不宜低于M25。

④锚杆外锚头、台座、腰梁及辅助件应按现行的《混凝土结构设计规范》(GB 50010—2019)和《钢结构设计标准》(GB 50017—2017)进行设计。

8.3.7.2 材料要求

锚固工程材料包括灌浆材料、杆体钢材、锚具、套管、防腐等材料与其他辅材。锚固工程原材料性能应符合现行有关产品标准的规定,应满足设计要求,方便施工,且材料之间不应产生不良影响。

1)灌浆材料

具体包括水泥、砂、水和外加剂等,其性能的基本要求是:水泥宜使用普通硅酸盐水泥,必要时可采用抗硫酸盐水泥,其强度不应低于42.5MPa;砂的含泥量按重量计不得大于3%,砂中云母、有机物、硫化物和硫酸盐等有害物质的含量按重量计不得大于1%;水不应含有影响水泥正常凝结和硬化的有害物质,不得使用污水;外加剂的品种和掺量应由试验确定。此外,浆体配制要求灰砂比宜为0.8~1.5,水灰比宜为0.38~0.5;浆体材料28d的无侧限抗压强度,用于全黏结型锚杆时不应低于25MPa,用于锚索时不应低于30MPa。

2)锚杆杆体材料

一般不宜采用镀锌钢材,可按是否施加预应力情况,根据表8-2的要求选用。

3)锚具

锚具及其使用应满足下列要求:锚具应由锚环、夹片和承压板组成,应具有补偿张拉和松弛的功能;预应力锚具和连接锚杆的部件,其承载能力不应低于锚杆杆体极限承载力的95%;预应力筋用锚具、夹具及连接器必须符合现行行业标准《预应力筋用锚具、夹具和连接器应用技术规程》(JGJ 85—2010)的规定。

4)套管材料

套管材料应满足下列要求:具有足够的强度,保证其在加工和安装过程中不致损坏;具有抗水性和化学稳定性;与水泥砂浆和防腐剂接触无不良反应。

5)防腐材料

防腐材料应满足下列要求:在锚杆使用年限内,应保持耐久性;在规定的工作温度内或张拉过程中不得开裂、变脆或成为流体;应具有化学稳定性和防水性,不得与相邻材料发生不良反应。

6)其他辅助材料

包括隔离架、导向帽和架线环等,应由钢、塑料或其他对杆体无害的材料组成,不得使用木质隔离架。

8.4 锚固工程试验、监测与检测

锚固系统可调动更大范围岩土体发挥自承能力,其实质是通过锚固体将潜在不稳定的部分锁固于稳定的岩体中,从而增加岩体的抗滑力或减小滑动力,达到稳定岩体的目的。在锚固工程设计和施工过程中,如前所述,部分设计参数或者施工工艺的合理性可能需要通过试验来确定;同时由于材料、施工、地质条件等因素的影响,锚固结构系统在施工和使用过程中亦存在许多先天缺陷,如锚长、灌浆饱满度、锈蚀程度等参数与设计文件不符。另外对于预应力锚固工程,预应力随岩体的变形而变化,在张拉初期,预应力即发生一定的损失,在使用过程中,预应力将伴随岩体中的温度、岩体蠕变、钢材松弛及地下水等因素的变化而变化。此外,锚杆及锚固体在复杂的服役环境中还将受到荷载作用及各种突发性外在因素的影响而面临损伤积累的问题,继而导致各种形式的锚失效、黏结破坏、锚固件拉断、锚固件在滑动面处或者节理面处的剪切破坏等。单锚和群锚的失效自然会使岩土体回到不加固或少加固的状态,从而影响岩土结构的稳定,使工程安全受到威胁。因此,配合进行试验与检测,对于锚固工程是比较重要的工作。

8.4.1 锚固工程试验

锚固工程试验主要有基本试验、验收试验、蠕变试验等,其目的是确定锚杆的极限承载力,验证锚杆设计参数、施工方法和工艺的合理性,检验锚固工程施工质量或者了解锚杆在软弱地层中工作的变形特性,同时亦为确定锚杆受力的变化量和锚杆的蠕变量,以利于提高设计水平或开发更经济可靠的锚杆及施工工艺和方法。现场拉拔试验通过测定锚杆静荷载-位移曲线来确定锚杆极限承载力,耗资较大,而且为了获得准确的极限承载力,必须进行破坏性试验,所以检测面小。

8.4.1.1 锚杆(索)的性能试验

锚杆的性能试验(又称为破坏性试验或基本试验)是在锚固工程开工前为了检验设计锚杆性能所进行的锚杆破坏性抗拔试验,其目的是确定锚杆的极限承载力,检验锚杆在超过设计拉力并接近极限拉力条件下的工作性能和安全程度,及时发现锚杆设计施工中的缺陷,以便在正式使用锚杆前调整锚杆结构参数或改进锚杆制作工艺。进行性能试验的锚杆数量一般为两根,用作性能试验的锚杆参数、材料和施工工艺必须与工程锚杆相同,并且必须在与安设工程锚杆相同的地层中进行。张拉过程中采用逐级循环加荷,每级循环荷载的增量为$0.1A_g f_{ptk} \sim 0.15A_g f_{ptk}$($f_{ptk}$为所配锚筋的抗拉强度设计值,$A_g$为实际锚筋配置截面);在各级荷载下锚束受力与伸长值量测应同步进行；每一循环中的最大荷载稳定时间为 10min，其余均为 5min；最大荷载为锚杆的破坏荷载，单级不应超过锚筋强度标准值的 80％（即为 $0.8A_g f_{ptk}$）。

8.4.1.2　锚杆（索）的验收试验

锚杆验收试验是在锚固工程完工后为了检验所施工的锚杆是否达到设计的要求而进行的检验性抗拔试验，该试验起到鉴别工程是否符合要求的作用。通常验收试验检验的锚杆的数量应不少于锚杆总数的 5％，且一个边坡不得少于 3 根。

验收试验最大试验荷载：对于永久性锚索应为设计轴向拉力值的 1.5 倍；对于临时性锚索应为设计轴向拉力值的 1.2 倍。荷载分级施加并测读各级荷载下的伸长值。对试验结果进行计算机处理，并绘制试验荷载-位移（Q-s）曲线。

锚杆验收试验满足以下条件即为合格：

①验收试验所得的总弹性位移超过自由段长度理论弹性伸长的 80％，且小于自由段长度与 1/2 锚固段长度之和的理论弹性伸长。

②在最大试验荷载作用下，锚头位移趋于稳定。

8.4.2　锚固工程监测

锚固工程加固边坡后一般需要进行 1～2 年的加固效果监测。尤其是对于预应力锚索，施工完毕后为了了解锚杆预应力损失情况和锚杆的位移变化规律，以便确认锚杆的工作能力，需要对锚杆进行长期观测，一般连续观测时间超过 24h 就可看作是长期观测。根据监测结果及时序变化，如果发现锚杆的工作性能较差或不能完全承担锚固力，则可以采用二次张拉锚杆或增设锚杆数量等措施，以保证边坡锚杆工程的可靠性。

8.4.2.1　一般锚固工程监测方法与原理

为了方便进行锚固工程的长期监测，常在设计施工过程中将应变计、应力计等传感器埋设在锚索支护结构中，测量由开挖或时间效应引起的应变、应力及其变化，并可根据需要，计算各测点的变形值。根据监测的目的主要分为应变和应力监测；按传感元件不同，可分为电阻片（丝）式、钢（振）弦式和液（气）压式。

电阻片应变（力）计测量应变、应力时，将电阻片直接粘贴在测点上，构成全桥路或半桥路接法，采用电阻应变仪测读，其原理是基于电阻丝伸长或缩短时，电阻值按线性规律变化。

钢弦式应变（力）计根据物理声学原理，当一根张紧的钢弦在拉应力发生变化时，其自振频也随之变化，借助于测量钢弦的频率求得应变值。其关系可用下式表示：

$$f = \frac{1}{2L}\sqrt{\frac{\sigma}{\rho}} \tag{8-15}$$

式中，f 表示钢弦的自振频率（Hz）；L 表示钢弦振动部分的长度（cm）；σ 表示钢弦的内应力（MPa）；ρ 表示钢弦的密度（kg/cm³）。

液压式应力计由充满液体的传压盒、压力转换器、测读仪表以及连接管路组成。当传压盒埋没在岩体或支护结构中承受某一压力时，盒内液体将压力传递到压力转换器的薄膜上。测量时用供液管向压力转换器薄膜的另一侧逐步提高液压使之平衡。薄膜自动打开回液通路，使液体从回液管返回储液罐内，流量稳定时，从测读仪表上读出的压力值，即为传压盒此时承受的压力。

8.4.2.2 预应力锚固工程监测方法与基本要求

锚杆预应力变化监测可采用测力计,测力计按照机械、振动、电气和光弹原理制作成不同类型。锚杆长期观测中应当选择精度高、准确可靠的测力计,测力计一般安装在传力板和锚具之间并始终保持中心受荷。由于锚杆张拉锁定后头几个月预应力损失较大,一年后逐渐递减,两年后预应力损失基本终止,趋于稳定状态,故张拉锁定后的长期监控时间一般不得少于1年。但若自然环境恶劣并对边坡稳定性有较严重影响时,监控时间应适当延长,且每个工点不得少于3~5个观测点。同时在混凝土浇筑过程中应有专人对观测设施进行监护。

锚杆张拉锁定后第一个月内每日观测1次;2~3个月内每周观测1次;4~6个月内每月观测3次;7个月~1年每月观测2次;一年以后每月观测1次。在观测过程中如出现异常,应立即进行检查,处理完毕后,方能继续观测。观测成果及时整理,第一年内的观测成果将作为工程验收的资料。

8.4.3 锚固工程质量检测

8.4.3.1 质量检测内容与方法

锚固工程质量检测主要是对锚杆长度、锚固力、锚固体密实度以及腐蚀程度等方面的检测。也包括现场对锚固工程中的应变、应力和地下水的变化过程进行测试。它是锚固与注浆工程的一个重要环节,与锚杆(索)、注浆一起构成锚固工程工作的完整系统。在现代岩土工程中锚杆的检测技术大体上可以分为常规检测技术和无损检测技术两种检测手段。

常规检测技术是一种依据静力测试原理的锚固质量检测法,即工程中的拉拔实验法。主要依据试验压力计和位移计所测得的数据信息,利用相应转换公式,整理出相应的锚杆在岩土中的位移与荷载间的变化曲线,从而分析出岩土锚杆锚固性能。

由于检测工作与锚固工程长期共存,时间、温度和湿度对仪器性能的影响不可忽略,其稳定性、可靠性及精度有时难以保证。此外,这类检测仪器需要预先埋设,而且监控仪器的数量足够多,才能较全面地反映锚固工程的安全性,检测人员的劳动强度也较大;大量的工程实践发现,常规的检测技术有一定的局限性,例如不能对大面积建筑工程锚杆锚固质量进行动态检测,不能准确判断缺陷存在的具体位置。因此发展新型的无损检测方法具有现实的意义。

无损检测技术是在不影响检测对象未来使用功能或现在的运行状态前提下,采用射线、超声、红外、电磁、太赫兹无损检测等原理技术的仪器对材料、零件、设备进行缺陷、化学、物理参数的检测技术。无损探测技术主要利用相应的硬件设备和媒介以及获取结论的信号处理方法对岩土锚固进行安全评价。无损探测技术用于岩土锚固安全评价是近年来伴随数字电子技术和计算机技术的巨大发展而发展起来的,经几十年的研究和应用,发展出了多种多样的方法,可主要归纳为电磁波法、震动(地震波)-超声波探测法和模态分析法。

无损探测技术成本低、费时少,对锚固结构不产生破坏,相比常规锚杆检测的这些显著优点,已经逐渐成为锚杆检测普及应用的技术。

8.4.3.2 无损检测技术

如前所述,对锚固工程质量的检测主要针对锚杆长度、锚固力、锚固体密实度以及腐蚀程度等方面。利用无损检测技术,检测锚杆长度、密实度所用的方法类型较多,比如声波反射法和天线法等；锚固力的检测，可以采用等效质量法或拉拔实验法等；密实度的检测可采用电磁波质量检测法和放射线质量检测法等；锚杆腐蚀程度的检测，可采用电磁导波技术检测法。以下列出了几种工程中常用的无损检测技术。

1）声波反射法

目前，以超声反射法为代表的锚固工程检测研究与应用技术得到了发展。在进行超声波检测时，对杆端进行外部震击，从而引起杆端的剧烈振动，并产生沿锚杆向杆底传播的应力波。如果应力波的波形、波速、波峰值保持不变，在锚杆中均匀传播，则表明锚杆的完整性比较好。如果应力波的波形、波速、波峰值发生变化，则表明沿锚杆长度方向上存在缺陷。实际检测工程中，可以通过对反射携带的数据进行信息分析得出锚杆的综合安全性能指标。因此，超声波法检测技术的工作流程大致可以分为：收集围岩地质基本情况，标定应力波速大小，利用检测一起进行数据动态采集，拉拔抽检实验、时域波形分析、频谱分析以及时频频谱分析等，最后获取锚杆的长度和完整度。

2）电磁法

电磁法主要包括地质雷达法、天线法、通量传感器法、红外线温度场扫描探测等。这些方法均在工程中应用广泛，但各有优缺点。研究表明，地质雷达法可沿任一方向的表面进行高密度连续扫描探测，实时绘出色彩剖面图，速度快，分辨率高，成果直观，通过图像处理与分析研究可对锚固系统的几何尺寸进行定量描述，对锚固系统中的灌浆饱和度及缺陷情况进行定性或半定量描述，对周围岩土结构和完整性及含水情况进行定性描述。但该仪器的探测距离难以达到锚杆的锚固深度。天线法的主要原理是：检测时添加一根金属参考线，将设置的锚杆视为天线，根据波长和天线长度关系、波长和谐振频率关系进行分析，获得锚杆长度。这种方法适用于检测锚杆的长度，但不适用于其他内容的检测。红外线温度场扫描探测方法通过在结构物外表面连续扫描测量反映其内部结构的温度场变化而反映其内部结构，包括灌浆缺陷、岩土体地质工程、水文地质变化等。但往往由于测试区内的温度场变化比较微弱，与地质雷达相比其灵敏度和分辨率较低，且价格较高。

3）模态分析法

模态分析是分析结构的固有特性，包括固有频率、模态阻尼、模态振型、模态质量和模态刚度等，用这些模态参数去描述结构的过程。由于结构损伤会引起结构动态响应变化，进而引起试验模态参数的变化。所以基于模态参数来识别锚杆损伤的主要思想是通过模态试验测试结构系统的动力响应（加速度、速度和位移等）信号，再利用模态参数识别技术得到结构系统的模态参数，最后结合有限元数值模拟分析结果，利用结构损伤前、后模态参数的变化构造合理的损伤识别指标，进而判定结构是否存在损伤、损伤位置和评估结构损伤程度。试验模态分析可以简单分为以下五个步骤：

①预试验分析。为了保证模态测试顺利进行，得到可靠有效的数据，应对锚固工程结构的实验模态进行预实验分析，目的是对传感器的布置及激励点位置进行优化。

②建立模态模型，并对被测系统进行激励。激励的方式有单点激励、多点激励和单点分区激励。

③数据采集。数据采集是根据实测激励和响应的时间历程，通过一定方法获得测试结构的参数。

④模态参数识别。模态参数识别是对测量的数据进行模态分析，通过分析从测量数据

中提取模态参数的过程。

⑤模态分析。通过识别的模态参数,对比损伤前后模态参数的变化,构建合理的损伤识别指标来判断损伤情况。

无损检测技术作为工程质量控制的辅助手段,可以为加固支护及防护工程等的建设进行质量把控。但是现今的无损检测技术优缺点各不相同,在实际工程中应灵活应用。

9 抗滑工程

9.1 抗滑桩基本类型与适用条件

9.1.1 抗滑桩基本类型

抗滑桩是将桩体穿过滑体、在滑床的一定深度处锚固,利用桩与周围岩土体的共同作用,把滑坡推力传递到稳定地层以平衡滑坡推力,从而使滑坡保持稳定的一种柱形构件。由于抗滑桩具有较大的抗滑阻力,在实践中已证明其支挡结构性能良好,目前广泛应用于各类工程边坡(滑坡)加固(见图9-1)。

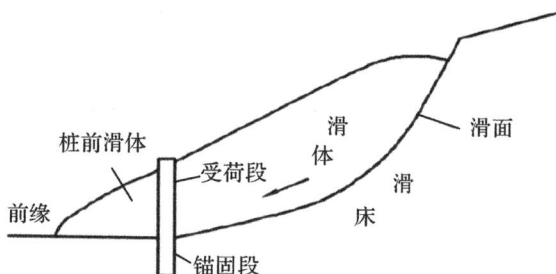

图 9-1 抗滑桩

常用抗滑桩的基本类型有:

①按桩材质分,有木桩、钢管桩、钢筋混凝土桩、组合桩等。

②按桩截面形式分,有圆形桩、管桩、方形桩、矩形桩、"工"字形桩等。

③按成桩工艺分,有打入桩、静压桩、就地灌注桩,就地灌注桩又分为沉管灌注桩和钻孔灌注桩两大类。在常用的钻孔灌注桩中,又分机械钻孔和人工挖孔桩;值得注意的是,人工挖孔的安全隐患较多,如住房建设与城乡规划等行业部门已经逐步规定由机械成孔取代人工挖孔。

④根据设桩的位置及桩前边(滑)坡体的稳定情况,可分为悬臂式和全埋式两种。具体设计时,如果滑体土强度明显高于滑带土强度,可设置桩顶标高低于坡面一定深度的抗滑短桩。抗滑短桩仍属于悬臂式抗滑桩,由于悬臂长度减短,相应弯矩值也小,其材料消耗量就比一般抗滑桩要小。

⑤按桩土相对刚度分,有刚性桩和弹性桩。

⑥按桩体结构形式分,有单桩、排桩、群桩、有锚桩等;排桩的形式常见的有椅式抗滑桩、门式抗滑桩和排架式抗滑桩等(见图9-2),有锚桩常见的有锚杆和锚索抗滑桩。

⑦按桩头约束条件分,有普通桩和锚索桩等。

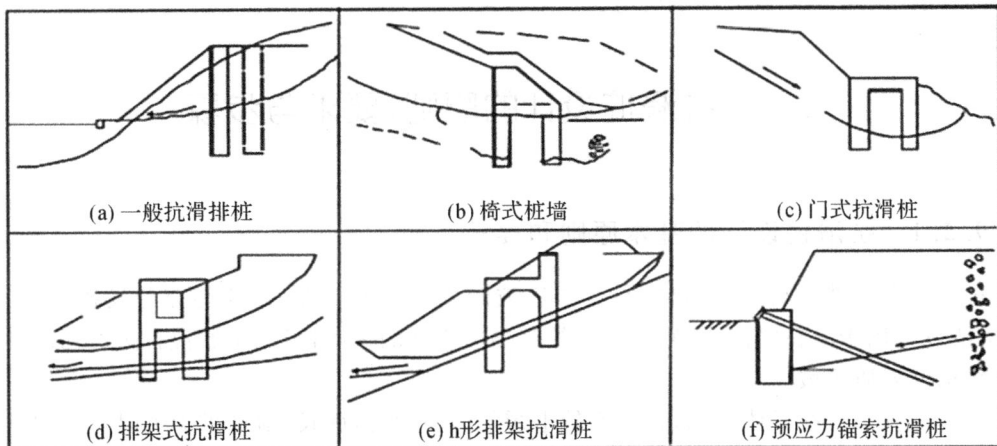

| (a)一般抗滑排桩 | (b)椅式桩墙 | (c)门式抗滑桩 |
| (d)排架式抗滑桩 | (e)h形排架抗滑桩 | (f)预应力锚索抗滑桩 |

图9-2　抗滑桩类型

9.1.2　抗滑桩的适用条件与布设原则

边坡工程一般需要从抗滑桩的适用条件、布设的基本原则出发,考虑是否选用抗滑工程方案。

9.1.2.1　抗滑桩的适用条件

由于抗滑桩是一种特殊的侧向受荷桩,在滑坡推力作用下,桩依靠埋入滑动面以下部分的锚固作用和被动抗力,以及滑动面以上桩前滑体的被动抗力来维持稳定,因此,使用抗滑桩应该满足以下最基本的使用条件:

①滑坡具有明显的或者有证据推断潜在的滑动面;

②滑坡体为非流塑性,桩能形成土拱效应;

③(潜在)滑动面以下为较完整的岩层或密实土层,能够提供足够的锚固力。

9.1.2.2　抗滑桩的布设原则

抗滑桩的空间布设影响到整个抗滑作用的效果,应该多方面进行综合考虑,在平面、剖面与立面进行优化布设,主要考虑以下方面:

①首先应该考虑防护对象的位置,确保进行抗滑支挡后,防护对象得到最大限度的保护;

②一般布设在滑体的下部,即在滑动面平缓、滑体厚度较小、锚固段地质条件较好的地方,同时也要考虑到施工的方便;

③对地质条件简单的中小型滑坡,一般在滑体前缘布设一排抗滑桩,桩排方向应与滑体垂直或接近垂直;

④对于轴向很长的多级滑动或推力很大的滑坡,可考虑将抗滑桩布置成两排或多排,进

行分级处置,分级承担滑坡推力;也可考虑在抗滑地带集中布置 2~3 排,平面上呈品字形或梅花形的抗滑桩或抗滑排架;

⑤对滑坡推力特别大的滑坡,可考虑采用抗滑排架或群桩承台;

⑥对于轴向很长的具有复合滑动面的滑体,应根据滑面情况和坡面情况分段设立抗滑桩,或采用抗滑桩与其他抗滑结构组合布置方案。

9.2 抗滑桩设计的原则、要求与步骤

9.2.1 抗滑桩设计的基本原则和要求

抗滑桩是一种被动抗滑结构,只有当边坡产生一定的变形后,才能充分发挥作用。因此,抗滑桩宜用于潜在滑面明确、对变形控制要求不高的土质边坡、土石混合边坡和碎裂状、散体结构的岩质边坡。

抗滑桩宜布置在滑体下部,且滑面较平缓的地段;当滑面长、滑坡推力大时,可与其他加固措施配合使用,或可沿滑动方向布置多排抗滑桩,多排抗滑桩宜按梅花形布置。

此外,抗滑桩设计还应满足以下要求:

①坡体的安全与稳定:设桩后应使滑坡的安全系数提高到相应规范规定的要求,保证滑体上部不越过桩顶,不从桩间挤出。

②桩身稳定:桩身要有足够的强度和稳定性。桩身配筋合理,断面具有足够的刚度,能满足桩的应力和桩身变形要求。

③桩基和桩侧稳定:桩周地基抗力和滑体的变形在容许的范围内。

④桩的间距、尺寸、埋深要适当,以保证施工安全,满足方便施工、造价合理的要求。

⑤在可能的条件下,尽量充分利用桩前地层岩土体的被动抗力,达到节约成本、加固效果最佳的目的。

⑥抗滑桩设计简洁大方,与周围环境保持和谐统一。

9.2.2 一般设计步骤

抗滑工程设计大体可按如下步骤进行:

①首先根据野外勘察定性了解滑坡的成因、性质、范围、厚度,分析滑坡的稳定状态、破坏形式及发展趋势。

②依据野外勘察结果,确定滑坡的地质模型和计算模型,选择合理的计算参数进行计算。

③根据稳定性计算结果,确定需要防治的区域。在需要防治的滑坡区域,应选择主滑断面计算设计滑坡推力值。

④根据地形、地质、施工条件及理论计算综合确定设桩的位置和范围。

⑤根据设计滑坡推力大小、地形、地层性质及理论计算,拟定桩长、锚固深度、桩截面形状尺寸及桩间距。

⑥确定桩的计算宽度,并根据滑体的地层性质,选定地基系数。

⑦根据选定的地基系数和桩的截面形式、尺寸,计算桩的变形系数及其换算深度,据此判断是按刚性桩还是按弹性桩来设计。

⑧根据桩底边界条件采用相应的方法计算桩身各截面的变位、内力及侧壁应力等,并确定最大剪力、弯矩及其部位。

⑨校核地基强度。若桩身作用于地基的弹性应力超过地层容许值或小于其允许值过多时,则应调整桩的埋深和截面尺寸或桩的间距,重新计算,直至符合要求为止。

⑩根据计算结果,绘制桩身的剪力图、弯矩图和侧壁应力图。

⑪对钢筋混凝土桩,应进行配筋设计。

⑫绘制施工图,编写施工技术要求。

以上抗滑工程的设计一般流程步骤如图 9-3 所示。

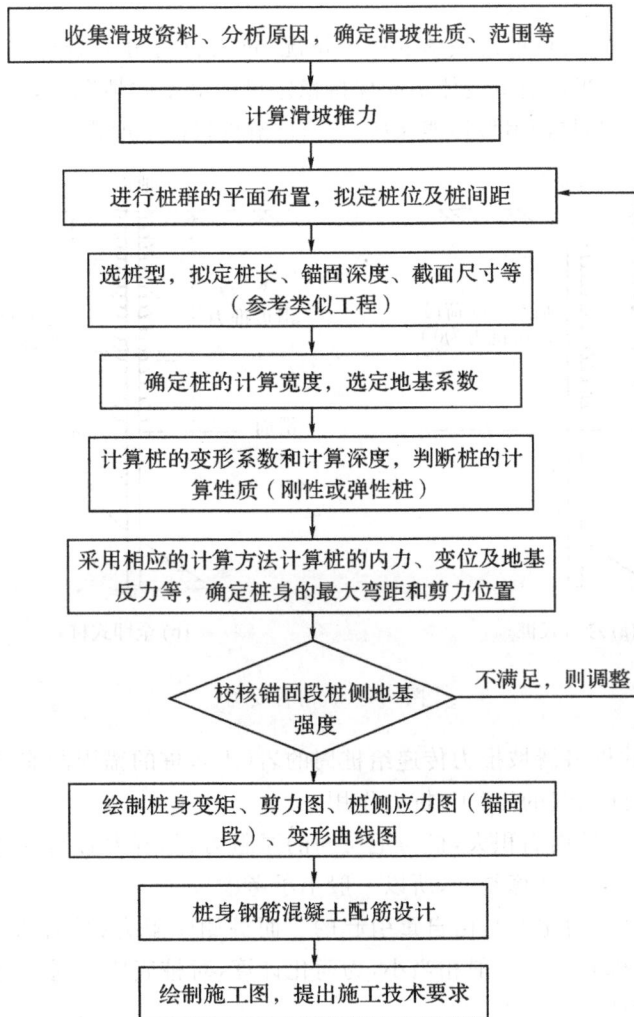

图 9-3 抗滑工程设计一般流程

9.3 抗滑桩设计的基本假定

9.3.1 作用于抗滑桩上的力系

作用于抗滑桩上的外力包括边坡侧压力或滑坡推力、受荷段的地层(滑体)抗力、锚固段地层抗力、桩侧摩阻力和黏着力以及桩底应力等,这些力均为分布力。

①边坡侧压力或滑坡推力作用于(潜在)滑面以上部分的桩背上,可假定与滑面平行。由于还没有完全弄清桩间土拱效应对滑坡推力的影响,通常是假定每根桩所承受的滑坡推力等于桩间距范围之内的滑坡推力。

②根据设桩的位置及桩前滑坡体的稳定情况,抗滑桩可分为悬臂式和全埋式两种。受力情况如图 9-4 所示。当桩前滑坡体不能保持稳定可能滑走的情况下,抗滑桩应按悬臂式桩考虑[见图 9-4(a)];而当桩前滑坡体能保持稳定,抗滑桩将按全埋式桩考虑[见图 9-4(b)]。

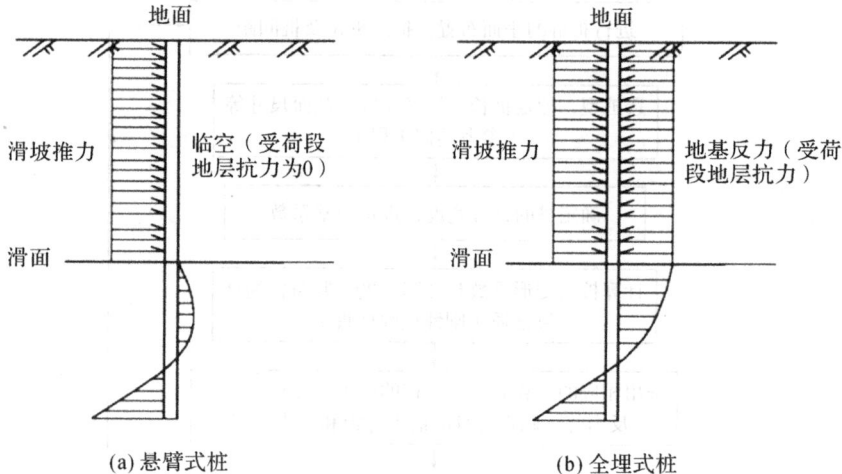

图 9-4 抗滑桩受力

③埋于滑床中的桩将滑坡推力传递给桩周的岩(土),桩的锚固段前、后岩(土)受力后发生变形,从而产生由此引起的岩(土)抗力作用。

④抗滑桩截面大,桩周面积大,桩与地层间的摩阻力、黏着力必然也大,由此产生的平衡弯矩对桩显然有利。但其计算复杂,所以一般不予考虑。

⑤抗滑桩的基底应力主要是由自重引起的。而桩侧摩阻力、黏着力又抵消了大部分自重。实测资料表明,桩底应力一般相当小,为简化计算,对桩底应力通常也忽略不计,计算略偏安全,而对整个设计影响不大。

9.3.2 抗滑桩的计算宽度

抗滑桩桩前岩土体抗剪强度的作用,使抗滑桩所承受的桩前岩土体反力大于实际桩的宽度或直径范围内的岩土体抗力,因此,在考虑桩前岩土体抗力作用时采用桩的计算宽度代替实际桩的宽度或直径。桩的计算宽度又与桩的截面形状有关,具体确定方法如下。

1)矩形截面桩

当实际宽度 $b>1$m 时,桩的计算宽度取

$$b_p = b + 1 \tag{9-1}$$

当 $b \leqslant 1$m 时,桩的计算宽度取

$$b_p = 1.5b + 0.5 \tag{9-2}$$

2)圆形截面桩

当桩径 $d>1$m 时,桩的计算宽度取

$$b_p = 0.9(d + 1) \tag{9-3}$$

当 $d \leqslant 1$m 时,桩的计算宽度取

$$b_p = 0.9(1.5d + 0.5) \tag{9-4}$$

式中,b_p 表示桩的计算宽度(m);b 表示矩形桩的宽度(m);d 表示圆形桩的直径(m)。

9.3.3 岩土层的水平弹性系数

研究水平受荷桩的弹性地基计算理论的目的是将承受水平荷载的单桩视作弹性地基(由水平向弹簧组成)中的竖直梁,通过解梁的挠曲微分方程来计算桩身的弯矩、剪力及桩的水平承载力。模拟弹性地基中承受水平荷载的单桩建立梁的挠曲微分方程时必须考虑桩和岩(土)间的相互作用,即桩身发生挠曲时,通常在不考虑桩和岩(土)之间的摩阻力及邻桩对水平抗力的影响时,假定水平弹性抗力 $\sigma(z,x)$ 与桩的侧向位移 x 成正比,即:

$$\sigma(z,x) = C_H(z)x \tag{9-5}$$

式中,$C_H(z)$ 表示地基水平弹性系数(kN/m^3)。

大量试验表明,地基水平弹性系数 $C_H(z)$ 不仅与岩土的类别和性质有关,而且也随着深度而变化。根据 $C_H(z)$ 随深度变化的特点,可将 $C_H(z)$ 的确定方法分为常数法(张氏法)、k法、m法和C法,如图9-5所示。

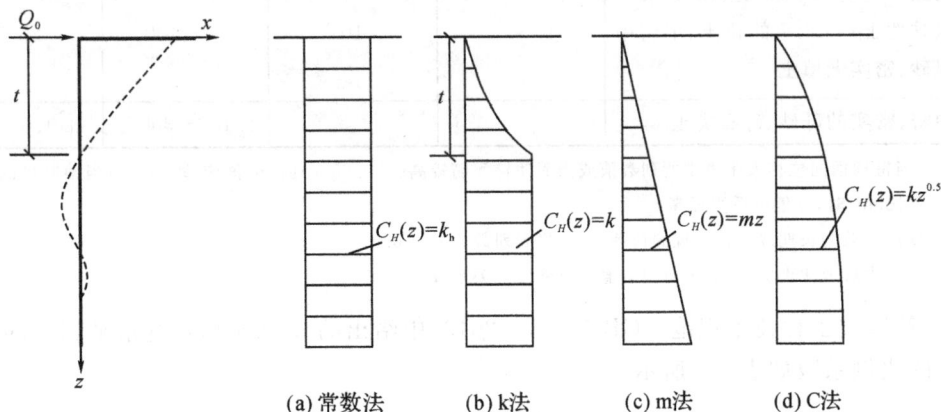

图 9-5 地基水平弹性系数的分布形式

其中:

①常数法(张氏法)假定地基水平弹性系数沿深度均匀分布,$C_H(z) = kh$;

②k法假定地基水平弹性系数在第一弹性零点以上按抛物线变化,以下保持为常数;

③m 法假定地基水平弹性系数随深度呈线性增加,即 $C_H(z) = mz$;

④C 法假定地基水平弹性系数随深度呈抛物线增加,即 $C_H(z) = kz^{0.5}$。

工程实测资料研究表明,对于土体和风化破碎的岩石地基而言,桩前的岩土体水平弹性抗力 $\sigma(z,x)$ 分布接近 m 法计算结果,而对于较完整的岩石采用常数法计算结果与实际情况较为符合。我国现行不同行业技术标准给出以上相关参数,可供设计中进行参考。如参照《建筑边坡工程技术规范》(GB 50330—2013)、《铁路桥涵地基和基础设计规范》(TB 10093—2017),推荐的 m 法地基水平、竖直方向弹性系数的比例系数和常数法的地基水平、竖直方向弹性系数。

《建筑桩基技术规范》(JGJ 94—2018)中给出的 m 法地基水平弹性系数的比例系数,如表 9-1 所示。

表 9-1　m 法地基水平弹性系数的比例系数 m 值

序号	地基土类别	预制桩、钢桩		灌注桩	
		$m/(\mathrm{MN \cdot m^{-4}})$	相应单桩在地面处的水平位移/mm	$m/(\mathrm{MN \cdot m^{-4}})$	相应单桩在地面处的水平位移/mm
1	淤泥、淤泥质土、饱和湿陷性黄土	2~4.5	10	2.5~6	6~12
2	流塑($I_L>1$)、软塑($0.75<I_L<1$)状黏性土;$e>0.9$ 的粉土;松散粉细砂;松散填土	4.5~6.0	10	6~14	4~8
3	可塑($0.25<I_L<0.75$)状黏性土;$e=0.7\sim0.9$ 的粉土、稍密或中密填土、稍密细砂	6.0~10	10	14~35	3~6
4	硬塑($0<I_L<0.25$)、坚硬($I_L\leqslant0$)状黏性土;$e<0.7$ 的粉土、中密中粗砂、密实老填土	10~22	10	35~100	2~5
5	中密、密实的砾砂、碎石类土			100~300	1.5~3

注:1. 当桩顶横向位移大于表中所列数值或当灌注桩配筋较高(>0.65%)时,m 值应适当降低;当预制桩的横向位移小于 10mm 时,m 值可适当提高。

　　2. 当横向荷载为长期或经常出现的荷载时,应将表列数值乘以 0.4。

　　3. 当地基为可液化土层时,表中所列数值尚应乘以有关系数。

《建筑边坡工程技术规范》(GB 50330—2013)中给出的 m 法土质地基水平、竖直方向弹性系数的比例系数如表 9-2 所示。

表 9-2　m 法土质地基水平、竖直方向弹性系数的比例系数 m、m_0

序号	土的名称	竖直方向 $m_0/(\mathrm{kPa \cdot m^{-2}})$	水平方向 $m/(\mathrm{kPa \cdot m^{-2}})$
1	$0.75<I_L<1.0$ 的软塑黏土及粉质黏土、淤泥	1000~2000	500~1400

序号	土的名称	竖直方向 m_0/(kPa·m^{-2})	水平方向 m/(kPa·m^{-2})
2	$0.5<I_L<0.75$ 的软塑粉质黏土及黏土	2000~4000	1000~2800
3	硬塑粉质黏土及黏土、细砂和中砂	4000~6000	2000~4200
4	坚硬的粉质黏土及黏土、粗砂	6000~10000	3000~7000
5	砾砂、碎石土、卵石土	10000~20000	5000~14000
6	密实的大漂石	80000~120000	40000~84000

注：I_L 为土的液性指数，对于土质地基系数的比例系数 m_0 和 m 值，相应的桩顶位移为 6~10 mm。

《铁路桥涵地基和基础设计规范》(TB 10093—2017)中给出的 m 法土质地基水平、竖直方向弹性系数的比例系数如表 9-3 所示。

表 9-3　m 法土质地基水平、竖直方向弹性系数的比例系数 m、m_0

序号	土的名称	水平方向 m、竖直方向 m_0/(kPa·m^{-2})
1	流塑黏性土、淤泥	3000~5000
2	软塑黏性土、粉砂、粉土	5000~10000
3	硬塑黏性土、细砂、中砂	10000~20000
4	坚硬黏性土、粗砂	20000~30000
5	角砾土、圆砾土、碎石土、卵石土	30000~90000
6	块石土、漂石土	90000~120000

注：1. 本表可用于结构在地面处水平位移最大值不超过 6mm 的情况，当位移较大时适当降低。

2. 当基础侧面设有斜坡或台阶，且其坡度或台阶总宽度与地面以下或局部冲刷线以下深度之比大于 1:20 时，m 值应减小一半。

《建筑边坡工程技术规范》(GB 50330—2013)中给出的常数法较完整岩层的地基水平、竖直方向弹性系数如表 9-4 所示。

表 9-4　常数法较完整岩层的地基水平、竖直方向弹性系数

序号	岩体单轴极限抗压强度/kPa	地基系数/(kN·m^{-3})	
		水平方向 C_H	竖直方向 C_V
1	10000	60000~160000	100000~200000
2	15000	150000~200000	250000
3	20000	180000~240000	300000
4	30000	240000~320000	400000
5	40000	360000~480000	600000
6	50000	480000~640000	800000
7	60000	720000~960000	1200000
8	80000	900000~2000000	1500000~2500000

注：$C_H=(0.6~0.8)C_V$。

《铁路桥涵地基和基础设计规范》(TB 10093—2017)中给出的常数法岩石地基竖向弹性系数如表 9-5 所示。

表 9-5　常数法岩石地基的竖向弹性系数

序号	R/kPa	$C_V/(\text{kPa} \cdot \text{m}^{-1})$
1	1000	300000
2	$\geqslant 2500$	15000000

注:1. 中间值采用内插法。

2. 表中 R 为岩石的单轴抗压强度极限值。

9.4　抗滑桩的设计要素

抗滑桩的设计要素包括平面布置、间距、横截面、锚固深度、桩底约束和支承条件等几个方面。

9.4.1　抗滑桩的平面布置和间距

抗滑桩的平面布置和间距,一般应根据滑坡推力大小、地层性质、滑面形态和坡度、滑体厚度和施工条件等因素综合而定。多数滑坡体上部滑面陡,张拉裂缝多,不易设桩,且在此部位设桩并不能对潜在滑体的中下部发挥作用,故效果较差;中部滑面深,下滑力大,设桩的工程量大,施工较为困难;潜在滑体的下部,滑面较缓,下滑力较小或系抗滑地段,布设桩容易,且基本上能对整个潜在滑体起到抗滑作用,在工程实践中,多将抗滑桩布设在该部位。

在平面上,桩通常为一排布置,桩中心连线应与边坡(滑体)滑动方向垂直或接近垂直。对于沿滑动方向很长的多级滑体或下滑力很大的滑体,设两排或多排抗滑桩分级处置较为合理,也可采用抗滑桩和其他措施联合处理。

合理的桩间距应使桩间滑体具有足够的稳定性,在下滑力作用下,不致从桩间挤出。实际工作中,一般是以"桩间土体与侧壁产生的摩阻力不小于桩间的滑坡推力"为控制进行估算。有条件时,可通过模拟试验,考虑土拱效应,并结合实践经验确定桩间距。桩间设挡土板/墙时不考虑此点。合理的桩间距还应使得桩自身受力(M、Q)容易满足强度配筋要求并且使得桩锚固段侧应力小于容许值。

根据以上原则,结合工程经验,桩的中心距可初步选定为 $6\sim 10\text{m}$,且宜大于桩的横截面短边或直径的 2.5 倍。一般情况下,当滑体完整、密实或滑坡推力较小时,桩间距可取得大些;反之,应取得小些。滑坡主轴附近桩间距应取得小些,两侧桩间距应取得大些。抗滑桩平面布置示例如图 9-6 所示。

9.4.2　横截面与锚固深度

9.4.2.1　抗滑桩的横截面设计

抗滑桩横截面形状对桩的抗滑作用有较大影响。当滑体滑动方向明确时,可采用矩形截面,其长边宜与滑动方向一致;当滑体滑动方向难以准确确定时,宜采用圆形截面。抗滑

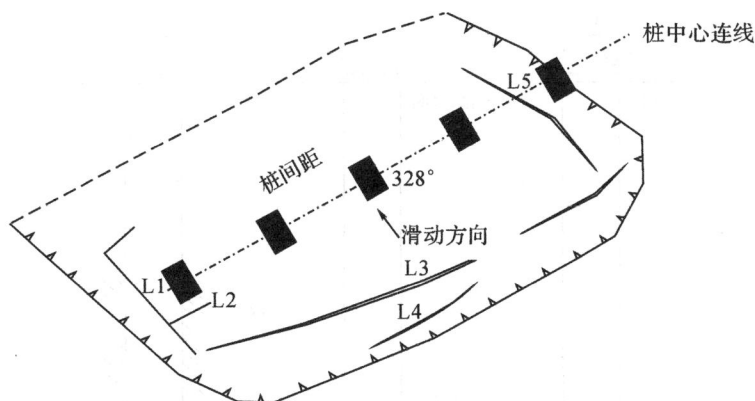

图 9-6　抗滑桩平面布置示例

桩的截面尺寸应根据单桩承受的滑坡推力大小、锚固段地层横向容许承载力和桩间距等因素确定,且桩最小边宽度不宜小于 1.25m。初步选定横截面尺寸时,矩形截面的短边边长可为 1.5～3m,长边边长不宜小于短边的 1.5 倍;圆形截面的直径可为 1.5～5m。初步选定后,进行单桩承载受力验算,如果不满足要求,则调整横截面尺寸后再重新验算,直到满足单桩承载受力为止。

9.4.2.2　抗滑桩的锚固深度

锚固深度(锚固段长度)是抗滑桩发挥抵抗滑体推力的前提和条件,锚固深度不足,抗滑桩不足以抵抗滑体推力,容易引起桩的失效。但锚固过深则又造成工程浪费,并增加了施工难度。

首先根据工程经验确定初步锚固深度,对于土层或软质岩层,锚固深度取 1/3～1/2 桩长比较合适;对于完整、较坚硬的岩层可取 1/4 桩长。初步选定后,由计算校核:锚固深度原则上由桩的锚固段传递到滑面以下地层的侧向压应力不得大于该地层的容许侧向抗压强度。如不满足,可采用调整桩的锚固深度,缩小桩的间距(减少每根桩所承受的滑坡推力)和增加桩的相对刚度(截面、桩身砼强度)等措施,直到满足受力条件,最终确定锚固深度。

9.4.3　桩底约束与支承条件

抗滑桩的顶端一般为自由支承。而底端根据锚固程度不同,可分为自由支承、铰支承、固定支承三种,抗滑桩内力计算中,需要考虑合适的桩底约束条件,根据实际地质条件与成桩情况可分别采用自由端、铰支端和固定端约束条件。如图 9-7 所示,具体属于哪种约束,可参照如下方法进行判断,并确定相应的支承条件。

9.4.3.1　自由端约束

当抗滑桩桩底置于土体中或者锚固段地层为土层或软弱破碎岩体时,一般应将桩底视为自由端。此时,支承条件为:

$$M_B=0,\varphi_B\neq0;Q_B=0,x_B\neq0 \tag{9-6}$$

9.4.3.2　铰支端约束

当桩底岩层完整,并较桩身段地层坚硬,单桩嵌入较浅;或者桩底附近水平方向弹性系数 C_H 较大,而水平方向弹性系数 C_V 值相对较小时,桩底约束可视为铰支端。此时,支承条

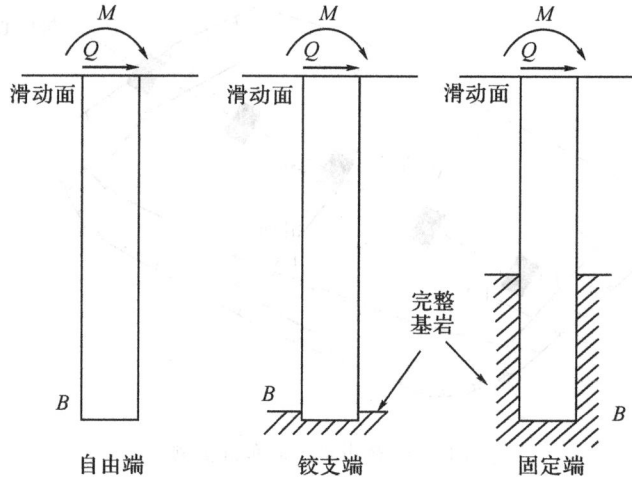

图 9-7　桩底支承条件

件为：桩底水平位移为零，剪力不为零；转角不为零，弯矩为零。即：

$$M_B=0, \varphi_B \neq 0; Q_B \neq 0, x_B=0 \tag{9-7}$$

9.4.3.3　固定端约束

当桩底岩层完整且极坚硬，桩嵌入该层较深；或者抗滑桩桩底上、下岩土层的弹性系数比大于 10 且下层岩层坚硬、完整，桩底嵌入该层一定深度时，可视桩底为固定端。此时，支承条件为：

$$M_B \neq 0, \varphi_B=0; Q_B \neq 0, x_B=0 \tag{9-8}$$

以上式（9-6）～（9-8）中，M_B 为弯矩；φ_B 为转角；Q_B 为剪力；x_B 为位移。

需要说明的是，当桩底的桩前部水平方向弹性系数 C_H 值大于桩后部的 C_H 值时，若采用桩前部 C_H 值计算，与固定端受力和变形相似；若采用自由端计算，则偏于安全。

因为按固定端支撑设计抗滑桩是不经济的，应尽量避免使用，所以，工程上在抗滑桩设计中通常采用前两种。

9.4.4　弹性桩与刚性桩

桩受横向推力作用后会产生变形，根据桩土相对刚度及桩身变形抗滑桩分为两类：如果桩仅位置发生了偏离，但桩轴线仍保持原有线型（尤如刚体一样旋转），变形是由于桩周土的变形所致则为刚性桩。桩的位置和桩轴线同时发生改变，即桩轴线和桩周土同时发生变形则为弹性桩，如图 9-8 所示。

桩的计算深度等于桩的锚固段长度乘以桩的变形系数，计算桩的变形系数有 α（m 法）和 β（k 法）两种。

按 m 法，变形系数为：

$$\alpha=\left(\frac{mB_p}{EI}\right)^{1/5} \tag{9-9}$$

按 k 法，变形系数为：

$$\beta=\left(\frac{KB_p}{4EI}\right)^{1/4} \tag{9-10}$$

式中,m 表示 m 法的地基系数的比例系数(kN/m^4);B_p 表示桩的正面计算宽度(m);E 表示桩的弹性模量(kPa);I 表示桩的截面惯性矩(m^4);K 表示 k 法的侧向地基系数(kN/m^3)。

根据临界值及计算深度确定抗滑桩桩型规定如下:

①按 k 法计算:$\beta h_2 < 1.0$ 时,抗滑桩属刚性桩;$\beta h_2 \geqslant 1.0$ 时,抗滑桩属弹性桩。

②按 m 法计算:$\alpha h_2 < 2.5$ 时,抗滑桩属刚性桩;$\alpha h_2 > 2.5$ 时,抗滑桩属弹性桩。

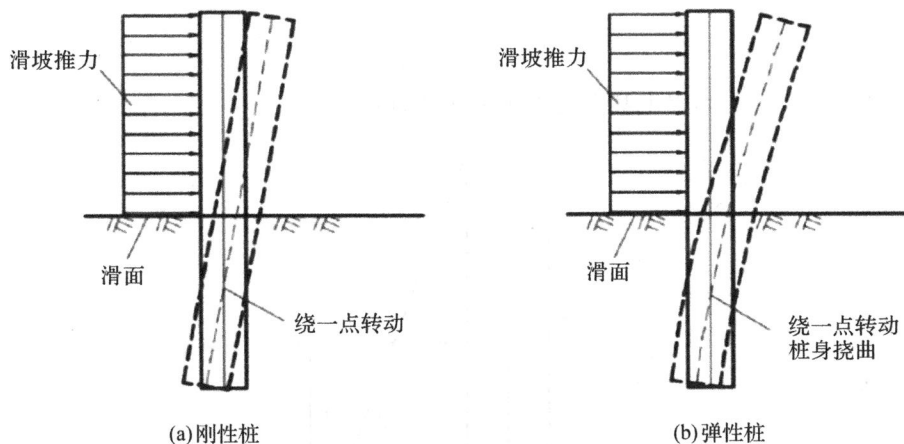

图 9-8　刚性桩与弹性桩

9.5　抗滑桩内力计算

抗滑桩设计一般按 9.3 节阐述的基本假定,在此基础上进行抗滑桩内力计算。如前所述,抗滑工程以边坡位移为前提发挥其支挡作用力,故以滑(边)坡(潜在)滑面为界,桩身内力的计算方法不同。

9.5.1　滑动面以上桩身内力与位移计算

9.5.1.1　内力计算

滑动面以上桩身所承受的荷载包括滑坡推力和桩前反力之差 E_x,可假定滑动面处桩截面的位移为零,即锚固端。则可将滑动面以上桩身视为一端固定的悬臂梁计算桩身内力,桩身悬臂梁的土压力分布如图 9-9 所示。

锚固端的桩身截面的弯矩 M_0 为:

$$M_0 = E_x z_x \tag{9-11}$$

式中,z_x 为桩身外力的合力作用点至锚固点的距离(m)。

锚固段桩身截面的剪力 Q_0 为:

$$Q_0 = E_x \tag{9-12}$$

假定相应的荷载分布为梯形分布,即:

$$e_1 = \frac{6M_0 - 2E_x h_1}{h_1^2} \tag{9-13}$$

$$e_2 = \frac{6E_x h_1 - 12M_0}{h_1^2} \tag{9-14}$$

式中，h_1 为锚固点（滑动面）以上的桩长（m）。

则锚固点以上桩身的弯矩、剪力方程如下：

$$M_z = \frac{e_1 z^2}{2} + \frac{e_2 z^3}{6h_1} \tag{9-15}$$

$$Q_z = e_1 z + \frac{e_2 z^2}{2h_1} \tag{9-16}$$

式中，z 为锚固点（滑动面）以上某点与桩顶的距离（m）。

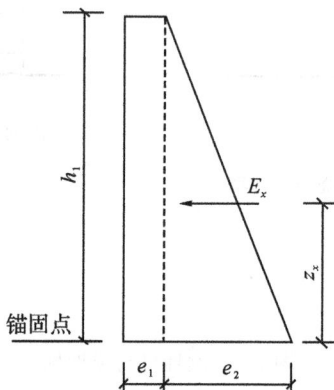

图 9-9 桩身的土压力分布

9.5.1.2 变形计算

悬臂桩身的水平位移方程为：

$$x_z = x_0 - \varphi_0(h_1 - z) + \frac{e_1}{EI}\left(\frac{h_1^4}{8} - \frac{h_1^3 z}{6} + \frac{z^4}{24}\right) + \frac{e_2}{EIh_1}\left(\frac{h_1^5}{30} - \frac{h_1^4 z}{24} + \frac{z^5}{120}\right) \tag{9-17}$$

式中，x_0 为锚固点的初始水平位移（m）；φ_0 为锚固点的初始转角（°）。

悬臂桩身的转角方程为：

$$\varphi_z = \varphi_0 - \frac{e_1}{6EI}(h_1^3 - z^3) - \frac{e_2}{24EIh_1}(h_1^4 - z^4) \tag{9-18}$$

9.5.2 滑动面以下桩身内力与位移计算

9.5.2.1 弹性桩的挠曲微分方程与 m 法求解

弹性地基梁的挠曲微分方程为：

$$EI\frac{\mathrm{d}^4 x}{\mathrm{d}z^4} + \sigma(z,x)b_p = 0 \tag{9-19}$$

式中，$\sigma(z,x)$ 为地基反力（kPa）。

对于弹性桩，其内力与位移如图 9-10 所示，对于竖直的弹性桩，将式（9-5）代入式（9-19），并采用 m 法表达水平弹性系数，即：

$$C_H(z) = m_H z \tag{9-20}$$

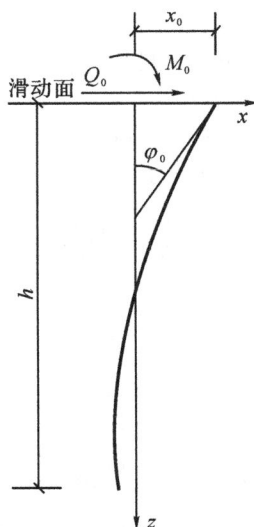

图 9-10　弹性桩的内力与位移

则弹性桩的挠曲微分方程可表达为：

$$EI\frac{\mathrm{d}^4 x}{\mathrm{d}z^4}+m_{\mathrm{H}}zxb_{\mathrm{p}}=0 \tag{9-21}$$

式中，E 为桩的钢筋混凝土的弹性模量（kPa）；I 为桩的截面惯性矩（m^4）；m_{H} 为水平方向弹性系数随深度变化的比例系数（kN/m^4）。

令 $\alpha=\sqrt[5]{m_{\mathrm{H}}b_{\mathrm{p}}/(EI)}$，则式（9-19）变为：

$$\frac{\mathrm{d}^4 x}{\mathrm{d}z^4}+\alpha^5 zx=0 \tag{9-22}$$

式中，α 为桩的水平变形系数（m^{-1}）。

式（9-22）为四阶线性变系数齐次常微分方程，可以用幂级数法、差分法、反力积分法、量纲分析法等求解。以下给出了幂级数法解答（具体求解可参考有关专著）。解答中规定：横向位移 x 轴正方向为正值；转角逆时针方向为正值；弯矩当左侧纤维受拉时为正值；横向力 x 轴正方向为正值。

$$\begin{cases}x(z)=x_0 A_1+\dfrac{\varphi_0}{\alpha}B_1+\dfrac{M_0}{\alpha^2 EI}C_1+\dfrac{Q_0}{\alpha^3 EI}D_1\\[2mm]\varphi(z)=\alpha\left(x_0 A_2+\dfrac{\varphi_0}{\alpha}B_2+\dfrac{M_0}{\alpha^2 EI}C_2+\dfrac{Q_0}{\alpha^3 EI}D_2\right)\\[2mm]M(z)=\alpha^2 EI\left(x_0 A_3+\dfrac{\varphi_0}{\alpha}B_3+\dfrac{M_0}{\alpha^2 EI}C_3+\dfrac{Q_0}{\alpha^3 EI}D_3\right)\\[2mm]Q(z)=\alpha^3 EI\left(x_0 A_4+\dfrac{\varphi_0}{\alpha}B_4+\dfrac{M_0}{\alpha^2 EI}C_4+\dfrac{Q_0}{\alpha^3 EI}D_4\right)\\[2mm]\sigma(z,x)=m_{\mathrm{H}}x(z)=m_{\mathrm{H}}\left(x_0 A_1+\dfrac{\varphi_0}{\alpha}B_1+\dfrac{M_0}{\alpha^2 EI}C_1+\dfrac{Q_0}{\alpha^3 EI}D_1\right)\end{cases}\tag{9-23}$$

式中，x_0 为滑动面处桩截面的初始水平位移（m）；φ_0 为滑动面处桩截面的初始转角（°）；M_0 为滑动面处桩截面的初始弯矩（kN·m）；Q_0 为滑动面处桩截面的初始剪力（kN）；A_i、B_i、

C_i、D_i($i=1,2,3,4$)为关于 αz 的函数。

$$
\begin{cases}
A_1 = 1 + \sum_{\infty}^{k=1} (-1)^k \frac{(5k-4)!!}{(5k)!} (\alpha z)^{5k} \quad (k=1,2,3,\cdots) \\[2mm]
B_1 = \alpha z + \sum_{\infty}^{k=1} (-1)^k \frac{(5k-3)!!}{(5k+1)!} (\alpha z)^{5k+1} \quad (k=1,2,3,\cdots) \\[2mm]
C_1 = \frac{(\alpha z)^2}{2!} + \sum_{\infty}^{k=1} (-1)^k \frac{(5k-2)!!}{(5k+2)!} (\alpha z)^{5k+2} \quad (k=1,2,3,\cdots) \\[2mm]
D_1 = \frac{(\alpha z)^3}{3!} + \sum_{\infty}^{k=1} (-1)^k \frac{(5k-1)!!}{(5k+3)!} (\alpha z)^{5k+3} \quad (k=1,2,3,\cdots)
\end{cases}
\tag{9-24}
$$

$$
\begin{cases}
A_2 = -\frac{1}{4!}(\alpha z)^4 + \frac{6}{9!}(\alpha z)^9 - \frac{6\times11}{14!}(\alpha z)^{14} + \frac{6\times11\times16}{19!}(\alpha z)^{19} + \cdots \\[2mm]
A_3 = -\frac{1}{3!}(\alpha z)^3 + \frac{6}{8!}(\alpha z)^8 - \frac{6\times11}{13!}(\alpha z)^{13} + \frac{6\times11\times16}{18!}(\alpha z)^{18} + \cdots \\[2mm]
A_4 = -\frac{1}{2!}(\alpha z)^2 + \frac{6}{7!}(\alpha z)^7 - \frac{6\times11}{12!}(\alpha z)^{12} + \frac{6\times11\times16}{17!}(\alpha z)^{17} + \cdots
\end{cases}
\tag{9-25}
$$

$$
\begin{cases}
B_2 = 1 - \frac{2}{5!}(\alpha z)^5 + \frac{2\times7}{10!}(\alpha z)^{10} - \frac{2\times7\times12}{15!}(\alpha z)^{15} + \cdots \\[2mm]
B_3 = -\frac{2}{4!}(\alpha z)^4 + \frac{2\times7}{9!}(\alpha z)^9 - \frac{2\times7\times12}{14!}(\alpha z)^{14} + \cdots \\[2mm]
B_4 = -\frac{2}{3!}(\alpha z)^3 + \frac{2\times7}{8!}(\alpha z)^8 - \frac{2\times7\times12}{13!}(\alpha z)^{13} + \cdots
\end{cases}
\tag{9-26}
$$

$$
\begin{cases}
C_2 = \alpha z - \frac{3}{6!}(\alpha z)^6 + \frac{3\times8}{11!}(\alpha z)^{11} - \frac{2\times7\times13}{16!}(\alpha z)^{16} + \cdots \\[2mm]
C_3 = 1 - \frac{3}{5!}(\alpha z)^5 + \frac{3\times8}{10!}(\alpha z)^{10} - \frac{2\times7\times13}{15!}(\alpha z)^{15} + \cdots \\[2mm]
C_4 = -\frac{3}{4!}(\alpha z)^4 + \frac{3\times8}{9!}(\alpha z)^9 - \frac{2\times7\times13}{14!}(\alpha z)^{14} + \cdots
\end{cases}
\tag{9-27}
$$

$$
\begin{cases}
D_2 = \frac{(\alpha z)^2}{2!} - \frac{4}{7!}(\alpha z)^7 + \frac{4\times9}{12!}(\alpha z)^{12} - \frac{4\times9\times14}{17!}(\alpha z)^{17} + \cdots \\[2mm]
D_3 = (\alpha z) - \frac{4}{6!}(\alpha z)^6 + \frac{4\times9}{11!}(\alpha z)^{11} - \frac{4\times9\times14}{16!}(\alpha z)^{16} + \cdots \\[2mm]
D_4 = 1 - \frac{4}{5!}(\alpha z)^5 + \frac{4\times9}{10!}(\alpha z)^{10} - \frac{4\times9\times14}{15!}(\alpha z)^{15} + \cdots
\end{cases}
\tag{9-28}
$$

9.5.2.2 常数法求解

在式(9-19)中用常数法 $C_H(z)=k$ 表达桩前岩土体的弹性抗力,则式(9-19)变为:

$$
\frac{\mathrm{d}^4 x}{\mathrm{d} z^4} + 4\alpha^4 x = 0
\tag{9-29}
$$

式中,$\alpha = \sqrt[4]{C_H b_p/(4EI)}$。

解方程式(9-29)得到桩身内力 $M(z)$ 与 $Q(z)$、位移 $x(z)$ 与 $\varphi(z)$ 和桩前岩土体弹性抗力 $\sigma(z)$ 的解为:

$$\begin{cases} x(z) = x_0\rho_1 + \dfrac{\varphi_0}{\alpha}\rho_2 + \dfrac{M_0}{\alpha^2 EI}\rho_3 + \dfrac{Q_0}{\alpha^3 EI}\rho_4 \\[3mm] \varphi(z) = \alpha\left(-4x_0\rho_4 + \dfrac{\varphi_0}{\alpha}\rho_1 + \dfrac{M_0}{\alpha^2 EI}\rho_2 + \dfrac{Q_0}{\alpha^3 EI}\rho_3\right) \\[3mm] M(z) = \alpha^2 EI\left(-4x_0\rho_3 - 4\dfrac{\varphi_0}{\alpha}\rho_4 + \dfrac{M_0}{\alpha^2 EI}\rho_1 + \dfrac{Q_0}{\alpha^3 EI}\rho_2\right) \\[3mm] Q(z) = \alpha^3 EI\left(-4x_0\rho_2 - 4\dfrac{\varphi_0}{\alpha}\rho_3 - 4\dfrac{M_0}{\alpha^2 EI}\rho_4 + \dfrac{Q_0}{\alpha^3 EI}\rho_1\right) \\[3mm] \sigma(z,x) = m_H x(z) = m_H\left(x_0\rho_1 + \dfrac{\varphi_0}{\alpha}\rho_2 + \dfrac{M_0}{\alpha^2 EI}\rho_3 + \dfrac{Q_0}{\alpha^3 EI}\rho_4\right) \end{cases} \tag{9-30}$$

式中，ρ_1、ρ_2、ρ_3、ρ_4 为关于 αz 的函数，如下

$$\begin{cases} \rho_1 = \cos(\alpha z)\operatorname{ch}(\alpha z) \\[2mm] \rho_2 = [\sin(\alpha z)\operatorname{ch}(\alpha z) + \cos(\alpha z)\operatorname{sh}(\alpha z)]/2 \\[2mm] \rho_3 = \sin(\alpha z)\operatorname{sh}(\alpha z)/2 \\[2mm] \rho_4 = [\sin(\alpha z)\operatorname{ch}(\alpha z) - \cos(\alpha z)\operatorname{sh}(\alpha z)]/4 \end{cases} \tag{9-31}$$

9.5.2.3　初始水平位移 x_0、初始转角 φ_0 的求解

x_0、φ_0、M_0、Q_0 为式(9-20)和式(9-30)的初参数。M_0、Q_0 可由式(9-11)、(9-12)直接求得，x_0、φ_0 的确定需要根据桩底的约束条件。

①当桩底为固定端时，$x_h = 0$，$\varphi_h = 0$，$M_h \neq 0$，$Q_h \neq 0$。将 x_h、φ_h 代入式(9-23)的第 1、2 两式，联立求解得到 m 法的初参数 x_0、φ_0：

$$\begin{cases} x_0 = \dfrac{M_0}{\alpha^2 EI}\dfrac{B_1 C_2 - C_1 B_2}{A_1 B_2 - B_1 A_2} + \dfrac{Q_0}{\alpha^3 EI}\dfrac{B_1 D_2 - D_1 B_2}{A_1 B_2 - B_1 A_2} \\[3mm] \varphi_0 = \dfrac{M_0}{\alpha EI}\dfrac{C_1 A_2 - A_1 C_2}{A_1 B_2 - B_1 A_2} + \dfrac{Q_0}{\alpha^2 EI}\dfrac{D_1 A_2 - A_1 D_2}{A_1 B_2 - B_1 A_2} \end{cases} \tag{9-32}$$

类似地，可得到当桩底为固定端时常数法的初参数 x_0、φ_0：

$$\begin{cases} x_0 = \dfrac{M_0}{\alpha^2 EI}\dfrac{\rho_2^2 - \rho_1\rho_3}{4\rho_4\rho_2 + \rho_1^2} + \dfrac{Q_0}{\alpha^3 EI}\dfrac{\rho_2\rho_3 - \rho_1\rho_4}{4\rho_4\rho_2 + \rho_1^2} \\[3mm] \varphi_0 = -\dfrac{M_0}{\alpha EI}\dfrac{\rho_1\rho_2 + 4\rho_3\rho_4}{4\rho_4\rho_2 + \rho_1^2} - \dfrac{Q_0}{\alpha^2 EI}\dfrac{\rho_1\rho_3 + 4\rho_4^2}{4\rho_4\rho_2 + \rho_1^2} \end{cases} \tag{9-33}$$

②当桩底为铰支端时，$x_h = 0$，$\varphi_h \neq 0$，$M_h = 0$，$Q_h \neq 0$。将 x_h、M_h 代入式(9-23)的第 1、3 两式，联立求解得到 m 法的初参数 x_0、φ_0：

$$\begin{cases} x_0 = \dfrac{M_0}{\alpha^2 EI}\dfrac{C_1 B_3 - C_3 B_1}{A_3 B_1 - B_3 A_1} + \dfrac{Q_0}{\alpha^3 EI}\dfrac{B_3 D_1 - D_3 B_1}{A_3 B_1 - B_3 A_1} \\[3mm] \varphi_0 = \dfrac{M_0}{\alpha EI}\dfrac{C_3 A_1 - A_3 C_1}{A_3 B_1 - B_3 A_1} + \dfrac{Q_0}{\alpha^2 EI}\dfrac{D_3 A_1 - A_3 D_1}{A_3 B_1 - B_3 A_1} \end{cases} \tag{9-34}$$

类似地，可得到当桩底为铰支端时常数法的初参数 x_0、φ_0：

$$\begin{cases} x_0 = \dfrac{M_0}{\alpha^2 EI}\dfrac{4\rho_3\rho_4 + \rho_1\rho_2}{4\rho_2\rho_3 - 4\rho_1\rho_4} + \dfrac{Q_0}{\alpha^3 EI}\dfrac{4\rho_4^2 + \rho_2^2}{4\rho_2\rho_3 - 4\rho_1\rho_4} \\[3mm] \varphi_0 = -\dfrac{M_0}{\alpha EI}\dfrac{\rho_1^2 + 4\rho_3^2}{4\rho_2\rho_3 - 4\rho_1\rho_4} - \dfrac{Q_0}{\alpha^2 EI}\dfrac{4\rho_3\rho_4 + \rho_1\rho_2}{4\rho_2\rho_3 - 4\rho_1\rho_4} \end{cases} \tag{9-35}$$

③当桩底为自由端时，$x_h \neq 0$，$\varphi_h \neq 0$，$M_h = 0$，$Q_h = 0$。将 M_h、Q_h 代入式(9-23)的第3、4两式，联立求解得到 m 法的初参数 x_0、φ_0：

$$\begin{cases} x_0 = \dfrac{M_0}{\alpha^2 EI} \dfrac{C_4 B_3 - C_3 B_4}{A_3 B_4 - B_3 A_4} + \dfrac{Q_0}{\alpha^3 EI} \dfrac{B_3 D_4 - D_3 B_4}{A_3 B_4 - B_3 A_4} \\ \varphi_0 = \dfrac{M_0}{\alpha EI} \dfrac{C_3 A_4 - A_3 C_4}{A_3 B_4 - B_3 A_4} + \dfrac{Q_0}{\alpha^2 EI} \dfrac{D_3 A_4 - A_3 D_4}{A_3 B_4 - B_3 A_4} \end{cases} \tag{9-36}$$

类似地，可得到当桩底为自由端时常数法的初参数 x_0、φ_0：

$$\begin{cases} x_0 = \dfrac{M_0}{\alpha^2 EI} \dfrac{4\rho_4^2 + \rho_1 \rho_3}{4\rho_3^2 - 4\rho_2 \rho_4} + \dfrac{Q_0}{\alpha^3 EI} \dfrac{\rho_2 \rho_3 - \rho_1 \rho_4}{4\rho_3^2 - 4\rho_2 \rho_4} \\ \varphi_0 = -\dfrac{M_0}{\alpha EI} \dfrac{4\rho_3 \rho_4 + \rho_1 \rho_2}{4\rho_3^2 - 4\rho_2 \rho_4} - \dfrac{Q_0}{\alpha^2 EI} \dfrac{\rho_2^2 - \rho_1 \rho_3}{4\rho_3^2 - 4\rho_2 \rho_4} \end{cases} \tag{9-37}$$

9.5.2.4 当 $\sigma(z)\big|_{z=0} \neq 0$ 时处理方法

对于抗滑桩而言，如果滑动面以上为松散的土体，则其弹性系数很小，若忽略其抗力效应，可取滑动面处 $\sigma(z)\big|_{z=0} \neq 0$。否则，滑动面处的岩土抗力 $\sigma(z)$ 并不等于零，其原因是滑动面以上岩土体的弹性系数 $C_H(z)\big|_{z=0} \neq 0$，因此整体抗滑桩桩前的弹性系数应表示为：

$$C_H(z) = m(z + h_1) \tag{9-38}$$

滑动面处岩土体抗力不为零时的处理，如图 9-11 所示，即将弹性系数图形向上延伸由梯形改变为三角形，延伸的高度为：

$$h_1 = \dfrac{C_H(0)h}{C_H(h) - C_H(0)} \tag{9-39}$$

式中，$C_H(h)$ 为抗滑桩底岩土体的水平弹性系数(kN/m³)；$C_H(0)$ 为抗滑桩顶(滑动面)岩土体的水平弹性系数(kN/m³)。

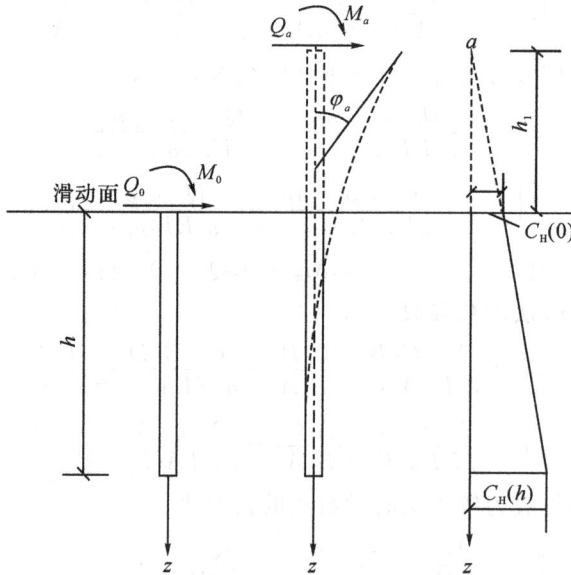

图 9-11 滑动面处岩土体抗力不为零时的处理方法简图

因此，必须求解实际桩顶的初参数 x_a、φ_a、M_a、Q_a。在 M_a、Q_a 的作用下，应满足的条件如下：

①当 $z=0$ 时（滑动面处）, $M=M_0$, $Q=Q_0$（桩底为自由端）,由式（9-23）可得到：

$$\begin{cases} M_0 = \alpha^2 EI\left(x_a A_3^0 + \dfrac{\varphi_a}{\alpha}B_3^0 + \dfrac{M_a}{\alpha^2 EI}C_3^0 + \dfrac{Q_a}{\alpha^3 EI}D_3^0\right) \\[2mm] Q_0 = \alpha^3 EI\left(x_a A_4^0 + \dfrac{\varphi_a}{\alpha}B_4^0 + \dfrac{M_a}{\alpha^2 EI}C_4^0 + \dfrac{Q_a}{\alpha^3 EI}D_4^0\right) \\[2mm] x_a A_3^h + \dfrac{\varphi_a}{\alpha}B_3^h + \dfrac{M_a}{\alpha^2 EI}C_3^h + \dfrac{Q_a}{\alpha^3 EI}D_3^h = 0 \\[2mm] x_a A_4^h + \dfrac{\varphi_a}{\alpha}B_4^h + \dfrac{M_a}{\alpha^2 EI}C_4^h + \dfrac{Q_a}{\alpha^3 EI}D_4^h = 0 \end{cases} \tag{9-40}$$

②当 $z=h$ 时（桩底处）, $x_h=0$, $\varphi_h=0$（桩底为固定端）,由式（9-23）可得到：

$$\begin{cases} x_a A_1^h + \dfrac{\varphi_a}{\alpha}B_1^h + \dfrac{M_a}{\alpha^2 EI}C_1^h + \dfrac{Q_a}{\alpha^3 EI}D_1^k = 0 \\[2mm] x_a A_2^h + \dfrac{\varphi_a}{\alpha}B_2^h + \dfrac{M_a}{\alpha^2 EI}C_2^h + \dfrac{Q_a}{\alpha^3 EI}D_2^h = 0 \end{cases} \tag{9-41}$$

式（9-40）、（9-41）中, A_3^0、A_3^h 分别为滑动面处和桩底处的系数 A_3 值,其他如此类推。

联立式（9-40）、（9-41）得到 x_a、φ_a、M_a、Q_a,并用 x_a、φ_a、M_a、Q_a 代替式（9-23）中的 x_0、φ_0、M_0、Q_0 即可计算滑动面以下任意桩身截面的内力、位移及其岩土体的弹性抗力。

9.6 地基强度校核

总体上,抗滑桩桩前岩土体强度校核统一标准为：

$$\sigma(z) \leqslant [\sigma_z] \tag{9-42}$$

式中, $[\sigma_z]$ 为桩前 z 深度处岩土体的容许抗压强度（kN/m^2）; $\sigma(z)$ 为桩前岩土体所承受的横向作用应力（即弹性抗力）（kN/m^2）。

抗滑工程的效果与抗滑桩体入土情况及地基土体强度相关,下面以常见入土、嵌固情况为例对地基强度校核进行分述。

9.6.1 埋入式抗滑桩

针对如图 9-12 所示的埋入式抗滑桩,又需要具体按桩顶地面是否水平分别进行强度较核。

①当桩顶地面水平时（见图 9-12(a)）,桩前滑动面以下任意深度 z 处的容许抗压强度为：

$$[\sigma_z] = \sigma_{zp} - \sigma_{za} = \frac{4}{\cos\varphi}\left[(\gamma_1 h_1 + \gamma z)\tan\varphi + c\right] \tag{9-43}$$

式中, σ_{zp} 为桩前 z 深度处岩土体的被动土压力（kN/m^2）; σ_{za} 为桩前 z 深度处岩土体的主动土压力（kN/m^2）; γ 为锚固段岩土体的重度（kN/m^3）; c 为土的黏聚力（kPa）; φ 为土的内摩擦角（°）; γ_1 为抗滑桩受力段岩土体的重度（kN/m^3）; h_1 为抗滑桩受力段岩土体的厚度（m）。

②当桩顶地面有坡度（见图 9-12(b)）,且 $\beta \leqslant \varphi_b$（$\varphi_b$ 为滑动面上土体的等效内摩擦角）时,桩前滑动面以下任意深度 z 处的容许抗压强度为：

$$[\sigma_z] = \sigma_{zp} - \sigma_{za} = \frac{4(\gamma_1 h_1 + \gamma z)\cos^2\beta \sqrt{\cos^2\beta - \cos^2\varphi_b}}{\cos^2\varphi_b} \tag{9-44}$$

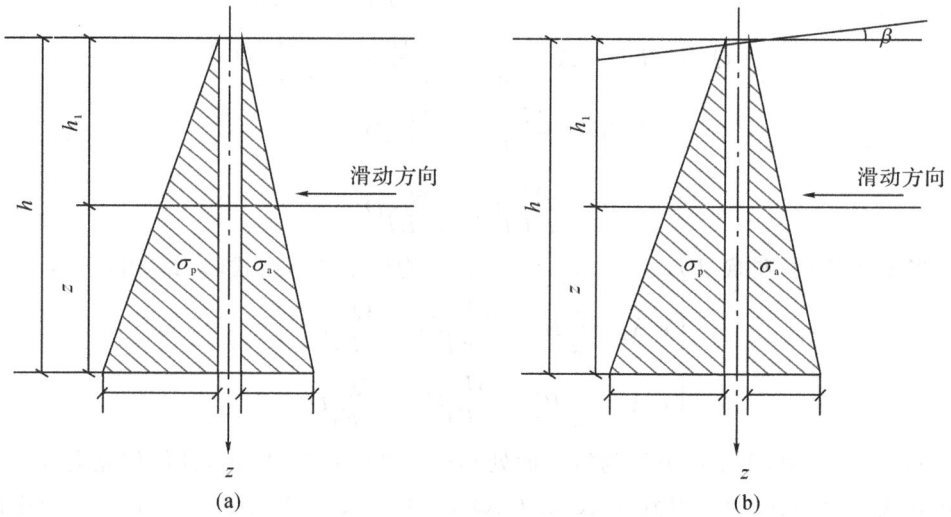

图 9-12　埋入式抗滑桩容许抗压强度计算简图

9.6.2　悬臂式抗滑桩

针对如图 9-13 所示的悬臂式抗滑桩,也需要具体按桩顶地面是否水平分别进行强度校核。

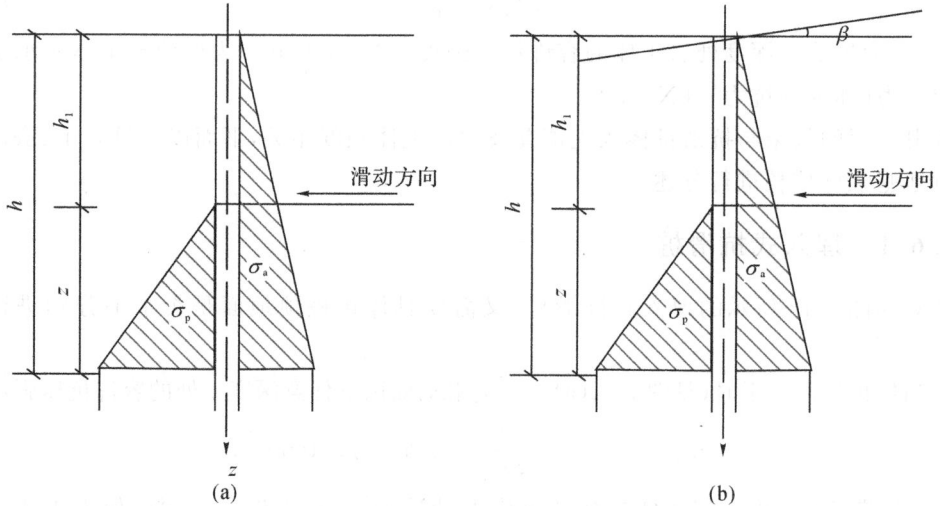

图 9-13　悬臂式抗滑桩容许抗压强度计算简图

①当桩顶地面水平时[见图 9-13(a)],桩前滑动面以下任意深度 z 处的容许抗压强度为:

$$[\sigma_z] = \sigma_{zp} - \sigma_{za} = \frac{4\gamma z \tan\varphi_b}{\cos\varphi_b} - \frac{\gamma_1 h_1 (1 - \sin\varphi_b)}{1 + \sin\varphi_b} \qquad (9-45)$$

②当桩顶地面有坡度[见图9-13(b)],且$\beta \leqslant \varphi_b$($\varphi_b$为滑动面上土体的等效内摩擦角)时,桩前滑动面以下任意深度z处的容许抗压强度为:

$$[\sigma_z] = \sigma_{zp} - \sigma_{za} = \frac{4\gamma z \cos^2\beta \sqrt{\cos^2\beta - \cos^2\varphi_b}}{\cos^2\varphi_b} - \frac{\gamma_1 h_1 (\cos\beta - \sqrt{\cos^2\beta - \cos^2\varphi_b})}{\cos\beta + \sqrt{\cos^2\beta - \cos^2\varphi_b}} \qquad (9-46)$$

如果采用抗滑短桩式悬臂桩,自滑面以上,在土质边坡(滑)体中,进入滑体中的长度不宜小于滑体土厚度的1/4;而进入滑床的嵌固长度,对于岩层,嵌固段不宜小于抗滑短桩总长的1/4,土层嵌固段不宜小于1/3。经研究可知,这种桩型将桩上的部分推力转移到滑体上,充分而有效地利用了滑体的水平承载力,不仅桩长变短,而且桩上的推力也大幅度减小,桩上的弯矩、剪力也随之减小。因此在滑坡工程治理中采用抗滑短桩,尤其是在厚度较大的土质滑坡和岩质滑坡治理中经济效益显著,是一项值得推广的技术。

9.6.3 岩石锚固段中的抗滑桩

当抗滑桩锚固段为较完整的岩石或中等风化的岩层时,桩前容许承载力的强度校核准则为,桩侧的最大压应力不大于岩石的横向容许承载力。岩石横向容许承载力的计算公式如下:

$$[\sigma_z] = K_H \xi R \qquad (9-47)$$

式中,K_H为岩石强度的水平方向换算系数。当围岩为密实土体或砂层时,取$K_H = 0.5$;当围岩为较完整的中等风化岩层时,取$K_H = 0.6 \sim 0.75$;当围岩为块状或层状少裂隙岩层时,取$K_H = 0.75 \sim 1.0$。ξ为岩石构造折减系数,根据岩层的裂隙、风化程度、水理性质确定,$\xi = 0.3 \sim 0.45$;R为岩石单轴极限抗压强度(kN/m^2)。

9.7 抗滑桩结构设计

9.7.1 抗滑桩的构造要求

抗滑桩结构设计需要符合如下基本构造要求。

①一般情况下,抗滑桩的设计寿命为100年,应以此考虑相应的耐久性。

②抗滑桩的受力主筋混凝土保护层厚度不应小于60mm,箍筋和构造钢筋的保护层厚度不应小于15mm。

③普通受拉钢筋的锚固长度l_a不应小于现行《混凝土结构设计规范》(GB 50010—2019)相关计算锚固长度的0.7倍,且不小于250mm。

④钢筋搭接长度不应小于35d(d为纵向钢筋直径),且不应小于500mm,同一受力截面的钢筋搭接横截面积不应大于50%。

⑤纵向受力钢筋直径不应小于16mm,钢筋间距不宜小于120mm,且不得小于80mm,纵向钢筋的最小配筋率不应小于0.2%和45f_t/f_y(f_t为混凝土抗拉强度设计值,f_y为钢筋抗拉强度设计值)中的较大值。当采用束筋时,每束不宜多于3根。

⑥纵向受力钢筋截断点应符合下列规定：当斜截面的最大剪力设计值 $V \leqslant 0.7 f_t bh_0$ 时（bh_0 为矩形桩截面尺寸），纵向钢筋宜延伸至按正截面受弯承载力计算不需要该钢筋的截面以外不小于 $20d$ 处，且从不应小于 $1.2l_a$；在滑动面以上，当 $V > 0.7 f_t bh_0$ 时，纵向钢筋宜延伸至按正截面受弯承载力计算不需要该钢筋的截面以外不小于 $1.3h_0$、$20d$ 和 $1.2l_a + 1.7h_0$ 三者中的较大值处；在滑动面以下，当 $V > 0.7 f_t bh_0$ 时，纵向钢筋宜延伸至按正截面受弯承载力计算不需要该钢筋的截面以外不小于 h_0、$20d$ 和 $1.2 l_a + h_0$ 三者中的较大值处。

⑦应采用封闭式箍筋，箍筋肢数不宜多于 4 肢，箍筋直径不宜小于 14mm。箍筋间距应满足下列要求：当 $V > 0.7 f_t bh_0$ 时，箍筋间距不应大于 300mm，箍筋的配筋率不宜小于 $0.24 f_t / f_{yv}$；当 $V \leqslant 0.7 f_t bh_0$ 时，箍筋间距不应大于 400mm。

⑧抗滑桩的侧面与受压边，应适当配置纵向构造钢筋，其直径不宜小于 12mm，间距不宜小于 400mm。桩的受压边两侧，应配置架立钢筋，且直径不宜小于 16mm。

⑨滑动面处的箍筋应适当加密。

9.7.2 抗滑桩的配筋计算

9.7.2.1 桩截面的受弯计算

如果不考虑抗滑桩的侧面摩阻力作用，一般将抗滑桩视为受弯构件，按单筋矩形梁设计（见图 9-14），其正截面受弯承载力为：

$$M \leqslant \alpha_1 f_c bx \left(h_0 - \frac{x}{2} \right) \tag{9-48}$$

式中，M 为桩身弯矩设计值（kN·m）；α_1 为系数。当混凝土强度等级不超过 C50 时，取 $\alpha_1 = 1.0$，当混凝土强度等级为 C80 时，取 $\alpha_1 = 0.94$，其间可内插。f_c 为混凝土轴心抗压强度设计值（kN/m²）；b 为桩身矩形截面宽度（m）。h_0 为矩形截面有效高度（m）；x 为矩形截面混凝土的受压区高度（m）。

矩形截面混凝土受压区高度按下式确定：

$$\alpha_1 f_c bx = f_y A_s \tag{9-49}$$

式中，f_y 为钢筋抗拉强度设计值（kN/m²）；A_s 为受拉区纵向钢筋总的截面面积（m²）。

混凝土受压区高度应满足的条件是：

$$x \leqslant \xi_h h_0 \tag{9-50}$$

式中，ξ_h 为纵向受拉钢筋屈服与受压区混凝土破坏同时发生时的相对受压区高度（m）。

$$\xi_h = \frac{\beta_1}{1 + f_y / (E_s \varepsilon_{cu})} \tag{9-51}$$

式中，β_1 为系数，当混凝土强度等级不超过 C50 时，取 $\beta_1 = 0.8$，当混凝土强度等级为 C80 时，取 $\beta_1 = 0.74$，其间可内插；E_s 为钢筋弹性模量（kN/m²）；ε_{cu} 为正截面的混凝土极限压应变。

$$\varepsilon_{cu} = 0.0033 - (f_{cu,k} - 50) \times 10^{-5} \tag{9-52}$$

式中，$f_{cu,k}$ 为混凝土立方体的抗压强度标准值（kN/m²）。

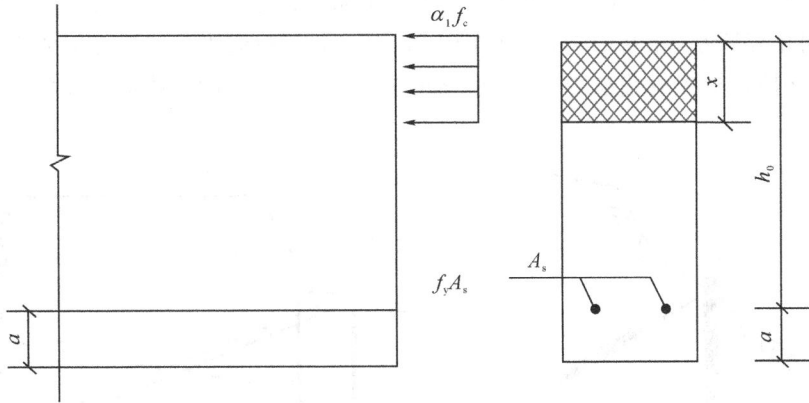

图 9-14　矩形截面正截面受弯承载力计算

9.7.2.2　桩截面的受剪计算

当矩形截面为受弯构件截面时,其受剪截面应符合如下条件:

$$\begin{cases} V \leqslant 0.25\beta_c f_c b h_0, & \dfrac{h_0}{b} \leqslant 4 \\[2mm] V \leqslant 0.2\beta_c f_c b h_0, & \dfrac{h_0}{b} \geqslant 6 \end{cases} \tag{9-53}$$

式中,β_c 为混凝土强度影响系数,当混凝土强度等级不超过 C50 时,取 $\beta_c = 1.0$;当混凝土强度等级为 C80 时,取 $\beta_c = 0.80$,其间可内插;V 为斜截面的最大剪力设计值(kN)。

当 $4 < \dfrac{h_0}{b} < 6$ 时,按线性插值计算。

当仅配箍筋时,矩形、T 形和 I 形截面的受剪承载力应符合下式规定:

$$V \leqslant 0.7 f_t b h_0 + 1.25 f_{yv} \frac{A_{sv}}{s} h_0 \tag{9-54}$$

式中,A_{sv} 为配置在同一截面内箍筋的全部截面面积(m^2);f_{yv} 为箍筋抗拉强度设计值(kN/m^2)。

$$A_{sv} = n A_{sv1} \tag{9-55}$$

式中,A_{sv1} 为单肢箍筋的截面面积(m^2);n 为在同一截面内箍筋的肢数。

9.8　复合抗滑支挡

9.8.1　桩锚复合支撑结构

桩锚体系是边(滑)坡侧压力/下滑力较大时常采用的一种重要的支护措施,它的产生结合了抗滑桩支护方法和锚杆支护方法,其支护原理综合了抗滑桩和锚索的支护原理,即阻挡基坑边坡下滑的抗滑力主要来源于锚杆所提供的锚固力和抗滑桩提供的阻滑力,也有一般桩锚结构和预应力锚索抗滑桩结构(见图 9-15)。桩锚支护体系主要由护坡桩、土层锚杆、围檩和锁口梁四部分组成,如基坑边坡地下水位较高,则支护桩后还有防渗堵漏的水泥土墙等,它们之间相互联系,相互影响,相互作用,形成一个有机整体。桩锚支护体系其主要特点是由锚杆给支护排桩提供锚拉力,以减小支护排桩的位移与内力,并将边坡变形控制在允许的范围内。

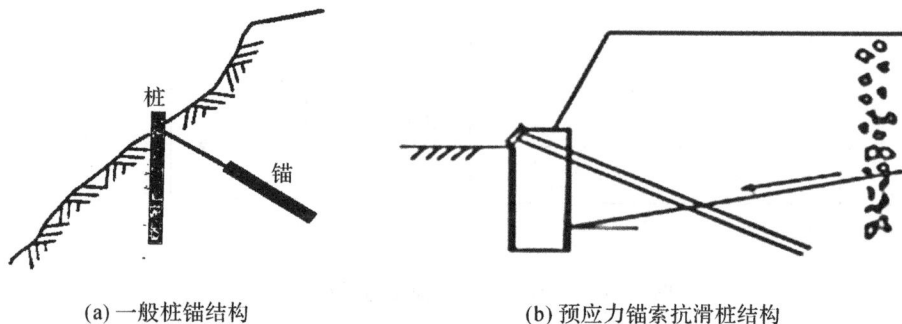

(a) 一般桩锚结构   (b) 预应力锚索抗滑桩结构

图 9-15 桩锚体系

桩锚支护结构是大型滑坡或开挖边坡支护方法中最常用的一种,它主要由一系列排桩和锚杆组成,其中排桩为挡土体系,锚杆为支撑体系。在不能进行放坡开挖及施工条件受到限制的城市密集区经常被采用。桩锚支护体系中的排桩主要用来挡土和挡水,锚杆主要是利用其自身与地层的锚固力给排桩体系一个水平的支撑拉力,阻止倾倒与土体滑动。国内外常用以下几种方法对排桩锚杆支护结构进行分析。

9.8.1.1 静力平衡法

该方法是最早应用于实际工程中并且是工程设计人员最为熟悉的一种计算理论。该方法首先在桩体上寻找一个点,该支护结构体系的桩体围绕该点发生刚性转动,转动点以上的桩部分承受土体的主动土压力而向边坡的开挖方向偏转,转动点以下的桩部位受到土体被动土压力作用而向边坡开挖相反的方向偏转,土压力由经典土力学理论计算得出。再结合桩体的嵌固深度和锚杆水平拉力,根据静力平衡条件则最终计算得出支护结构的内力,使之满足基坑各种稳定性要求。由于静力平衡法的假定条件比较简单,当支护结构体系各种参数发生变化时,特别是在多支点结构设计计算中,难以对其进行准确的表达,因而逐渐被弹性支点理论所取代,但是因为它原理简明易懂,计算方便,并且实践证明它对简单支护结构误差影响较小,许多设计计算特别是悬臂式仍然采用该方法,对悬臂式支护和单支点支护的嵌固深度,我国《建筑基坑支护技术规程》(JGJ 120—2012)明确规定应按静力平衡法进行计算确定,并且静力平衡法在某些特定领域的计算中还会得以继续发展应用。然而静力平衡法具有其局限性,它把被动土压力假定为基坑内侧的土抗力,并且假定对支护结构内力的计算与其刚度系数无关,这与实际情况不相符,支护结构真实的受力状况也没能从理论得以反映。实际上由于排桩位移有控制要求,基坑内侧土体并没有完全处于被动状态,而是处在弹性抗力阶段。

9.8.1.2 弹性地基梁法

该方法把桩锚支护体系结构看作是基地的支座梁,即把地基与基础看作一个整体,共同作用,然后求得地基与基础接触带的压力分布,进一步解出支护结构的内力。基坑开挖面以上的土体对桩体提供主动土压力,开挖面以下的土体桩提供主动土压力和被动土压力之和。单层锚杆的桩锚支护采用极限平衡法计算,用分层平衡法计算多层锚杆支护。但是该方法不能计算出预应力锚杆的预应力对支护结构的作用,因此无法计算得出土压力作用下支护结构的位移。同样该方法也具有不足之处:①无法计算多支点多锚杆支护桩锚共同工作下支护结构的内力以及位移;②无法对支护结构的桩和锚进行优化设计,影响经济效益;③由于多层锚杆的计算采用分层平衡法,与静力平衡法相似,即假定桩身刚度与支护结构的受力无关,与实际受力情况不相符。

9.8.1.3 杆系有限元法

该方法的基本原理就是把桩锚支护体系的支护结构杆件离散成许多相连的单元并用有限单元法求解。有限元求解用梁单元模拟边坡开挖面以上的支护结构和用弹性地基梁单元模拟开挖面以下的支护结构。有限元单元法的本质是把支护结构分解成各种杆件,再用有限元单元法来分析这些杆件的受力和位移。在用有限元单元法求解时,通常假设单元为等截面直杆,再对单元的近似位移模式假定,以虚功原理为基础建立有限元方程,推导出刚度矩阵方程,再根据静力等效原理把各个单元上的外力转化到单元的节点上,构成等效节点荷载。因而有限元单元法的关键环节就是假设符合实际的位移函数,然后,将各个单元刚度矩阵组合成结构整体进行分析,将单元等效节点荷载集合成整体等效节点荷载列阵,并引出结构位移边界条件,建立整体平衡方程组,得出基本未知量,最后计算各单元的内力和变形。

9.8.2 复合支撑抗滑结构

9.8.2.1 斜撑式抗滑支挡结构

斜撑式抗滑支挡结构为由常用的抗滑桩和斜撑组成的组合结构。具体应用中将抗滑桩锚固段和斜撑臂基础置于稳定地层,并将抗滑桩和斜撑臂连接,使滑坡推力通过抗滑桩锚同段和斜撑臂基础传递至稳定地层,从而达到治理滑坡的目的。由于在抗滑桩的顶部设置斜撑,桩的变形受到约束,从而改善了悬壁桩的受力及变形状态,结构的稳定性也大大加强。与传统的抗滑桩相比,斜撑式实用新型抗滑支挡结构能承受更大的滑坡推力,适用于治理规模较大的滑坡。斜撑式抗滑支撑结构形式见图 9-16。

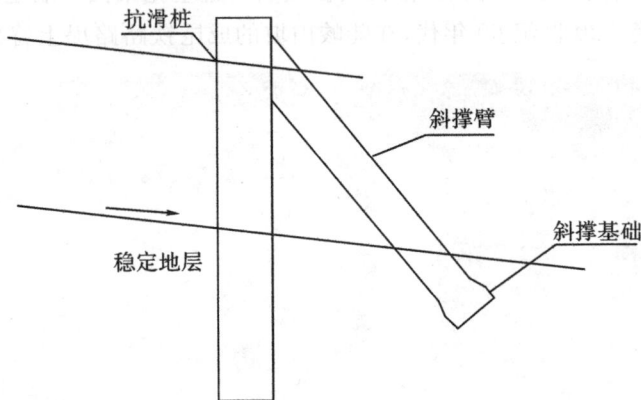

图 9-16 斜撑式抗滑支挡结构

9.8.2.2　h 形抗滑支挡结构

包括第一抗滑桩和第二抗滑桩,所述抗滑桩的锚固段嵌固于滑动面以下的稳定地层内,第二抗滑桩的悬臂段和第一抗滑桩悬臂段之间设置横梁。由于抗滑桩锚固段置于稳定地层,通过在两根抗滑桩之间设置横梁,第一抗滑桩受到的部分滑坡推力通过横梁传递至第二抗滑桩,第一抗滑桩的变形受到约束,大大改善了第一抗滑桩悬壁的变形和受力状态,抗滑桩联合受力,稳定性好,能抵抗较大滑坡推力,特别适用于规模较大的滑坡治理工程。结构形式见图 9-17。

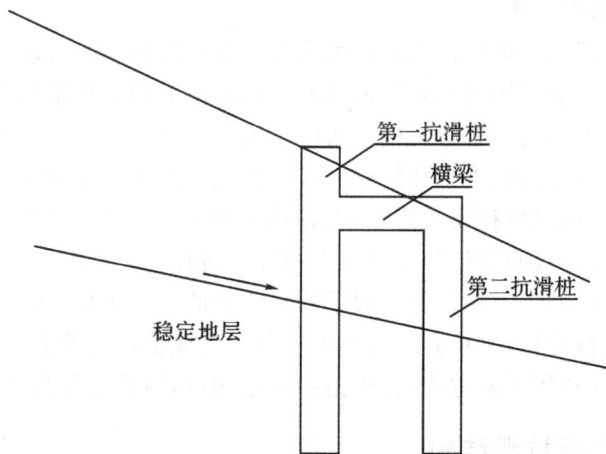

图 9-17　h 形抗滑支挡结构

9.8.3　桩墙复合支挡结构

9.8.3.1　桩基托梁桩板式挡土墙

20 世纪 70 年代初,在枝柳线上首先将桩板式挡土墙(见图 9-18)应用到路堑中,接着在内昆、京九等线上应用到路堤中。桩板式挡土墙是由锚固桩发展而来的,按其结构形式分为悬臂式桩板挡土墙、锚索(杆)桩板墙、锚拉式桩板墙。桩基托梁挡土墙是挡土墙与桩的组合形式,由托梁相连接。20 世纪 60 年代,在陡峻山坡的成昆铁路路堤上曾采用桩基托梁挡土

图 9-18　桩板式挡土墙

墙,据统计有铁西、白果、拉白等 8 处,共长 283.23m,使用效果显著、技术可靠、节省投资。若与常规的扩大基础挡土墙方案比较,圬工量可节省 35%,挖基量可节省 70%。

9.8.3.2 主桩镶板挡土墙

主桩镶板挡土墙是由间距为 2m 的 H 形钢(或钢管)打入桩和预制混凝土镶板组成的,分自立式和与地锚等联合作用的并用式两种,前者墙高可达 4m,后者的墙高可达 10m。主桩的最小嵌入深度为 4m,镶板间填充混凝土或砂浆,以使桩、板一体化。主桩镶板墙的最大优点是土石方开挖量小,仅为通常挡墙的 1/6～1/4,适用于地形陡峭处的路基边坡工程。

10　排水工程

　　排水是保障边坡稳定和控制滑坡灾害的重要措施。大量滑坡是由降雨导致坡体饱水和地下水位上升而诱发的,许多滑坡表现为雨季滑动,旱季又处于相对稳定状态,或随雨季过程出现多期分区滑动,它们的变形动态受降雨影响明显。

　　目前滑坡处置通常采用抗滑桩、锚索、抗滑挡墙、地表和地下排水、卸载和压脚等工程措施。不同的滑坡治理措施,其费用有很大差别,一般情况下,抗滑桩和锚索及抗滑挡墙等抗滑措施的费用最高,排水工程措施的费用最低,卸载和压脚的费用较低但常常受环境条件制约而很难实施。因此,应加强边坡排水方法研究,加强边坡工程建设和滑坡治理工程中排水技术的应用。

10.1　边坡排水设计原则与措施

　　边坡建设和滑坡治理工程实践表明,排水对于提高边坡的稳定性具有十分重要的作用,既是一种提高边坡稳定性的经济有效措施,也是提高滑坡治理实施过程安全性的有效工程方案。

10.1.1　地下水影响边坡稳定性

　　由于地质环境条件复杂,许多边坡存在滑坡地质灾害问题,影响生产生活环境安全,阻断交通(见图 10-1),甚至造成人员伤亡。

图 10-1　降雨诱发滑坡阻断交通

　　汛期总是滑坡灾害频发季节。以长江上游为例,调查统计显示 94% 的滑坡发生在雨季,结果如表 10-1 所示。对湖北省 1975—2002 年发生的 212 次滑坡进行统计分析,结果如图 10-2 所示,其中 5—9 月发生的滑坡占全年总次数的 79%,这期间的月平均雨量也占全年总雨量的 68%。

表 10-1　雨季(5—9 月)滑坡发生数量统计

地区	滑坡数/个	雨季滑坡数/个	占比/%
毕节地区	42	40	96
甘肃南部	213	203	95
万州地区	294	256	87
凉山地区	212	203	95
金沙江下游	477	458	96
合计	1238	1160	94

资料来源:崔云等,2011。

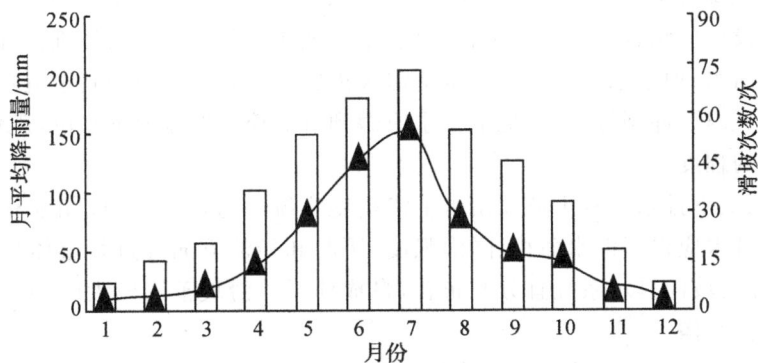

图 10-2　月平均降雨量和滑坡次数

资料来源:张玉成等,2007。

雨水下渗到坡体中可以造成三方面效应:渗透水进入岩土体的孔隙和裂缝中,使岩土的抗剪强度降低;地下水位抬升,减小滑动面的有效法向应力从而减小抗滑力;地下水渗流产生渗透力会增大坡体的下滑力。

坡体地下水位上升是一个降雨入渗的累积过程,如果前期没有明显的降雨积累,那么一次强降雨过程,一般不会导致坡体地下水位的大幅上升,也不会引起滑坡的启动。但有前期降雨积累时,坡体处于相对饱和状态,且有较高的初始地下水位,就会因强降雨进一步引起地下水位上升而导致滑坡启动。因此,构建有效的边坡排水系统,减少地表水入渗,及时排出坡体地下水,对滑坡灾害防治具有重要意义。

10.1.2　边坡排水设计原则

边坡工程设计中,一般应包含排水工程。边坡排水应满足使用功能要求,排水结构应安全可靠,便于施工、检查和养护维修。边坡建设实施过程中,应注意做好临时排水,避免施工过程中出现滑坡泥石流灾害。边坡临时性排水设施,应满足暴雨和施工用水等的排放要求,有条件时,宜将临时性排水设施纳入治理工程的永久性排水措施中进行。对于滑坡治理,应注意排水措施与其他处置措施紧密结合,如果是主要由坡体地下水位变化引起的滑坡治理,也可单独采用排水工程进行治理,但应使实施截排水后的滑坡稳定性达到相关规范的要求,避免由于排水后的稳定性安全储备不足而发生滑坡。

地质环境条件调查是边坡排水设计的基础,排水设计前,应进行地质勘察和调查分析,进行边坡区水文地质条件调查。土质边坡应查明各土层的成因类型、土层结构及下伏稳定土层的埋藏深度或基岩面形态等;岩质边坡应了解地层的类型和组合关系,应鉴定岩石的地质名称和风化程度,对具有互层、夹层、夹薄层特征的岩土体,查明各层的厚度和层理特征;查明含水层和隔水层的分布、土层或岩层的渗透性;地表水调查主要查明边坡区域汇水面积、地表水体分布情况、地表径流情况,确定边坡地表汇水条件和径流特征;地下水调查主要查明地下水分布,分析地下水补给、径流和排泄条件。

规划排水工程时,应根据工程的性质、特点、环境要求,在充分考虑工程的重要性、安全性的情况下确定。排水工程设计前,应根据边坡工程地质条件、水文地质条件和边坡潜在破坏可能性的勘察结果,对采用排水工程的有效性、经济性及施工可行性作出评估和分析判断。排水工程设计应结合边坡区的工程地质、水文地质和降雨入渗条件进行确定,工程排水应包括排除坡面水、地下水和减少坡面水下渗等措施。地表排水应做到水流顺畅,不出现堵塞、溢流、渗漏、淤积、冲刷等现象,地下排水应做到有效控制坡体地下水位,避免其上升到影响滑坡稳定性的程度。

坡面排水、地下排水与减少坡面雨水下渗措施宜统一考虑,以形成相辅相成的排水、防渗体系。坡面排水应根据汇水面积、降雨强度、历时和径流方向等进行整体规划和布置,滑坡影响区内、外的坡面排水系统宜分开布置,自成体系。滑坡范围较大时,宜在滑坡体范围内设置树枝状排水沟。

地下排水措施宜根据边坡水文地质和工程地质条件选择,明确坡体地下水位的控制要求,确保地下排水工程设计具有安全性和经济性。地下排水设计前应通过工程地质和水文地质调查、勘察,查明地下水的类型、补径排特性及其有关的水文地质参数。勘察成果应满足地下排水设计的需要。对含水层或地下水富集带宜进行专门的调查和勘测及必要的现场测试,获取设计、施工所需的水文地质参数。地下排水设施的类型、位置及尺寸应根据工程地质和水文地质条件确定,并与坡面排水设施相协调。对地下水丰富的滑坡体,宜采用排水隧洞、排水孔等地下深部排水措施。当地下排水工程处于地下水位以上时,应采取防渗漏措施。

10.1.3 边坡排水技术措施

边坡排水的主要目的就是要减少滑坡灾害。有效的排水方法,可以减免不必要的加固方案,节省成本,并达到标本兼治的效果。对坡体地下水的治理原则为"可疏而不可堵"。根据所排水体的分布特征,排水方法主要分为地表排水和地下排水。

地表排水由各种沟渠组成,以排除地表径流为主,目的是截断地表水向滑体裂隙渗透的途径并疏水,按功能可划分为截水沟和排水沟,或合称为截排水沟或统称为排水沟。地表排水一是防止边坡区外坡面汇水进入潜在滑坡体,二是将边坡区内地表水快速引流到坡外减少入渗。地表排水既是边坡工程建设的基本要求,也用于初期的滑坡治理。地表排水沟对地下水渗流拦截无效。

地表排水工程,按其分布位置可分为在滑坡体内的地表排水工程和在滑坡体外的地表排水工程。滑坡体内的地表排水工程,其目的在于减少雨水渗入滑坡体内,故以防渗、汇集和尽快引出为原则。修筑在滑坡体外的地表排水工程,其目的在于减少地表水流入滑坡区,故以拦截、引离为原则。各类坡面排水设施的设置、数量和断面尺寸应根据地形条件、降雨强度、分区汇水面积等因素分析计算确定。在修筑地表排水工程时,应根据滑坡地形条件,充分利用自然沟谷。对滑坡体范围内的泉水、封闭洼地积水,应采用疏排措施,将其引入排水沟。不得将地表水排放到地下排水设施内。

地表排水应考虑表层岩土的渗透性和地表水体分布。在岩土透水性特别强的滑坡区域,或岩土体有天然裂隙或坡面有积水洼地区域,应做防渗工程。可对土质地面的裂缝用黏土填塞捣实,对岩石裂缝用水泥砂浆填塞,对松软土质地段铺植草皮和种植树木,对于坡面的洼地和水塘予以填平,加密设置排水沟使地表水尽快归沟,减少地表水下渗。对浅层和渗水严重的黏土滑坡,可通过在滑坡体上植树、种草、造林等来稳定滑坡。

地下排水工程在于控制坡体地下水位的上升幅度,将入渗坡体的地下水迅速排走,故以汇集和尽快从坡体排出为原则。各类地下排水设施设置的位置、数量和断面尺寸应根据滑坡体结构条件、地下水补径排条件、地下水位埋深条件、滑坡规模及稳定性状况等因素分析计算确定。在修筑地下排水工程时,应根据地下水位波动对滑坡稳定性影响的敏感性,确定地下水疏排程度。

常用地下排水工程措施有地下排水渗沟、仰斜排水孔、虹吸排水孔和地下排水洞等。应根据地下水类型、含水层埋藏深度、地层渗透性、地下水对环境的影响,考虑与地表排水设施协调等,选用适宜的地下排水设施。当有地下水出露或当地下水埋藏较浅或无固定含水层时,宜采用渗沟;赋存地下水的坡面,当坡体土质潮湿、无集中的地下水流时,宜设置边坡渗沟或支撑渗沟;当地下水埋藏深度较大或有固定含水层时,宜采用排水隧洞、渗井、仰斜排水孔、虹吸排水孔。

为提高排水效率,应综合考虑地表排水与地下排水的有机结合,充分利用地表排水的经济性和地下排水的有效性,采用立体排水思路,耦合使用各种排水方法,以有效控制坡体地下水位上升幅度。另外,除滑坡治理抢险等临时排水需要外,边坡工程排水一般不采用主动抽排水技术,因为边坡排水是一个长期的过程,在边坡工程和滑坡治理工程中,永久性排水总是利用免动力排水系统。

10.2 地表排水沟

地表排水主要由各种横断面形状和尺寸的沟渠组成,按功能可划分为截水沟和排水沟,或合称为截排水沟。当边坡上游汇水区域在降雨条件下会产生较大地表径流量时,应在滑坡体外修筑截水沟,防止滑坡体外坡面汇水进入滑坡体。排水沟的作用主要为引排截水沟汇水和滑坡体附近与坡面低洼处积水或出露泉水等水流。

各种沟渠设计的主要内容为确定布设位置、横断面形状和尺寸、纵向坡度以及沟渠边墙结构等。布设位置要结合沟渠的功能要求、出水口和地形等因素决定。横断面的形状和尺寸则取决于设计流量的大小,同时排水沟渠的设计应考虑防冲和防淤要求。

10.2.1 地表排水沟基本要求

地表排水沟分布形式一般为树权形或人字形,其中主沟分布方向应与滑坡的移动方向一致,支沟(集水沟)则应避免横切滑坡体,支沟与滑坡移动方向应成 30°～45°角的斜角,支沟间距以 20～30m 为宜。当滑坡初具雏形或已形成明显的后缘拉裂区时,应在滑坡后缘外围设置截水沟,防止滑坡体外的坡面径流进入滑坡体内;当滑坡体上具有明显的渗透不均匀性时,可在渗透性从小到大处设置横向截水沟;当滑坡体地表具有明显的坡度变化时,可在坡度从大变小处设置横向截水沟;当滑坡体上具有大量泉水出露且二次入渗影响滑坡体内地下水时,应在泉水下游设沟渠,拦截泉水,防止泉水二次入渗。

为了排水流畅,地表排水沟的平面布置应尽量采用直线,如必须转弯,转弯处应做成圆弧形,其曲线半径至少为 5～10m,同时外侧沟壁应加高。可利用原有自然沟谷作为排除地表水的渠道,但利用前需对自然沟谷进行必要的整修、加固和铺砌,使水流畅通,不得渗漏。排水沟修筑于地表凹形处时,每隔 20～30m 应设置一个连结箍。排水沟的布置应避免距滑坡裂缝太近,防止排水沟因滑坡变形而开裂破坏,如果必须经过滑坡裂缝区,则可用砂胶沥青柔性混凝土预制块板铺砌排水沟。

排水沟的截面形状一般为矩形和梯形,也可设计成 U 形。排水沟的断面尺寸应根据汇水面积以及最大降雨量条件下汇流量大小来验算,沟底的宽度一般不应小于 0.4m,深度不应小于 0.5m。在干燥少雨地区,深度可减至 0.4m;多雨地区,排水沟断面应进行水力计算后确定,沟渠的顶面高度应高出设计水位不小于 0.1m。

设置在土质、软质岩、全风化及强风化硬质岩石地段的排水沟,应采取防渗处理措施。当坡面有潜在变形时,沟渠边墙应具有抗裂能力。当滑坡区域上游地表水较丰富时,在浆砌的排水沟上侧应增设泄水孔,泄水孔背后设反滤层,同时在水沟底设卵石垫层。

为防止沟渠淤塞,沟底纵坡坡度一般不宜小于 0.5%。当受坡形或地形条件限制,横向沟渠的沟底纵坡坡度不能满足坡率控制要求时,应增加纵向沟渠,使沟底纵坡坡度不能满足坡率要求的横向沟渠段的两端出水口之间长度小于 30m。

沟渠纵坡坡度也不能过大,应使沟内水流的流速不超过沟渠最大允许流速,超过时应对沟壁采取冲刷防护措施。对于沟底纵坡率较大的沟段,为防止沟底被冲蚀,需进行消能和加糙处理或设置急流槽。急流槽应采用由浆砌片石铺砌的矩形横断面或者由水泥混凝土预制件铺筑的矩形横断面。浆砌片石急流槽的槽底厚度可为 0.2～0.4m,槽壁厚度为 0.3～0.4m。混凝土急流槽的厚度可为 0.2～0.3m。槽顶应与两侧斜坡表面齐平。槽深最小为 0.2m,槽底宽最小为 0.25m。

在陡坡或深沟地段的排水沟,为避免其出口下游的自然水道、桥涵结构物受到冲刷,应设置跌水等消能结构物。跌水槽横断面可采用矩形断面,断面尺寸要求与急流槽相同。对不设消力池的跌水,台阶高度与长度之比应与原地面坡度相吻合,且台阶高度不宜大于 0.6m;带消力池的跌水高度与长度之比也应结合原地面的坡度确定,单级跌水墙的高度不宜小于 1.0m,消力槛高度不宜小于 0.5m,消力槛与跌水墙的距离不宜小于 5m。

10.2.2 地表排水工程水文水力计算

进行地表排水工程设计时,要对地表排水工程排水量大小,以及排水工程的有效断面进行确定。进行排水沟渠水力学计算的目的是根据已确定的设计径流量,确定排水沟所需的断面尺寸,并复核其流速是否满足允许值。

设计径流量指各项排水措施所需排泄量的总和。而影响设计径流量的因素主要包括降雨强度、集水面积及坡形、坡体表面排水沟渠的长度和坡度、坡体表面的植被覆盖和坡体表面的土体入渗条件等。

10.2.2.1 地表水汇流量的计算

地表水汇流量可按公式(10-1)计算。

$$Q=16.67\psi qF \tag{10-1}$$

式中,Q 为设计地表水汇流量(m^3/s);q 为设计重现期和降雨历时内的平均降雨强度(mm/min);ψ 为径流系数;F 为汇水面积(km^2)。

其中平均降雨强度 q 与设计降雨重现期以及降雨历时有关,设计降雨重现期的确定应结合滑坡类型及其受水影响的程度,以及滑坡区域建筑等级和排水设施等因素综合考虑。对有重要性建筑物的滑坡,设计时降雨重现期可取 15 年,对一般性建筑物的滑坡,设计时降雨重现期可取 10 年。但对多雨地区或特殊地区,可适当提高降雨重现期。降雨历时通常按汇流时间计,包括汇水区内的坡面汇流历时和截流排水沟内的汇流历时。

当地气象站有 10 年及以上自记雨量资料时,宜利用气象站观测资料,经统计分析,确定相关参数后,按式(10-2)计算设计重现期和降雨历时内的平均降雨强度,具体计算参考相关文献。

$$q=\frac{c+d\lg p}{(t+b)^n} \tag{10-2}$$

式中,t 为降雨历时(min);p 为重现期(a);d、c、n、b 为统计参数,可根据统计方法进行计算确定。

例如:对于重庆地区,$q=\dfrac{2822(1+0.755\lg p)}{(1+12.8p^{0.076})^{0.77}}$

若当地缺乏雨量记录资料,可利用标准降雨强度等值线图和有关转换关系,按(10-3)式计算不同重现期的平均降雨强度。

$$q=C_p C_t q_{5,10} \tag{10-3}$$

式中,$q_{5,10}$ 表示 5 年重现期和 10min 降雨历时的标准降雨强度(mm/min),一般计算可按地区选取,西部地区可取 0.5~1.0,东北、华北和西南地区可取 1.5~2.0,华东和华南地区可取 2.0~3.0,具体计算应根据《公路排水设计规范》(JTG/T D33—2012),从我国 5 年一遇 10min 降雨强度($q_{5,10}$)等值线图查取;C_p 为重现期转换系数,为设计重现期降雨强度 q_p 同标准重现期降雨强度 q_5 的比值(q_p/q_5),可按地区从表 10-2 中查取;C_t 中降雨历时转换系数,为降雨历时 t 的降雨强度 q_t 与 10min 降雨历时的降雨强度 q_{10} 的比值(q_t/q_{10}),一般计算可按地区选取,西部地区可取 0.30~0.35,东北、华北和西南地区可取 0.35~0.45,华东和华南地区可取 0.40~0.50,具体计算应根据《公路排水设计规范》(JTG/T D33—2012)的 60min 降雨强度转换系数等值线图查取 C_{60},然后按地区的 60min 转换系数 C_{60},从表 10-3 中查取 C_t。

表 10-2　重现期转换系数(C_p)

地区	重现期 p/a			
	3	5	10	15
华南、华东	0.86	1.00	1.17	1.27
华北、东北	0.83	1.00	1.22	1.36
西北非干旱区	0.76	1.00	1.34	1.54
西北干旱区	0.71	1.00	1.44	1.72

表 10-3　降雨历时转换系数(C_t)

C_{60}	降雨历时 t/min										
	3	5	10	15	20	30	40	50	60	90	120
0.30	1.40	1.25	1.0	0.77	0.64	0.50	0.40	0.34	0.30	0.22	0.18
0.35	1.40	1.25	1.0	0.80	0.68	0.55	0.45	0.39	0.35	0.26	0.21
0.40	1.40	1.25	1.0	0.82	0.72	0.59	0.50	0.44	0.40	0.30	0.25
0.45	1.40	1.25	1.0	0.84	0.76	0.63	0.55	0.50	0.45	0.34	0.29
0.50	1.40	1.25	1.0	0.87	0.80	0.68	0.60	0.55	0.50	0.39	0.33

　　径流系数定义为径流量在总降水量的百分比。径流系数的大小主要受汇水区域内地表类型的影响。不同的地表类型其径流系数也不相同。常见的地表类型对应的径流系数如表10-4所示。当汇水区域内有多种类型的地表种类时，应分别为每种类型选取径流系数后，按相应的面积大小取加权平均值。

表 10-4　不同地表类型的径流系数(ψ)

地表种类	径流系数	地表种类	径流系数	地表种类	径流系数	地表种类	径流系数
陡峻山地	0.75~0.90	软质岩石坡面	0.50~0.75	平坦耕地	0.45~0.60	水田水面	0.70~0.80
起伏山地	0.60~0.80	细粒土坡面	0.40~0.65	落叶林地	0.35~0.60	硬化坡面	0.90~0.95
硬质岩石坡面	0.70~0.85	粗粒土坡面	0.10~0.30	针叶林地	0.25~0.50		

10.2.2.2　排水沟管的泄水能力

　　沟管的泄水能力按照式(10-4)确定：

$$Q_c = vA \tag{10-4}$$

式中，Q_c 为设计的泄水能力(m^3/s)；v 为平均流速(m/s)，可根据曼宁公式(10-5)计算确定；A 为过水断面(m^2)。

$$v = \frac{k}{n} R_h^{2/3} S^{1/2} \tag{10-5}$$

式中，k 为转换常数，国际单位制中取 1；n 为曼宁系数，使用时可查表选用；R_h 为水力半径(m)；S 为沟渠坡度(°)。

　　如果沟渠断面为浅三角开沟过水断面，则其泄水能力 Q_c 应按修正公式(10-6)计算：

$$Q_c = 0.377 \frac{1}{i_h n} h^{\frac{n}{3}} I^{\frac{1}{2}} \tag{10-6}$$

式中，i_h 为沟或过水断面的横向坡度；i 为沟的纵向坡度；h 为沟或过水断面的水深(m)；n 为沟或过水断面的糙率。

依据《公路排水设计规范》(JTG/T D33—2012)对排水沟的允许流速规定,明沟的最小允许流速为 0.4m/s,暗沟的最小允许流速为 0.75m/s;明沟的最大允许流速,在水深为 0.4~1.0m 时,根据表 10-5 取用,在此水深范围外的允许值,以表 10-5 列值乘表 10-6 中相应的修正系数得到。

表 10-5　明沟的最大允许流速　　　　　　　　　单位:m/s

	亚砂土	亚黏土	黏土	草皮护面	干砌片石	浆砌片石	水泥混凝土
允许最大流速	0.8	1.0	1.2	1.6	2.0	3.0	4.0

表 10-6　最大允许流速的修正系数

	$h<0.4m$	$0.4m<h\leqslant1.0m$	$1.0m<h<2.0m$	$h\geqslant2.0m$
修正系数	0.85	1.00	1.25	1.40

10.3　地下排水渗沟

渗沟适用于地下水埋藏浅或无固定含水层的土质边坡,用于排除坡体浅表层的地下水。渗沟在整治中小型的浅层滑坡中可起到良好作用,具体表现为:疏干表层土体,增加坡面稳定性;截断及引排地下水,防止土体细颗粒的冲移和侵蚀。渗沟如设置到浅层滑动面以下,还可以起到支撑土体作用。

当坡面无集中地下水,但土质潮湿、含水量高,如高液限土、红黏土、膨胀土边坡,设置渗沟能有效排泄坡体中地下水,提高土体强度,增强边坡稳定性。渗沟按其作用不同,常常分为截水渗沟、支撑渗沟和盲沟等。

10.3.1　排水渗沟基本要求

边坡渗沟应垂直嵌入边坡坡体,其基底宜设置在含水层以下较坚实的土层中;其平面形状宜采用条带形;对范围较大的潮湿坡体,可增设支沟,按分岔形布置或拱形布置。渗沟应每隔 30m,或在平面转弯、纵坡变坡点等处设置检查、疏通井。

渗沟迎水面应设置反滤层,在背水面和底面应设置防渗层。防渗层可采用复合土工膜等材料,在渗流沟的迎水面反滤层可采用砂砾石或透水土工布。采用砂砾石反滤层时,应采用颗粒大小均匀的碎、砾石分层填筑,渗沟的渗水部分应采用洁净的透水性粒料充填,粒料中粒径小于 2mm 的细粒料含量不得大于 5%,回填粒料外围应设置反滤层;采用土工织物反滤层时,宜采用无纺土工布,土工布反滤层采用缝合法施工时,土工布的搭接宽度应大于100mm,铺设时应紧贴保护层,不宜拉得过紧,可在土工织物与沟壁间增设一层厚 0.1~0.15m 的中砂反滤层。渗沟渗水材料顶面不应低于坡面原地下水位,透水性回填料的顶部应覆盖厚度不小于 15cm 的不透水填料。

渗沟应尽可能采用较大的纵坡坡度。其最小纵坡坡度一般不小于 0.5%;条件困难时,主沟的最小坡度不得小于 0.25%,支沟的最小坡度不得小于 0.2%。渗沟出口段宜加大纵坡,出口处宜设置栅板或端墙,出水口应高于坡面排水沟槽常水位 200mm 以上。

当设置管式渗沟时,排水管管径不宜小于 150mm,可选用带孔的硬塑料管、软式透水管等。带孔的排水管,透水孔的内径宜为 5～10mm,纵向间距宜为 75mm,按 4 排(管径 < 300mm)或 6 排(管径 ≥ 300mm)对称地排列在圆管断面的下半截,如图 10-3(a)所示;带槽的排水管,槽口的宽度宜为 3～5mm,按两排间隔 165° 对称地排列在圆管断面的下半截,如图 10-3(b)所示。圆孔与槽孔布设应满足表 10-7 所列要求。排水管周围回填透水性材料,管底回填料厚度不得小于 15cm,管两侧的回填料宽度不小于 30cm。

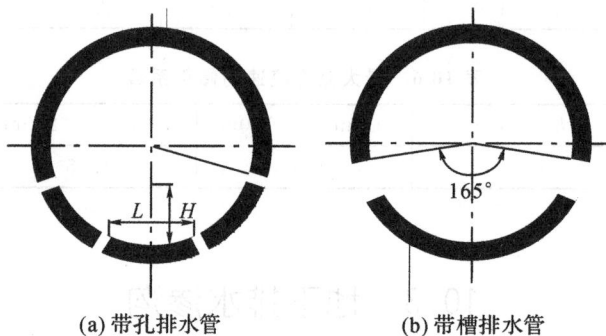

(a) 带孔排水管　　　　　　　　(b) 带槽排水管

图 10-3　排水管的圆孔和槽孔布置

表 10-7　带孔排水管的槽孔布置尺寸要求

管径 /mm	圆孔			槽口		管径 /mm	圆孔			槽口	
	排数	H /mm	L /mm	长度 /mm	间距 /mm		排数	H /mm	L /mm	长度 /mm	间距 /mm
150	4	70	98	38	75	300	6	140	195	75	150
200	4	94	130	50	100	380	6	173	244	75	150
250	4	116	164	50	100	460	6	210	294	75	150

在寒冷地区,应注意渗沟埋置深度不应小于当地的冻结深度,可采用炉渣、砂砾、碎石或草皮等设置保温层,对出水口应采取防冻措施。

边坡上的渗沟宜从下向上分段间隔开挖,开挖作业面应根据土质选用合理的支撑形式,并应随挖随支撑、及时回填,不可暴露太久。

10.3.2　截水渗沟设计

当滑坡范围外有丰富的地下水进入滑坡体时,为了使地下水在流入滑坡体之前就被拦截引离,可在垂直于地下水流方向上设置截水渗沟。它适用于地下水位埋藏深度在 15m 以内,地下水量较大且为单向流动的滑坡。

截水渗沟设计时一般应符合下列规定:

①截水渗沟的位置,一般在滑坡体的后缘及其周围,距滑坡可能发展的范围以外不小于 5m 的稳定土体中,其平面位置呈折线或环状形。

②截水渗沟的沟底宽度一般不应小于 1.0～1.5m,随着沟深的加大,沟底也要相应加

宽。截水渗沟沟底纵坡要使水流能够夹带泥砂,故应采用较陡的纵坡坡度,一般排水纵坡不得小于 4%～5%。

③截水渗沟的填料选用碎石、卵石、粗砂或片石,以有利于排水。在截水渗沟背水面沟壁处应设置隔渗层,以防止地下水透过截水渗沟后又渗入滑坡体。隔渗层可用黏土或浆砌片石,其厚度一般为 0.3～0.5m(见图 10-4)。

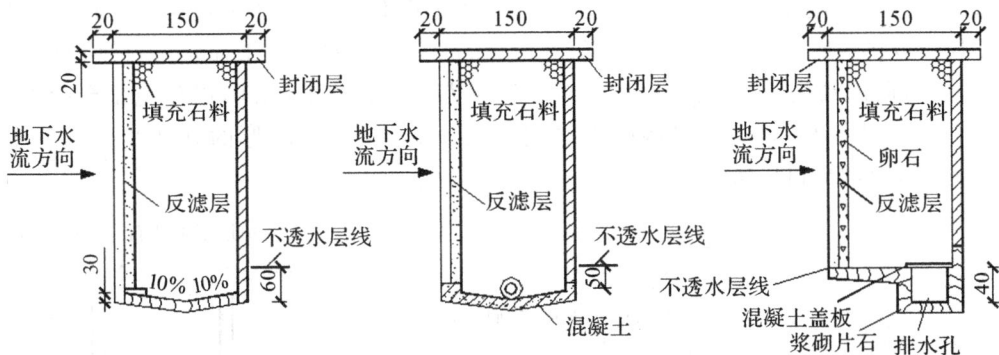

图 10-4　典型截水渗沟断面形式

注:图中尺寸单位为 cm。

④截水渗沟的迎水正面应设反滤层,其厚度一般为 45～60cm。截水渗沟的基底应埋入含水层以下的不透水层或基岩内,以拦截流入滑坡体的地下水并排出滑坡体之外。

⑤当沟底并非埋入完整基岩时,为防止沟底冲刷或被水泡软,一般用浆砌片石砌筑沟槽。截水渗沟的排水管高度不应小于 1m,以方便养护人员检查疏通。

⑥为了防止地表及坡面流泥渗入沟内堵塞填料空隙,在截水渗沟的表面应设置适当的隔水层封顶。当地表坡度较大时,可夯填黏土,作隔水层,其最小厚度应大于 0.5m。黏土表面应呈弧形凸起,可以防止当黏土或填料沉落时渗沟顶面形成积水的凹坑,同时也可以作为截水渗沟位置的标志。

⑦为了防止地表水沿缝隙渗入截水沟内,也可在夯填黏土前先将截水渗沟表面的回填片石大面朝上砌筑平整,并在其上面先均匀铺一层小碎石,然后再铺上一层草皮作为隔离层,防止地表水下渗。

⑧由于截水渗沟一般深而长,因此为便于维修与疏通,在直线段应每隔 30～50m 或转弯、变坡处设置检查井,并在检查井井壁处设置若干泄水孔。

10.3.3　支撑渗沟设计

支撑渗沟其主要作用为支撑不稳定土体兼引排土体中的地下水或上层滞水,疏干土体。支撑渗沟主要适用于下列情况:①有较深层(2～10m)滑动面的不稳定边坡;②路堑、路堤坡脚的下部;③在自然沟谷沟壁,由渗流形成的滑塌处;④堆积层或风化岩层边坡上的渗水处;⑤滑坡堆积体的地下水露头处;⑥抗滑挡墙背后与挡墙配合使用。

支撑渗沟分布形式有主干和支干两种。主干一般沿滑坡移动方向平行修筑。支干应根据坡面汇水情况合理布置,一般其方向可与滑坡移动方向成 30°～45°的交角,并可伸展到滑坡体以外,起拦截地下水的作用。若滑坡推力大,范围广,则可采用抗滑挡墙与支撑渗沟相配合使用,以支撑滑坡体。

支撑渗沟的设计一般应符合下列规定:

①支撑渗沟的深度一般以不超过 10m 为宜,同时深度不宜小于 1.5m;断面可采用矩形,宽度一般为 2~4m。其基底应设在滑动面以下的稳定地层内,并设置 2%~4%的排水纵坡。

②当滑面较陡时,为了加强支撑渗沟的支撑作用,应将沟底基脚筑成台阶形(见图 10-5),将沟底埋入稳定的岩土层内。台阶的宽度视实际需求而定,台阶宽度应不小于1~2m,台阶的高度不应太高,高度与宽度比应为 1:1.5~1:2.0,以免施工台阶本身形成坍塌。为防止淤积,在支撑渗沟的进水侧壁及顶端应做 0.2m 厚的砾砂及砂砾反滤层。在寒冷地区,渗沟出口应考虑防冻措施。

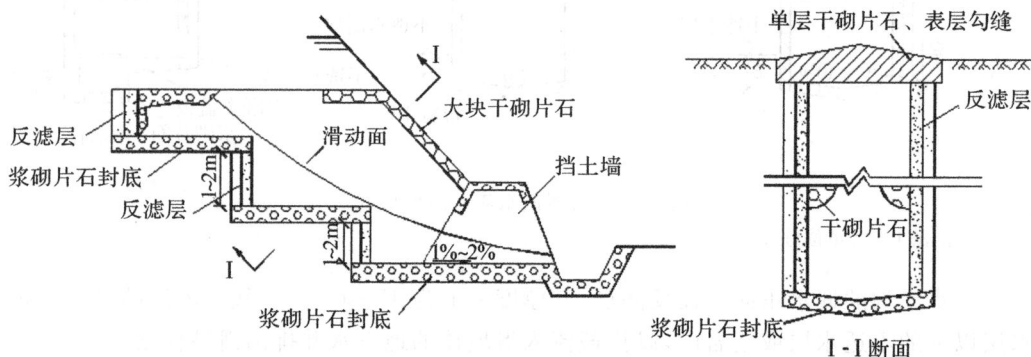

图 10-5　典型支撑渗沟典型截面

③支撑渗沟填料应为坚硬片石,可使渗沟具有良好的透水性和支撑作用。为保证排水效率,支撑渗沟常常成群使用,间距应根据被疏干滑坡体的类型和地下水分布状况、流量大小而定,一般为 6~8m,最小的可为 3~5m,最大不超过 15m。

④在多雨地区,支撑渗沟宜布置成短而密的形式。支撑渗沟出露部分应用石块砌筑完整,在支撑渗沟顶部,一般不设置隔渗层,用大块片石铺砌表面即可,必要时为防止地表水及坡面流泥渗入沟内堵塞填料空隙,可在沟顶铺设夯填黏土,其厚度至少为 0.5m,黏土表面夯成弧形凸起,在黏土与填料间应倒铺一层草皮或草垫,以防止黏土落入渗沟填料中。支撑渗沟的结构形式主要有直条形、枝叉形和拱形。不同土质地段支撑渗沟间距,可根据当地工程实践经验确定,或根据表 10-8 所示的参考值确定。

表 10-8　支撑渗沟横向间距参考

	黏性土	粉土	砂土	破碎岩层
间距/m	6.0~10.0	8.0~12.0	10.0~15.0	15.0

10.3.4　盲沟设计

盲沟主要利用其透水性将地下水汇集到沟内,并沿沟排至指定地点。盲沟最宜用来排除分布于自地表到地表下 3m 以内的地下水。盲沟是在挖到预定深度的沟中砌成石笼,或是在沟中铺填碎石或安设透水混凝土管的盲暗沟。

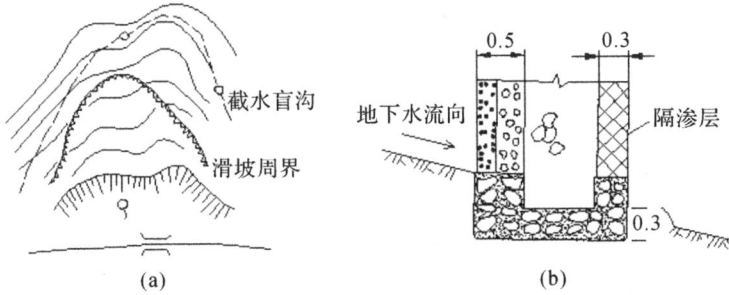

图 10-6　盲沟平面布置与结构

注:图中尺寸单位为 m。

盲沟设计时一般应符合下列规定:

①盲沟一般修建在滑坡可能发展的范围以外不小于 5m 的稳定岩土体中,并与地下水的流向大角度相交,平面分布形式为折线或环状,如图 10-6 所示。

②沟底应尽可能埋入最低一层含水层以下的不透水层或基岩内,为了防止漏水,在盲沟底部应做防渗处理。沟底应具有 1‰~2‰ 的纵坡,出水口的底面高程应高出沟外最高水位 20cm,以防水流倒渗。

③在盲沟的上面和侧面则设置砂砾组成的过滤层,以防淤塞,在集水量较大的情况下,也可用有孔的管道。集水暗沟过长时,会引起管道淤塞,一般每隔 20~30m 需设置一个集水池或检查井,其端头与地表排水沟或排水暗沟连接起来。

④沟槽内应全部填满颗粒材料,其中底部和中间填以粒径较大(3~5cm)的碎石。在粗粒碎石两侧和上部,逐层填以较细的粒料,逐层填放的粒径大致按 6 倍递减。

⑤寒冷地区的盲沟,应做防冻保温处理或将盲沟设在冻结线以下。同时盲沟应设置土工织物或粒料反虑层,以防淤塞盲沟,失去排水功能。

10.3.5　渗沟水文水力计算

10.3.5.1　渗沟渗流量计算

如图 10-7 所示,当渗沟底部挖至或挖入不透水层,且不透水层的横向坡度较小时,可采用地下水自然流动速度近于零的假设,按式(10-7)~(10-10)计算单位长度流入沟内的流量。

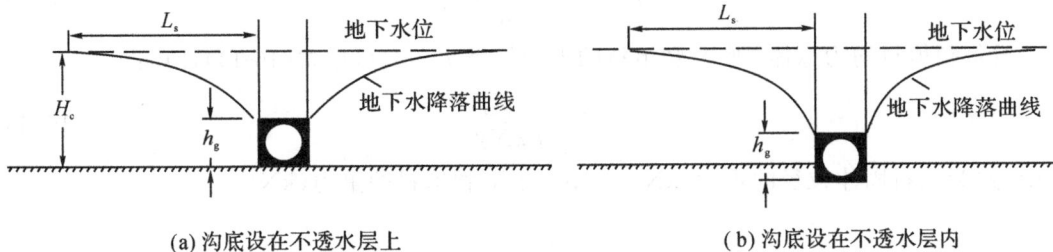

图 10-7　不透水层坡度较小时的渗沟流量计算

$$Q_s = \frac{k(H_c^2 - h_g^2)}{2L_s} \tag{10-7}$$

$$h_g = \frac{I_0}{2 - I_0} H_c \tag{10-8}$$

$$L_s = \frac{H_c - h_g}{I_0} \tag{10-9}$$

$$I_0 = \frac{1}{3000\sqrt{k}} \tag{10-10}$$

式中，Q_s 为表示每延米长渗沟由沟壁一侧流入沟内的流量 $[\text{m}^3/(\text{s} \cdot \text{m})]$；$H_c$ 为含水层地下水位的高度（m）；h_g 为渗沟内的水流深度（m）；k 为含水层岩土体的渗透系数（m/s）；r_s 为地下水位受渗沟影响而降落的水平距离（m）；I_0 为地下水位降落曲线的平均坡度。

如图 10-8 所示，不透水层的横向坡度较大时，可按式（10-11）计算单位长度渗沟由沟壁一侧流入沟内的流量 Q_s。

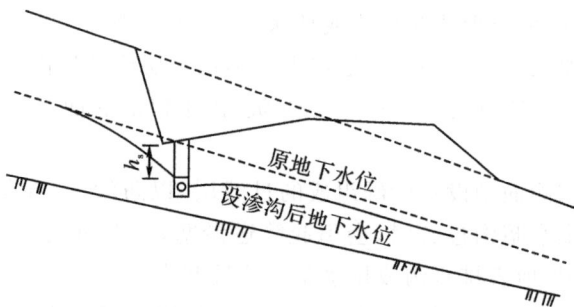

图 10-8　不透水层横向坡度较大时渗沟流量计算

$$Q_s = kih_s \tag{10-11}$$

式中，h_s 为渗沟位置处地下水的下降幅度（m）；i 为水力梯度（m/m）；k 为渗透系数（m/s）。

10.3.5.2　填石盲沟泄水量计算

盲沟（填石渗沟）泄水能力 Q_c 应按式（10-12）计算。

$$Q_c = wk_m \sqrt{i_z} \tag{10-12}$$

式中，w 为渗透面积（m^2）；k_m 为紊流状态时的渗流系数（m/s），当已知填料粒径 d（cm）和孔隙率 n（%）时，按式（10-13）计算，也可参考表 10-9 确定。

$$k_m = \left(20 - \frac{14}{d}\right) n \sqrt{d} \tag{10-13}$$

设每颗填料均为球体，则 N 颗填料的平均粒径 d（cm）可按式（10-14）计算：

$$d = \sqrt[3]{\frac{6G}{\pi N \gamma_s}} \tag{10-14}$$

式中，γ_s 为填料固体粒径的重度（kN/m^3）；G 为 N 颗填料的重力（kN）。

表 10-9　排水层填料渗透系数

换算成球形的颗粒直径 d/cm	排水层填料孔隙率/%		
	0.40	0.45	0.50
	渗透系数 k_m/(m·s^{-1})		
5	0.15	0.17	0.19
10	0.23	0.26	0.29
15	0.30	0.33	0.37
20	0.35	0.39	0.43
25	0.39	0.44	0.49
30	0.43	0.48	0.53

10.4　仰斜排水孔

仰斜排水孔一般采用不小于 6°的仰斜角,坡体地下水在重力作用下沿排水孔自然流出。仰斜排水孔于 1939 年美国加利福尼亚州滑坡治理中首次得到应用,目前世界各国均已将仰倾式排水孔作为滑坡排水处置的重要手段,被广泛用于边坡排水工程中。

10.4.1　仰斜排水孔基本要求

仰斜排水孔具有施工方便和造价低的优势。广泛应用于引排边坡岩土体内地下水,如图 10-9 所示,通过在坡面上打排水孔,疏干地下水,以解除渗透压力,达到保障坡体稳定性的目的。仰斜排水孔设计应满足下列基本要求:

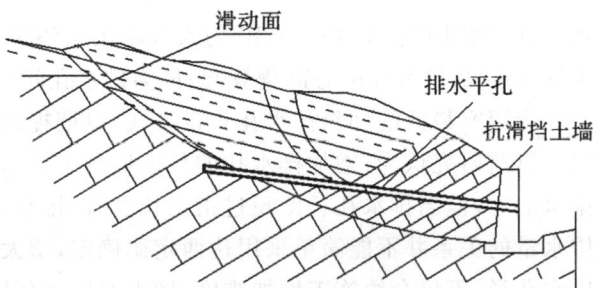

图 10-9　仰斜排水孔

①用于引排边坡内地下水的仰斜排水孔的仰角不宜小于 6°,长度应伸至地下水富集部位或潜在滑动面,宜根据边坡渗水情况成群分布。

②仰斜排水孔排出的水宜引入排水沟予以排除,其最下一排的出水口应高于地面或排水沟设计水位顶面,且不应小于 200mm。

③仰斜排水孔成孔直径宜为 75~150mm,孔深应延伸至富水区。

④仰斜排水管直径宜为 50~100mm,渗水孔宜采用梅花形排列,渗水段裹 1~2 层无纺土工布,防止渗水孔堵塞。

⑤排水管应具有足够的刚度和强度,在保证本身完整的同时,防止出现孔壁坍塌。

⑥为保证排水孔排水通畅,排水孔钻进不应采用泥浆护壁的施工方法。

⑦在平面上,依据滑坡体内水文地质条件的不同,排水孔可布置为平行排列或扇形放射状排列,原则上其方向应与滑动方向相一致,以减少因滑坡滑动而破坏。在立面上,排水孔

进深一般要穿过或伸入滑床,并根据要求排除的地下水层数、疏干的范围,布置单层或多层排水孔。排水孔一般需埋于地下水位以下,隔水层顶板之上,尽量扩大其渗水疏干面积。

⑧钻孔施工必须搭建稳定的钻探平台,或开挖形成钻探施工平台,确保钻孔倾角的有效控制。钻孔过程发生坍孔时须跟管钻进。应在钻孔过程中做好钻进情况记录。成孔后,拔出套管前,立即安装透水管。

10.4.2 仰斜排水孔布设

仰斜排水孔利用孔洞的强导水作用,地下水由渗透性小的土体流向渗透性大的滤水管中,而后仅在重力作用下排出坡体。其排水效果的影响因素有排水孔的位置、数量、孔长、孔径、孔间距等。不同布设方式的仰斜排水孔将直接影响边坡渗流场的分布,进而影响排水孔的排水降压效果。而且排水孔一般数目众多,工程量大,排水孔布设对工程质量及投资成本都有着显著的影响。

由于仰斜排水孔安装位置深入边坡体内部,其排水能力需要综合考虑地下水及地质条件等多方面因素,工程设计中常借助数值方法来进行排水孔幕的布设。排水孔的间距应视滑坡体含水层渗透系数和要求疏干的程度而定,一般采用 $3\sim6m$ 为宜。具体排水间距的确定可参考公式(10-15)。

$$R = \frac{\pi k h_{\max}}{W(\ln\frac{R}{2r_w} - 1 - \frac{2r_w}{R})} \tag{10-15}$$

式中,r_w 为排水孔半径(m);W 为大气降雨入渗量(m^3/d);k 为渗透系数(m/d);$h_{\max}$ 为最大水深(m),从排水孔中心高程算起;R 为排水孔间距(可用试算法确定)(m)。

为探究最佳的仰斜排水孔布设方式,以期提高其排水工作效率,许多学者开展了相关研究。目前研究认为:增加排水孔的长度比减小排水孔间距或增加排水孔数量都更能提升其排水能力,但当排水孔长度超过指定长度时,排水的提升量越来越小;仰斜排水孔的孔径与排水量的关系并不能简单采用达西定律确定,增大孔径一定程度会增大排水量,但盲目增大排水孔径,不仅会给施工增加难度,增大对周围环境的扰动,且排水量的增大效果也并不佳,实际工程中宜采用孔径为 110mm 的钻孔。

10.4.3 仰斜排水孔的回渗与淤堵问题

10.4.3.1 仰斜排水孔防止回渗

目前边坡使用的仰斜排水孔大多为全周全长范围内透水,当排水孔用于土质边坡时,孔底地下水在沿排水孔外流过程中,经过地下水位线以上孔段后会重新回渗到坡体(见图10-10)。回渗不仅失去排水效果,而且会使排水孔发生淤堵。虽然排水孔常采用的透水管外裹土工布的方法能防治淤堵,能够阻止大颗粒泥沙石块进入排水管,但是实际应用中,仍有细小的泥沙颗粒进入透水管内。地下水在沿排水管外流过程中,进入地下水位线以上孔段后,回渗改变了排水孔的渗流路径,易造成泥沙在透水管中沉积。

针对仰斜排水孔孔底回渗问题,目前工程上常通过改变透水管的打孔方式解决,如采用横断面上部透水下部不透水或内段透水(见图10-11)、外段不透水的透水管(见图10-12)。

透水管横断面上部透水下部不透水。该方法在工程中应用广泛,通常采用 PVC 排水管

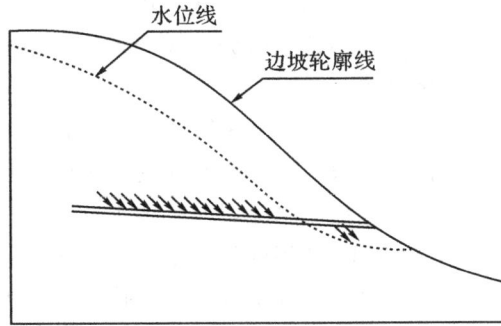

图 10-10　透水管回渗问题

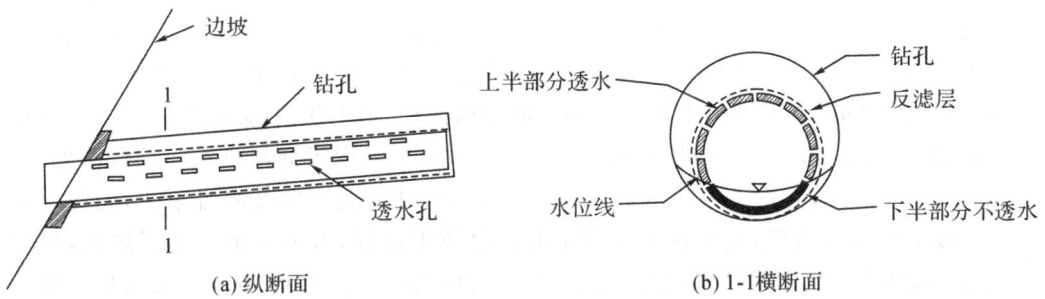

(a) 纵断面　　　　　　　　　　　　　(b) 1-1横断面

图 10-11　排水管下部不透水结构断面图

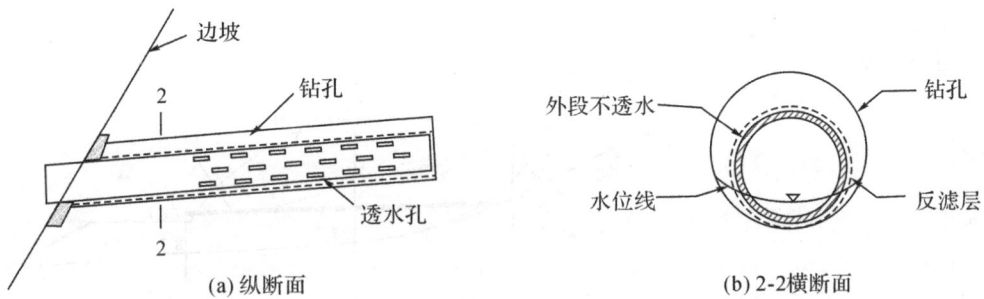

(a) 纵断面　　　　　　　　　　　　　(b) 2-2横断面

图 10-12　排水管内段透水、外段不透水结构断面图

横截面上部 2/3 范围做成花管用于渗水,下部不透水区域用于集水,管外包纱网或土工布,如图 10-11 所示。但该方法存在两方面问题:一方面是横截面透水部分的比例难确定,若透水部分占比过小,进入排水孔内的地下水有限,单个排水孔的减压排水能力下降,需大量增设排水孔,若透水部分占比过大,又无法解决地下水回渗问题;另一方面是安装排水管时控制不透水部分位于钻孔的下部较困难。

透水管内段透水、外段不透水。如图 10-12 所示,该方法根据边坡地下水位,将排水管位于富水区的内段设置为全周范围透水的花管,位于非富水区的外段设为不透水管用于防止地下水回渗问题。内段透水、外段不透水的排水孔结构相对于横截面上部透水下部不透水结构而言,安装较方便,但却存在着排水孔不透水段长度难确定的问题。随着天气、气候、季节等因素的变化,地下水位线会发生动态波动,同一边坡的地下水位线在雨季和旱季时区别很大,因而,难以保证排水管透水与不透水段分界线全年处于地下水位线附近。

10.4.3.2 仰斜排水孔淤堵处置

由于仰斜排水孔倾角较小,使用过程中管壁的透水孔易被土颗粒或化学沉淀物堵塞。一般刚修成时出水较多,随着时间的推移,仰斜排水孔的排水能力逐渐下降,一般5~6年后出水减少,甚至不再出水,致使大量的地下水滞留在坡体中,给边坡的安全带来隐患。

事实上,深长的仰斜排水孔会在1~2年内就发生淤堵。龙游县官家村滑坡后缘有大范围的汇水斜坡区域,且表层岩土结构松散,降雨入渗条件良好。滑坡地质剖面如图10-13所示,滑体组成物质为碎石土、含碎石粉质黏土,主体部分属古滑坡堆积,接受大气降水和山上土体渗流补给,地下水埋深3.20~21.0m,滑床为较完整中风化晶屑凝灰岩,属隔水层。古滑坡宽650m,最大斜长约为260m,投影面积约为11.3万 m^2,按平均厚度20m计,体积约为226万 m^3。2002年底,坡脚公路建设开挖施工,受降雨影响,开挖坡面出现小规模塌方及出露泉点等现象,山坡上出现裂缝,随时间过程变形破坏范围逐渐增大。随后采取了削坡卸荷、抬高路面等措施,但山坡上仍有新的裂缝不断出现,原有裂缝继续扩展,护坡墙出现裂缝,公路内侧路基隆起,滑坡在进一步活动变形。2003年采用了仰斜排水孔进行深部排水,采用上倾5%的坡率,孔深80~120m(如果在ZK3和ZK4间布置虹吸排水孔,孔深仅需要20m),对该滑坡进行治理,完成排水孔施工时出水效果很好,滑坡变形得到了遏制,但随着时间的推移,排水孔出水量逐渐减小,排水效果不再明显。2005年,坡体上又出现了部分新的裂缝,原有裂缝局部再次变形,公路边沟变形、路面隆起。最后不得不采用地下排水洞和抗滑桩相结合的方法控制滑坡的变形发展。

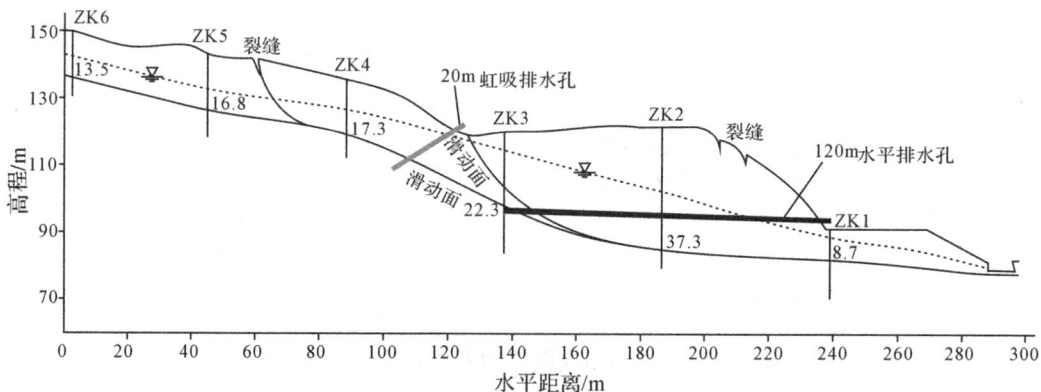

图 10-13 官家村滑坡布设的仰斜排水孔

注:ZK3 和 ZK4 间布置的虹吸排水孔为假设的可布孔方式。

仰斜排水孔的淤堵大致可以分为机械、化学、生物、综合等4类,机械淤堵是细颗粒土因孔内水流速度较小而发生的沉积,化学淤堵是岩土中的部分物质在水环境条件下发生化学反应而产生的沉淀,生物淤堵是坡面植被的根茎深入浅部仰斜排水孔中进而堵塞住排水管,综合型淤堵为以上多个因素相伴出现造成仰斜排水孔淤堵。对边坡仰斜排水孔淤堵物质进行分析发现,排水孔的淤堵大多属于机械淤堵,淤堵物主要为粒径小于0.075mm的黏土颗粒。

仰角小引起的孔内水流速度小是造成仰斜排水孔淤堵的主要原因,随着仰斜排水孔仰角的增大,管内泥沙沉积量一般呈现先迅速降低后趋于稳定的规律。因而,仰斜排水孔理论上存在一个最佳打设角度。一定程度上,增大仰斜排水孔仰角有利于防治淤堵。

仰斜排水孔实际运行中,由于降雨的间歇性,排水也必然是间歇的。这种间歇性排水的特性也是影响仰斜排水孔淤堵的重要原因之一。每次降雨排水后,进入孔内的泥沙大量沉积,而新形成的沉积物网架一般为高度蜂窝状的结构。仰斜排水孔间歇性排水特性使原沉积物结构在自重或其他外力的作用下处于较密实的平衡状态,密度和黏结力增大,抵抗冲刷的能力也加强。因而,随着降水的间歇时间加长,泥沙沉积量逐渐变大。

同时,全周全长透水的仰斜排水孔结构常存在的回渗问题也会加重排水孔的淤堵现象。回渗问题使得渗流路径发生改变,水流流经渗水段时,流速下降,易造成泥沙在地下水位线以上孔段内的沉积。

针对仰斜排水孔淤堵问题,20世纪90年代日本最先采用超高压射水清孔的方法,该方法仍然是目前最常见的清孔方法。国内学者多采用改变排水孔结构的方法解决淤堵。田卿燕等(2016)提出采用可更换的内外双层排水管结构来防治仰斜排水孔的淤堵,外层排水管主要作用是保护孔壁,一旦淤堵发生,内层排水管可以方便快捷地抽取、更换其外包过滤材料,从而达到提高排水孔耐久性的要求。定培中等(2016)提出在传统排水管壁内设置一个可拆卸的多孔泡沫塑料过滤器,使进入排水管内的淤堵物大多沉积于过滤器内,排水孔淤堵后可通过更换或清洗过滤器

10.4.4　仰斜排水孔与集水井等联合使用

来恢复管井的排水能力。

仰斜排水孔可单独使用,也可与砂井、竖孔、竖向集水井等联合使用。与砂井或竖孔联合使用时,用砂井或竖井汇集滑坡体内的地下水,用平孔连砂井或竖孔把水排出;与竖向集水井联合使用时,如图10-14所示,可在其井壁上打设短的水平钻孔,使附近的地下水汇集到集水井中,再在坡面上设置水平钻孔,使竖向集水井中的集水自然地流到滑坡体外。

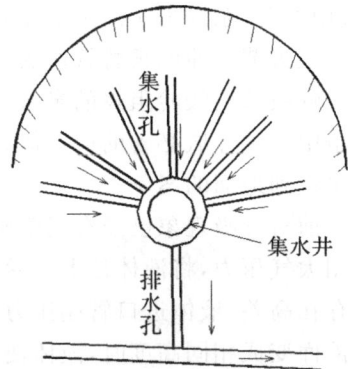

图10-14　与竖向集水井联合应用

10.5　虹吸排水孔

虹吸排水孔采用俯倾钻孔,更有利于将地下水汇集到孔内,但边坡地下水位一般具有一定的埋深,故俯倾孔无法直接排出边坡的地下水,需要在钻孔中插入虹吸管,利用虹吸作用进行坡体排水。

边坡虹吸排水研究开始于20世纪80年代末,虽然开展了大量室内外研究工作,但始终没有解决虹吸的扬程限制问题和虹吸的长期有效性问题,制约了虹吸排水方法的推广应用,直到2016年,首部专著《斜坡虹吸排水理论与实践》的出版,才使虹吸排水孔成为滑坡排水的有效方法。

与仰斜排水孔相比,虹吸排水孔的优势有:①虹吸排水孔采用下倾钻孔,更有利于收集地下水;②可更大程度降低坡体的地下水位;③不会发生地下水沿排水孔流动过程中的回渗现象;④虹吸孔排水具很好的抗淤堵能力;⑤布孔位置选择更方便,钻孔长度可以大幅度减小,从而可大幅节约排水系统建设的成本。

与仰斜排水孔相比,虹吸排水孔的劣势有:①虹吸排水孔结构较复杂,施工质量控制要求更高;②除排水孔自身外,需要将虹吸排水管在坡面挖沟埋置;③由于虹吸排水管的内径小,各排水孔的排水能力有一定的限制,无法快速降低坡体地下水位。

10.5.1　虹吸原理

虹吸是一种利用液面高度差的作用力推动液体流动的物理现象(见图 10-15)。将液体充满一根∩形管,将开口高的一端置于装满液体的容器中,容器内的液体就会持续通过虹吸管从开口较低的位置流出,直到∩形管两端的液面高度相同。虹吸的实质是因重力和分子间黏聚力而产生液体流动。虹吸管内最高点液体在重力作用下往低位管口处移动,产生负压导致高位管口的液体被吸进管内并流向最高点,使液体源源不断地流入低位置容器。

人们很早就发现了虹吸原理,并开始在日常生活中应用。应用虹吸原理制造的虹吸管,在中国古代称"注子"、"偏提"、"渴乌"或"过山龙"。东汉末年出现了灌溉用的渴乌。西南地区的少数民族用一根去节弯曲的长竹管饮酒,也是应用了虹吸原理。宋朝曾公亮《武经总要》中,有用竹筒制作虹吸管把峻岭阻隔的泉水引下山的记载。中国古代还应用虹吸原理制作了唧筒,它是战争中一种守城必备的灭火器。宋代苏轼《东坡志林》卷四中,记载了四川盐井中用唧筒把盐水吸到地面的案例。

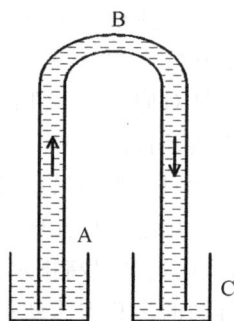

图 10-15　虹吸现象

当前对虹吸现象已经有很明确的认识,虹吸现象是液态分子间引力与位能差所造成的,即利用大气压力,将液体往上压后再流到低处的一种现象。在大气压力相同的情况下,由于液面存在高差,液体进口管端压力大于出口管端压力,导致液体在压力差作用下流动,容器间的液面变成相同高度时,液体便会停止流动。由图 10-15 可以看出,当容器 A 液面高于容器 C 液面,且虹吸管内充满液体,受液体重力作用,虹吸管顶点 B 处的压力下降,而容器 A 液面受到大气压力作用,使管口和管顶有一个明显的压力差,驱动容器 A 的液体向管内流动。考虑重力影响,一个标准大气压为 101.325kPa,水的重度为 1,在标准大气压条件下,A、B 之间的高差不能大于 10.336m,否则水流不能越过最高点 B,就不能启动虹吸。

山区坡面的大气压力会随高程增加而有所下降,虹吸的最大跨越扬程将小于 10.336m,不同高程对应的最大跨越扬程见表 10-10。当虹吸启动后,虹吸过程进入一个稳态流动过程。由于 A、C 之间的液面高差,两侧的虹吸管末端有一个压强差形成驱动力,使得容器 A 的液体向容器 C 流动,不考虑沿程水头损失和局部压降,理想状态下,当两侧液面持平时,虹吸现象停止。通过对虹吸现象的描述,我们知道要保证虹吸过程的持续进行,必须满足三个基本条件:①保证虹吸管顶部处于低压状态,即虹吸管内不能积聚过多的空气;②虹吸管顶点距离进水容器液面的高度,不能超过当地大气压所能维持的水柱的高度;③出水口液面高度必须低于进水口液面高度。

表 10-10　不同高程大气压折算水柱高度

	海拔高度/m				
	200	500	1000	2000	3000
水柱高度/m	10.09	9.74	9.16	8.16	6.97

将虹吸技术应用于斜坡排水,已有 30 余年的发展历史,但至今仍然未能得到推广应用,其原因在于没能解决如何避免虹吸系统崩溃的问题。斜坡虹吸具有间歇性、缓慢流动性以及需要高扬程等特性,虹吸管内的低压环境必然导致水流析出空气,如不能及时使析出的气泡随水流排出虹吸管,就会造成管内空气积累,最后导致虹吸过程中断。目前已经解决了间歇性高扬程虹吸过程持续有效的技术保障问题,已经具备推广虹吸方法应用于边坡工程排水的坚实基础。

10.5.2　虹吸排水孔基本要求

沿坡面走向上,尽可能保持各相邻虹吸排水孔控制的地下水位接近,尽可能避免出现部分排水孔处于长时间停流状态的现象。在剖面上,虹吸排水孔宜穿过渗透系数相对较高的地层,达到提高排水系统的有效性目的。

虹吸扬程应预留安全余度,可根据边坡所在区域可能出现的旱期长短确定,持续干旱期在 3 个月以内的地区可预留 3m 允许水位变动区,持续干旱期在 3~6 个月的地区预留 3.5m 水位变动区,持续干旱期在 6 个月以上的地区预留 4m 水位变动区。

应根据孔口与孔底相对高差确定是否在虹吸排水管的出水口设置平衡储水管。当孔口与孔底相对高差大于当地大气压对应的水柱高度时,出水口不设平衡储水管,使虹吸管出水口与孔口的高差大于当地大气压对应的水柱高度;当孔口与孔底相对高差小于当地大气压对应的水柱高度时,虹吸管出水口应设置平衡储水管,确保平衡储水管的出水口高程高于钻孔的底部,平衡储水管的管底高程低于钻孔的底部。

永久性排水工程应采用壁厚大于 2.5mm 的 PA 管作为虹吸管,或采用气密性更好的管材。采用单级虹吸技术方案时,永久性排水工程的虹吸管内径采用 4mm;采用梯级虹吸技术方案时,永久性排水工程的虹吸管内径采用 5~8mm。虹吸管长度根据实际情况取值,不得连接。虹吸管工作压力应大于 3MPa,爆破压力应大于 6MPa,工作温度为 −20~60℃。虹吸管材料必须采用全新料,不得采用再生料,以确保虹吸管具有良好的物理力学性能和抗老化能力。

每个虹吸排水孔一般放置 3~4 根虹吸管,捆扎后放入透水管内。虹吸管捆扎宜采用自锁式尼龙扎带,不得采用会发生锈蚀腐烂的材料。应确保工程使用期内虹吸管均不暴露地表。应保持虹吸管进水口和出水口均长期处于水面以下。

孔底储水管应满足以下功能要求:保持虹吸管的进水口始终处于地下水位以下;将泥沙隔离,避免泥沙堵塞虹吸管的进水口;利用其刚性和端头的圆润光滑特性,使透水管顺利插入钻孔到达孔底;避免孔底段产生过大的挤压变形,利于地下水的汇集。孔底储水管底部密封、顶部开口(见图 10-16),可采用 HDPE 材料制作,管的长度为 600~800mm,内径为 55~65mm。

透水管宜采用内撑 HDPE 打孔波纹管外织滤布(见图 10-17),应满足以下功能与规格要求:隔离粒径大于1mm的泥沙石块进入透水管内;有足够的透水能力,使坡体中的地下水顺利进入透水管内;在岩土体压力作用下,有足够的刚度抵抗变形,能保证虹吸管顺利插入透水管内到达孔底;透水管易于放入钻孔,现场安装方便。透水管不得连接。

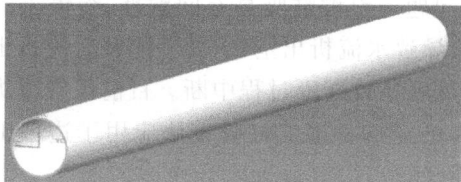

图 10-16　孔底储水管

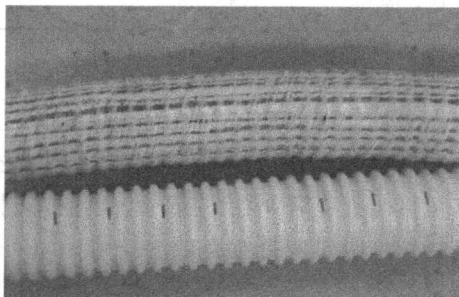

图 10-17　透水管:打孔波纹管外织滤布

HDPE 打孔波纹管性能应满足以下要求:最小壁厚不小于 0.5mm,最小进水面积不小于 $40cm^2/m$,扁平试验压至 1/2 不坏,落锤冲击不破裂,坠落试验不破裂。外包滤布性能指标要求:纵向抗拉强度不小于 1000N/5cm,纵横向伸长率不小于 12.0%,横向抗拉强度不小于 800N/5cm,顶破强度不小于 1100N,渗透系数 K_{20} 不小于 0.10cm/s,等效孔径 O_{95} 为 0.06 ~0.25mm。

坡面虹吸管布设应满足以下要求:应利用地形条件减小虹吸管的长度,特别应尽可能减小虹吸管顶部近水平段的长度;应保持坡面虹吸管布设呈单向降低,避免出现波浪起伏;布设在坡面的虹吸管,应埋入地表以下 0.5m 以上,或采用混凝土覆盖 0.3m 以上,应采用避免外力破坏的保护措施,并做好标记。

10.5.3　虹吸排水方案

虹吸排水方案包括单级虹吸和梯级虹吸两种。

单级虹吸排水剖面结构如图 10-18 所示,虹吸排水系统由下倾钻孔、透水管、虹吸排水管、孔底储水管组成。利用向下倾斜的钻孔进入坡体深部,通过调节倾斜钻孔的倾角确保孔口与孔底地下水位控制点的相对高差小于当地大气压对应的水柱高度,当坡体的地下水位上升超过钻孔内的地下水位控制点高程后,启动虹吸,实时排出坡体地下水。

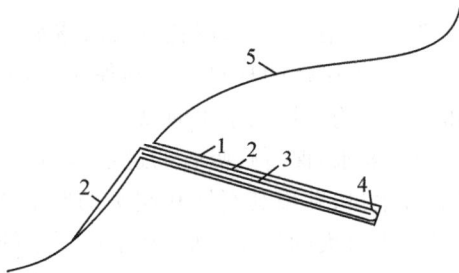

1—下倾钻孔;2—透水管;3—虹吸排水管;4—孔底储水管;5—坡面。
图 10-18　边坡虹吸排水结构

单级虹吸排水方案应用条件为:坡体地下水渗透系数小于 10^{-5}cm/s;设计计算工况下的单孔涌水量小于 $2m^3/d$;虹吸排水主要用于降低坡体的蓄水度,对拦截坡体径流的要求低;区域降雨匮乏,坡体地下水位瞬时大幅上升可能性小;潜在滑坡区外围地下水补给区域面积小;可能出现连续性旱季无地下水补给的时间大于 3 个月;虹吸管长度一般小于100m。

梯级虹吸排水剖面结构见图 10-19,梯级虹吸装置用于防止高扬程低水头差虹吸管内空气积累。梯级虹吸装置包括主虹吸排水系统与引起主虹吸管脉动流的次虹吸排水系统。主虹吸排水系统由钻孔、透水管、孔底储水管和虹吸排水管组成;次虹吸排水系统由水位升降管、次虹吸管和出水管组成。利用主虹吸排水系统实时高效排出边坡地层内多余的地下水;在主虹吸系统因低水头差而导致低流速的情况下,通过次虹吸排水系统的间歇性工作,水位升降管产生周期性水位变化,诱发主虹吸管产生脉动流,防止主虹吸管因长时间贴壁流产生空气积累,保证主虹吸系统的长期有效运行。

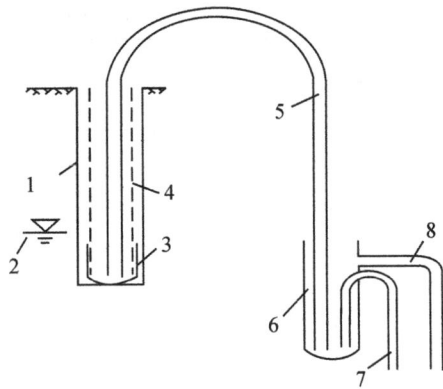

1—排水钻孔;2—孔内控制水位;3—孔底储水管;4—透水管;
5—主虹吸管;6—水位升降管;7—次虹吸管;8—出水管。

图 10-19　梯级虹吸装置结构

梯级虹吸排水方案应用条件为:坡体地下水渗透系数大于 10^{-5}cm/s;设计计算工况下的单孔涌水量小于 $2m^3/d$;虹吸排水既用于降低坡体的蓄水度,也对拦截坡体径流有较高要求;区域降雨丰富,坡体地下水位瞬时大幅上升可能性大;潜在滑坡区外围地下水补给区域面积大,过程降雨期间需要快速排水;出现连续性旱季无地下水补给的时间小于 3 个月;虹吸管长度一般大于 100m。

采用梯级虹吸排水方案时,次级虹吸排水系统应产生足够的水位波动值,避免主虹吸管产生空气积累,对应内径为 5mm、6mm、7mm、8mm 虹吸管,次级虹吸系统引起主虹吸管出水口水位波动值应分别大于 1.0m、1.2m、1.6m、2.0m。

10.5.4　虹吸排水孔设计要求

虹吸排水孔的基本要求有:应根据地下水位降深要求确定钻孔倾角和孔深,保证经虹吸排水后,潜在滑坡区的地下水位下降到稳定性的控制要求;虹吸排水能力应满足强降雨入渗引起的地下水位上升高度不超过控制地下水位;处于当地极限虹吸扬程以下的透水管长度宜不小于 10m。

虹吸管排水能力可参考实验测试值选取相似条件下的流量进行估算。当虹吸排水能力取决于扬程时,可按表 10-11 取值计算;当虹吸排水能力取决于进水口与出水口高差时,可参照表 10-12 取值计算;对于重要工程,应根据工程条件将模拟实验和理论计算相结合确定虹吸管排水能力计算参数。

表 10-11 单根虹吸管排水能力 单位:L/h

扬程/m	虹吸管直径	
	4mm	5mm
1	29.62	59.95
2	29.95	59.64
3	29.20	59.96
4	28.21	53.01
5	23.22	46.01
6	19.35	39.78
7	15.87	33.55
8	11.15	24.89
9	6.15	15.04
10	1.01	2.69

注:本表为进出水口高差大于 8m、虹吸管长度为 60m 的实验结果。

表 10-12 不同进出水口高差下单根虹吸管排水能力 单位:L/h

高差/m	虹吸管直径	
	4mm	5mm
1.07	2.40	6.48
3.00	6.76	15.11
5.08	9.35	20.62
7.03	10.17	22.48
8.10	10.24	22.28
9.00	10.57	22.62
10.33	10.43	22.61
11.00	10.43	22.37
12.60	10.45	22.94
16.80	10.32	22.55

注:本表为虹吸扬程 H_1 为 8m、虹吸管长度为 60m 的实验结果。

对于打设垂直钻孔的情况,在不考虑排水孔相互干扰条件下,各排水孔的涌水量与含水层厚度、水位降深等因素有关,可按照地下水向潜水完整井的稳定流量计算公式(10-10)计算:

$$q = 1.366 \frac{K_0 (H_0^2 - h_w^2)}{\lg(R/r_w)}$$ (10-16)

式中:K_0 为土体渗透系数(m/d);H_0 为虹吸排水前的水位(m);h_w 为虹吸排水后的水位(m);R 为影响半径(m),$R = 2(H_0 - h_w)\sqrt{HK_0}$;$H$ 为含水层厚度(m);r_w 为虹吸排水孔的半径(m)。

斜孔可参照式(10-16),以钻孔进入地下水位线以下的长度为含水层厚度进行估算。

进行单孔虹吸管排水能力设计时,可参考表 10-13 单孔涌水量计算结果,作为单孔虹吸管排水能力设计的依据。每个虹吸孔可采用多根虹吸管,以便满足排水能力要求。

表 10-13 单孔涌水量 单位:m³/d

渗透系数	孔底地下水位降深(s_w)			
	5m	10m	15m	20m
10^{-3} cm/s	10.39	35.85	74.67	126.10
10^{-4} cm/s	1.26	4.23	8.69	14.55
10^{-5} cm/s	0.16	0.51	1.04	1.72
10^{-6} cm/s	0.02	0.07	0.13	0.21

注:$r_w=3$cm。

虹吸管出水口的设计要求有:当虹吸排水孔的孔口与孔底相对高差大于当地大气压对应水柱高度时,增加钻孔长度,保证孔口与孔底相对高差大于当地大气压对应水柱高度 2m 以上,出水口不设置平衡储水管;当孔口与孔底相对高差小于当地大气压对应水柱高度时,虹吸排水的出水口应设置平衡储水管,并确保平衡储水管的出水口高程高于钻孔的底部、平衡储水管的管底高程低于钻孔的底部;在虹吸排水孔的孔口与孔底相对高差大于当地大气压对应水柱高度的条件下,虹吸管的出水口与孔口高差应大于 15m,并使虹吸管的出水口始终处于水面以下。

10.5.5　虹吸排水孔布置

虹吸排水孔设计应考虑下列要求:虹吸排水宜布置在地下水的水力梯度相对平缓的坡段;潜在滑坡有明显的抗滑段与滑动段时,应首先考虑降低抗滑段的坡体地下水位;坡体地质结构决定地下水渗流方式,虹吸排水孔的进水段,宜处于透水性相对较好的土层中,以便达到更好的集排水效果;受虹吸排水的最大扬程不超过当地大气压对应水柱高度的物理限制,应根据地下水埋深条件,选择地下水位埋深较浅的部位布置虹吸孔,以便减小钻孔深度;滑坡体厚度较小时,宜将排水的控制地下水位降低到滑动面以下;滑坡体厚度很大时,可以根据滑坡稳定性分析结果,决定是否需要将地下水位降低到滑动面以下;当坡体存在承压含水层时,虹吸排水孔应进入承压含水层。

排水孔排数确定宜考虑下列要求:对地质条件简单的中小型滑坡,一般在滑体中前部设置一排虹吸排水孔;对于纵向长度大或岩土渗透性差的边坡,可考虑将虹吸排水孔布置成两排或多排,进行分级截排水;排孔的延伸方向宜与潜在滑体地下水渗流方向大角度相交。

虹吸排水孔间距应根据岩土的渗透性和截排水的要求按下列方式确定:对应坡体的渗透系数为 10^{-3} cm/s、10^{-4} cm/s、10^{-5} cm/s、10^{-6} cm/s 时,一般可采用 6m、4m、2.5m 和 1.5m 的虹吸排水孔间距;对重要边坡,应根据岩土的渗透性以及排水拦截比的要求,通过计算分析确定;排水孔数量应满足降排地下水的能力要求。

10.5.6　虹吸排水拦截比计算

对于滑面以下岩土的渗透性很低的情况,一般可将穿过潜在滑面的虹吸排水孔作为潜水完整井考虑,排水计算中只把潜在滑动面以上部分坡体看作含水层。若是垂直虹吸排水

孔,地下水向潜水完整井渗流达到稳定状态后降水浸润曲线如图 10-20 所示,潜水位分布方程(浸润曲线方程)为:

$$h^2 = h_w^2 + (H_0^2 - h_w^2) \frac{\ln \dfrac{r}{r_w}}{\ln \dfrac{R}{r_w}} \tag{10-17}$$

式中,H_0 为潜水位水深(m);h_w 为排水孔水深(m);h 为任一点的水深(m);r_w 为排水孔半径(m);R 为排水孔影响半径(m);r 为任一点距离排水孔中心在水平方向的距离(m)。

对于无隔水层的情况,需要按非完整井进行相关计算,可参照有关地下水动力学的计算公式。虹吸排水钻孔在剖面上的影响半径宜通过试验或根据当地经验确定,在缺乏条件时,可按经验公式计算,潜水含水层:

$$R = 2s\sqrt{kH} \tag{10-18}$$

承压含水层:

$$R = 10s\sqrt{k} \tag{10-19}$$

式中,R 为降水影响半径(m);s 为水位降深(m);k 为渗透系数(m/d);H 为含水层厚度(m)。

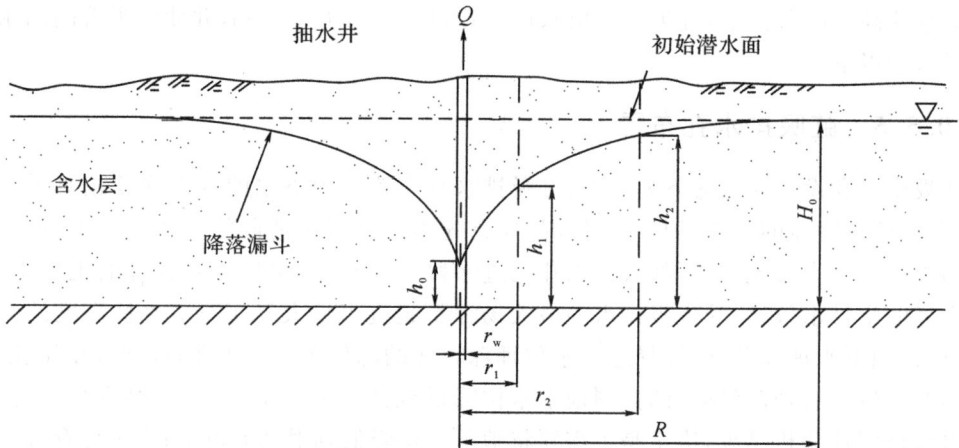

图 10-20   地下水向潜水完整井稳定流动的浸润曲线

虹吸排水孔的钻孔间距可根据影响半径 R 进行设计,并考虑边坡的地质环境条件,进行虹吸排水孔位间距调整,保证各虹吸排水孔位之间的影响半径有部分重叠而形成干扰井,使边坡虹吸排水后的水位降深能够确保潜在滑坡处于稳定状态。

群孔共同出水时,忽略群孔间的相互影响,根据对称性可得到地下水浸润线,如图 10-21所示,可根据边坡需要拦截的地下水流量,计算确定排水孔间距。

设置虹吸排水孔前边坡断面的地下水过水面积为 A、渗流量为 Q,设置排水虹吸孔后的边坡断面地下水过水面积为 A_s、渗流量为 Q_s,水力坡度为 j,渗透系数为 k,则拦截比 λ 为:

$$\lambda = \frac{Q_s}{Q} = \frac{A_s kj}{Akj} = \frac{A_s}{A} \tag{10-20}$$

如图 10-21,A_s 可按下式计算:

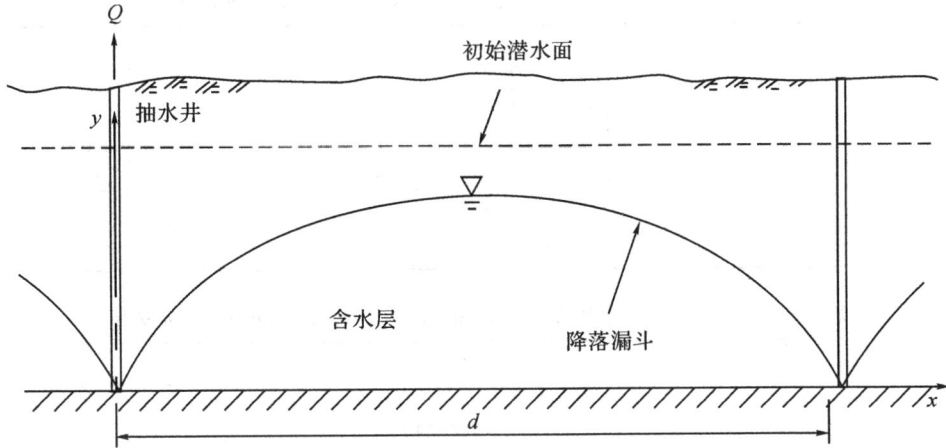

图 10-21　群孔出水时地下水浸润线

$$A_s = H_0 d - 2\int_{r_w}^{d/2} \sqrt{h_w^2 + (H_0^2 - h_w^2)\frac{\ln\dfrac{r}{r_w}}{\ln\dfrac{R}{r_w}}}\, dr \qquad (10\text{-}21)$$

假设潜水位水深 H_0 分别为 5m、10m、15m 和 20m，虽然一般钻孔直径大于 90mm，但考虑到钻孔的缩颈作用，最终的排水孔直径仅为透水管直径，故假定排水孔半径 r_w 为 3cm。考虑排水孔内的水位降深为 5m、10m、15m 和 20m，渗透系数分别为 10^{-3}cm/s、10^{-4}cm/s、10^{-5}cm/s、10^{-6}cm/s。根据式（10-21）可计算得到表 10-14 至表 10-17 所示的结果，可作为地下水径流拦截设计的孔间距选择参考。

表 10-14　排水孔内的水位降深为 5m、排水孔半径为 3cm 时的 λ-d 关系　　单位：m

渗透系数	拦截比 λ								
	90%	80%	70%	60%	50%	40%	30%	20%	10%
10^{-3}cm/s	0.11	0.18	0.3	0.51	0.95	1.95	4.48	11.69	34.87
10^{-4}cm/s	0.11	0.16	0.26	0.42	0.71	1.3	2.58	5.68	13.89
10^{-5}cm/s	0.11	0.15	0.22	0.33	0.52	0.85	1.48	2.77	5.59
10^{-6}cm/s	0.1	0.14	0.18	0.26	0.37	0.55	0.84	1.34	2.25

表 10-15　排水孔内的水位降深为 10m、排水孔半径为 3cm 时的 λ-d 关系　　单位：m

渗透系数	拦截比 λ								
	90%	80%	70%	60%	50%	40%	30%	20%	10%
10^{-3}cm/s	0.12	0.2	0.33	0.61	1.24	2.81	7.36	22.42	79.88
10^{-4}cm/s	0.11	0.18	0.28	0.5	0.92	1.87	4.25	10.89	31.84
10^{-5}cm/s	0.11	0.16	0.25	0.4	0.68	1.24	2.44	5.29	12.72
10^{-6}cm/s	0.1	0.15	0.22	0.32	0.5	0.81	1.41	2.58	5.12

表 10-16　排水孔内的水位降深为 15m、排水孔半径为 3cm 时的 λ-d 关系　　单位:m

渗透系数	拦截比 λ								
	90%	80%	70%	60%	50%	40%	30%	20%	10%
10^{-3} cm/s	0.12	0.2	0.35	0.68	1.44	3.48	9.84	32.84	129.88
10^{-4} cm/s	0.11	0.19	0.31	0.56	1.08	2.32	5.68	15.94	51.71
10^{-5} cm/s	0.11	0.17	0.27	0.45	0.8	1.54	3.27	7.74	20.62
10^{-6} cm/s	0.1	0.16	0.23	0.36	0.59	1.02	1.88	3.78	8.29

表 10-17　排水孔内的水位降深为 20m、排水孔半径为 3cm 时的 λ-d 关系　　单位:m

渗透系数	拦截比 λ								
	90%	80%	70%	60%	50%	40%	30%	20%	10%
10^{-3} cm/s	0.12	0.21	0.37	0.73	1.6	4.05	12.11	43.14	183.85
10^{-4} cm/s	0.11	0.19	0.33	0.6	1.2	2.7	6.97	20.88	72.96
10^{-5} cm/s	0.11	0.18	0.29	0.49	0.9	1.8	4.02	10.15	29.1
10^{-6} cm/s	0.11	0.16	0.25	0.4	0.66	1.19	2.32	4.94	11.66

10.5.7　边坡虹吸排水应用工程案例

205 国道 K1692 滑坡虹吸排水工程,建成于 2013 年,是首个免维护的永久性虹吸排水应用工程。其后,虹吸排水方法在 05 省道桐庐段改建工程焦山互通 B 匝道右侧边坡、余姚市浒溪线冷水孔段边坡、永靖县黑方台滑坡、宁海县桑洲镇的 3 处滑坡、松阳县范山头滑坡、缙云县外石亭边坡等多处滑坡灾害治理工程中得到了应用,取得了很好的排水效果。

10.5.7.1　205 国道 K1692 滑坡虹吸排水

205 国道 K1692 左侧边坡为一处古滑坡,滑坡体沿公路走向宽约 220 米,垂直公路长约 300 米。2005 年 6 月,开挖边坡锚喷表面出现裂缝,部分边坡表面钢筋被拉断,滑坡整体复活,采用了卸载、坡脚设挡墙与路线外移的方案处理边坡。2006 年 3 月滑坡再次出现变形现象,后经进一步处置,虽未见整体变形,但坡面仍有局部变形迹象。

滑坡区降水丰富,年平均降水量达 1762mm。斜坡区岩土体透水性较好,与地表水水力联系强,受大气降水、地表水及基岩裂隙水补给。地下水主要沿基岩面向下径流,形成软弱滑带,上部厚度较大的堆积体在自重作用下易形成蠕滑变形,从而影响边坡稳定性。

虹吸排水系统于 2013 年 9 月 13 日建成并开始排水,至今排水情况良好(见图 10-22),日均排水流量约为 5.5m³。在虹吸排水系统建设期间,对边坡地下水位进行了人工监测,虹吸排水系统建成后采用水位计进行了自动监测。如图 10-22 所示,在距虹吸排水孔口 109m 的 ZK4 钻孔测到的地下水位下降幅度仍大于 7.5m,在虹吸排水孔下游侧的 ZK1 钻孔地下水位更是下降了 8.5m。可见虹吸排水系统有效控制了坡体地下水位的上升。

10.5.7.2　外石亭边坡虹吸排水

边坡地层主要包括第四系坡洪积粉质黏土层、第四系碎石土层以及侏罗系安山岩。如图 10-23所示,由表向深部各地层为第四系粉质黏土层、第四系碎石土层以及侏罗系安山岩。第四系粉质黏土层广泛覆盖于边坡中下部表层,成分为黏土、粉土和少量碎石等。第四系碎石土层广泛分布于边坡区域,边坡中下部分布于粉质黏土层之下,成分为碎石、粉质黏

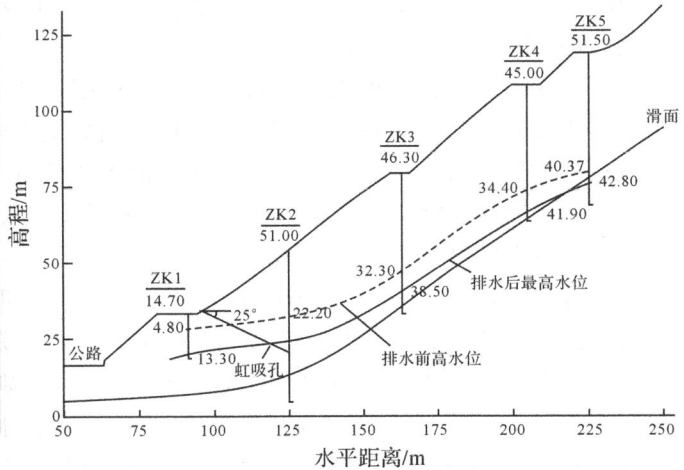

图 10-22 虹吸排水情况及排水前后边坡地下水位变化情况

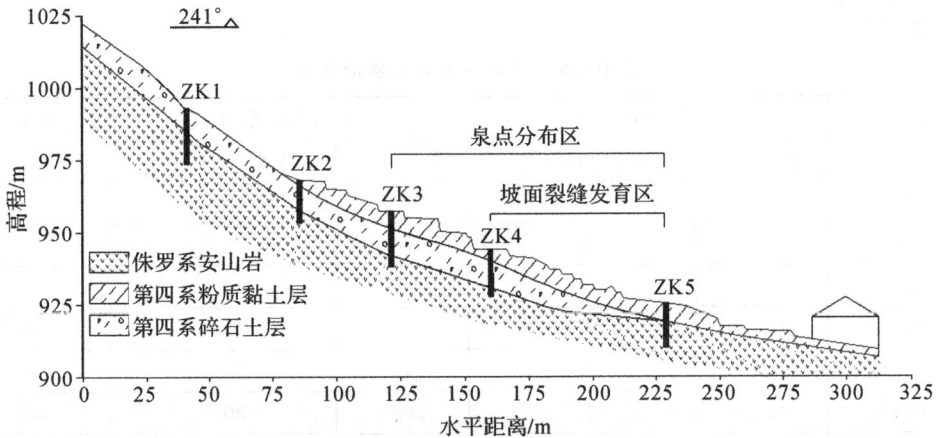

图 10-23 边坡工程地质纵剖面

土、砂,以碎石为主。下伏基岩为侏罗系安山岩,坚硬、致密、完整。

边坡最早于 1996 年台风暴雨期间产生裂缝,并伴有局部岩土体坍塌。边坡区域属亚热带季风性气候,多年平均降雨量为 1548.2mm,月最大降雨量为 619.6mm,降雨多集中于 4—6 月的梅汛期与 7—9 月的台汛期,占全年降雨量的 70.4% 左右。边坡所在区域范围内无径流水系,后缘有十分广阔的汇水面积。边坡潜在破坏区域面积约为 $4.14 \times 10^3 m^2$,但其所对应的后缘降水入渗补给区域面积达到 $5.00 \times 10^4 m^2$。勘查期间边坡地下水位埋深 6.0~14.0m,主要受大气降水补给和地表灌溉水入渗补给,地下水位随季节变化大。边坡区地下水的主要排泄方式包括前缘泉点的排泄和向坡脚渗流。边坡区存在多个泉点,其分布范围见图 10-23,在地下水排泄中发挥一定作用。泉点的排水量与降雨关系密切,多在降雨后出现。

边坡破坏特征主要有裂缝和局部坍塌两种,主要集中于坡脚附近(见图 10-23)。边坡中的多个小规模坍塌,多发生于边坡体表层且均为土质坍塌,坍塌体高度为 1.5~3.0m 不等,规模较小,前后缘长度小于 10m。坍塌点常伴有多个泉点和渗水点。部分渗水点仅在雨后出现,雨后 1~3 天后即消失。

分析图 10-23 所示的边坡剖面可以发现,外石亭边坡的地层条件具备形成承压水的条件。边坡中碎石土层是良好的含水层,表层的粉质黏土则成了隔水顶板。在降雨的条件下,碎石土层中的地下水位升高,由于粉质黏土层的渗透性差,产生了较大的水头压力。边坡坡角处多处溢出泉的原因也是在这种地层结构下所形成的承压水。如图 10-23 所示的边坡破坏区与泉点分布区具有对应性。强降雨作用下形成大范围、高水头压力的承压水,承压水范围内形成溢出泉,在泉点分布的范围内边坡变形破坏特征明显,是外石亭边坡的主要特征。

为了消除边坡地下水对边坡稳定性的不利影响,特别是减小坡体承压水的地下水压力,在边坡处设置了一排 63 个虹吸排水孔,虹吸孔的排水分别从西北侧(46 孔)出水口和东南侧(17 孔)出水口流出,实测排水流量见表 10-18。虹吸排水效果好,排水流量稳定。通过边坡虹吸排水治理,有效消减了承压水的水头,虹吸排水流量稳定,日均虹吸排水量大于 $40m^3/d$,表明虹吸排水对存在承压水边坡灾害治理具有很好的适用性。虹吸孔排出的地下水清澈透明,水质好,流量稳定,已经成为当地居民的生活用水,同时也改善了地表水体的水质,美化了环境。

表 10-18　虹吸排水流量监测结果

监测日期	东南侧出水口		西北侧出水口		总排水 $(m^3 \cdot d^{-1})$
	累计/m^3	日排水/$(m^3 \cdot d^{-1})$	累计/m^3	日排水/$(m^3 \cdot d^{-1})$	
2018-11-26	52.7		47		
2018-11-28	76.3	11.8	74	13.5	25.3
2018-12-10	224.6	12.4	233	13.3	25.7
2018-12-18	342.6	14.8	408	21.9	36.7
2019-3-15	1321.6	11.1	2493	23.7	34.8
2019-8-13	3083.4	11.7	7088	30.6	42.3
2019-11-3	3978.0	11.0	9746	32.8	43.8

注:2018 年 12 月 30 日前西北侧部分虹吸孔未启动。

10.6　排水洞

排水洞是人工开挖的隧道,并在洞周打设一系列的排水孔,形成一个有效的地下水排泄系统。排水洞具有截水和疏干功能,主要用于截排或引排滑面附近埋藏比较深的地下水。对于滑面以上的其他含水层,也可在排水隧洞顶上设置若干渗井或渗管将水引进。对于排水洞以下的承压含水层,也可在排水洞底部设置渗水孔将水引进洞内予以排出。

10.6.1　排水洞的基本要求

排水洞一般平行边坡走向布置,必要时可在其他方向布置支洞,以穿过可能的阻水带,扩大控制地下水的范围。当滑坡的地下水来源主要为滑坡体以外的上方或一侧时,排水洞可布置在滑坡体以外或滑坡体的中上部,其轴线应与地下水流向尽量垂直,截断地下水流入滑坡体或流入滑坡的中下部;当滑坡体内有大量积水或坡体前缘地下水位较高时,可在滑坡中前部设排水洞将积水排出。

排水洞的埋置深度应根据主要含水层的埋藏深度确定,一般排水洞的洞身应置于滑动面以下不小于 0.5m 的稳定地层内,应避免在活动的土体中开挖排水洞。当潜滑动面在纵剖面上倾角变化较大时,排水洞应尽可能布置在滑面相对平缓的位置;当潜滑动面在横剖面上倾角变化较大时,可考虑沿滑面埋深较大部位设置纵向排水洞。

对滑动面以上的其他含水层,宜采用在排水洞顶上设置渗井或渗管等将地下水引入排水洞中。排水洞洞底以下存在承压含水层时,宜在洞底设置渗水孔将水引进洞内。

排水洞横断面净高不宜小于1.8m,净宽不宜小于1.0m。排水洞平面轴线宜顺直,洞底纵坡应不小于0.5%,不同纵坡段可采用台阶跌水或折线坡等形式连接。排水洞出口应位于滑坡体以外的稳定区域,排水洞出口宜进行封闭处理,以免引发安全问题。应保证排水洞围岩稳定,隧道结构设计应满足相关规范的要求。

10.6.2 排水洞系统的结构形式

目前排水洞的形式按将坡体地下水导入排水洞的方式来区分,主要分为两类:截水帷幕式排水洞和集水廊道式排水洞。

1)截水帷幕式排水洞

排水孔洞系统的结构形式如图10-24所示,每隔一定距离从地表向排水洞钻探集水孔或集水井,形成从排水洞的洞顶贯穿到坡体表面的截水帷幕,将坡体中的地下水导入排水洞。当滑坡体的厚度较小且潜水位埋深较浅时,适用于该类型排水洞系统的施工。大多数堆积层滑坡和部分岩质滑坡采用了该类型排水洞系统,因此截水帷幕式排水洞系统较常见。

2)集水廊道式排水洞

在排水洞内向围岩钻设放射状仰斜集水孔,把排水洞周围岩土体中的地下水导入排水洞中,通常应用于地下水埋深大且滑体厚度较大的滑坡。当潜在滑动面埋深较大且岩体完整程度相对较高时,采用截水帷幕式排水洞系统所需的经济成本高,采用集水廊道式排水洞则相对较经济。

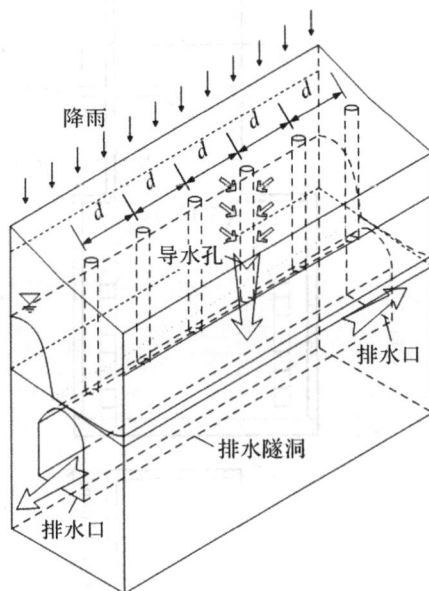

图10-24 截水帷幕式排水洞系统

10.6.3 排水洞的设计

排水洞设计时,应分析滑坡体各层地下水的联系,如地下水流的位置、性质及相互补给关系。为合理确定排水隧洞洞身的平面位置,可在勘探时每隔40~60m打一个钻孔,并每隔20~30m加设一个电探点,或尽可能在排水隧洞施工中开挖竖井,结合渗井及竖井开挖后所探明的地下水分布情况,进一步调整隧洞的纵断面位置,使设计更加切合实际。

排水隧洞的横断面,应视地下水埋藏深度、排水要求、建筑材料、结构形式而定。在排水隧洞平面转折处,纵坡由陡变缓处及中间适当位置应设置检查井,其间距不宜大于100m。

检查井的结构形式多采用圆形的混凝土、钢筋混凝土预制的井筒或砖砌的井壁,内径不小于1.0m。检查井深度在30m以内时,可采用圆形混凝土衬砌,其井筒壁厚应为0.2～0.3m;如深度不大亦可用圆形钢筋混凝土衬砌,其井筒壁厚为0.1m。在地层复杂、稳定性差或地下水丰富的地带,为了保证井壁有足够的强度,在设计时应根据当地地层岩土的坚实程度和井深,按侧压力计算来设计支撑和衬砌断面。一般井壁上部薄一些,下部厚一些,并注意将井筒接头接牢。检查井井壁均应在上下左右每隔2.0m设置一处泄水孔,孔径为10～15cm,孔后填小卵石等反滤层便于集水,以减小土体对井壁的侧压力。井口一般高出地面约0.5m,并加设井盖。

为了保证排水隧洞洞身的稳定,洞身应放置在滑动面以下的基岩或稳定地层中。当上伏岩层有丰富地下水时,为了加强排水隧洞疏干土体的作用,可在排水洞顶部采用钻孔、渗井或渗管收集上层地下水,并经由隧洞排除(见图10-25)。渗井一般用于地下水丰富的强渗透性坡体,一般坡体应采用渗管。

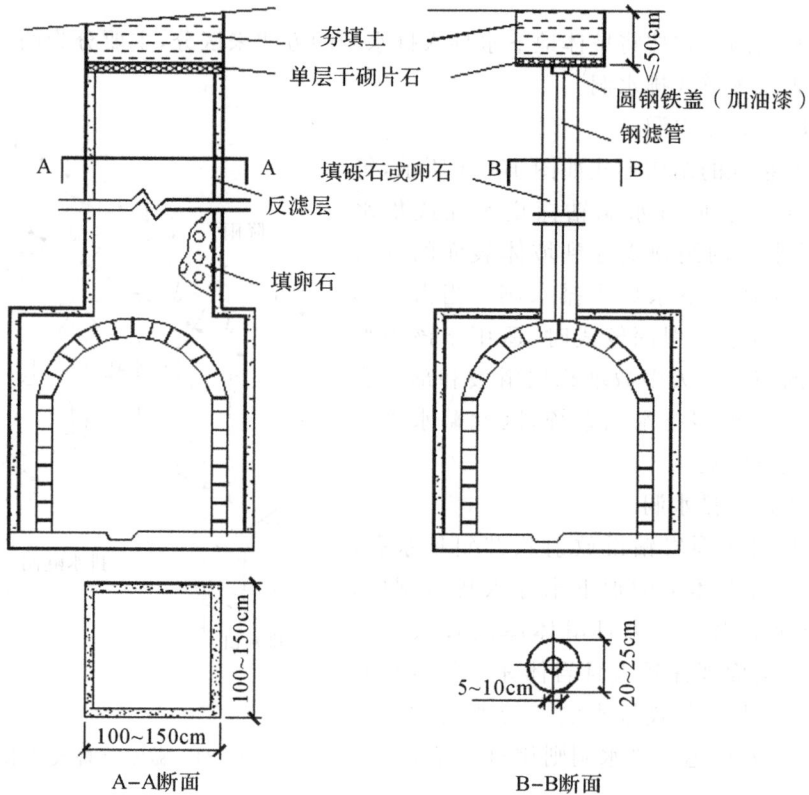

图10-25 典型集水渗井及渗管

渗井、渗管的间距根据集水半径设计。一般渗管可间隔2～3m设置一处,渗井一般每隔10～20m设置一处。渗管利用带孔的铁管、钢管或塑料管放入钻孔中,四周回填粗砂、砾石等渗水填料而成。渗井、渗管连接于隧洞上侧或直接连于隧洞顶上。在渗井、渗管与隧洞连接处应特别加固,以防隧洞承压过大招致破坏。当滑坡床以下有承压水补给滑坡体时,可以在隧洞下加渗管,引承压水入隧洞内排走。

排水隧洞可修建在坡体内,但整个隧洞需要在滑动面以下,其深度视滑坡堆积体的岩土状况而定。当隧洞因受地形限制或排水的需要,必须将隧洞设置在不太稳定地层内或滑坡体内时,为了避免土体滑移破坏隧洞,可在初期修建临时隧洞,待滑动体稳定后再改为永久性衬砌。若山坡地下水埋藏情况复杂,有时单靠修建一条排水隧洞不能把所有的地下水集中流出,往往还要修建支洞。一般情况下,先修好主洞再修建支洞。支洞可修成 T、Y 或叉形。支洞的断面可采用与主洞一样的尺寸,亦可以用较小的尺寸。

10.6.4 排水洞工程应用案例

上三公路 6# 滑坡体长约 600m,宽 150～200m(见图 10-26),滑坡体的方量达 $200 \times 10^4 m^3$。滑坡区地形为缓倾的斜坡地形。滑坡后部地形坡度为 20°～30°,中前部地形坡度为 5°～10°,前缘地形坡度为 30°～40°。斜坡区以梯田为主,主要种植水稻,为了灌溉的需要,在 270m 高程附近构建灌溉水渠。滑坡区后缘地形较外围地形低,后缘为圈椅状陡崖。

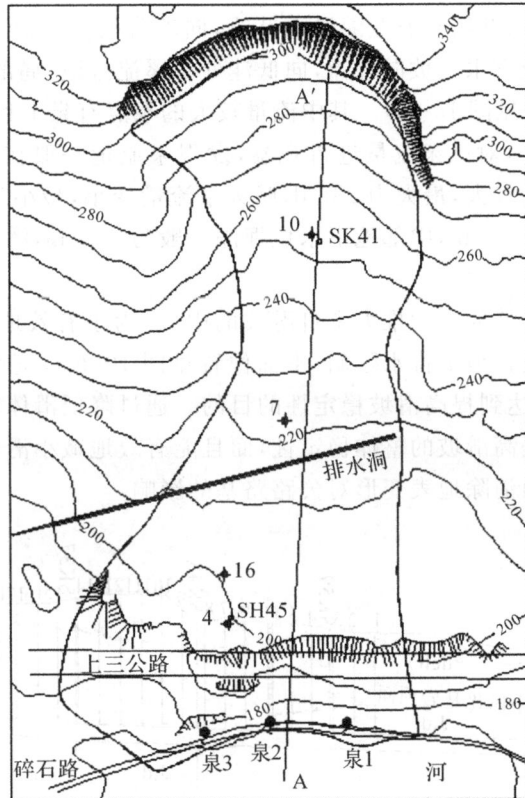

7—位移监测点编号;SK41—钻孔编号。

图 10-26 滑坡平面图

根据岩土体成因时代、岩性特征和物理力学性质的差异,滑坡区岩土体可划分为 7 个工程地质层,分别为崩积碎块石(cQ_4)、坡积含碎石(角砾)亚黏土(dlQ_3^2)、古滑坡堆积($delQ_3^2$)、岩质古滑坡堆积层($delQ_3^1$)、坡积含角砾(碎石)亚黏土(dlQ_3^1)、玄武岩(N_2S)和凝灰岩与泥岩(J_3d)。各工程地质层在剖面上的分布特征见图10-27。

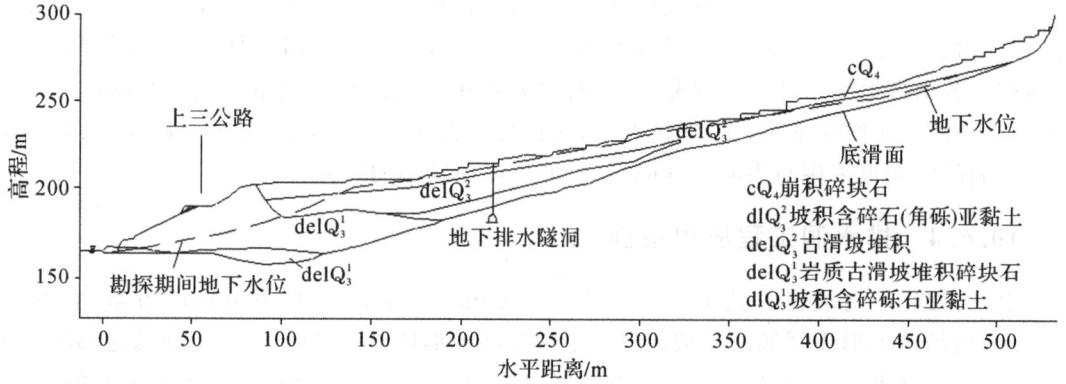

图 10-27　A-A′工程地质剖面

滑坡区地下水由降雨补给和农业灌溉水补给,向坡脚河流排泄。滑坡区前后缘地下水位总高差大于100m。地下水顺坡向径流,向低洼处及溪流排泄,局部以泉水形式出露,如坡脚处的泉1、泉2和泉3(见图10-26)。其中流量较大的泉点有泉1和泉2。泉1位于滑坡体的坡脚附近(见图10-26),对该泉流量进行观察,发现泉流量一般在4~23t/d,流量与天气有明显关系,雨季泉流量较大,最大为23t/d,晴天泉流量变小,最小为4t/d。滑坡区前缘的地下水位埋深一般为15~20m,中部地下水位埋深一般为2~3m,滑坡体后缘地下水位埋深一般为3~6m。

根据滑坡的特点,滑坡的主动推力来自滑坡的中段,为了有效地减小中段的下滑推力,在滑坡体的中部,横向设置地下排水隧洞(平面位置见图10-26),剖面结构见图10-28,通过降低滑体中段地下水位达到提高滑坡稳定性的目的。通过降低滑体中段地下水位来降低滑坡的下滑推力,不仅能提高滑坡的整体稳定性,而且能有效地减小滑体中段的下滑推力对滑体下段的推挤作用,从而消除地表变形对公路路基的影响。

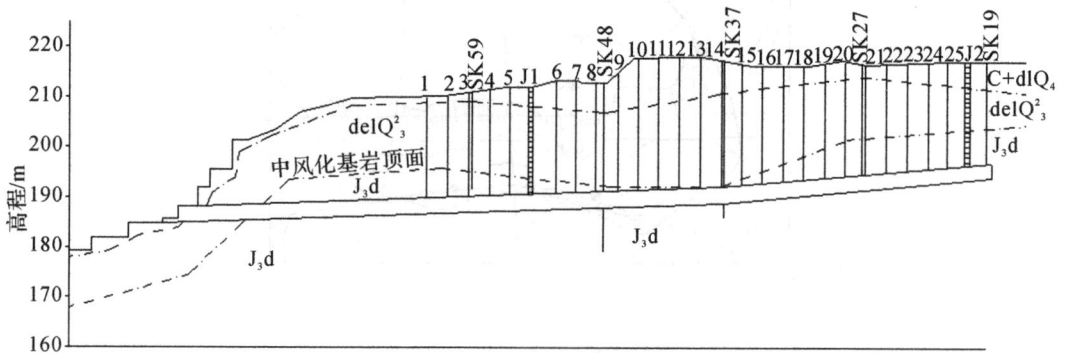

图 10-28　排水洞与渗井剖面

地下排水措施主要是设置渗水井和地下排水洞。隧洞洞顶的滑坡体内设渗井,通过渗井把滑坡体内的地下水导入排水洞,降低地下水位,提高滑坡岩土体强度。排水洞设在稳定的中风化岩层中,隧洞洞顶标高控制在滑动面以下不小于 0.5m 的位置,排水隧洞平面为直线,纵断面采用折线,坡度分别为 2% 和 5%,隧洞长度为 305m。隧洞断面采用直墙式,净宽高尺寸为 1.6m×2.1m,25 号混凝土衬砌厚度为 35cm,外侧设 25cm 厚小卵石反滤层。

沿隧洞轴向间距 8m 左右,在滑坡体范围内布设渗井 25 口(见图 10-28)。渗井孔径为 130cm,挖孔时采用 15cm 厚的 25 号混凝土临时护壁,成孔后回填渗水材料时拆除护壁。井内回填卵、砾、片石,侧壁铺设滤水土工布。渗井与排水洞连接。

在距洞口 8m 处设置三角堰,进行流量监测。排水洞的流量均与降雨关系密切,降雨量越大排水洞的流量也越大,排水洞的流量与降雨量之间的滞后时间一般不超过 1～2 天,地下排水洞和竖井系统较好地建立了与滑坡体的水力联系。监测期间排水洞的一般流量约为 60m³/d,最大流量达到 107m³/d。因此,排水洞的排水作用有效地消除了长期降水对滑坡稳定性的影响,使大部分滑坡体处于非饱和状态,降低了滑坡体的渗透压力和孔隙水压力。

11 边坡安全监测

由于影响边坡稳定的因素较多,地质结构和水文地质条件存在不确定性,再加上边坡岩土工程勘察工作的局限性,设计和计算所依据的参数不尽合理,可能存在一定误差。边坡加固结构所受荷载常常受到突发和一些偶然因素的影响,使边坡工程不确定性大大增加。目前在理论上依靠精确的计算来预测边坡的稳定状态具有较大的不确定性与局限性。因此,对于边坡工程特别是大型复杂边坡,除了进行常规的工程地质调查、测绘、勘探、试验和稳定性评价外,应及时有效地开展边坡工程的动态监测,预测边坡失稳的可能性和滑坡的危险性,并提出相应的防灾减灾措施。

11.1 边坡监测目的与内容

11.1.1 边坡监测目的

边坡工程监测是边坡工程中的一项重要内容,通过对边坡的监测,可以反映边坡岩土真实力学效应,检验设计施工的可靠性和处置后的边坡的稳定状态。

边坡监测的目的与作用在于:

①可获得更充分的岩土工程和水文地质资料与边坡发展的动态,从而发现边坡的潜在不稳定区段,并作出有关的预测、预警。

②通过对边坡的监测,可以直接、有效地跟踪和控制施工进程,为改进原有设计与施工组织提供依据。

③通过边坡监测,确定不稳定边坡的破坏模式,确定不稳定边坡滑移方向和速度,掌握边坡在运营期间的坡体变形活动动态、结构应力变化规律等发展变化规律,为采取必要的防护措施提供重要的依据。

④通过对边坡加固工程的监测,验证坡体变形状态转化、结构受力水平与设计参数变化,评估坡体与结构的稳定状态,检验工程效果,评价治理措施的质量和效果。

⑤为工程岩土力学参数的反演提供数据与手段,通过分析边坡的内部力学作用为边坡的稳定性分析提供重要依据。

边坡的监测一般包括施工安全监测、边坡处置效果监测、边坡长期监测。

施工安全监测是指在施工期对边坡的位移、应力、地下水等进行监测,监测结果是指导施工和反馈设计的重要依据,是实施信息化施工的重要内容。施工安全监测将对边坡进行实时监控,了解工程扰动等因素对边坡的影响,及时指导项目实施,调整工程部署,安排施工进度等。在施工安全监测中,测点布置在边坡稳定性较差或工程扰动较大的部位,以形成完整的断面,并采用多种手段相互验证、相互补充。边坡施工安全监测包括地表变形监测、地表裂缝监测、坡体深部位移监测、地下水位监测、孔隙水压力监测、地应力监测等。施工安全监测数据能及时反映边坡体的变形破坏特征。

边坡处置效果监测是检验边坡处置设计和施工效果、判断边坡处置后的稳定性的重要手段。通过边坡处置效果监测,一方面可以了解边坡体变形破坏特征,另一方面可以针对实施的工程进行监测,例如监测预应力锚索应力值的变化、抗滑桩的变形和土压力、排水系统的过流能力等,以直接了解工程实施效果。通常结合施工安全和长期监测进行,以了解工程实施后,边坡体的变化特征,为工程的竣工验收提供科学依据。边坡处置效果监测时间一般要求不少于1年。

边坡长期监测是指在防治工程竣工后对边坡体进行动态跟踪,了解边坡体稳定性变化特征。长期监测主要对一级边坡防治工程进行。边坡长期监测一般沿边坡主剖面进行,监测点的布置少于施工安全监测和防治效果监测;监测内容主要包括滑带深部位移监测、地下水位监测和地面变形监测。

11.1.2　边坡监测内容

边坡工程安全监测项目一般包括变形监测、应力监测、水文及环境监测等。通过监测系统对边坡进行观测,运用合理的手段分析监测数据,以及时地掌握边坡的实际情况,在时间和空间上作出相应的预测预警。

边坡变形监测主要是采集边坡变形信息,包括岩土体滑动位移与方向等。边坡岩土体的破坏,一般不是突然发生的,破坏前总是有相当长时间的变形发展期。通过对边坡岩土体的变形量测,不但可以预测预报边坡的失稳滑动,同时运用变形的动态变化规律检验边坡的处置设计的正确性。边坡变形监测包括地表大地变形监测、地表裂缝位错位移监测、地面倾斜监测、裂缝多点位移监测、边坡深部位移监测等项目内容。对于实际工程应根据边坡具体情况设计位移监测项目和测点。

边坡应力监测主要是采集边坡的应力信息,包括边坡内部应力监测、地应力监测、支护结构应力监测、锚杆(索)预应力监测。通过监测分析,了解边坡及其支护结构的应力状态,从而判断边坡的安全性。

边坡的水文和环境监测主要有地下水监测、降水监测等。地下水是边坡失稳的主要诱发因素,对边坡工程而言,地下水动态监测也是一项重要的监测内容,特别是对于地下水丰富的边坡,应特别引起重视。地下水动态监测以了解地下水位为主,根据工程要求,可进行地下水孔隙水压力、扬压力、动水压力、地下水水质监测等。降雨是诱发边坡失稳的重要因素之一,雨水入渗到坡体会改变坡体自身的渗流场与土体的基本性质参数,使边坡的抗剪强度降低,因此需要对边坡的降水进行监测,及时作出预测预警。

11.1.3　边坡监测方案

监测工作的实施是一个系统化的过程,需要制定监测方案,监测方案一般应包括工程概况、监测依据、监测目的、监测内容、监测方法、技术要求、工作布置、进度安排、工作数量、组织机构、人员配置、设备配备、经费预算、质量保障与安全措施等,并附工作布置图。

在监测方法及技术要求中应重点说明监测对象、监测项目、监测级别、测点布设、监测频率、监测仪器、操作方法及精度要求等,并应说明监测标识埋设和监测设施施工要求及注意事项。

11.1.4 边坡监测布设

边坡变形监测网点,应根据边坡致滑成因机理、边坡变形破坏模式及其范围大小、形状、地质条件、地形地貌特征、通视条件和施测要求布设,综合确定监测仪器布置的位置。监测网是由监测线(监测剖面)、监测点组成的三维立体监测体系,监测网的布设应能达到系统监测边坡的变形量、变形方向(位移矢量),掌握其时空动态和发展趋势,满足预测预报精度等要求。同时,在边坡与滑坡施工安全监测阶段应对坡体进行动态监控,验证地质勘察资料与勘察结论的准确性,实时掌握施工过程中各种因素对坡体稳定的影响,及时指导边坡与滑坡防治工程动态设计与施工。

11.1.4.1 测点

测点应根据测线建立的变形地段及其特征进行布设,在测线上或测线两侧 5m 范围内布设为宜。以绝对位移监测点为主,在沿测线有可能的裂缝、滑带、软弱带上布设相对位移监测点,并利用钻孔、竖井等勘探工程布设深部位移监测点。每个测点,均应有自己独立的监测、预报功能。

测点不要求平均布设,但在滑坡的监测中,对如下部位应增加测点和监测项目:
①变形速率较大或不稳定滑块与起始变形滑块(滑坡源等);
②初始变形滑块(滑坡主滑段、推移滑动段、牵引滑动段等);
③对滑坡稳定性起关键作用的滑块(滑坡阻滑段等);
④易产生变形的部位(剪出口、裂缝、临空面等);
⑤控制变形部位(滑带、软弱带、裂缝等)。

对于边坡工程,不同的监测项目对于监测点的布设有相应的要求。在地表位移监测中,对于易出现落石、崩塌破坏的边坡,需对危石或崩塌体进行加密测点监测,提高监测频率;竖向位移及水平位移观测时一般应共用一个测点;测点布置宜结合工程结构物进行布设,测点宜布设在边坡的坡顶、边坡的平台、挡墙等结构物及滑坡的隆起或变形剧烈位置等;位移监测点的布设可在监测过程中根据变形情况进行动态调整,变形剧烈位置宜及时补充测点;测量基点及测点应有可靠的保护装置并设置醒目的标识,避免受损破坏。

在深部位移监测中,在地质不良地段、受地下水或地表水影响较大的地段、场地内有建构筑物和运输枢纽区的地段、受爆破影响严重的地段、有滑动迹象或正在进行边坡治理的地段应布设监测点。

在预应力锚固工程监测中,以坡体的整体稳定和锚杆(索)的应力保持为目的。通常监测点布置应满足:在坡体主要断面设置 1 个监测断面,一个监测断面至少设置 3 个监测点。再选择具有代表性的工程位置,如边坡主体断面、边坡地层差异位置、边坡不同高度位置、边坡两侧位置等。另外,规模大、性质复杂的滑坡按变形分区进行稳定性评价与治理工程设计时,应根据分区布设监测断面,每个分区监测断面不应少于 1 个。同时《建筑边坡工程技术规范》(GB 50330—2013)规定:①锚杆拉力和预应力损失监测,应选择有代表性的锚杆(索),测定锚杆(索)应力和预应力损失;②非预应力锚杆的应力监测根数不宜少于锚杆总数的 3%,预应力锚索的应力监测根数不宜少于锚索总数的 5%,且均不应少于 3 根。

在地下水位监测中,对于滑坡体的不同部位,应在具代表性区域布设地下水位监测孔和孔隙水压力监测孔。通过监测滑坡内地下水位、水压力、水温等参数的动态变化,掌握滑坡体含水量等动态变化,分析地下水与大气降雨的关系,结合抗滑桩监测、滑坡位移监测,分析滑坡体的稳定性。

11.1.4.2 测线

在滑坡工程监测中,其监测线应穿过滑坡的不同变形地段,并尽可能兼顾滑坡的群体性和次生复活特征,还应兼顾外围小型滑坡和次生复活的滑坡。测线两端应进入滑坡外围稳定的岩土体中。纵向测线与滑坡的主要变形方向相一致;有两个或两个以上变形方向时,应布设相应的测线;当滑坡呈旋转变形时,纵向测线可呈扇形或放射状布置。横向测线一般与纵向测线相垂直。在以上原则下,测线应充分利用勘探剖面和稳定性计算剖面,充分利用钻孔、平洞、竖井等勘探工程。测线确定后,应根据滑坡的地质结构、形成机制、变形特征等,分析、建立沿测线在平面、垂向上所表征的变形地段及其特征。

在高边坡工程的监测中,其监测测线(监测断面)的布置应考虑下列因素:

①根据高边坡或滑坡地形地貌、工程地质条件和主体防护加固工程方案,合理布设高边坡或滑坡监测断面。监测断面应沿滑坡或潜在滑坡的主滑动方向布设,主滑断面及两侧各布置 1~3 个监测断面。

②规模大、性质复杂的滑坡或潜在高边坡滑坡按变形分区进行稳定性评价与治理工程设计时,应根据分区布设监测断面,每个分区监测断面不应少于 1 个。

③在监测断面上,滑坡后缘之外的稳定地段、后缘牵引段、主滑段、前缘抗滑段、支挡结构物、路基或桥隧构造物等均应布置监测点,其中主滑段监测点不应少于 2 个。

④预应力锚索应力监测点数量不宜少于锚索总数的 5%,且不应少于 3 根。

⑤当需要设置水文观测孔监测地下水、渗水和降雨对滑坡稳定的影响时,每个监测断面上观测孔的设置不应少于 2 个。

⑥深部位移监测孔应达滑动面以下不小于 5m 的稳定地层。

⑦利用固定物作为绝对位移监测点位时,不应选在滑坡体或斜坡变形体、临空陡崖和被深大裂缝切割的岩块上,以消除卸载变形和局部变形的影响。

边坡监测孔布置线、点间距,每单独边坡段监测线不应少于 1 条,每条监测线不应少于 2 个监测点。滑坡区域,至少应在其中部以及其两侧边缘布设 3 条观测线,主滑方向布设监测点不少于 3 个点,监测点应布设至滑动影响范围外 30m。

监测点的间距结合边坡工程地质情况、坡体变形破坏模式、破坏深度等情况综合判定。

①土质边坡以整体圆弧式变形为主,其监测点布置应以总体控制边坡整体变形为主,监测断面纵向间距宜为 30m,横向间距宜为 15~20m。

②类土质边坡、二元结构边坡其变形受结构面和坡体地质控制,以折线结合圆弧变形为主,其监测点布置应以总体控制边坡整体变形为主,监测断面纵向间距宜为 30m,横向间距宜为 15~20m。

③岩质边坡应根据结构面发育情况,综合判断其变形破坏模式,其变形主要受结构面控制。其监测点布置应以总体控制边坡整体变形为主,且应考虑坡体局部变形破坏情况,监测断面纵向间距宜为 30~50m,横向间距宜为 15~20m。

高边坡或滑坡工程其深部位移监测孔应达最下层潜在滑面以下不小于 5m 处或达基岩以下不小于 2m 处。对于地层风化界面、岩性分界面等,可能为控制性潜在滑动面时,监测孔应穿透界面,深度不小于 5m。

11.1.4.3 测网

在滑坡变形监测网中,监测网类型的选择主要取决于监测区的范围、地形条件以及监测要求,一般采用以下几种类型。

1)十字形监测网

其适用于变形边坡窄长、监测范围不大、滑体滑动主轴明显的情况。此时,可在沿滑体主轴方向布置一排监测点,垂直于主轴方向布置若干排监测点。设点时,在同一排上的变形带和稳定区均需设置监测点,以便进行分析对比。固定点可设在主轴剖面上或其他通视地点。此类网点建网和监测都较方便,如图 11-1(a)所示。

2)放射形监测网

其适用于通视条件较好、观测范围不太大的变形边坡。在变形边坡以外的稳定地带选择观测通视条件较好的位置布设 2 个固定测站,从固定测站出发按放射状设若干条观测线,在观测线终点的稳定岩体上设照准牌,定期观测 2 组放射测网交叉点的位移变化。此法的优点是观测时移动次数少,可节省人力和时间,但测点布置不甚均匀,靠近测站的测点观测成果较精密,如图 11-1(b)所示。

3)方格形观测网

其一般适用于地形条件复杂的大型边坡观测。在观测范围内设置不同方向的观测线,使观测线纵横交叉,组成方格网形。观测线数量不限,观测点一般布置在纵横观测线的交叉点上。此法的优点是:只要求每条观测线通视,受地形条件的影响较小,观测点的分布可任意调整且均匀分布,观测精度高;缺点是:固定测站多,建网时工作量大,每次观测时,1 个固定测站只能观测 1 条观测线,仪器搬动频繁,人力、物力消耗大,费时间,如图 11-1(c)所示。

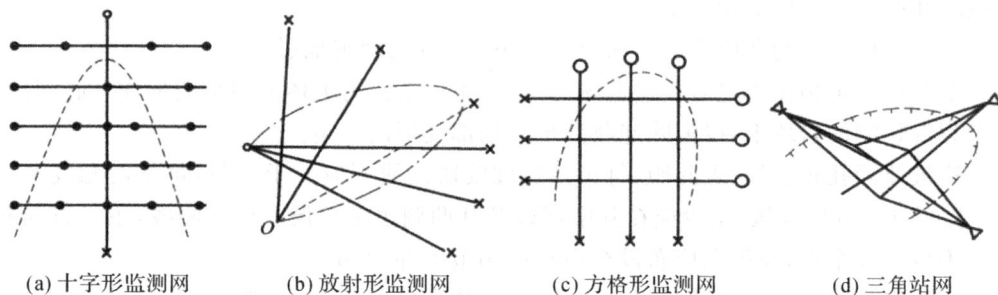

(a) 十字形监测网　　(b) 放射形监测网　　(c) 方格形监测网　　(d) 三角站网

图 11-1　监测网类型

注:○为测站;×为照准点;●为观测点。

4)三角站网

当观测地区交通极为不便而难以布置大量测点时,可在变形带外围的稳定边坡上设置三角站网,用以观测变形边坡上少数测点的平面位移变化,如图 11-3(d)所示。

11.2　边坡监测方法

11.2.1　边坡大地测量

边坡工程的破坏是一个从量变到质变的过程,边坡的破坏并不是突然发生的,常常是逐渐破坏。边坡破坏前往往已经经历了长时间的变形破坏,因而可以通过监测边坡的变形来评估边坡的稳定性。通过大地测量可以实现对边坡的大面积范围内变形位移的监测。

在边坡工程中,大地测量是边坡变形监测的一种重要手段和方法。在大地测量中,主要通过测量角度、距离和高差等几何量来监测边坡的地表位移。在进行大地测量工作时,必须进行监测网的设计,以方便后续的大地测量监测工作。

大地测量法通常有三角测量、导线测量、交会测量、视距测量、水准测量等测量技术。但边坡变形监测一般只关注目标点关于相对固定点的位移,因此常用视距测量、水准测量方法。

1)视距测量

在边坡监测中,可用光电测距仪、经纬仪和全站仪等测量边坡目标点和控制点间的距离及水平角和竖直角,得到目标点三维空间坐标,从而达到精确监测边坡地表位移的目的。视距测量具有操作方便、速度快等优点,但受测量距离、视线、天气等条件的影响。

2)水准测量

水准测量是利用一条水平视线,借助水准标尺来测定地面上两点间高差的方法。当两点间高差已知时,就可由已知点的高程推算出未知点的高程。边坡的垂直位移变形监测,就是利用水准测量来测定监测点与稳定基准点之间的高差,进而求得垂直变形监测点的高程值。经多期测量后,就可以利用垂直变形监测点高程值的变化来确定滑坡体垂直位移的大小。

为提高监测效率,有条件时也可采用测量机器人自动观测法、GNSS法、近景摄影测量法、激光扫描法等。

11.2.2　边坡裂缝测量

边坡地表裂缝的产生及发展是边坡内部变形的重要体现之一,对地表裂缝进行监测有助于分析边坡失稳破坏产生的机理。裂缝演化形式多样,如裂缝扩展、张开、垂直位错以及转动等,在进行裂缝监测时需选定监测内容。

11.2.2.1　应用简易装置法监测裂缝

1)贴观测片

为了测量岩质边坡裂隙的变形和扩展,在裂缝上或裂缝尖端贴水泥砂浆片、石膏片或玻璃片(贴片处必须清洗凿毛,以便粘贴牢固),监测所贴观测片的拉裂、错开等情况。通过这些贴片的变化即可监测裂隙的发展变化情况,如图 11-2(a)所示。

2)打观测桩

在边坡裂缝岩体两侧各打入一根桩(木桩或钢筋),桩的连线平行于边坡滑动方向。桩埋入土中的深度不小于 1.0m,在桩的顶端各钉一枚小钉或作十字标记,定时用钢尺测量两点间的距离,即可求出两桩间距的变化,从而测出裂缝两侧的相对位移。如果有一根桩在滑坡的不动体上,则所测数据为绝对位移,如图 11-2(b)所示。也可以在裂缝的两侧各设置两根桩,形成一个四边形控制网,通过测量这些控制点之间的距离、高差、方位角等来测量边坡裂缝的扩展、滑移、倾斜等,如图 11-2(c)所示。

3)埋设标尺

在两个观测桩露出地面的部分刻上标尺(或另加标尺),一个水平,一个垂直。设桩后测出其初始读数,以后随时测记水平和垂直标尺上的读数,不用另外丈量即可求出滑动体的水平位移和垂直升降值,如图 11-2(d)所示。

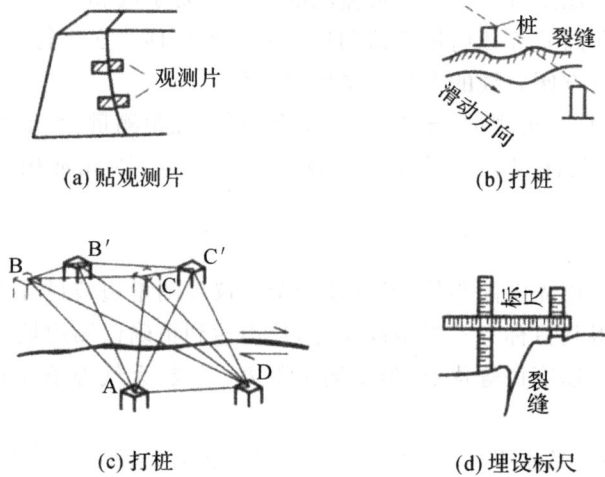

(a)贴观测片   (b)打桩

(c)打桩   (d)埋设标尺

图 11-2 应用简易装置法监测裂缝

11.2.2.2 应用仪器监测裂缝

1)滑坡记录仪

如图 11-3 所示,它是一个带有计时钟的滚筒记录装置,固定在裂缝外的不动体上。滑体上设监测点,监测点与记录仪之间的距离以 15m 左右为宜。中间拉一根钢丝,钢丝外应

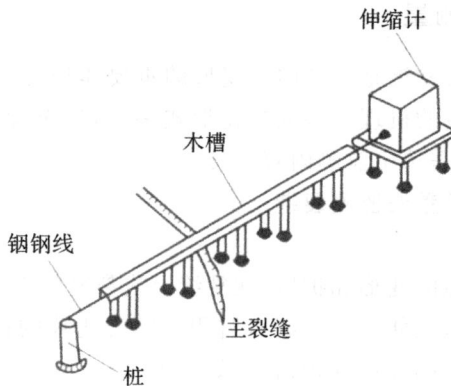

图 11-3 滑坡记录仪

设塑料管或木槽保护,以防动物碰撞。将位移随时间的变化记录在记录纸上或通过传输信号传出。一周或一个月换一张记录纸,但可连续记录。此记录仪还可带报警器,当位移达到规定数值时,可自动报警。

2)地面伸长计

地面伸长计用于测定地表明显裂隙的位移量。如图 11-4(a)所示,在边坡稳定地段立一个垂直桩 3,桩上端装一个滑轮 5,滑轮上绕一根金属线 1,金属线一端挂一个重锤 6,在其另一端用桩 2 固定在发生移动的边坡岩体表面。当滑体移动时,重锤被金属线牵引而上升,其上升量可以通过垂直桩上的标尺 4 读出。也可把金属线的警报信号灯 7 的限位开关连上,预先调好需要报警的位移量。当位移量达到该值时,限位开关合上,警报灯发光,以引起注意。

3)钢绳伸长计

如图 11-4(b)所示,它是在不稳定边坡体上与稳定边坡体上分别埋设锚固标桩 2 和 3,在标桩之间牵一根具有一定拉力的金属线 1,直径为 1cm 左右,在稳定区标桩一端设有标尺 4,金属线通过滑轮 5 挂一个重锤 6 将金属线拉紧。当滑坡体移动时,重锤 6 被金属线牵引上升,其上升量(即滑坡体移动量)可由标尺 4 测出。

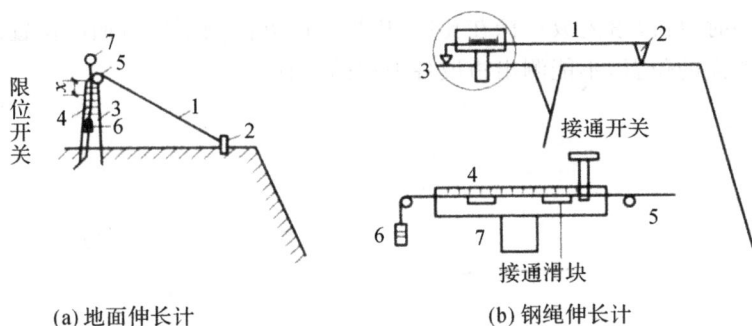

(a)地面伸长计 (b)钢绳伸长计

1—金属线;2,3—桩;4—标尺;5—滑轮;6—重锤;7—警报信号灯

图 11-4 地面伸长计和钢绳伸长计

11.2.3 边坡地下变形监测

边坡失稳会导致边坡岩土体不同的地层发生移动,将边坡地下变形量化有助于人们认识滑坡产生的机理以及对滑坡的预测、预警。地下变形测量通常是通过在垂直钻孔中放置测斜仪或伸长仪来实现的。

11.2.3.1 钻孔测斜仪法

为了测出边坡内部地层的位移,可以用测斜仪来进行测量。将测斜仪放置于近乎垂直的钻孔中,就可以测出边坡内部各地层的位移,如图 11-5 所示。测斜仪的种类较多,功能也不尽相同。

钻孔测斜仪的测量精度取决于导管的安装质量和测量的可重复性。导管的放置与回填对正确获取地下变形尤为重要,需谨慎操作。回填材料可以是砂、砾石以及水泥等,回填要密实。

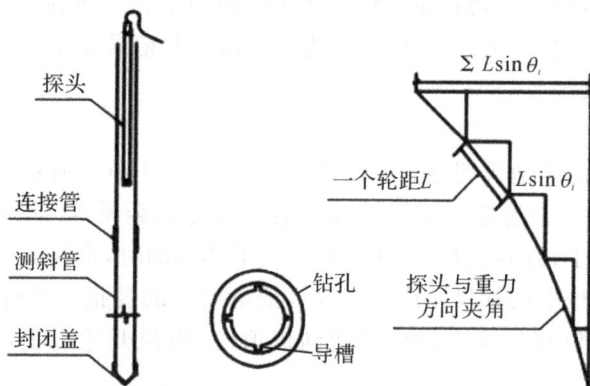

图 11-5　钻孔测斜仪法

11.2.3.2　塑料管钢棒观测法

塑料管钢棒观测法是最简单的地下位移监测方法。如图 11-6 所示,在垂直钻孔中埋入塑料管,然后定期将直径略小于管内径的钢棒放入管中测量。当滑坡位移将塑料管挤弯时,钢棒在滑面处受阻,从而可以测出滑面的位置。应用这种方法只能测出上层滑面的位置。当滑面多于两层时,可以事先放一棒在孔底,用提升的办法测下层滑面的位置。这种简单的方法只能判断滑面的位置,不能测出边坡各地层的位移。

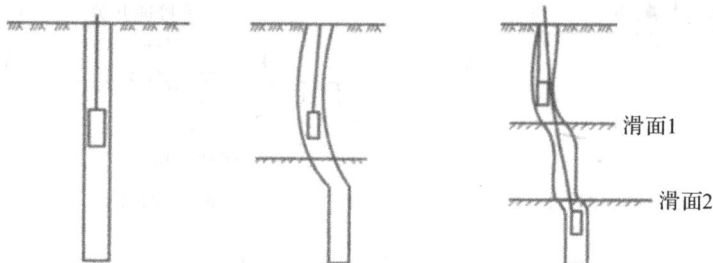

图 11-6　塑料板钢棒观测法

11.2.3.3　钻孔伸长仪法

钻孔伸长仪法是指将金属杆或线放入钻孔内,通过测量金属线伸长量来确定滑面位置的方法,一般采用多层位移计量测,将金属线固定于孔壁的各层位上,末端固定于滑床上。它既可以用来测量岩体浅部的位移,又可用来测量岩体的深部位移。钻孔伸长仪是精确测量观察点连续变形的有效工具。

11.2.4　边坡应力监测

边坡应力监测包括边坡内部岩土体应力监测、边坡支护结构应力监测以及锚杆(索)拉力监测等内容。

11.2.4.1　边坡内部岩土体应力监测

土质边坡内部土体应力监测可以利用土压力盒来实现。在现场实测时,应根据测试的目的和要求埋设压力盒。压力盒埋设时应接触紧密、平稳,防止滑移,不损伤压力盒及引线。

　　针对大型岩石边坡工程,常常需要监测其地应力及地应力的变化情况。地应力监测内容包括绝对应力测量和地应力变化监测。绝对应力测量在边坡开挖前、边坡开挖中期以及边坡开挖完成后各进行一次,以了解三个不同阶段的地应力场情况,采用的方法一般是深孔应力解除法。地应力变化监测即在开挖前利用原地质勘探平硐埋设应力监测仪器,以了解整个开挖过程中地应力变化的全过程。地应力变化监测的常用仪器有 Yoke 应力计、电容应力计和压磁式应力计等。

11.2.4.2　边坡支护结构应力监测

　　边坡采用锚杆(索)框架梁、抗滑桩等支护,混凝土支护结构应力可采用安装在框架梁、抗滑桩等结构内部或表面的应变计或应力计等元器件进行量测。混凝土构件可采用钢筋应力计或混凝土应变计等量测,钢构件可采用轴力计或表面应变计等元器件量测。

　　应力、应变计埋设后应立即对其性能进行检查测试,并取边坡岩土体开挖前获得的三次以上稳定测试值的平均值为初始值。

11.2.4.3　锚杆(索)拉力监测

　　锚杆拉力监测是边坡监测中极为重要的一部分。锚杆拉力监测内容包括锚杆轴力量测和预应力锚索应力监测等。

　　锚杆轴力量测的目的是了解锚杆的实际工作状态,结合位移量测修正锚杆的设计参数。锚杆轴力量测主要使用的是量测锚杆。量测锚杆的杆体用中空的钢材制成,其材质与锚杆相同。量测锚杆主要有机械式和电阻应变片式两类。

　　预应力锚索应力监测的目的是分析锚索的受力状态、锚固效果及预应力损失情况。因为预应力的变化会受到边坡的变形和内在荷载变化的影响,因此通过监测锚固体系的预应力变化可以了解被加固边坡的变形与稳定状况。监测设备一般采用圆环形测力计(液压式或钢弦式)或电阻应变式压力传感器。

　　目前采用埋设传感器的方法进行预应力监测。由于传感器的价格较高,故埋设数量往往受到限制,并且可能存在以点代面的现象;由于野外长期运行环境相对恶劣,故对传感器性能、稳定性以及施工要求都较高,导致实际工程中设备的长期正常运行较难得到保障。针对上述情况,已有人提出了锚索预应力的声测技术,利用声波在锚索中传播的规律,判断、分析锚索内部的结构状态、应力状态和一些物理力学性质。

11.2.5　边坡地下水监测

　　地下水是导致边坡失稳的主要因素。地下水的动态监测以掌握地下水位为主,根据工程要求可进行地下水孔隙水压力、扬压力、动水压力、地下水水质监测等。

　　目前,地下水动态监测主要采用简易水位计或万用表进行人工监测。地下水位动态监测仪可以自动监测地下水位、水温的动态变化,且不受孔深、孔斜和水位埋深的限制,在专业观测孔和抽水井中均可使用。

　　孔隙水压力监测使用的仪器是孔隙水压力仪,监测点的布置应视工程的地质情况和目的具体而定。一般在不同的地点和深度埋设孔隙水压力仪,形成孔隙水压力监测空间网。

　　埋设仪器的方法有钻孔法和压入法等,一般以钻孔法为主,压入法只适用于软土。采用钻孔法时,先在孔底填少量砂,置入测头之后再在其周围和上部填砂,最后用膨胀黏土球将钻孔全部严密封好。由于两种方法都不可避免地会改变土体中的应力和孔隙水压力的平衡条件,且需要一定时间才能使这种改变恢复到原来的状态,所以应提前埋设仪器。

11.3 边坡监测新技术与智能监测

11.3.1 边坡远程自动化监测

由于传统监测系统受地形、气象、人类活动等诸多条件限制,成本过高,需要人工反复操作,数据不能及时反馈等,无法保证监测数据的时效性、完整性、合理性;边坡与滑坡灾害监测工作不仅仅要确保监测项目数据的准确性、完整性,同时要保证现场敷设设备的安全性和监测人员的安全性。因此,边坡自动化远程监测是一项新兴的监测方法。其主要是通过自动化的技术实时、高效、准确地对埋设的传感器所监测的数据可视化地在界面上展示出来,加以分析而达到监测的目的。对地质条件特别复杂的、采用新技术治理的一级边坡工程,应建立有效的、可靠的边坡工程自动化长期监测系统,以确保可获取该类边坡长期监测数据。

自动化监测包括数据采集的自动化、数据传输的自动化、数据处理和管理的自动化以及预警预报自动化,如图 11-7 所示。实现监测数据采集的自动化是实现边坡工程监测自动化的关键一步。监测设备的选取或监测方法的选定是实现监测数据采集自动化的决定因素。在边坡工程的自动化监测中,自动化监测数据的有效性和可靠性与监测方法密不可分。监测方法的选取就是根据监测对象的监测内容和精度要求选取合适的监测设备。

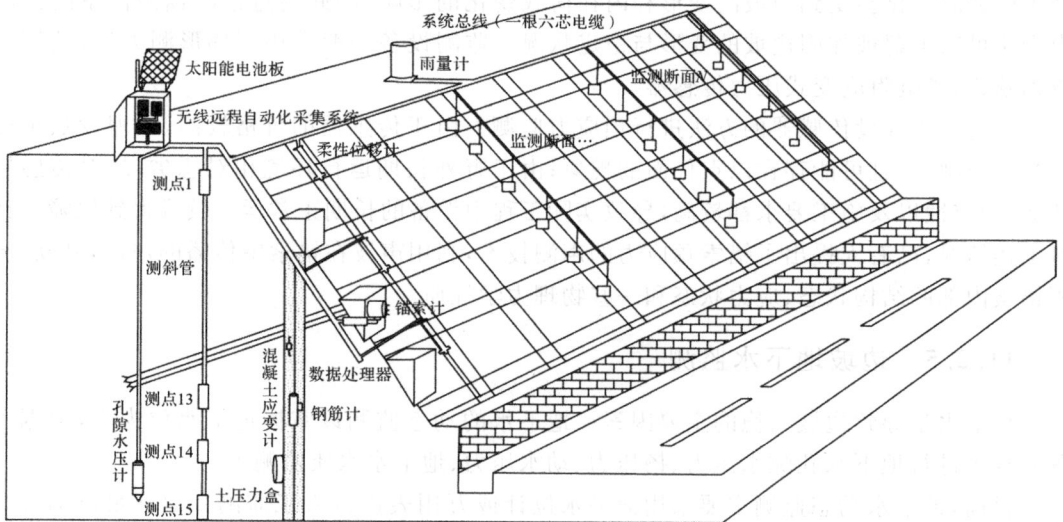

图 11-7 边坡远程自动化监测

自动化监测除了常规的边坡监测内容,如地表形变与位移监测、岩土体沉降与水平位移监测、倾斜监测、支护桩(墙)监测、锚杆及土钉拉力监测、土压力监测、降雨监测、地下水水位监测、孔隙水压力监测外,还可以实现常规的监测方法无法完成的项目,如在台风暴雨等极端天气条件下的滑坡、危险性大的高陡边坡、开采矿山边坡等的监测。

边坡远程自动化监测中,以物联网技术为核心的滑坡动态监测体系平台,能够通过对滑坡的实时监控,利用物联网技术做到及时的预警、分析决策、信息发布,把地质灾害引起的损失减小到最低。物联网具有全面感知、可靠传输、智能处理等特征,滑坡灾害的监测预警是一个长期、艰巨的工作,物联网技术的应用不仅能弥补传统地质灾害监测预警技术的不足,还能提高滑坡监测防治的工作效率。

11.3.2 边坡监测新技术

边坡工程的地质和工程条件非常复杂,新开发的各类监测仪器、监测方法都力求满足不同工程环境的具体要求。同时,由于人们对监测技术的发展极其重视,故监测仪器种类逐渐增多,先进的监测设备和技术方法不断涌现,如数字化近景摄影测量、三维激光扫描技术、3S 技术、光纤技术、声发射(acoustic emission,简称 AE)技术、时域反射技术等。以下简略介绍几种可用于边坡监测的新技术、新设备。

11.3.2.1 数字化近景摄影测量与数字图像处理监测技术

随着数码相机技术的发展和应用,数字化近景摄影测量已成为一种趋势。它是一种基于数字信息和数字影像技术的数据获取手段。数字化近景摄影测量应用于以数字摄影测量经典理论为基础的测图,主要分为相机检校、外业数据获取和内业数据处理三个步骤。相机检校可采用控制场检校法;外业数据获取包括控制点联测和影像获取,控制点联测采用常规控制测量手段就能直接获取大幅画面数字影像;内业数据处理包括数字影像预处理和数字摄影测量工作站处理,其中数字摄影测量工作站处理主要包括摄影测量数学解析和矢量测图。摄影测量具有以下一些优点:

①摄影测量不需要接触被监测的变形体,具有监测点标志设置简单、控制方式灵活、监测用仪器站点不需固定的特点。

②摄影测量监测时间短,因而外业工作量小,可以大量减小野外测量工作量,快速获取变形过程。

③摄影测量信息量大、利用率高。摄影测量可以同时测定变形体上任意点的变形信息,对变形前、后的信息作各种后处理,通过底片可以获得变形体任一位置的状态等。

近年来,利用数码相机数字图像监测边坡行为的技术得到业界的关注,并形成了监测系统。该系统允许从不同方向拍摄的大量图像高度精确地再现斜坡形状。该方法使用摩尔-彭罗斯广义逆矩阵来求解由摄像机、测量点和拍摄图像之间的几何关系导出的方程,定量验证该技术测量值的精度和准确度。可以采用专门设计的无人机进行拍照和感知环境,然后基于图像的技术来处理航拍照片以监测坡度,还可以通过不同的数字图像处理操作符来检测岩土和裂缝从而评估位移。基于双目视觉技术的边坡位移测量方法,其利用标定算法对摄像机进行标定,通过棋盘运动实验对测量精度进行分析和测试,然后在边坡模型上验证所提出的边坡位移监测方法的性能。

电阻率成像方法在滑坡监测中已得到初步应用。在发生大规模滑坡的斜坡上,采用时移电阻率成像方法检测地下电阻率分布的变化,并绘制未来滑坡的风险/潜在区域,其研究表明弱带的特征是大部分具有高含水饱和度带和低电阻率值,这些特殊区域更容易发生边坡破坏。

流动可视化技术是一种新颖的、低成本的监测技术。使用时间推移图像(time-lapse imaging,简称 TLI),允许实时分析边坡运动。图像经过过滤,抵消风引起的相机振动、不对称照明和雾造成的失调的影响,然后运行粒子图像测速(particle image velocimetry,简称PIV)算法来产生斜坡运动速度矢量。这种新的粒子图像测速方法能够正确检测和报告边坡运动前兆,从而实现早期预警、有效管理和减轻滑坡影响。

11.3.2.2 三维激光扫描技术

针对传统测量方法中点对点监测的限制,利用三维激光扫描技术采集范围大、距离远、数据密度大、连续性高等优点,在边坡监测中可通过构建模型实现面与面、模型与模型的对比,可为边坡稳定性评估提供更加全面的数据基础。

三维激光扫描技术又称实景复制技术,能够完整、高精度地重建扫描实物,快速获得原始测绘数据。其核心是激光发射器、激光反射镜、激光自适应聚焦控制单元、CCD技术和光机电自动传感装置。三维激光扫描技术能够快速、直接、高精度、非接触地获取研究对象表面空间三维数据,进而快速重构出边坡实体目标的三维模型及点、线、面、体、空间等各种制图数据,其独特的空间数据采集方式使其具有多方面的技术优势。与传统的测绘技术相比,三维激光扫描技术自动化提取信息程度高,表达对象细节信息能力强,受环境条件影响小,数据采集效率高。

三维激光扫描技术所获取的原始数据是由全离散的矢量距离点构成的,被称为"点云"。点云数据包含了大量的粗差和系统误差,不能被直接使用,此外,点云数据中还包含大量的冗余信息,这些冗余信息对后续的三维建模和数据分析帮助不大,并且占用大量的存储空间。因此,该技术一般包括粗差剔除、模型拼接、参考系匹配、数据压缩、三维建模、应用分析等步骤。

在边坡表面位移监测中,三维激光扫描仪可在每个测站获取大量的点云数据,点云中每个点的位置信息均在扫描坐标系中以极坐标的形式描述。扫描前需在待扫描的边坡区域内布设"扫描控制点",一般由GPS或者全站仪等传统测量手段获取控制点的大地坐标,将点云坐标转换为大地坐标,为边坡监测提供标准通用数据。获取数据后运用扫描数据处理软件进行坡体特征提取,生成边坡区域数字高程模型(digital elevation model,DEM),并用软件生成描述边坡形态的地形图,为边坡变形监测与灾害预报提供基础数据。

11.3.2.3 声发射技术

声发射技术又称地音技术,通常震动能量较弱,震动频率高(大于1000Hz)。岩石或岩体受力时会不断地发生损伤和破坏,主要表现为裂纹的产生、扩展及岩体断裂。裂纹形成或扩展时会造成应力松弛,储存的部分能量以应力波的形式释放出来,从而产生声发射。通过对监测到的岩体声发射信号进行分析和研究,可推断岩石内部的形态变化,反演岩石的破坏机制。

一般而言,表征地音的参量有分级事件数、总事件数、能率、地音信号频率、事件延时与事件到时差等,它们分别反映了地音信号或地音事件的不同特征。

图11-8为边坡地音(声发射)监测系统的基本结构形式。对某一区域连续进行地音监测,并系统分析地音事件频度、能率、频率、延时等一系列地音参量,找出地音活动规律,可判断岩体受力状态和破坏进程,评价岩体的稳定性。

地音的监测方法一般分为两类:一类是间断性的监测方法,采用不定期流动监测方式,根据地音参量的变化,判断岩石破坏趋势,评价岩体结构的稳定性,预报灾害发生,为边坡安全提供可靠信息;另一类是连续监测方法,该方法一般使用大型的地音监测系统,可使用多

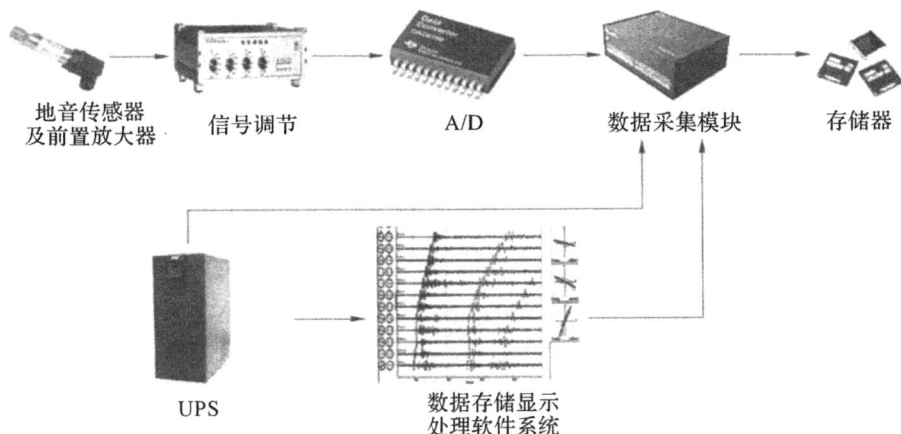

图 11-8　边坡地音(声发射)监测系统结构

个通道测量方式,测量范围大,并可实现地音信息的连续、实时监测与集中处理。

11.3.2.4　时域反射与光纤传感技术

时域反射技术(time-domain reflectometry,简称 TDR)是一种电子测量技术。TDR 监测系统主要由电脉冲信号发生器、传输线(同轴电缆)、信号接收器等组成。其工作原理是同轴电缆受到剪切或拉伸作用时,受力区域几何特性的改变将引起该区域同轴电缆特性阻抗的变化,电磁波在其中的发射发生反射与透射。

一个完整的 TDR 滑坡监测系统一般由同轴电缆、TDR 时域反射仪、数据记录仪、远程通信设备以及数据分析软件等几部分组成。在待监测的边坡上钻孔,并将同轴电缆安放在钻孔中,在钻孔中灌注水泥砂浆,使同轴电缆与周围岩土体紧密结合。由 TDR 时域反射仪激发电脉冲信号沿着同轴电缆从地表向下传播,边坡的位移和变形将使同轴电缆断裂或变形,从而引起同轴电缆阻抗发生变化,产生反射脉冲信号,反射信号在电缆的特性信号曲线上显示为一个脉冲峰尖,边坡变形的位置即能被精确确定。

图 11-9 为 TDR 监测系统及远程信息传输过程。

TDR 监测系统价格低廉,监测时间短,提供数据较快捷(一般 3~5min 可以测读一个数据),能实现遥测,安全性高。但 TDR 监测系统对无剪切作用不敏感,使得其在倾斜、滑坡移动量和移动方向的监测上存在不足,需同时配合其他监测方法进行弥补。TDR 技术以方便、安全、经济、数字化及便于远程控制等优点而受到广泛重视。目前,该技术在国内边坡监测领域的应用还处于起步阶段。

另外,光时域反射技术(optical time-domain reflectometer,简称 OTDR)是一种激光技术和 TDR 监测系统相结合的新技术。其测量原理是将脉冲激光器发射的具有一定重复周期和宽度的窄脉冲光注入被测光纤,光纤的几何缺陷或断裂面会使折射率突变,使脉冲光产生菲涅尔反射。通过检测光纤的后向散射和菲涅尔反射光,根据后向光信号沿时间轴的幅度曲线,即可得到被测光纤线路的参数特征分布。在边坡监测中,通过实时在线检测和分析阵列输出的并行信号,可以快速确定边坡变形、应力的大小以及失效面的位置,具有良好的研究、应用前景。

如图 11-10 所示,光纤网是若干个节点经由光纤或光缆连接而成的面状网络,通过特定

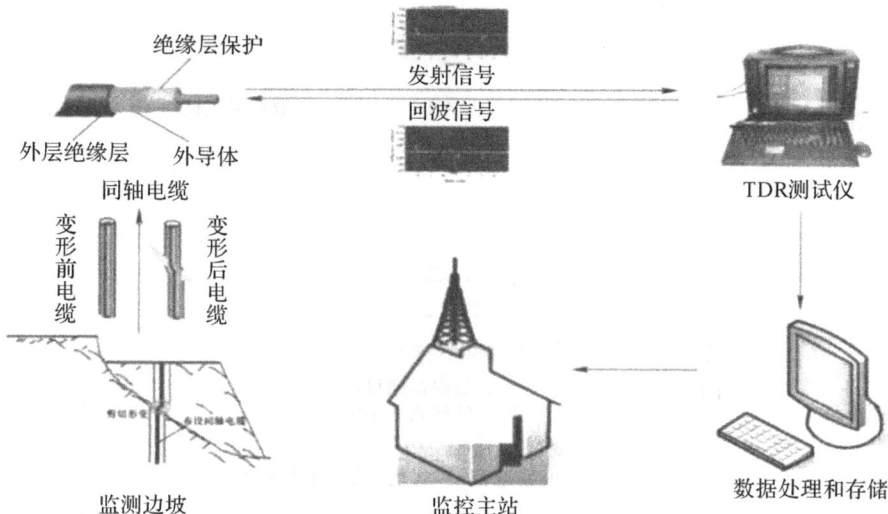

图 11-9　TDR 监测系统

的布设方法,可以仅凭一条光纤便将所有节点都连接起来,从而简化了数据线的接入问题。节点之间的光纤,也由于节点群的约束,对周围环境的变形非常敏感。根据边坡条件,节点被固定在土体表面以下一定位置(土质边坡),或直接附着在岩体表面(岩质边坡),固定方式可采取锚杆等方法。光纤或光缆通过专门的固定剂固定在节点上,将岩土体表面的各节点连接成网,用以监测边坡表面位移。

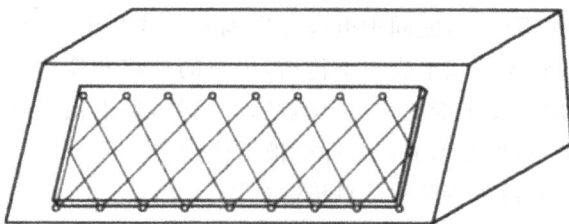

图 11-10　光纤传感网络布设

　　光纤传感技术在边坡监测中具有广泛的应用前景。例如,光纤流量计就是将传统的流量计与光纤传感技术相结合设计而成的,其种类较多,主要有光纤涡街流量计、光纤小流量传感器、光纤涡轮流量计。

　　分布式光纤传感(distributed fiber optic sensing,简称 DFOS)技术包括光纤布拉格光栅、光时/频域反射计(optical time-domain reflectometer,简称 OTDR;optical frequency-domain reflectometer,简称 OFDR)、布里渊光时域反射计/分析(Brillouin optical time-domain reflectometer/analysis,简称 BOTDR/A)和布里渊光频域反射计/分析。DFOS 技术具有分布式传感、高精度、长距离和长期、在线监测、易于安装传感器和建立传感网络等优点,在地球工程领域显示出巨大的潜力。有学者基于欧拉梁理论开发了一种 BOTDR 测斜仪,它是对传统测斜仪的有益补充。图 11-11 是基于 BOTDR 的倾角仪,它由试管和应变传感光纤两部分组成。具体地说,四根光纤安装在试管表面上相互垂直的四个位置上,由金属、塑料(PPR、聚氯乙烯等),以及其他仅取决于工程条件的材料制成。基于经典的欧拉梁理论,利用光纤应变数据可以计算出管的横向位移。

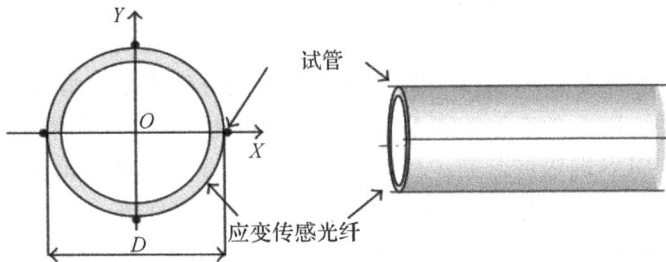

图 11-11　基于 BOTDR 的倾角仪

此外,基于经典的光束理论开发了基于光纤传感技术的创新传感器,用于测量岩土结构中的倾斜和位移。FBG(fiber Bragg grating)倾斜传感器的原理如图 11-12 所示,FBG 压力膜固定在等强度梁上,当传感器倾斜时,球的重力迫使梁发生弯曲变形,FBG 的波长也发生改变,其波长变化与倾斜角之间存在线性关系。此外,线性系数可通过实验室校准试验确定,通过温度补偿消除温度的影响后,就可以得到相应的倾斜角。然后用勾股定理(其中 L_1 是固定测斜仪的长度,L_2 是两个固定测斜仪之间钢丝长度的一半)可以计算出深剪切带的水平累积位移。与传统监测技术相比,基于 FBG 的原位测斜仪具有精度高、抗干扰能力强、远程自动监测等优点,可以大大提高滑坡位移监测的精度。

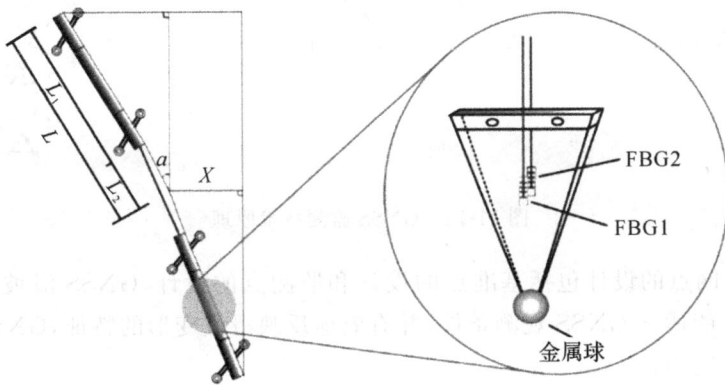

图 11-12　FBG 倾斜传感器的原理

11.3.2.5　导航卫星 GNSS 在线监测技术

GNSS 能够提供连续的全球导航和空间定位服务,具有连续、实时、三维、高精度、全天候全天时作业、自动化程度高等优点。GNSS 包括美国全球定位系统(GPS)、俄罗斯格洛纳斯系统(Glonass)和欧洲伽利略导航卫星系统(Galileo),以及我国的北斗导航卫星系统(beidou navigation satellite system,简称 BDS)。GPS(global positioning system)从 20 世纪 90 年代开始就已经在国外用于变形监测,早期精度仅能达到分米级或厘米级,随着 GNSS 的 CORS(continuous operational reference system)概念的提出,以及 4G/5G 无线通信技术的快速发展,GNSS 定位的时效性和精度(毫米级甚至亚毫米级)均得到改善,GNSS 变形监测的服务方式从以前的事后、低精度、人工处理发展到实时、高精度、自动化在线监测,服务范围也从仅能对形变量较大的土质边坡对象进行监测,拓展到了微小形变的岩质边坡、混凝土大坝和地壳形变监测等众多领域。

近年来,我国 GNSS 技术对地观测技术发展迅速,目前在大地测量、变形监测、地震地质和地球动力学等研究方面,GNSS 得到了充分的应用并取得了良好效果。随着我国 BDS 的建成,融合 GPS 和 BDS 的在线监测系统陆续在国内边坡监测领域获得了广泛应用,一些边坡安装了 GPS+BDS 的边坡监测运行系统,实现了数据的远程实时获取、处理和分析,并能根据监测结果进行多种方式(短信、邮件和微信等)的预警预报。

各个导航卫星系统主要包括三部分:地面控制中心、导航卫星、GPS 接收设备。主要功能为定位、导航、授时。GNSS 测量原理为:通过伪距或载波相位测量方式测定卫星与接收机设备之间的距离,通过一系列算法和计算模型剔除电离层、卫星钟差、接收机钟差等因素的影响,获得高精度星地距。再通过 GNSS 基线网平差,得到毫米级点位精度成果。目前已广泛应用于大范围滑坡体的位移监测。GNSS 监测技术原理如图 11-13 所示。

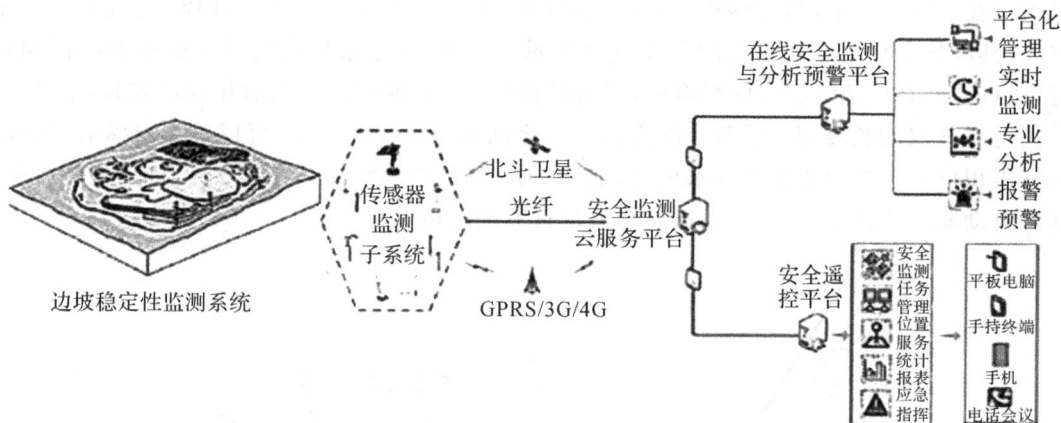

图 11-13　GNSS 监测技术原理

GNSS 监测网点的设计包括基准点的设计和监测点的设计,GNSS 滑坡监测的监测点点位的选定应该能适合 GNSS 观测条件,并有效地反映滑坡变形的特征,GNSS 监测网基准点点位的确定原则为:

①点位稳定,地质条件好;

②适合 GNSS 观测条件,无显著多路径效应;

③尽可能选用经实践证明点位稳定的原滑坡区域内的基准网点。

11.3.2.6　雷达卫星 D-InSAR 与光学卫星高分影像监测技术

干涉雷达指采用干涉测量技术的合成孔径雷达(interferometric synthetic aperture radar,简称 InSAR),是新近发展起来的空间对地观测技术,是传统的 SAR 遥感技术与射电天文干涉技术相结合的产物。它利用雷达向目标区域发射微波,然后接收目标反射的回波,得到同一目标区域成像的 SAR 复图像对,若复图像对之间存在相干条件,SAR 复图像对共轭相乘可以得到干涉图,根据干涉图的相位值,得出两次成像中微波的路程差,从而计算出目标地区的地形、地貌以及表面的微小变化,可用于数字高程模型建立、地壳形变探测等。

差分合成孔径雷达干涉技术(differential interferometric synthetic aperture radar,简称 D-InSAR)利用三次观测(两张干涉图),进行微小运动或变化测量,对地表垂向运动和运动目标十分敏感,精度可达毫米量级,在地形变测量、地质灾害(滑坡、泥石流、地震、火山)监测等方面具有很大的应用潜力。近年来,随着卫星雷达遥感技术的快速发展,D-InSAR 在边坡及滑坡变形场监测中发挥了重要作用,克服了传统大地测量的点式变形测量的局限,且理论精度达到毫米级。

虽然雷达卫星 D-InSAR 能够对大范围变形场进行高精度监测,但当变形量太大时,In-SAR 会因为出现影像失相干、相位解缠困难的问题而失效。要解决如何在边坡进入大变形阶段时进行有效的卫星遥感监测的问题,可以利用 ZY-3 光学卫星立体影像监测地表变形,以及利用计算机自动匹配算法 SIFT(scale invariant feature transform)、ASIFT(Affine-SIFT)对不同时期的高分影像特征进行识别和对比,匹配同名点,并对同名点之间的距离及方向进行量测,从而获取滑坡位移矢量场,实现滑坡范围的有效圈定。

其技术流程为:首先进行遥感影像预处理,包括正射校正和影像配准,对原始影像进行投影差改正后,将原始影像纠正成正射影像;然后实施 SIFT、ASIFT 算法,包括确定模拟图像、特征点提取与匹配,实现不同时相图像之间的特征点提取与匹配;剔除错误的匹配点,保留正确匹配点;进行边坡位移场计算与标定,进一步计算位移矢量,绘制边坡位移场的等值线图,直观地显示边坡位移空间范围。该技术成本较低、高效简便,为大变形滑坡"面"式监测提供了新手段。该技术成功运用了抚顺西露天矿南帮大滑坡水平形变场的提取,并取得了良好的效果。

随着科技不断进步,滑坡监测领域引入了各种新的监测方法和传感器,形成了空-天-地一体化监测技术。在先进的空间观测技术方面,如全球定位系统(GPS)、合成孔径雷达(InSAR)和惯性导航系统(inertial navigation system,简称 INS)等。差分技术合成孔径雷达干涉(D-InSAR)可在测量陆地变形现象方面发挥重要作用,另外 D-InSAR 还可以补充传统的地形监测技术不足,通过将遥感数据与简单的地貌模型和几何因素相结合,得出一种在不同尺度的滑坡分析中使用全分辨率和低分辨率 D-InSAR 数据的新方法,以获得相当高精度的地面位移,同时降低成本和时间消耗。针对 InSAR 滑坡监测技术的局限性,可以将全球定位系统(GPS)和角反射 InSAR 技术结合运用。首先,通过在合成孔径雷达干涉模型中引入全球定位系统(GPS)测量的高度和大气延迟产物,优化雷达视线方向的变形。其次,将全球定位系统测量的水平变形和合成孔径雷达测量的视线变形相结合,产生更精确的垂直变形。最后,将高精度三维变形(N,E,U)投影到顺坡方向,监测滑坡的实际运动。

11.3.3 边坡智能监测网络系统与预警平台

边坡地表形态复杂、局地岩性多变、气象影响多样,单一监测手段难以满足边坡灾害整体、连续监测的实际要求,需要多平台集成、多手段联合的智能监测技术,使得优势互补、效果增强。边坡智能监测内涵,主要体现在多种传感器的协同工作、多源数据的智能分析等方面。

11.3.3.1 自动化监测网络系统

边坡自动化监测预警平台的网络建设,一般采用按功能将网络分为采集层、传输层、存储层、应用层 4 层的分层设计方案。分离网络上的各种现有功能,使网络设计模块化,提高网络的可伸缩性和性能。

采集层:主要为现场采集部分,包括物理传感器以及传输媒体。物理传感器有雨量计、水位计、位移计、压力计等,负责采集并记录监测数据。传输媒体为电缆或光纤,负责将记录下来的数据发送到下层模块。

传输层:负责接收采集层的数据,并向它上面的存储层和应用层提供服务,对收到的报文进行检测。根据应用程序的不同需求,传输层需要有面向连接的 TCP 和无连接的 UDP 两种不同的传输协议。传输层向高层用户屏蔽了下面网络核心的细节(如网络拓扑、所采用的路由选择协议等),它使应用进程看见的就是好像在两个传输层实体之间有一条端到端的逻辑通信信道,但这条逻辑信道对上层的表现却因传输层使用的不同协议而有很大的差别。UDP 在传送数据之前不需要先建立连接,TCP 则提供面向连接的服务。

存储层:为数据持久化部分,包括数据库和文件存储。本层接收传输层的数据,并将数据导入数据库中,以便于应用层调用。同时,将各类数据文件存储起来。

应用层:既可接收传输层的数据直接展示给用户,也可以调用存储层的数据给用户提供服务。这一层,可以提供各种数据的直观显示,也可以提供预警等更多复杂的功能。如人员的基本信息管理、项目管理、监测对象基本信息管理、应急管理设备基本信息管理、人工报警、模型预警、视频监控、数据监测等功能均可以在本层实现,同时还对外提供接口服务等。

11.3.3.2 智能监测预警平台

20 世纪末开始,在信息化、数字化、物联网、传感网、大数据、云计算、人工智能等新技术快速发展背景下,边坡安全与灾害监测及分析也随之向自动化、智能化方向发展。边坡自动化监测是利用安装或者埋设在监测对象的传感器测量其目标物理量以及其在时空上的变化,传感器测量到的物理量按设定的采集方式和频率通过现场数据采集设备进行处理和储存,再通过无线通信网络将采集的数据传输到可视终端,可视终端对接收到的数据进行分析处理和判断,并根据判断结果作出预警预报。通过设计特定的算法模块、开发相应的软件系统,运用自动控制传感器的工作方式及监测系统的总体行为,实现目标观测、数据通信、过程分析、行为判断与反馈调控,实现类似人类智能的监测。

监测预警平台通常基于 3S 技术、物联网、云计算及灾害监测技术,对一定区域的滑坡工程灾变在时空域的变形破坏信息和诱发因素信息实施动态监测。通过对相关信息的分析处理,对坡体的稳定状态和变化趋势作出判断,预测边坡失稳的可能性。监测预警综合平台包括远程监测系统、智能预警系统、视频系统、业务管理系统与接口系统系统五大板块,如图 11-14 所示。

1)远程监测系统

远程监测系统主要包括实时警情、数据监测、监测对象分布 3 个模块。实时警情用于将突发事件实时传回监测中心的值班人员,数据监测可方便值班人员在地图上及时读取监测对象的实时监测数据。

2)智能预警系统

智能预警系统包括预警信息、专家研判与预警信息 3 个模块。

预警信息模块:汇总整个平台的相关记录,方便查询、统计、分析,与实时警情联动使用。

专家研判模块:在系统发出不同预警级别后,进入处警流程,依据预设的程序或处警人

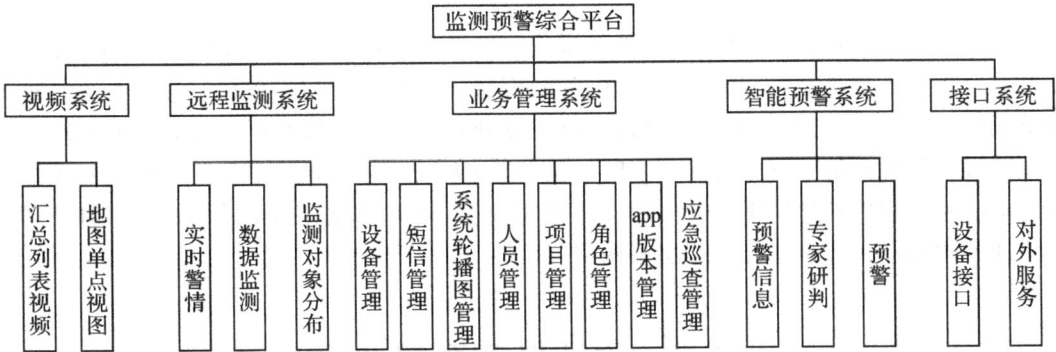

图 11-14　平台关键功能

员的操作,让相关专家对该警情进行分析、研判和处置,并对所有研判结果进行汇总管理。

预警模块:包括人工预警、阈值预警、综合模型预警、AI 人工智能预警 4 个子模块。人工预警是指在平台人员的群测群防、在专业巡查人员执行任务中发现监测对象、设备异常情况而触发的报警;阈值预警是平台传感器设备数据静态和动态变化速率超过控制值而触发的报警;综合模型预警依据监测对象不同,综合考虑项目区的地质环境条件、历史降雨数据、极端气象条件,对滑坡进行数值计算、分析并预测潜在滑动面、失稳破坏因素、破坏模式、破坏类型及破坏机理等建立起来的数值模拟综合预警模型。例如滑坡类预警模型包括降雨预警、变形量预警和切线角预警模型和方法,结合模糊数学和数值模拟建立综合预警模型。AI 预警是利用机器学习(machine learning),根据当前实时监测记录对灾害点风险进行预测预警。机器学习是人工智能的核心,是使计算机具有智能的根本途径,是涉及概率论、统计学、逼近论、算法复杂度理论等多门学科的交叉学科,针对监测对象点累计的海量历史监测数据,以历史监测数据及相关属性数据为训练样本,监测时间越长、监测数据(训练样本)越多,预警准确率越高。

3)视频系统

视频系统是基于云平台直播流,实现点到点(P2P)、点到多点(P2MP),结合图像识别的智能化系统。根据展示的形式、调用数量和媒体内容不同分为汇总列表视频与地图单点视图两个模块。前者将所有的视频设备以缩略图滚动卡片条的形式列出,而后者以视频设备图标结合超链接的方式展示在地图上供视频操作员调用。

4)业务管理系统

业务管理系统包括设备管理、项目管理、应急巡查管理、人员管理、角色管理、短信管理、系统轮播图管理和 app 版本管理 8 个模块,应用于管理信息修改频率不高,比较稳定的一些数据。其中前 3 个为授权人员常用模块,后 5 个则是系统内置管理员使用模块。

5)接口系统

接口系统主要包括设备接口与对外服务两个模块。

设备接口模块:其主要功能是接收来自物理设备层的各种传感器的数据,并且将不同的通信协议、数据格式转换为平台统一的数据格式标准。此模块具有类似的多种接口层来实现对不同厂家、类型或 API 版本的设备数据的解析,避免了只适配单一厂家类型设备造成采购上的被动。但需要在代码编写、测试和兼容性等平台开发方面付出更多的时间、人力与

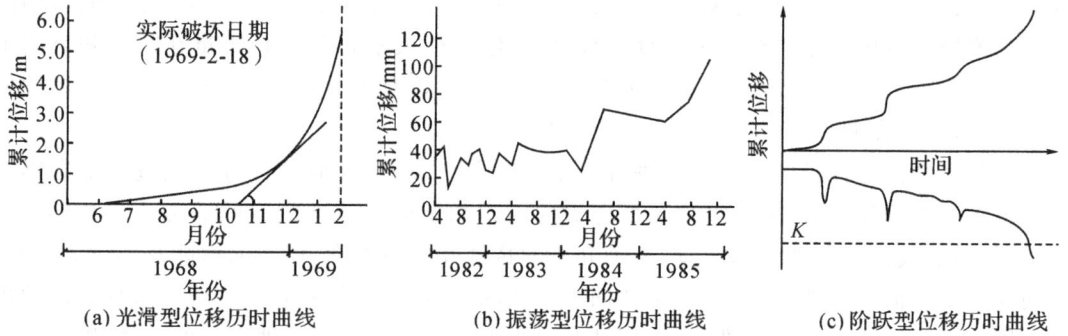

图 11-15　边坡变形的典型位移历时曲线

1）振荡型位移历时曲线突变现象的分析和处理

均匀滤波法就是反复运用离散数据的邻点插值作平滑处理，最后使得原来的波动曲线变为一条光滑曲线，如图 11-16 所示。而平滑处理就是在两个相邻的离散数据之间任取一点作为新的离散数据（包括始点和终点）。若取相邻点间的中点，则称为邻点中值平滑处理。经证明，邻点中值平滑处理的滤波效果最优。

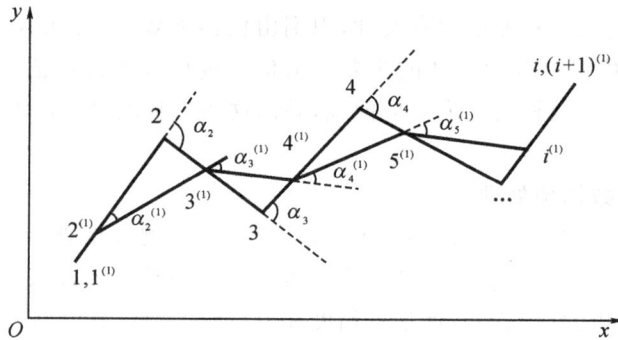

图 11-16　均匀滤波法处理方法

累加生成是灰色理论中的一种数据预处理方法。对原始离散位移监测序列进行累加生成处理可带来两点明显的好处：第一，可使原始离散序列的随机干扰成分在通过累加生成后得到减弱或消除；第二，可使原始离散序列中蕴含的确定性信息在通过累加生成后得到加强。可以证明一个波动起伏的曲线，经过反复的累加以后最终会变成一条光滑曲线。但在实际的计算中，并不是累加次数愈多愈好。一般对原始离散序列进行 1 次累加生成处理就能满足要求。

2）阶跃型曲线突变现象的分析和处理

这类曲线在实际中经常遇到，产生阶梯状突跃的主要原因是季节性暴雨的作用。在这种突发性外营力的作用下，坡体稳定性会有较大幅度的降低，相应地会引起位移的突然加剧。如果外营力的作用还未使得边坡的稳定性降低到产生宏观破坏的程度，那么外营力消失后，边坡稳定性会产生可逆性回升。当然，一般情况下不可能恢复到原来的状态，它对坡体稳定性产生的"损伤"在位移曲线上表现为突变位移后平缓段应变速率的加大。对于这类阶跃型曲线，如果仍然采用均匀滤波方法将外营力引起的暂时变化一起考虑，显然是不合理的。这类曲线可利用非均匀滤波方法进行处理,利用阶跃函数剔除外营力引起的暂时性位移变化。用非均匀滤波方法处理后,如果需要,还可进一步进行均匀滤波和累加生成处理。

11.4.2.2 比较法

通过对比分析检验监测物理量量值的大小及其变化规律是否合理,或边坡工程所处的状态是否稳定的方法称为比较法。比较法通常包括监测物理量的对比、监测成果与理论或实验成果的对比以及工程类比等方法。

1)监测物理量的对比

将同一边坡项目中相同部位(或相同条件)的不同监测量作相互对比,以查明各自变化量的大小、变化规律和趋势是否具有一致性和合理性。

2)监测成果与理论或实验成果的对比

将同一边坡项目中由监测数据分析出来的结果与理论或实验成果进行对比,可以验证监测仪器的准确性,还可以验证理论成果的正确性。

3)工程类比法

工程类比法有两种形式:一种是根据边坡工程的地质条件、岩体特性和动态观测资料,通过与具有类似条件边坡的综合分析和对比,判断工程区岩体或建筑物的稳定性,并获取相应资料进行稳定计算,评估工程安全性和潜在不安全因素;另一种为因素类比法,即进行边坡工程不稳定因素类比,根据对已发生过的失稳事件、有失稳可能但处理后已经稳定的工程实例的各项条件和各种因素的对比,对工程的稳定性作出迅速的判断。工程类比法的优点是综合考虑了各种影响边坡稳定的因素,可迅速地对边坡稳定性及其发展趋势作出预测;缺点是经验性强,缺少定量界限,因地而异。

11.4.2.3 作图法

作图法是通过分析监测物理量量值的时空变化规律及监测量之间的相关关系是否合理来判断边坡工程所处状态的方法。作图法常用的几种曲线类型有:

1)监测量-时间曲线

根据监测量-时间曲线,可以掌握监测量随时间的发展规律,如图 11-17、图 11-18 所示。

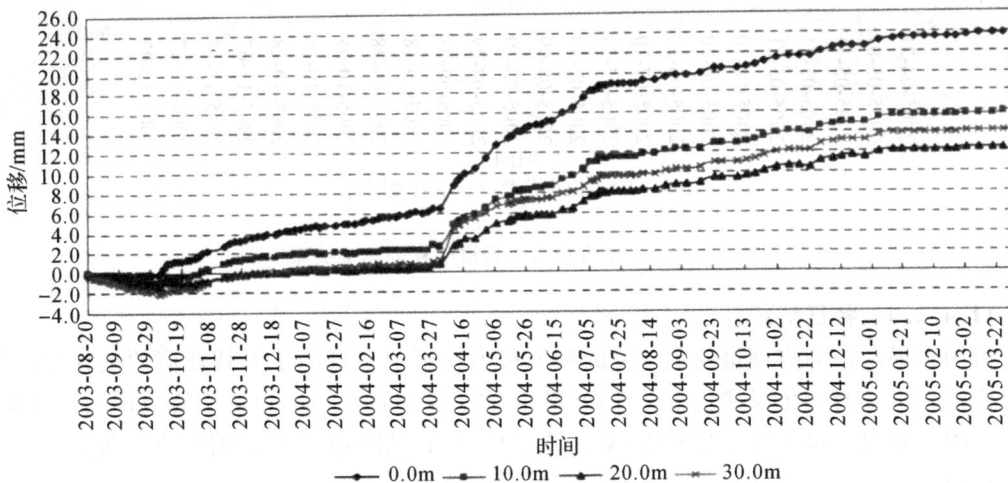

图 11-17　测点位移与时间的关系

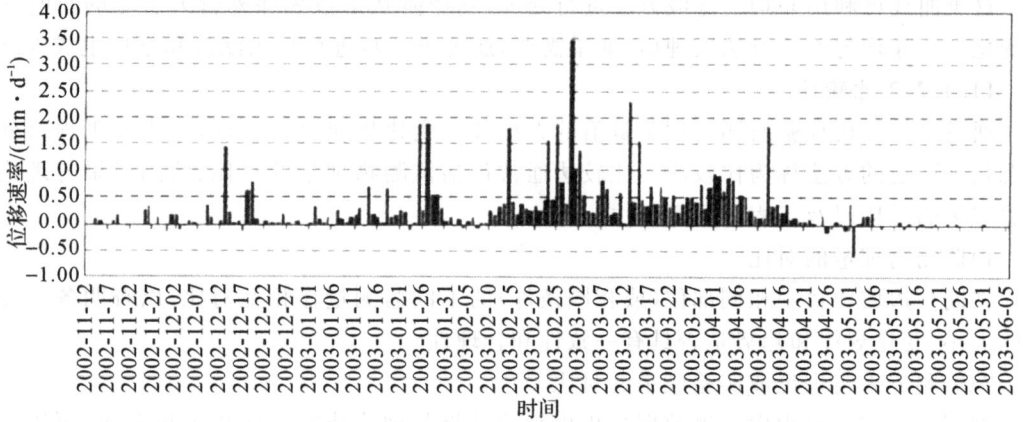

图 11-18 表面测点位移速率与时间的关系

2）监测量分布曲线

其是描述监测量空间分布状态的曲线，如沿深度方向或水平方向的位移分布曲线等。

3）监测量相关曲线

其是将存在相关性的多个监测量曲线同时绘出，并对其在变化规律上表现出的相关性进行分析，如图 11-19 所示。

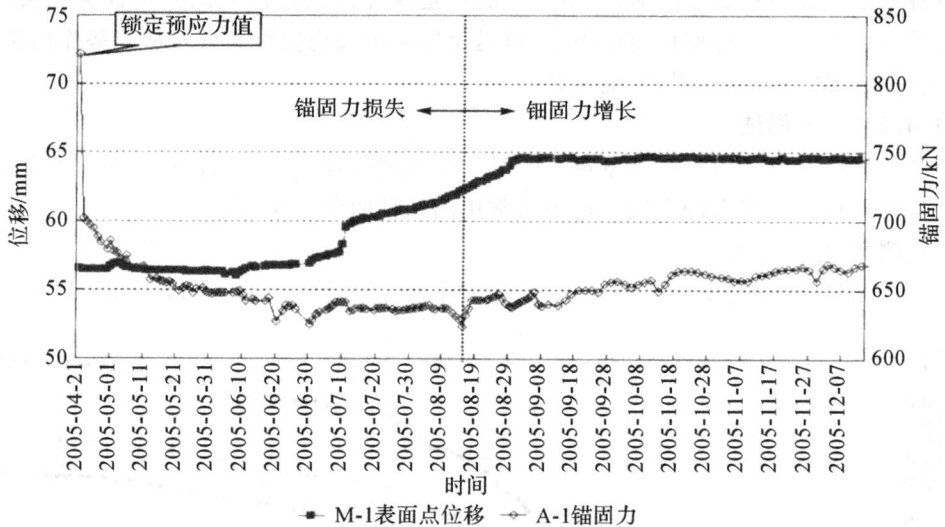

图 11-19 锚索应力与岩层位移的相关关系

11.4.2.4 特征值统计法

可用于揭示监测物理量变化规律的数值称为特征值。借助于对特征值的统计与比较，辨识监测物理量的变化规律是否合理，并得出分析结论的方法称为特征值统计法。特征值统计法的主要内容包括计算某时段（某区域）的最大值、最小值、样本均值、方差等。

1）最值

对于随时间变化的离散监测量，取某一时间段的序列 $\{x_i\}(i=1,2,\cdots,n)$，可通过比较

获得最大值 $\max(x_1, x_2, \cdots, x_n)$、最小值 $\min(x_1, x_2, \cdots, x_n)$。

2）样本均值和方差

参数估计是通过子样本来估计母体的数字特征或分布类型。在实际监测工作中，这些参数的估计值往往就是我们所关心的结果。样本均值和样本方差是基本特征值。

样本均值为：

$$\bar{x} = \frac{1}{n} \sum_{i=1}^{n} x_i \tag{11-1}$$

样本方差为：

$$S^2 = \frac{1}{n-1} \sum_{i=1}^{n} (x_i - \bar{x})^2 \tag{11-2}$$

11.4.3　边坡失稳预测预警分类

边坡的变形破坏具有时空性。按照时空关系，边坡失稳灾害的预测、预警可分为空间和时间两大类。空间预测、预警是时间预测、预警的先决条件，只有在明确了预测、预警的对象之后，方可有目的地开展边坡失稳灾害的时间预测、预警。因而，一般来讲，边坡失稳灾害空间和时间预测、预警具有先后次序关系，但从减灾的角度考虑，两者又具有相对的独立性，即可以在时间预测、预警之外进行空间预测、预警。

11.4.3.1　边坡失稳空间预测预警

按尺度范围的大小，可以将边坡失稳灾害空间预测、预警划分为区域性预测、预警，地段性预测、预警和场地性预测、预警。

①区域性预测、预警：可为国土开发利用、重大工程合理布局、地质环境保护等提供宏观的科学依据，也可为滑坡减灾与防灾决策服务。其所涉及的范围可大至城市、省乃至全国，因此其结果多属于总体上的边坡失稳灾害危险性区划，圈定灾害多发、易发地区。

②地段性预测、预警：相对于区域性预测、预警而言，地段性预测、预警侧重于对滑坡的作用条件和影响因素进行分析，采用统计或信息原理分析并筛选其中的重要条件和因素，按类比原则对边坡的稳定性作出预测评价。这种预测是为了确定研究范围内稳定性优良的位置，以满足建筑物安全布置的需要，同时指出存在滑坡问题的场地以及要进一步开展的研究和防治措施等。

③场地性预测、预警：场地性的边坡失稳灾害空间预测、预警以详细的工程地质勘察为基础，确定滑坡发生的地质结构类型，调查和预测滑面的位置及侧向边界，分析可能影响滑坡稳定性的主要因素，并对滑面和滑坡体进行取样与强度参数的测试。通过相适应的稳定性计算模型，预测计算边坡在可能的自然和人工因素作用下的稳定性系数，或采用可靠性分析模型预测分析边坡的破坏概率，为滑坡整治工程提供定量依据。场地性预测、预警结果的可靠度是以详细的工程地质勘察和严格的数学力学模型分析来保证的。

11.4.3.2　边坡失稳时间预测预警

边坡的变形破坏具有阶段性。处于不同变形阶段的边坡，其距离整体破坏的时间也不相同。边坡失稳灾害发生时间的预测、预警是要确定滑坡在未来可能发生的时间区段或确切时间，为提前采取必要的预防措施提供科学的依据。根据对边坡变形速率进行理论分析，可将边坡失稳灾害发生时间的预测、预警分为四类，即长期预测、预警，中期预测、预警，短期预测、预警和临滑预测、预警。通常,所要预测、预警的时间越长,所能依据信息的可靠度就越低,预测、预警结果的可靠度也就越低。

①长期预测、预警是指边坡尚处于初始变形阶段时进行的未来整体破坏时间预测、预警。预测、预警的时间一般是数十年甚至上百年。

②中期预测、预警是指边坡处于稳定变形阶段时进行的未来整体破坏时间预测、预警。预测、预警的时间一般是数年至数十年。

③短期预测、预警是指边坡处于加速变形初期阶段时进行的未来整体破坏时间预测、预警。预测、预警的时间一般是数月。

④临滑预测、预警是指边坡进入加速变形末期后进行的整体破坏时间预测、预警。预测、预警的时间一般是数天。

以上是按照边坡变形理论分析给出的划分标准和定义。实际上,边坡的变形破坏受各种因素的制约,是一个十分复杂的随机的非确定性过程。它既受到内在因素(如坡体结构、地应力等)的制约,又受到各种外在环境条件(如风化、卸荷、降雨、地震等)的影响,各种因素还会发生相互耦合、交叉和变化,导致边坡的变形破坏随时间发展表现出强烈的分叉和多重选择,这些会增加边坡预测、预警的难度,特别是对处于初始变形阶段的边坡进行的长期预测、预警很难确保准确性。而且,初始变形和稳定变形阶段的判断、加速变形初期和末期的判断都较为困难。考虑边坡变形从稳定变形阶段进入加速变形阶段的判断相对较为容易,将前述四类预测、预警归并为两类:中长期预测、预警和短临预测、预警。也就是说,边坡未进入加速变形阶段以前进行的预测、预警统称为中长期预测、预警,而进入加速变形阶段以后进行的预测、预警统称为短临预测、预警。

11.4.4 边坡失稳预测预警参数选择

11.4.4.1 预警参数

边坡预警中应选择能真正反映边坡变形破坏本质特征的参数作为预警参数。

地表位移和深部位移是边坡变形的外在反映,它积累到一定的程度或具有一定的速率时边坡就会失稳破坏。室内外的试验研究均表明,位移能够很好地反映岩土体的变形破坏特征,它是一个容易测量和获得的特征参数。在国内外滑坡成功预警的实例中,大多数是利用位移动态时序资料作为预警参数的,所以位移是滑坡预警的重要参数之一。

声发射(AE)是岩体变形破坏过程中内部微破裂扩展时发射出的一种弹性波,是岩体变形破坏内在特征的直接体现。岩石声发射试验结果表明,岩石破坏时声发射事件会剧烈增加,而且 AE 事件急剧增加的时间超前于岩石宏观破坏的时间。AE 频率历时曲线能较好地反映岩体的变形破坏过程,它与位移历时曲线有明显的相关性,即 AE 频率较低时,位移曲线也较平缓;AE 高频持续不断时,对应的边坡位移曲线也会出现急增。因此,声发射可作为岩质滑坡的一种预警参数。

边坡在变形破坏过程中,内部应力会不断调整和变化,应力变化也是边坡变形破坏的本质反映。所以应力也应是一种预警参数,但由于应力的准确监测相对较难,对其分析的经验相对较少,将其作为预警参数存在一定的难度。

众所周知,降雨与滑坡有着非常密切的关系。降雨虽然不是边坡变形破坏的本质特征参数,但却是诱发滑坡的主要因素,所以降雨、坡体地下水位及孔隙水压力等应作为滑坡的重要预警参数。

11.4.4.2 监测点的选取

预警参数监测点的选取直接影响到参数对整个边坡状况的代表性和预警的精度,因此是一项非常重要的基础工作。实践证明,变形边坡不同部位监测点的参量值时间序列各不相同,有的甚至相差很大。因此,必须在众多的监测点中选取能真正代表边坡状态的关键点的监测时序资料进行预警。而关键点的选择与确定需要开展大量的基础研究,通过对边坡类型、结构、变形破坏现象、环境条件的深入调查和分析,查明边坡破坏的机制,并以此为基础确定控制边坡稳定性的关键部位,位于这些部位的监测点就可以作为预警参数监测点。

对于不同破坏机制的边坡,位移参数监测点的选择一般按以下原则进行:

①对于滑-拉裂型和滑移-拉裂型滑坡,一般选取后缘主拉裂缝及其附近测点的位移时序资料进行预警,即监测的重点为后缘拉裂缝。但需要注意的是,滑-拉裂型滑坡的拉裂缝有时会趋向于闭合,拉裂缝趋向于闭合的资料不能用于预警,但趋向于闭合本身是边坡即将失稳的前兆。

②对于滑移-弯曲型滑坡,选择前缘弯曲隆起部位监测点的位移资料进行预警,因此监测重点是隆起部位。

③对于塑流-拉裂型滑坡,通常选择坡顶后缘监测点位移和裂缝深度资料进行预警。

④对于滑移-压致拉裂型和弯曲拉裂型滑坡,多选择坡顶后缘监测点位移值进行预警。

⑤与蠕滑-拉裂型滑坡一样,滑移-压致拉裂型滑坡在加速变形阶段后期,由于坡体转动,后缘拉裂缝常常也会由拉伸变形转为闭合变形。因此,预警时闭合变形开始产生后的资料也不能采用。

以上原则只是针对一般情况而言,对具体边坡应作具体分析后再对监测点进行选择。

11.4.5 边坡稳定性定量预测

边坡稳定性预测定量分析需要从力学、数学等方面入手建立监测模型,从定量角度较为深入、详细地揭示数据所含的信息,描述内在规律,进行滑坡预测和综合评判等。对监测数据进行分析的最终目的是实现边坡预测、预警,以保证边坡施工和运行安全。经过滤波处理的监测数据可以用来定量预测、预警边坡的稳定性。边坡定量预测需要选择恰当的数学模型,而监测数据的进一步处理与边坡预测模型有关。常见的边坡预测模型有稳定系数预测法、数理统计模型、灰色系统模型、时间序列模型、斋藤迪孝模型、黄金分割模型、智能预警模型等。

11.4.5.1 稳定系数预测法

稳定系数预测法通过计算滑坡体的稳定系数来预测某一具体边坡的稳定性。稳定系数的计算方法主要分为两大类:基于极限平衡分析法和数值计算方法。极限平衡分析法是经典的、采用最多的一种方法。它基于莫尔库仑破坏准则,在一定假定的基础上,利用滑块力或力矩的平衡来计算分析边坡的安全系数。

由于边坡稳定性分析是一个高次超静定问题,故为使问题得解,需要引入许多近似假设,如假设一个滑面、不考虑土体内部的应力应变关系、不考虑支挡结构的作用等。在这种情况下,应用极限平衡分析法不能得到滑体内的应力、变形分布状况,也不能求得岩体本身的变形和支挡结构对边坡变形及稳定性的影响数值计算方法克服了极限平衡分析法的不足,不仅满足力的平衡条件,还考虑了土体应力、变形关系和支挡结构的作用,能够得到边坡在荷载作用下的应力、变形分布,模拟出边坡的实际滑面。正因为数值计算方法的这些优点,近年来它已广泛应用于边坡稳定性分析。目前常用的数值计算方法主要包括有限单元法、有限差分法、离散单元法(discrete element method,简称 DEM)、不连续变形分析法(discontinuous deformation analysis,简称 DDA)和流形元法等。

11.4.5.2 数理统计模型

对边坡监测数据进行处理时,常常要寻找存在于两个(或多个)变量之间的关系,如边坡岩土体变形位移与时间之间的关系、土体孔隙水压力随时间变化的规律以及多因素(开挖卸荷、岩体流变、开挖爆破以及降水量等)与边坡状态量之间的关系等。这些变量之间有一定的关系,然而这种关系并不完全确定,通常不能用一个确定的函数关系式表达出来。为了深入了解它们之间的关系,需要去寻找它们的数量表达式。建立安全监测统计模型是一种应用广泛的有效手段。

1)一元线性回归分析模型

一元线性回归分析的内容是处理两个变量间的统计关系,是回归分析中最简单的情况。设随机变量 y 和自变量 x 间存在相关关系,该关系可以表达为:

$$y = \beta_0 + \beta_1 x + \varepsilon \tag{11-3}$$

该式即为 y 关于 x 的一元线性理论回归方程。式中 β_0、β_1 是待估计的回归系数,$\varepsilon \sim N(0, \sigma^2)$。

当由监测样本 $(x_i, y_i)(i = 1, 2, \cdots, n)$ 获得未知参数 β_0、β_1 的估计 $\hat{\beta}_0$、$\hat{\beta}_1$ 后,得到的方程为:

$$\hat{y} = \hat{\beta}_0 + \hat{\beta}_1 x \tag{11-4}$$

该式称为 y 关于 x 的一元线性经验回归方程。

通常采用最小二乘估计求解回归系数 β_0、β_1。设给定 n 个监测样本点 $(x_i, y_i)(i = 1, 2, \cdots, n)$,$y = \beta_0 + \beta_1 x$ 为一条直线,记

$$Q(\beta_0, \beta_1) = \sum_{i=1}^{n} [y_i - (\beta_0 + \beta_1 x_i)]^2 \tag{11-5}$$

$Q(\beta_0, \beta_1)$ 就是误差平方和,它反映全部的观测值与直线的偏离程度。因此,$Q(\beta_0, \beta_1)$ 越小,观测值与直线拟合得越好。所谓的最小二乘法,就是使 $Q(\beta_0, \beta_1)$ 达到最小的一种估计 β_0、β_1 的方法。

如果 $\hat{\beta}_0$、$\hat{\beta}_1$ 满足 $Q(\hat{\beta}_0, \hat{\beta}_1) = \min_{-\infty < \beta_0, \beta_1 < \infty} Q(\beta_0, \beta_1)$,那么称 $\hat{\beta}_0$、$\hat{\beta}_1$ 分别是 β_0、β_1 的最小二乘估计。

由于 $Q(\beta_0, \beta_1)$ 是 β_0、β_1 的一个非负二元函数,故其极小值一定存在。根据微积分的理论可知,只要求 $Q(\beta_0, \beta_1)$ 对 β_0、β_1 的一阶偏导数为 0,即:

$$\begin{cases} \dfrac{\partial}{\partial \beta_0} Q(\beta_0, \beta_1) \Big|_{\beta_0 = \hat{\beta}_0, \beta_1 = \hat{\beta}_1} = 0 \\ \dfrac{\partial}{\partial \beta_1} Q(\beta_0, \beta_1) \Big|_{\beta_0 = \hat{\beta}_0, \beta_1 = \hat{\beta}_1} = 0 \end{cases} \tag{11-6}$$

$$\begin{cases} -2\sum_{i=1}^{n}(y_i - \hat{\beta}_0 - \hat{\beta}_1 x_i) = 0 \\ -2\sum_{i=1}^{n}(y_i - \hat{\beta}_0 - \hat{\beta}_1 x_i)x_i = 0 \end{cases} \tag{11-7}$$

整理后得

$$\begin{cases} n\hat{\beta}_0 + (\sum_{i=1}^{n}x_i)\hat{\beta}_1 = \sum_{i=1}^{n}y_i \\ (\sum_{i=1}^{n}x_i)\hat{\beta}_0 + (\sum_{i=1}^{n}x_i^2)\hat{\beta}_1 = \sum_{i=1}^{n}x_i y_i \end{cases} \tag{11-8}$$

式(11-8)通常称为正则方程组,解之得:

$$\begin{cases} \hat{\beta}_0 = \bar{y} - \hat{\beta}_1 \bar{x} \\ \hat{\beta}_1 = \dfrac{\sum_{i=1}^{n}(x_i - \bar{x})(y_i - \bar{y})}{\sum_{i=1}^{n}(x_i - \bar{x})^2} \end{cases} \tag{11-9}$$

其中

$$\bar{x} = \frac{1}{n}\sum_{i=1}^{n}x_i \tag{11-10}$$

$$\bar{y} = \frac{1}{n}\sum_{i=1}^{n}y_i \tag{11-11}$$

在具体计算时,常记

$$\begin{cases} l_{xx} = \sum_{i=1}^{n}(x_i - \bar{x})^2 = \sum_{i=1}^{n}x_i^2 - n\bar{x}^2 = \sum_{i=1}^{n}(x_i - \bar{x})x_i \\ l_{yy} = \sum_{i=1}^{n}(y_i - \bar{y})^2 = \sum_{i=1}^{n}y_i^2 - n\bar{y}^2 = \sum_{i=1}^{n}(y_i - \bar{y})y_i \\ l_{xy} = \sum_{i=1}^{n}(x_i - \bar{x})(y_i - \bar{y}) = \sum_{i=1}^{n}x_i y_i - n\bar{x}\bar{y} = \sum_{i=1}^{n}(x_i - \bar{x})y_i \end{cases} \tag{11-12}$$

这样,β_0、β_1 的最小二乘估计可以表示为:

$$\begin{cases} \hat{\beta}_0 = \bar{y} - \hat{\beta}_1 \bar{x} \\ \hat{\beta}_1 = \dfrac{l_{xy}}{l_{xx}} \end{cases} \tag{11-13}$$

因此,可得到回归方程:

$$\hat{y} = \hat{\beta}_0 + \hat{\beta}_1 x = \bar{y} + \hat{\beta}_1(x - \bar{x}) \tag{11-14}$$

此回归方程在平面直角坐标系中必过$(0, \hat{\beta}_0)$与$(\bar{x}, \bar{y})$两点。

在求得线性回归方程后,还需要进行统计检验。

2) 多元线性回归分析模型

多元线性回归分析法广泛应用于监测数据处理中,它是研究一个变量和多个因子之间关系的最基本方法。该方法通过分析所观测量和外因之间的相关性,建立数学模型。一般来讲,影响监测结果 y 的因素往往不止一个,设有 $x_1, x_2, \cdots, x_p$ 共 p 个因素。其中最简单的是假设它们之间有线性关系:

$$y = \beta_0 + \beta_1 x_1 + \cdots + \beta_p x_p + \varepsilon \tag{11-15}$$

式中, $x_1, x_2, \cdots, x_p$ 为可精确测量或可控制的一般变量; y 为可观测的随机变量; $\beta_0, \beta_1, \cdots, \beta_p$ 为未知参数; ε 为服从 $N(0, \sigma^2)$ 分布的不可观测的随机误差。

假如对式(11-15)获得了 n 组独立观测值 $(y_i, x_{i1}, x_{i2}, \cdots, x_{ip})(i=1,2,\cdots,n)$,于是由式(11-15)可知 y 具有数据结构式:

$$y_i = \beta_0 + \beta_1 x_{i1} + \cdots + \beta_p x_{ip} + \varepsilon_i \quad (i = 1, 2, \cdots, n) \tag{11-16}$$

其中, $\varepsilon_1, \varepsilon_2, \cdots, \varepsilon_n$ 相互独立,且均服从 $N(0, \sigma^2)$ 分布,则称式(11-17)为 p 元线性回归模型。将 $\beta_0, \beta_1, \cdots, \beta_p$ 的估计分别记为 $\hat{\beta}_0, \hat{\beta}_1, \cdots, \hat{\beta}_p$,那么就得到一个 p 元线性方程:

$$\hat{y} = \hat{\beta}_0 + \hat{\beta}_1 x_1 + \cdots + \hat{\beta}_p x_p \tag{11-17}$$

为了简便起见,对于多元线性回归模型,用矩阵、向量的形式来表达。

记

$$\boldsymbol{Y} = \begin{bmatrix} y_1 \\ y_2 \\ \vdots \\ y_n \end{bmatrix}_{n \times 1}, \quad \boldsymbol{\varepsilon} = \begin{bmatrix} \varepsilon_1 \\ \varepsilon_2 \\ \vdots \\ \varepsilon_n \end{bmatrix}_{n \times 1} \tag{11-18}$$

$$\boldsymbol{X} = \begin{bmatrix} 1 & x_{11} & x_{12} & \cdots & x_{1p} \\ 1 & x_{21} & x_{22} & \cdots & x_{2p} \\ \vdots & \vdots & \vdots & & \vdots \\ 1 & x_{n1} & x_{n2} & \cdots & x_{np} \end{bmatrix}_{n \times (p+1)}, \quad \boldsymbol{\beta} = \begin{bmatrix} \beta_0 \\ \beta_1 \\ \vdots \\ \beta_p \end{bmatrix}_{(p+1) \times 1}, \quad \hat{\boldsymbol{\beta}} = \begin{bmatrix} \hat{\beta}_0 \\ \hat{\beta}_1 \\ \vdots \\ \hat{\beta}_p \end{bmatrix}_{(p+1) \times 1} \tag{11-19}$$

假定 $n \times (p+1)$ 矩阵 $\boldsymbol{X}$ 的秩为 $r(\boldsymbol{X}) = p+1$。于是 p 元线性回归模型式(11-16)可以表示成:

$$\begin{aligned} \boldsymbol{Y} &= \boldsymbol{X}\boldsymbol{\beta} + \boldsymbol{\varepsilon} \\ \boldsymbol{\varepsilon} &\sim N(0, \sigma^2 \boldsymbol{I}_n) \end{aligned} \tag{11-20}$$

其中, $\boldsymbol{I}_n$ 表示 n 阶单位矩阵。

记 $x_{10} = x_{20} = \cdots = x_{n0} = 1$,

令 $Q(\beta_0, \beta_1, \cdots, \beta_p) = \sum_{i=1}^{n} \left(y_i - \sum_{j=0}^{p} \beta_j x_{ij} \right)^2$,由 $\left. \frac{\partial Q}{\partial \beta_j} \right|_{\beta_0 = \hat{\beta}_0, \beta_1 = \hat{\beta}_1, \cdots, \beta_p = \hat{\beta}_p} = 0 (j = 0, 1, \cdots, p)$

得方程组:

$$-2 \sum_{i=1}^{n} \left(y_i - \sum_{j=0}^{p} \hat{\beta}_j x_{ij} \right) x_{ij} = 0 \quad (j = 0, 1, \cdots, p) \tag{11-21}$$

整理得:

$$\sum_{j=0}^{p} \left(\sum_{i=1}^{n} x_{ij} x_{ij} \right) \hat{\beta}_j = \sum_{i=1}^{n} x_{ij} y_i \quad (j = 0, 1, \cdots, p) \tag{11-22}$$

若用矩阵、向量来表示,则这个方程组可以表示成

$$(\boldsymbol{X}^{\mathrm{T}} \boldsymbol{X}) \hat{\beta} = \boldsymbol{X}^{\mathrm{T}} \boldsymbol{Y} \tag{11-23}$$

其中,T 表示矩阵或向量的转置。

通常称式(11-23)为正则方程组。由于 $\boldsymbol{X}$ 的秩为 $p+1$，因此 $\boldsymbol{X}^{\mathrm{T}}\boldsymbol{X}$ 是 $p+1$ 阶正定矩阵，从而 $(\boldsymbol{X}^{\mathrm{T}}\boldsymbol{X})^{-1}$ 必定存在，由此得到式(11-23)的唯一解为：

$$\hat{\beta} = (\boldsymbol{X}^{\mathrm{T}}\boldsymbol{X})^{-1}\boldsymbol{X}^{\mathrm{T}}\boldsymbol{Y} \tag{11-24}$$

称 $\hat{\beta}$ 为 β 的最小二乘估计。

在求得多元线性回归方程后，还需要进行统计检验。统计检验请参考相关数理统计书籍。

3）非线性回归分析

对于非线性回归分析，应根据实际情况选择回归模型。有时，非线性回归分析可以通过自变量因子变换，使非线性回归分析转化为线性回归分析，然后求解系数，并予以还原。

例如，指数回归模型 $y_i = \beta_0 \mathrm{e}^{\beta_1 x_i + \varepsilon_i}(i=1,2,\cdots,n)$。

为了确定参数 β_0 和 β_1，对上式两边取对数，得

$$\ln y_i = \ln\beta_0 + \beta_1 x_i + \varepsilon_i \quad (i=1,2,\cdots,n) \tag{11-25}$$

令 $\ln y_i = y_i'$，$\ln\beta_0 = \beta_0'$，于是它转化为线性回归模型：

$$y_i' = \beta_0' + \beta_1 x_i + \varepsilon_i \quad (i=1,2,\cdots,n) \tag{11-26}$$

然后将数据 y_i 转换为 y_i'，根据观测值 $(x_i, y_i')(i=1,2,\cdots,n)$，用一元线性回归分析方法计算出 $\hat{\beta}_0'$，$\hat{\beta}_1$，检验回归方程是否有效。若有效，则可以得到回归曲线：

$$\hat{y} = \hat{\beta}_0 \mathrm{e}^{\hat{\beta}_1 x} \tag{11-27}$$

其中，$\hat{\beta}_0 = \mathrm{e}^{\hat{\beta}_0'}$。

以下几种类型的函数，也可通过变换利用线性回归分析的方法求出未知参数的估计值。

抛物线函数：$y = a + bt + ct^2$，可令 $x_1 = t$，$x_2 = t^2$ 将其转化为线性回归分析。

对数函数：$y = a + b\lg x$，可令 $u = \lg x$ 将其转化为线性回归分析。

双曲函数：$\dfrac{1}{y} = a + \dfrac{b}{x}$，可令 $v = \dfrac{1}{y}$，$u = \dfrac{1}{x}$ 将其转化为线性回归分析。

幂函数：$y = ax^b$，可令 $v = \ln y$，$a' = \ln a$，$u = \ln x$ 将其转化为线性回归分析。

S 形曲线：$y = \dfrac{1}{a + b\mathrm{e}^{-x}}$，可令 $v = \dfrac{1}{y}$，$u = \mathrm{e}^{-x}$ 将其转化为线性回归分析。

另一类非线性模型是不能直接转化为线性回归分析的，可以视具体情况采用泰勒级数展开、试算迭代等方法进行求解。

11.4.5.3　灰色系统模型

系统是指相互依赖的两个或两个以上要素构成的具有特定功能的有机整体。系统可以根据其信息的清晰程度分为白色、黑色和灰色系统。白色系统是指信息完全清晰可见的系统；黑色系统是指信息完全未知的系统；灰色系统是介于白色和黑色系统之间的系统，即信息不完全或不充分的系统。显然，边坡工程这个复杂的系统是一个典型的灰色系统。利用灰色模型对边坡变形的发展过程进行模拟和预测是一条有效途径。

灰色系统理论与方法的核心是灰色动态模型。灰色动态模型以灰色生成函数的概念为基础，以微分拟合为核心进行建模。灰色系统理论认为：一切随机量都是在一定范围内、一定时段上变化的灰色量和灰过程。对灰色量的处理，不是寻求它的统计规律和概率分布，而是将杂乱无章的原始数据列，通过一定的方法处理，使其变成比较有规律的时间序列数据，即以数找数的规律，再建立动态模型。对原始数据以一定方法进行处理，其目的有二：一是

为建立模型提供中间信息,二是将原始数据的波动性弱化。一般无规律的原始数据作累加生成后,可得到光滑离散函数,即有规律的生成数列(递增或递减)。

灰色模型(grey model)简称 GM 模型,是灰色系统理论的基本模型,也是灰色控制理论的基础。灰色模型的目标是微分方程模型,是对动态信息的开发、利用和加工,往往可以用少量数据建模。其力争充分开发利用少量数据中的显信息和隐信息,通过关联分析,提取建模所需的变量,并在对离散函数的性质进行研究的基础上,对离散数据建立微分方程的动态模型,即灰色模型。

灰色模型预测的思路是:将随时间变化的随机正数据列,通过适当的方式累加,使之变成非负递增的数据列,然后用适当的方式逼近获得模型曲线,并作为预测模型,对系统进行预测。目前使用较多的灰色模型是关于数列预测一个变量、一阶微分的 GM(1,1) 模型。该模型的基本原理如下:

灰色系统数据生成的方式有累加生成、累减生成和均值化生成等。其中累加生成 (accumulating generation operator,简称 AGO)是对原始数据作如下的处理:原始序列中的第一个数据维持不变,作为新序列的第一个数据;新序列的第二个数据是原始序列中的第一个和第二个数据相加所得数值;新序列的第三个数据是原始序列中的第一个、第二个和第三个数据相加所得数值……依次类推得到累加生成序列。记 $x^{(0)}$ 为原始数列,则

$$x^{(0)} = (x^{(0)}(1), x^{(0)}(2), \cdots, x^{(0)}(n)) = (x^{(0)}(k) \mid k = 1, 2, \cdots, n) \quad (11\text{-}28)$$

相应地,多次累加后的序列为:

$$x^{(r)}(k) = \sum_{j=1}^{k} x^{(r-1)}(j) \quad (11\text{-}29)$$

式中,上标 r 表示累加 r 次。一次累加生成记为 1-AGO,$x^{(0)}$ 的一次累加生成即:

$$x^{(1)}(k) = \sum_{j=1}^{k} x^{(0)}(j) \quad (11\text{-}30)$$

这是灰色建模最常用的建模序列。

累加生成为建模提供中间信息,将数据序列的随机性加以弱化。灰色模型是与灰色微分方程对应的。GM(1,1) 对应的灰色微分方程为:

$$x^{(0)}(k) + az^{(1)}(k) = b \quad (11\text{-}31)$$

式中,$x^{(0)}$ 为非负原始序列,$x^{(1)}$ 为 $x^{(0)}$ 的 1-AGO 序列,而

$$z^{(1)}(k) = 0.5x^{(1)}(k) + 0.5x^{(1)}(k-1) \quad (11\text{-}32)$$

则称式(11-32)为紧邻均值生成序列。

$$\frac{\mathrm{d}x^{(1)}}{\mathrm{d}t} + ax^{(1)} = b \quad (11\text{-}33)$$

式(11-33)称为灰色微分方程式(11-31)的白化方程,也叫影子方程。

建立 GM(1,1) 模型,也就是对式(11-33)进行灰色方法求解。对于原始数据 $x^{(0)}$,可以生成 1-AGO 序列 $x^{(1)}$ 和紧邻均值生成序列 $z^{(1)}(k)$,记

$$\boldsymbol{Y} = \begin{bmatrix} x^{(0)}(2) \\ x^{(0)}(3) \\ \vdots \\ x^{(0)}(n) \end{bmatrix}, \quad \boldsymbol{B} = \begin{bmatrix} -z_1^{(1)}(2) & 1 \\ -z_1^{(1)}(3) & 1 \\ \vdots & \vdots \\ -z_1^{(1)}(n) & 1 \end{bmatrix} \quad (11\text{-}34)$$

而参数为 $(a,b)^T$。则灰色微分方程参数的最小二乘估计为：

$$(\hat{a}\quad \hat{b})^T = (\boldsymbol{B}^T\boldsymbol{B})^{-1}\boldsymbol{B}^T\boldsymbol{Y} \tag{11-35}$$

于是获得了方程的灰色求解，得到 GM(1,1) 模型的参数。对应的时间响应函数为：

$$\hat{x}^{(1)}(k+1) = \left[x^{(1)}(0) - \frac{b}{a}\right]e^{-ak} + \frac{b}{a} \quad (k=1,2,\cdots,n) \tag{11-36}$$

取 $x^{(1)}(0) = x^{(0)}(1)$，则最终的时间响应函数为

$$\hat{x}^{(1)}(k+1) = \left[x^{(0)}(1) - \frac{b}{a}\right]e^{-ak} + \frac{b}{a} \quad (k=1,2,\cdots,n) \tag{11-37}$$

由式(11-37)可求出拟合的 $\hat{x}^{(1)}(k)$，由一次累加的反运算还原为 $\hat{x}^{(0)}(k)$。

GM(1,1)模型对应的是一个变量的一阶灰微分方程，它是单序列建模，只用到系统的行为序列，没有用到外作用序列。在模型中，参数 a 称为 GM(1,1) 模型的发展系数，反映了 $\hat{x}^{(1)}$ 及 $\hat{x}^{(0)}$ 的发展态势。b 为灰色作用量，是从背景值中挖掘出来的数据，它反映了数据变化的关系。其确切内涵是灰的。灰色作用量的存在是区别灰色建模与一般输入、输出建模（黑箱建模）的分水岭。对于灰色模型，检验、判断模型的精度有三种方式：

①残差大小检验，是对模型值和实际值的误差进行逐点检验。

②关联度检验，通过考察模型值曲线和建模序列曲线的相似程度进行检验。

③后验差检验，是对残差分布的统计特性进行检验。

11.4.5.4　时间序列模型

时间序列预测方法是将预测目标的历史数据按照时间顺序排列为时间序列，然后分析它随时间的变化趋势，并建立数学模型进行外推的定量预测方法。这类方法以连贯性原理为依据，以假设事物过去和现在的发展变化趋势会继续延续到未来为前提条件。它撇开对事物发展变化因果关系的具体分析，直接从时间序列统计数据中找出反映事物发展的演变规律，从而预测目标的未来发展趋势。

由一串随机变量 $y_1,y_2,\cdots$ 构成的随机序列，用 $\{y_t\}(t=1,2,\cdots,n)$ 表示。如果下标是整数变量，那么它代表等时间间隔的时刻增长量，我们就称这种随机序列为时间序列。

常见的平稳时间序列模型包括如下几类：自回归（autoregressive，简称 AR）模型、滑动平均（moving average，简称 MA）模型、自回归滑动平均（ARMA）模型。

1）自回归（AR）模型

零均值平稳随机序列 $\{y_t\}$ 满足如下形式：

$$y_t = \varphi_1 y_{t-1} + \varphi_2 y_{t-2} + \cdots + \varphi_p y_{t-p} + \varepsilon_t \tag{11-38}$$

式中，$\varphi_1,\varphi_2,\cdots,\varphi_p$ 为自回归系数，满足平稳性条件；ε_t 为白噪声序列。

式(11-38)称为 p 阶自回归模型，简记为 AR(p)。

2）滑动平均（MA）模型

一般 MA 模型的数学形式为：

$$y_t = \varepsilon_t + \varphi_1\varepsilon_{t-1} + \varphi_2\varepsilon_{t-2}\cdots + \varphi_q\varepsilon_{t-q} \tag{11-39}$$

式中，$\varphi_1,\varphi_2,\cdots,\varphi_p$ 为滑动平均系数；ε_t 为白噪声序列。

式(11-39)称为 q 阶滑动平均模型，简记为 MA(q)。

3）自回归滑动平均（ARMA）模型

一般 ARMA 模型的数学形式为：

$$y_t = \phi_1 y_{t-1} + \phi_2 y_{t-2} + \cdots + \phi_p y_{t-p} + \varepsilon_t + \varphi_1 \varepsilon_{t-1} + \varphi_2 \varepsilon_{t-2} \cdots + \varphi_q \varepsilon_{t-q} \qquad (11-40)$$

式中，$\phi_1,\phi_2,\cdots,\phi_p$ 为自回归系数，满足平稳性条件；$\varphi_1,\varphi_2,\cdots,\varphi_p$ 为滑动平均系数；ε_t 为白噪声序列。

式(11-40)称为 p 阶自回归 q 阶滑动平均模型，简记为 ARMA(p,q)。

从以上定义中可以看出，AR 模型和 MA 模型为 ARMA 模型的特例：当 $p=0$ 时，ARMA(p,q)=MA(q)；当 $q=0$ 时，ARMA(p,q)=AR(p)。

11.4.5.5 斋藤迪孝模型

通过对滑坡模型进行试验研究，日本学者斋藤迪孝指出，滑坡破坏时间与稳定蠕变状态下的应变速率成反比，如下式表示：

$$\ln t_r = 2.33 - 0.916 \ln \dot{\varepsilon} \pm 0.59 \qquad (11-41)$$

式中，t_r 为滑坡破坏时间；$\dot{\varepsilon}$ 为稳定蠕变阶段的应变速率(mm/min)。

斋藤迪孝假定加速变曲线为圆弧，认为应变速率与离破坏所余的时间(t_r-t)成反比，即认为距离最终破坏时间越短，应变速率越大。有以下模型：

$$t_r - t_1 = \frac{\frac{1}{2}(t_2-t_1)^2}{t_2 - t_1 - \frac{1}{2}(t_3-t_1)} \qquad (11-42)$$

式中，t_1,t_2,t_3 为加速蠕变曲线上的三个时间，它们之间发生的应变相等。

斋藤迪孝模型是在模型试验成果的基础上建立的，并且式(11-42)以加速变曲线为圆弧为前提，该模型一般对不受暂时性因素影响、向自由空间做滑动的崩塌性滑坡进行分析时才较为准确。

实际工程中，监测获得的一般是边坡变形序列值。如果应用斋藤迪孝模型，可以在加速蠕变的位移-时间曲线上取三点，相邻点间相对位移量相等，对应的时间分别为 t_1,t_2,t_3，然后再按式(11-42)求滑坡破坏时间 t_r，显然其准确度受到位移监测资料及所选三个点位置的影响。

11.4.5.6 黄金分割模型

通过对一些有完整变形历时曲线的实例进行分析，发现稳定蠕变的线性阶段历时 T_1 和加速蠕变的非线性阶段历时 T_2 存在如下近似关系：

$$\frac{T_1}{T_1 + T_2} = 0.618 \qquad (11-43)$$

或

$$T_2 \approx 0.618 T_1 \qquad (11-44)$$

也就是说，T_1 在总历时(T_1+T_2)中的比例为黄金分割数 0.618；或者说，系统非线性状态的历时是线性状态历时的约 61.8%，所以称上述关系为黄金分割模型。

如果在实际工程中应用式(11-43)和式(11-44)，首先要对位移-时间曲线进行平滑处理，要区分出稳定蠕变阶段和加速蠕变阶段。一旦知道岩体变形发展进入加速蠕变的非线性阶段，就可以根据线性稳定变形阶段历时 T_1 由黄金分割模型求出 T_2，从而达到预测破坏时间的目的。

理论上说，如果 T_1 足够准确，由黄金分割模型作出的预报具有一定的准确性。但是在实际工程应用中，即使黄金分割模型适用于某个待分析的实际工程，要准确获得该工程的

T_1 也是很难的。这一点也是该模型应用的关键。

11.4.5.7 智能预警模型

基于边坡监测数据建立数学模型,是进行边坡变形和稳定性分析的发展趋势。近年来,不少学者开展了相关的研究,分别提出了基于集合经验模态分解与支持向量机回归的位移预测方法、基于地表监测数据和非线性时间序列组合模型的滑坡位移预测模型、基于光纤监测和粒子群优化支持向量机(PSO-SVM)模型的滑坡深部位移预测、基于主控因子分析与GM-IAGA-WNN联合模型的平推式滑坡位移预测、基于支持向量机-小波神经网络的边坡位移时序预测模型、基于最优加权组合模型及高斯-牛顿法的滑坡变形预测模型、基于改进灰色-时序分析时变模型的边坡位移预测模型。结合大数据、云计算、智能化技术,智能预警模型在边坡与滑坡监测预警中将得到进一步的应用。

12 坡面防护与绿化

坡面防护主要解决整体稳定性良好的边坡表层的变形或破坏问题。坡面防护通过对裸露的坡面采取适当的防护措施,确保坡面长期稳定与安全,防止水土流失,保护生态环境。

无论是土质边坡还是岩石边坡,若长期处于裸露状态,在地质营力作用下,受风化、侵蚀、雨水冲刷影响,将会发生冲蚀、剥落、溜滑、掉块和坍塌等坡面变形破坏。相比于边坡整体失稳破坏,坡面变形失稳属于局部破坏,尽管深度和范围一般不大,但危害程度不小,且影响边坡长期稳定。坡面掉块或坍塌将威胁坡脚工程设施和生命财产安全;坡面剥落、溜滑产生的碎屑物,在坡脚或坡面堆积,会堵塞排水沟、排水管,造成排水不畅,降低边坡整体稳定性;在雨水作用下土质边坡的坡面冲蚀将引起水土流失,污染环境,破坏生态。因此,针对裸露的边坡坡面必须采取合适的坡面防护措施,防止坡面地质灾害的发生。

相比于工程防护措施,坡面绿化是一种新兴的能有效防护裸露坡面的生态防护方法,它与传统的坡面防护工程相结合,可有效实现坡面的生态植被恢复与防护,不仅具有保持水土的功能,还可以美化环境、提升景观,具有明显的环保意义。

12.1 坡面防护原则

坡面变形破坏的轻重程度与边坡的岩土性质、地质构造、水文地质条件、气候环境、植被覆盖、边坡坡率和坡高等密切相关,须综合考虑这些因素,确定适宜的坡面防护方法。但不论采用哪种方法,坡面防护工程都应遵循以下原则:

①坡面防护是边坡防治工程的辅助工程,应首先确保边坡整体稳定。在此基础上,应充分利用边坡整体稳定性防治工程措施,选择适宜的边坡坡面防护方案。例如,对于采用锚索加固的边坡,可考虑通过框格梁防护结合生态防护的方案来实现边坡整体稳定和坡面防护的综合防治。

②选择坡面防护方法时一方面应综合考虑工程地质、水文地质、气象水文、地理及人文环境、边坡高度、邻近或边坡上建(构)筑物、施工条件和工期等因素;另一方面,应根据边坡坡面的具体条件和实际情况确定合适的防护标准以制定适宜的防护措施,从而实现防护工程的经济合理和可靠有效。为节省运输费用,降低防护工程造价,在选用防护材料时,尽量利用当地材料,就地采集。例如,对于适宜植物生长的土质边坡,应优先选用植被生态防护;在盛产石料的地区,应尽量利用石料砌筑防护。

③坡面防护工程设计内容包括坡面防护工程类型的选择、工程断面设计、工程平面及立面布置、力学计算、结构设计与构造要求等,并提出有关施工注意事项、监测设计方案及工程

验收标准。一般地,砌体坡面防护、锚喷坡面防护和生态坡面防护可根据相关工程经验和结构构造要求设计,而框格梁坡面防护和柔性网坡面防护则需要结合边坡地形地貌、地层岩性、地质构造、坡体结构和岩土物理力学性质及水文地质条件进行专门的设计计算。

④坡面防护不仅局限于确保坡面稳定,还应当与周围环境相衬,合理美观。因此,应尽可能选择符合环境要求并与周围景观相协调的坡面防护方法,弥补边坡开挖对生态环境和景观造成的破坏。

12.2　坡面防护类型

坡面防护方法主要有:工程防护、生态防护以及工程与生态结合的防护。各种坡面防护方法均有其各自的技术特点和适用条件,需要结合具体的工程实际情况进行选择。

12.2.1　工程防护

常用的工程防护包括砌体坡面防护、锚喷坡面防护、柔性网坡面防护、框格梁坡面防护等。

砌体坡面防护是在坡面砌筑片石、块石或预制混凝土块,防止坡面冲刷、风化剥落、落石掉块。砌体坡面防护可以分为砌石坡面防护和砌块坡面防护,主要形式包括拱形骨架护坡、人字形骨架护坡、菱形网格骨架护坡、浆砌片石护坡、浆砌片石护面墙、窗孔式护面墙、拱式护面墙、加厚护面墙等。

锚喷坡面防护是在坡面喷射混凝土,防止坡面风化剥落、落石掉块等浅表层变形或破坏。锚喷坡面防护主要由钢筋网片、锚杆及喷射混凝土面层组成。锚杆又有挂网锚杆和系统锚杆两种,挂网锚杆仅用于固定钢筋网片,系统锚杆对坡面浅表层的稳定具有加固作用。

框格梁坡面防护是在坡面现浇施做或预制安装钢筋混凝土框格梁结构,并采用锚杆或锚索固定或锚固,防止坡面浅表层冲刷剥落、松弛掉块、坍塌崩塌等变形和破坏。框格梁坡面防护主要由框格梁和锚杆组成,框格梁为钢筋混凝土梁,锚杆设置在框格梁的节点处。

柔性网坡面防护是在坡面或坡脚设置金属柔性防护网,防止坡面风化剥落、掉块落石、崩塌坍塌等潜在地质灾害。柔性网坡面防护可以分为主动防护网和被动防护网两种。主动防护网是采用钢丝绳锚杆或钢筋锚杆和支撑绳固定方式将金属柔性网覆盖在边坡坡面上,从而实现坡面加固或限制落石运动范围的一种防护网,简称主动网。被动防护网是采用锚杆、钢柱、支撑绳和拉锚绳等固定方式将金属柔性网以一定的角度安装在坡面上,形成栅栏形式的拦石网,从而实现对崩塌、落石拦截的一种防护网,简称被动网。

12.2.2　生态防护

生态防护是根据不同的边坡坡面条件,采用不同的施工工艺和建植方法在坡面种植各类植物,形成生态护坡,防止坡面冲刷、雨水入渗。生态防护可归为四大类:喷混类、加固填土类、槽穴构筑类、铺挂类。

喷混类生态防护技术指的是先铺设锚杆、铁丝网,再将基质材料和种子等按比例混合均匀后通过机械喷射到坡面上的一类技术,一般应用于较陡或稳定性较差的岩质边坡,是我国目前运用最为广泛的生态护坡技术。主要类型包括客土喷播、厚层基材喷播、植被混凝土生态防护、防冲刷基材生态护坡和液压喷播等。

加固填土类边坡生态护坡技术指在坡面上先采取砌体骨架、混凝土框格梁、柔性网等加固措施，再铺填种植土进行植被种植的一类护坡技术。主要以砌体骨架及框格梁填土护坡、土工格室生态护坡等为主。

槽穴构筑类边坡生态护坡技术指的是在边坡上构建槽穴或安装边坡穴植装置，利用槽穴为边坡植物提供生长初期所需的营养物质来营造稳定的植物群落，达到边坡生态修复和防护目的的一类技术。该类技术适用于种植乔灌木及爬藤植物等较高大的绿化植物，一般作为植草修复的后续工程，对于恢复及重建土壤贫瘠、植物立地条件困难等干旱、半干旱地区坡地的生态系统有重要意义。主要有燕巢法穴植护坡技术、板槽法绿化技术、口形坑生态构筑方法和植生袋灌木生境构筑方法等。

铺挂类边坡生态修复技术指的是在边坡上直接铺建植生网络，为护坡植物提供有益的生长环境，以达到快速复绿效果的生态修复技术。这类技术主要用于坡面草坪的建植，一般施工简单，造价低廉，景观效果好，因此在较缓较矮的各种土质边坡或坡体稳定但严重风化的岩层和成岩作用差的软岩层边坡上使用较多。常见的有铺草皮绿化技术、生态毯护坡技术、植藤本植物绿化方法、覆土植生技术和植生带生态防护技术等。

工程防护和生态防护是相辅相成、互为唇齿的关系。工程防护为构建适合植被生长的土壤、水分、养分等生态环境提供了良好的立地条件，特别在生态防护工程实施的早期，对固土、保水、蓄肥起到重要作用。而生态防护措施则通过营建土壤基质与植物根系的复合体，提高坡面防护工程利用率与耐久性。通过一定时间的植被生长，形成植被-基质-工程坡面的有机整体，共同维护坡面的持久稳定。

12.3　砌体坡面防护

对边坡土质较差、坡面冲蚀较严重的土质（如膨胀土、粉土、砂性土等）、全风化的硬岩和易风化的软岩边坡（如粗粒花岗岩、砂砾岩、粉砂岩、泥质岩类等）或坡较高、坡面潮湿的一般土质边坡和岩体较破碎的岩质边坡，采用浆砌片石或混凝土骨架护坡可有效地加强边坡的抗冲蚀、防风化能力，保持坡面的长期稳定。

根据边坡的岩土性状、坡高、坡率、水文地质特征等条件，骨架内可采用植草、空心砖内植草或客土植生、喷混植生、干砌片石、喷浆或喷混凝土等防护措施。不适合草皮生长的砂性土、碎石土等土质贫瘠的边坡，可通过骨架内铺填5～10cm厚黏性土（客土），采用植草或客土植草，使草皮能很好地生长；若边坡所在地雨量多且集中，冲刷严重，可采用带排水槽的骨架，骨架内植草或先铺空心砖再植草；若边坡含水量较大，坡面常有地下水渗出或比较潮湿，易发生溜滑或较严重的坡面冲刷，在当地有较丰富的石料来源时，骨架内可采用干砌片石；易风化的强风化—弱风化的岩石边坡，因其不利于植物生长且岩体破碎，地下水不发育，坡面干燥，因此骨架内宜采用客土植生、喷混植生、干砌片石、喷浆或喷混凝土等防护。

以常用的浆砌片石骨架防护为例，其结构及材料要求如下：

①浆砌片石骨架应嵌入坡面一定深度，其表面应与草皮表面平顺。在雨量大且集中的

地区,骨架可做成截水槽形式,以分流排除地表水。

②浆砌片石骨架可采用拱形、人字形、菱形等形式。骨架及其顶部和两侧0.5m及底部1.0m范围内镶边,且应采用浆砌片石加固。

③拱形骨架和人字形骨架均由主骨架和支骨架组成。拱形骨架的主骨架与边坡走向垂直,间距为3～4m,支骨架呈弧形,纵向间距为3～4m。对于地下水埋藏较浅或无固定含水层的土质边坡可采用支撑渗沟和仰斜排水孔,如图12-1所示。支撑渗沟应垂直嵌入坡面,其基底宜设置在含水层以下较坚实的土层上,其侧壁及顶部应设置反滤层,底部应设置封闭层,可结合主骨架布置。仰斜式排水孔的出水口应高于地面或排水沟设计水位顶面,且不应小于200mm,间距宜为2～3m,在地下水较多或有大股水流处,应加密设置。人字形骨架的主骨架与边坡走向垂直,间距为6～8m,支骨架与主骨架成45°角,按人字形铺设,次骨架纵向间距为3～5m,如图12-2所示。菱形骨架与边坡走向成45°角,左右相互垂直铺设,菱形方格边长为3～5m,如图12-3所示。为方便养护,宜在适当位置设置阶梯形踏步。

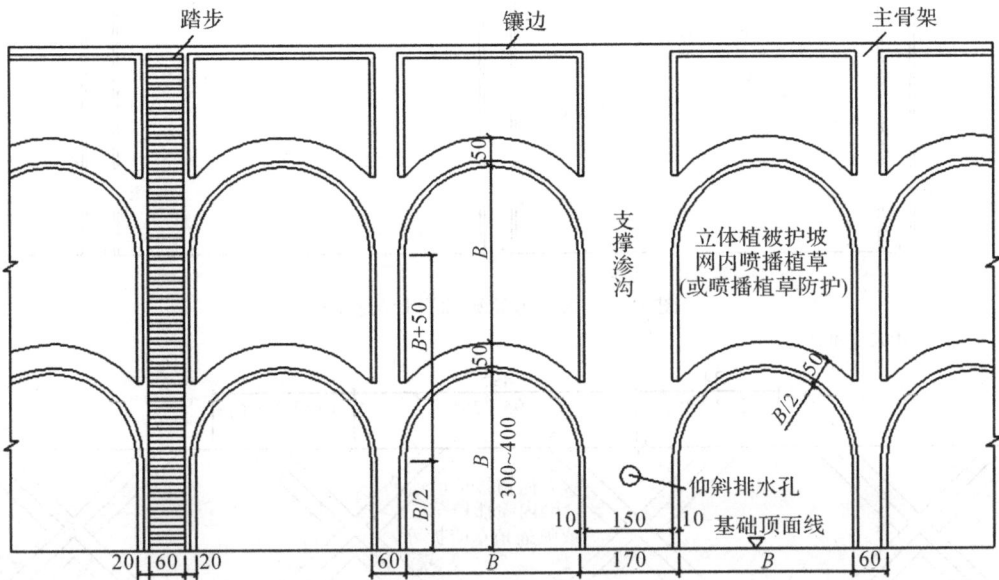

图 12-1 拱形浆砌片石骨架护坡

注:图中尺寸单位为cm。

砌体骨架内可采用植草护坡,骨架内植草护坡的边坡坡率一般不大于1:1,单级边坡高度不宜大于15m,否则宜设置边坡平台,宽度不小于2m。草种应因地制宜地选用。

12.4 锚喷坡面防护

对坡面岩体风化破碎、节理裂隙发育或较高陡的岩石边坡,采用锚喷防护,可加强坡面稳定性。

一般情况下,Ⅰ、Ⅱ类岩质边坡可采用素混凝土锚喷防护,Ⅲ类岩质边坡宜采用钢筋混

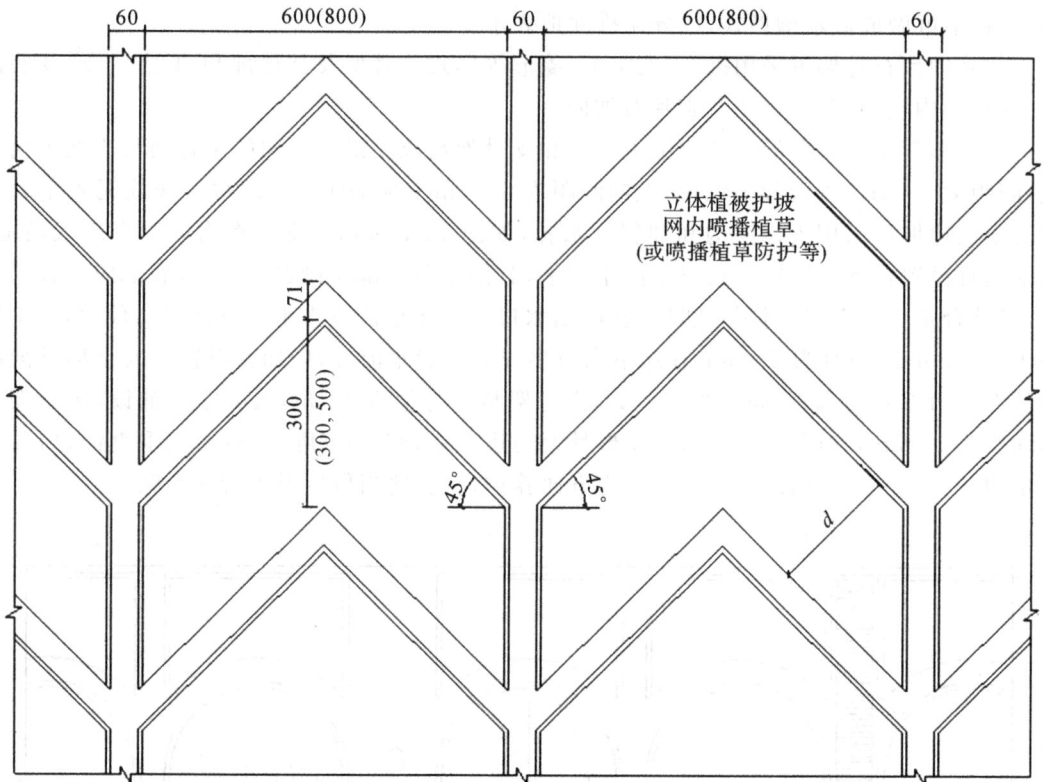

图 12-2　人字形浆砌片石骨架护坡

注:图中尺寸单位为 cm。

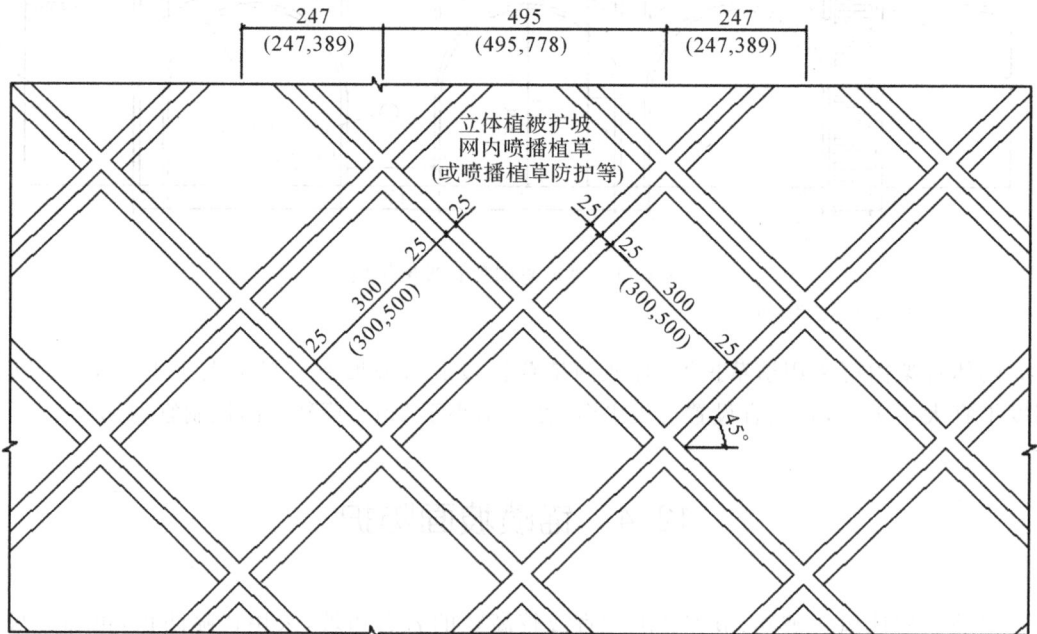

图 12-3　菱形浆砌片石骨架护坡

注:图中尺寸单位为 cm。

凝土锚喷防护，Ⅳ类岩质边坡应采用钢筋混凝土锚喷防护。

锚喷坡面防护通常由喷射混凝土面层、锚杆及钢筋网片组成。其结构及材料要求如下：

①喷射混凝土厚 50～80mm，Ⅰ、Ⅱ类岩质边坡可取小值，Ⅲ、Ⅳ类岩质边坡宜取大值。关于喷射混凝土强度等级，永久性边坡不应低于 C25，防水要求较高的边坡不应低于 C30，临时性边坡不应低于 C20。喷射混凝土 1d 龄期的抗压强度设计值不应小于 5MPa。喷射混凝土面层沿边坡纵向间隔 20～25m 的长度分段设置竖向伸缩缝，缝宽 2cm，里面填塞沥青麻筋。视坡面渗水和潮湿程度，在坡面上沿上下左右方向间隔 2～3m 设一个泄水孔。

②锚杆布置宜采用行列式排列，也可采用菱形或梅花形排列；锚杆应采用全黏结锚杆，锚杆长度为 3～6m，锚杆倾角宜为 15°～25°，钢筋直径可采用 16～22mm；钻孔直径为 40～70mm。

③制作钢筋网片，通过锚杆将网片固定在边坡上。制作网片的钢筋可采用直径为 6～10mm 的普通钢筋，间距为 150～200mm，双向单层布置。为增加坡面防护的整体性，宜设置通长的横向加强连接筋，连接筋搭接可采用焊接，如图 12-4 所示。对岩层较破碎坡段可在局部加设系统锚杆，系统锚杆间距宜为 1.25～3m，且不应大于锚杆长度的一半。

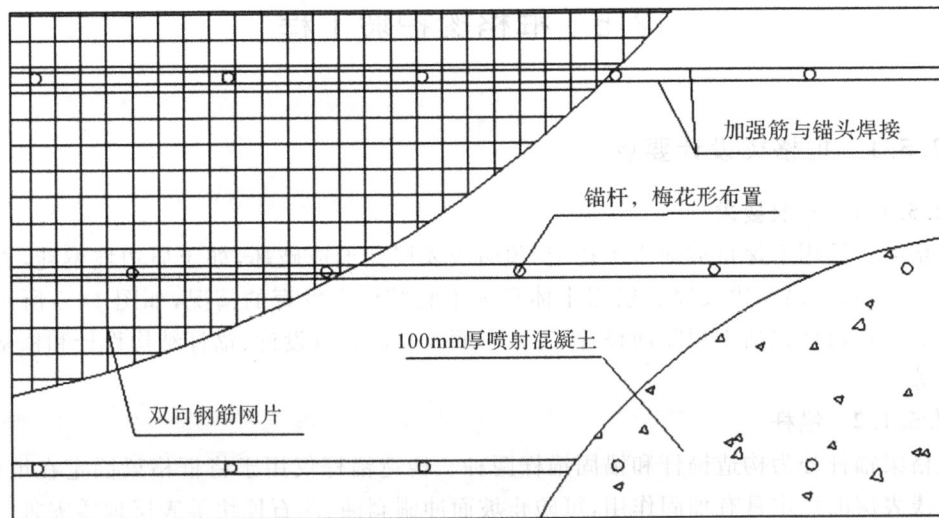

图 12-4　挂网喷砼坡面防护方案示例

④喷层周边与未防护坡面的衔接处做好封闭处理，防止雨水侵入。具体的封闭措施为：顶部作深宽均为 20cm 的小型截水沟，沟底及沟帮用 1∶4 水泥砂浆抹面，抹面厚 10cm，亦可凿槽嵌入坡面内，嵌入深度不得小于 10cm，且要和相衔接坡面平顺。两侧凿槽嵌入坡面内，嵌入深度不小于 10cm。坡脚岩石风化较严重时，应做高 1～2m、顶宽 0.4m 的浆砌片石护墙。

⑤材料及配合比。

水泥：采用强度等级不低于 42.5 的普通硅酸盐水泥。若存放过久或保管不善，有受潮结块等现象时应进行强度检验，并以实际标号进行配比。

砂子：喷射混凝土采用纯净的中砂，粒径为 0.25～0.5mm，含土量不得超过 5%，含水率以 4%～6% 为宜。

混凝土粗骨料：采用纯净的碎石，最大粒径不得大于 25mm，大于 15mm 的颗粒应控制在 20% 以下，片状及针状颗粒含量按重量计不得超过 15%。

速凝剂：可直接掺入混凝土中，能极大地增加接触面的黏聚力和抗拉、抗折强度，提高抗渗性，并兼有界面处理和促凝作用。速凝剂掺入量应根据试验确定，一般为水泥重量的 2%～5%。

⑥施工工艺。

施工前对坡面的裂缝、凹坑应先勾缝、填补，以使坡面平顺整齐，岩石坡面要用水冲洗干净，并保持湿润。

选择适宜的喷射机械和相应的配套设备，作业前应进行试喷，以确定合适的水灰比。喷射作业应自下而上进行，喷嘴应垂直于坡面，并与坡面保持 1m 左右的距离。当喷射混凝土厚度大于 6cm 时，应分两次喷射，保证厚度均匀，并按有关规定预留试件。输料管长以 20～30m 为宜，喷射工作压力一般为 150～170kPa。喷嘴供水压力要比工作压力大 50～100kPa，保持水与干拌和料均匀混合。喷射体初凝后，应立即洒水养护，并持续 7～10d。

12.5　框格梁护坡工程

12.5.1　框格梁设计要点

12.5.1.1　一般要求

框格梁护坡用于保持坡面岩土稳定、预防浅表层变形或破坏，如土质边坡偏陡，岩质边坡坡面松弛破碎，以及边坡浅表层岩土体存在不利结构面发育的情况，如图 12-5 所示。框格梁坡面防护设计包括工程断面设计、工程平面或立面布置设计、锚杆结构设计和框格梁结构设计等。

12.5.1.2　锚杆

框格梁锚杆分为构造锚杆和锚固锚杆两种。构造锚杆仅用于将框格梁固定在坡面上，对坡面浅表层的稳定具有加固作用，可防止坡面冲刷剥蚀、落石掉块等表层地质灾害。锚固锚杆一般用于对边坡整体稳定进行加固的锚固工程，通过长锚杆或预应力锚索将锚固作用力传递至边坡深部稳定岩层。构造锚杆适用于坡体总体稳定而浅表层稳定性差的情况，通过锚拉框格梁对浅表层岩土体实施加固处理，防止边坡浅表层崩塌、坍塌等变形或破坏。

构造锚杆应深入坡面以下稳定岩土体一定深度，岩质边坡可按 1m 考虑，土质边坡可按 2m 考虑，并与主要岩体结构面成一定的交角。锚固锚杆应穿过潜在滑动面或崩塌切割面而进入稳定可靠的锚固地层一定深度，具体应通过分析计算确定。

框格梁锚杆可按矩形布置，锚杆间距为 2～4m；锚杆钻孔应按设计图所示的位置、孔径、长度和方位进行，并不得破坏周边地层；锚杆杆体放入孔内或注浆前，应清除孔内岩粉、土屑和积水；当遇到塌孔或孔壁变形，注浆管插不到孔底时，应对锚杆孔进行处理或择位补打锚孔。

框格梁锚杆可先注浆后插杆或先插杆后注浆。先注浆后插杆时，注浆管应插入孔底，然后拔出 50～100mm 开始注浆，注浆管随浆液的注入缓慢匀速拔出，使孔内填满浆体；对仰

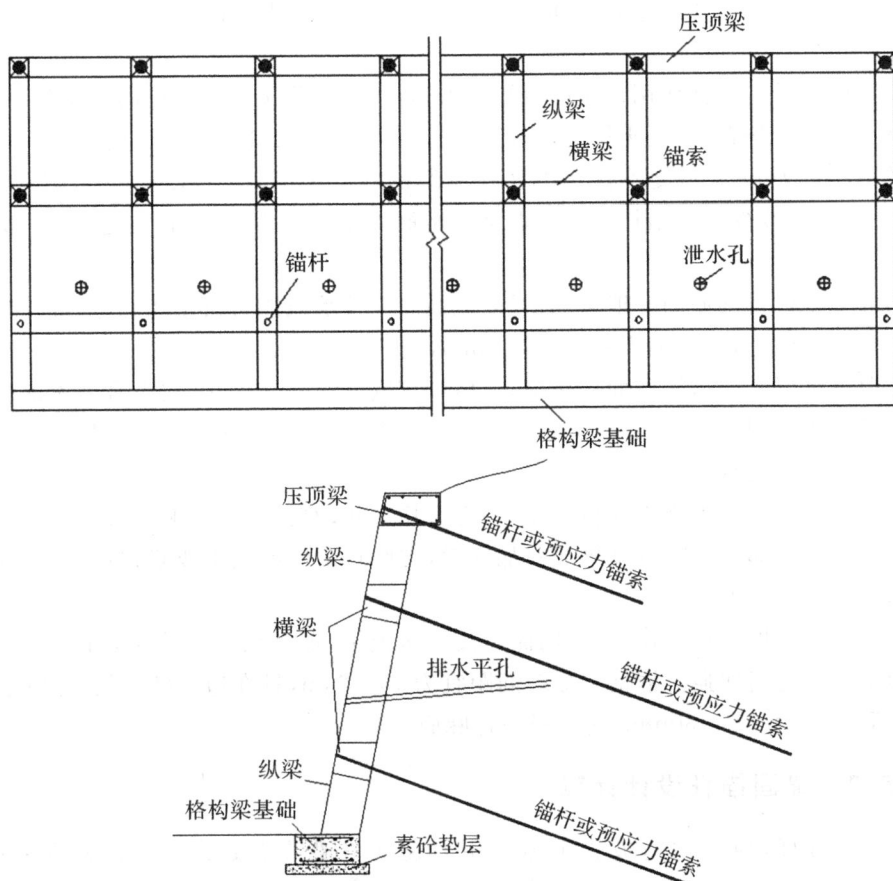

图 12-5　框格梁坡面防护

斜孔先插杆后注浆时,应在孔口设置止浆器及排气管,待排气管或中空锚杆空腔出浆时方可停止注浆。

框格梁锚杆杆体与孔壁间的水泥浆或水泥砂浆强度等级不应低于 M20;框格梁锚杆杆体上应附有居中隔离架,间距不应大于 2m,杆体水泥浆或水泥砂浆保护层厚不应小于 30mm。锚杆安装后,在注浆体强度达到 70%设计强度前,不得敲击、碰撞或张拉。

锚杆的锚固段不应设置在未经处理的下列岩土层中:①有机土;②液限 $W_L > 50\%$ 的高液限土;③松散的砂土或碎石土;④膨胀土(慎用)。

下列情况应进行锚杆抗拔基本试验:①采用新工艺、新材料或新技术的锚杆;②无锚固工程经验的岩土层锚杆;③一级坡面防护工程的锚杆。

锚杆与框格梁应牢固连接,锚杆杆体应弯折在框格梁中,或与框格梁主筋焊接,保证锚杆在框格梁内有足够的锚固长度。

12.5.1.3　框格梁

框格梁施工前应按照设计坡形坡率整平坡面,不应有凹坑、凹槽;框格梁坡面防护应与相邻其他坡面防护或周边稳定的自然坡体圆顺衔接,并保证坡面的排水畅通。

框格梁可按矩形布置,包括横梁、纵梁、压顶梁、基础等,见图 12-5。

框格梁与坡面岩土体的地基附加应力应小于坡面的地基承载力,允许面层存在局部塑性区。

框格梁应能承受锚杆作用产生的弯矩和剪力,并能承受预应力锚杆的张拉荷载,钢筋混凝土框格梁配筋应符合《混凝土结构设计规范》(GB 5000—2019)的有关规定。纵向钢筋应采用直径不小于 14mm、强度不低于 HRB400 级的热轧钢筋,箍筋采用 8mm 以上的钢筋。若配筋率过小,可按少筋梁结构配筋。框格梁主筋不小于 4 根,截面高度超过 500mm 时不少于 6 根。

钢筋混凝土框格梁截面一般采用矩形,截面尺寸按承载能力极限状态进行设计,并按照强度和抗裂验算确定,断面高不宜小于 300mm,宽不宜小于 250mm。

现浇混凝土框格梁边坡坡面应平整,框格梁宜嵌入坡面,应根据坡面岩土体特性确定框格梁的合理间距,框格梁间距以 2~4m 为宜。框格梁底地基应密实,可采用厚 20mm 的砂浆铺底或者铺设素混凝土垫层。

框格梁混凝土强度等级不应低于 C25,宜采用 C30;对预应力锚杆或锚索,混凝土强度应提高。框格梁下部可以设置基础或附加支墩,支墩宜采用混凝土或浆砌片石,也可以支撑在挡土墙等支挡结构上。

框格梁坡面防护工程的顶、底及两侧应设封压顶梁、地基梁和封边梁,可以采用与框格梁相同的结构或适当加强。框格变形缝间距宜为 15~20m,且在边坡转折处、地质条件变化处应设变形缝,缝宽 20~30mm,内塞浸沥青麻筋。

12.5.2　锚固锚杆设计计算

对于锚固锚杆,应根据边坡岩土体作用力在框格梁节点处设置。锚杆宜采用 25~40mm 的 HRB400 级及以上钢筋,并与框格梁受力钢筋绑扎连接或焊接,保证其在框格梁中的锚固长度。

锚杆锚固力一般是根据边坡的稳定状态与安全等级采用极限平衡法计算确定,可以通过模拟锚杆作用直接确定锚杆轴向拉力标准值,或者通过虚拟力法确定锚杆承受的拉力值。

锚固锚杆的设计计算参照第 8 章锚固工程中的锚杆结构设计及相关规定验算。

锚杆在坡面防护断面设计中可以等长布置,也可以根据作用力的特点采取长短相间的方式布置,相邻锚杆长度差不宜超过 1 倍。

锚杆总长度应为锚固段、自由段和外锚头的长度之和。其中,锚杆自由段长度按外锚头到潜在破裂面的长度计算,且不小于 5m,并应超过潜在破裂面 1~3m;外锚头外露弯折长度为 0.5m 左右。

12.5.3　框格梁结构设计计算

12.5.3.1　基本假定

①假定框格梁为弹性地基梁,锚杆拉力荷载为框格梁的外荷载,据此通过适当简化建立力学计算模型;

②假定整个框格梁结构为弹性体,防护坡面为均匀弹性半无限体地基,即坡面地基反力呈均匀线性分布,并将横梁和纵梁视为相互独立的连续梁;

③将锚杆拉力简化为框格梁节点处施加的一个集中荷载,节点处被分割简化的横梁或

纵梁按照相应的地基反力荷载之和集中于节点处,即相当于一个反向的集中荷载,然后按照条形基础弹性地基梁进行计算;

④计算中可忽略框格梁的自重及其对内力计算的影响。

12.5.3.2　计算模型

设边坡坡度为 α,坡高为 H,框格梁横向间距为 a,悬臂段为 a_1,纵向间距为 b,悬臂段为 b_1,锚杆水平夹角为 β,框格梁节点锚杆承受轴向拉力设计值为 T_1(即锚杆作用在框格梁上的斜压力)。横梁与纵梁截面尺寸相同,图 12-6 为框格梁-锚杆坡面防护断面设计,图 12-7 为框格梁坡面防护单元立面布置。

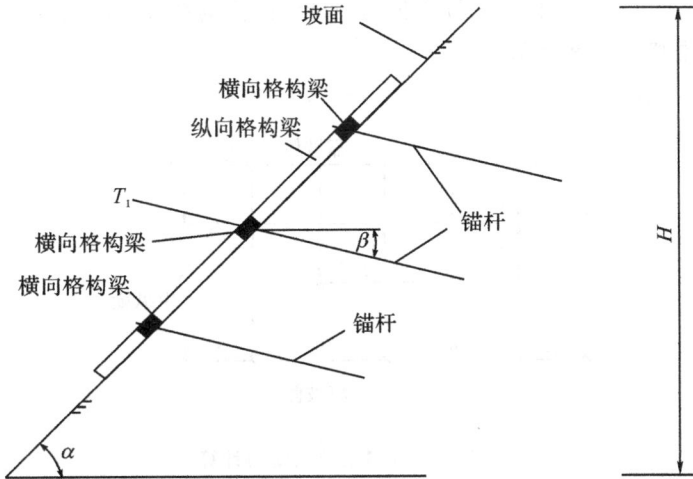

图 12-6　框格梁-锚杆坡面防护断面设计

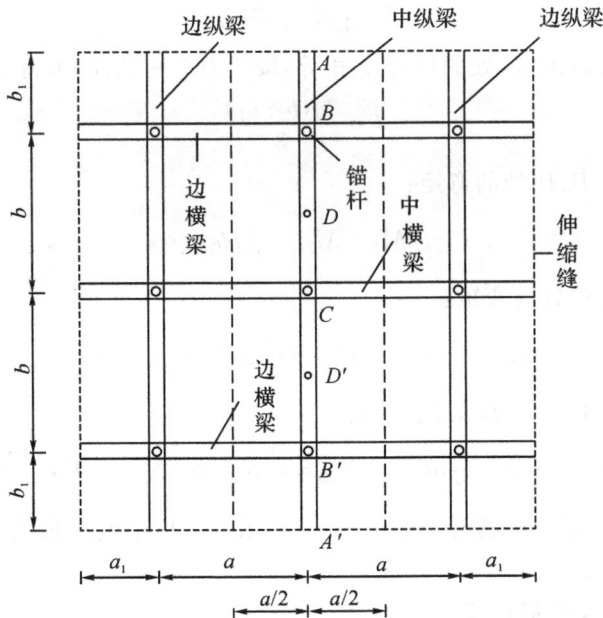

图 12-7　框格梁坡面防护单元立面布置

一般地,对框格结构的力学计算模型有两种简化方法,一种是"节点对称十字梁法",另一种是"纵横对称连续梁法"。前者计算相对简单,概念明确,被大量的工程所应用,但计算结果有时略显保守;后者分析计算相对较为复杂,但其计算理论更为严谨,越来越多地应用于工程实践。以下介绍纵横对称连续梁法。

12.5.3.3 锚杆作用在框格梁上的法向力计算

锚杆作用在框格梁上的法向力为:

$$T_2 = KT_1 \sin(\alpha + \beta) \tag{12-1}$$

式中,T_1 为锚杆的拉力设计值(kN);T_2 为锚杆作用在框格梁上的法向力(kN);α 为坡角(°);β 为锚杆倾角(°);K 为锚杆超张锁定值与设计值的比例系数,对于非预应力锚杆取 1.0。

12.5.3.4 框格梁弯矩计算

以图 12-7 中框格梁为例,其受力计算如图 12-8 所示。

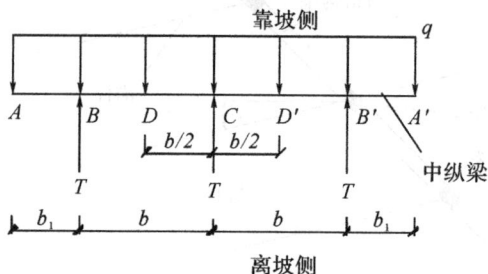

图 12-8　框格梁结构受力计算

框格梁靠坡侧的地基反力 q,按照均布线荷载考虑,可由式(12-2)计算:

$$q = \frac{3T_2}{3a + 2b + 2b_1} \tag{12-2}$$

假定框格梁锚杆节点 B、C、B' 处的反力 T 相等,按照力平衡条件,可得 T 为:

$$T = \frac{2q(b + b_1)}{3} \tag{12-3}$$

框格梁锚杆节点 B、B' 处的弯矩:

$$M_B = M_{B'} = \frac{1}{2}qb_1^2 \tag{12-4}$$

框格梁锚杆节点 C 处的弯矩:

$$M_C = \frac{1}{2}ql_{AC}^2 - Tl_{BC} = \frac{1}{2}q(b + b_1)^2 - Tb \tag{12-5}$$

框格梁锚杆两跨中心 D、D' 处的弯矩:

$$M_D = M_{D'} = \frac{1}{2}ql_{AD}^2 - Tl_{BD} = \frac{1}{2}q(\frac{1}{2}b + b_1)^2 - T \cdot \frac{1}{2}b \tag{12-6}$$

据此可以获得,框格纵梁的弯矩如图 12-9 所示。框格中的中横梁、边横梁和边纵梁的弯矩计算方法依此类推。

12.5.3.5 框格梁配筋计算

由以上弯矩计算结果,可确定框格梁靠坡侧和离坡侧的最大弯矩值,据此可以进行框格梁配筋计算。框格梁最小配筋率和构造应满足《混凝土结构设计规范》(GB 50010—2019)的要求。

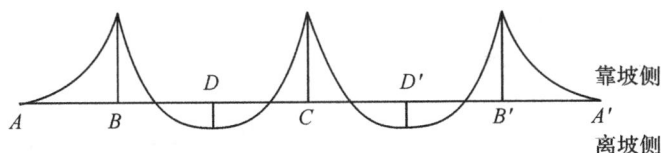

图 12-9　框格纵梁的弯矩计算结果

12.6　坡面柔性防护网

12.6.1　柔性网设计要点

柔性网坡面防护按其结构形式、防护功能和受力方式的不同分为主动网和被动网。

12.6.1.1　主动网

主动网常用于坡面崩塌、风化剥落、溜坍、溜滑等塌落类地质病害的加固防护，通过防护网的作用抑制局部岩土体移动或发生局部位移破坏后将其裹缚于原位附近，从而达到主动防护功能。其主要特征构成分为钢丝绳网、钢丝格栅和高强度钢丝格栅三类，前两者通过钢丝绳锚杆和支撑绳固定方式，后者通过预应力锚杆和钢丝绳锚杆（有边沿支撑绳时采用）、锚垫板以及必要时加边沿支撑绳等固定方式，将作为系统特征构成的柔性网覆盖在有潜在地质灾害的坡面上，从而实现其防护目的，如图 12-10 所示。

12.6.1.2　被动网

被动防护网适用于崩塌落石和飞石滚落的防护，布置在高陡边坡下的缓冲地带，将掉落滚石、飞石、雪崩拦截在构筑物之外，拦截滚飞石避免对建构筑物造成毁坏。被动网一般由钢丝绳网或环行网（需拦截小块落石时附加一层钢丝格栅）、固定系统（锚杆、拉锚绳、基座和支撑绳）、减压环和钢柱四个主要部分构成。被动网防护能量一般为 150～2000kJ，特殊设防能高达 5000kJ。被动网系统根据其防护能量、结构形式和特征构成的不同，型号有数十种。但从基本结构和功能特征上看，除下部基础外，其上部结构都是由钢柱、连接构件和柔性网构成的栅栏式落石拦挡结构，如图 12-11 所示。

除上述基本构成部分外，绝大部分被动网还有消能构件，该构件可吸收大部分落石冲击动能，避免整个系统遭受毁灭性破坏。

①钢柱。钢柱是被动网系统的支撑结构，其主要作用是保证系统及其柔性网的直立，并展开和支承支撑绳、拉锚绳等连接构件。在连续布置的被动网中，钢柱按所处位置不同通常分为端部钢柱、中部钢柱和分段处钢柱，第一个指位于整道被动网两端的两根钢柱，第三个指整道拦石网支撑绳采用多段布置方式时位于各段支撑绳分段处的钢柱，除上述两类之外的钢柱即为中部钢柱。按柱体与基础间的连接形式，被动防护系统也被分为图 12-12 所示的两大体系，即与基座采用铰接形式连接的铰接钢柱体系、直接固定于基座或埋入基础的固定钢柱体系。

②拉锚绳。拉锚绳是指连接于拉锚锚杆与钢柱间的钢丝绳，根据其位置和功能的不同分为上拉锚绳、下拉锚绳、侧拉锚绳和中间加固拉锚绳，其主要作用均是对整个系统进行定

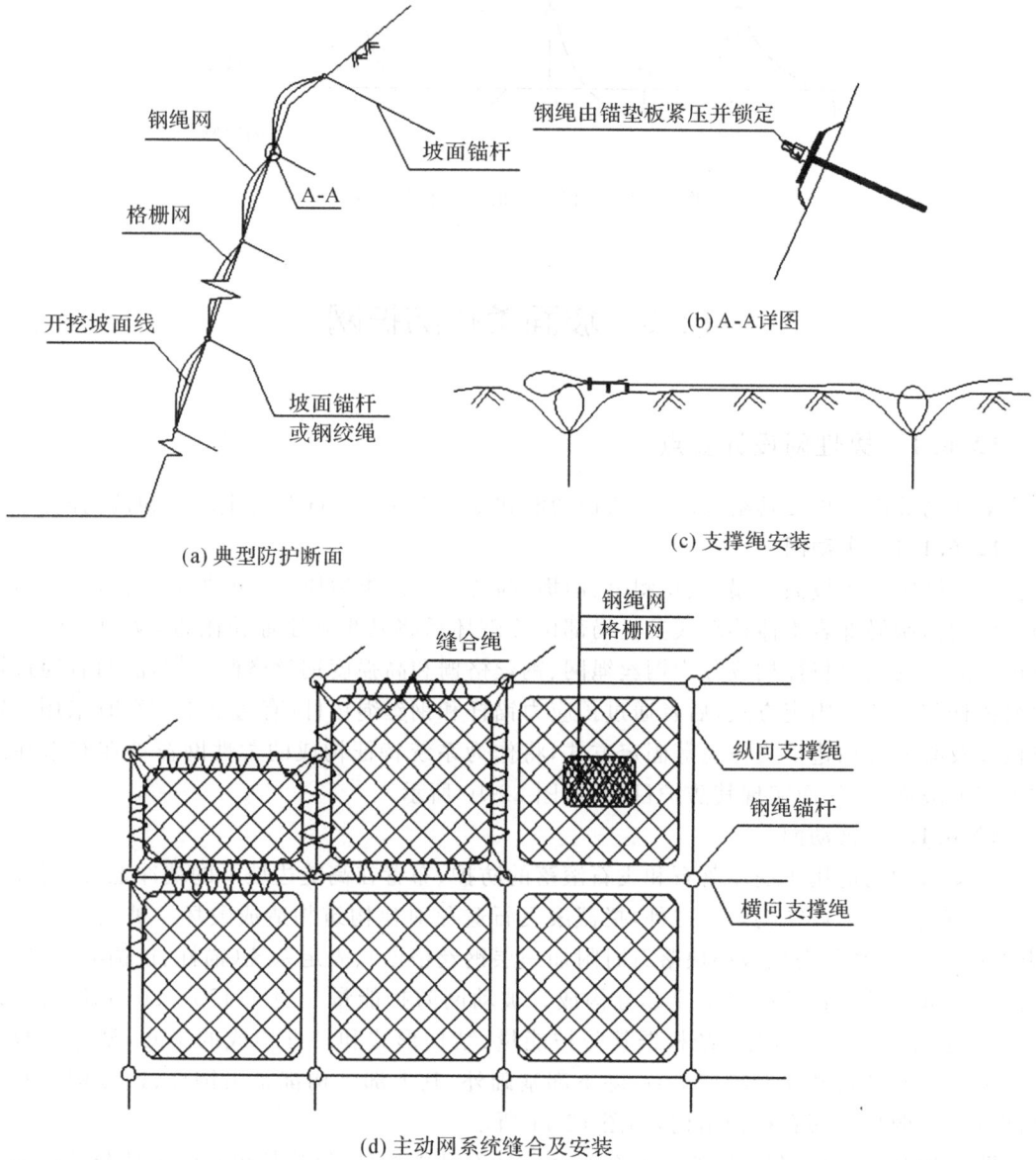

(a) 典型防护断面

(b) A-A详图

(c) 支撑绳安装

(d) 主动网系统缝合及安装

图 12-10　主动网系统结构及其安装

位和加固,以实现系统按设计方位的直立安装,并避免其遭受落石冲击时发生整体倾倒和严重弯曲。

③拉锚锚杆。被动网防护系统中的拉锚锚杆采用的都是柔性锚杆,且一般均采用钢丝绳锚杆,其功能是实现各种拉锚绳、支撑绳与地层的固定连接,从而将荷载传递给稳定地层。根据与其连接的钢丝绳构件功能的不同以及在系统中所处的相对位置,相应地分为上拉锚杆、下拉锚杆、侧拉锚杆和中间加固拉锚杆等。

④支撑绳。支撑绳均沿柔性网的展开面设置,且主要沿其展开边界设置,根据其位置不同分为上支撑绳、下支撑绳、端部支撑绳(边垂绳)和中部支撑绳(横向约束用加强绳)。其功

(a) 断面

(b) 平面及立面示意

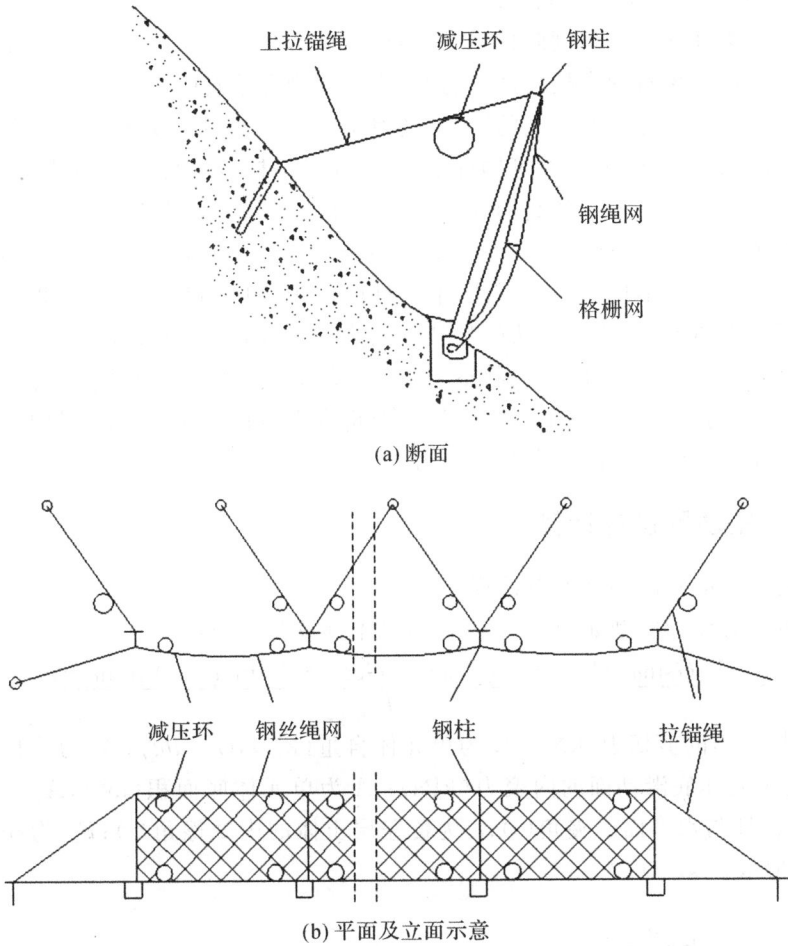

图 12-11 被动网系统及其基本构成

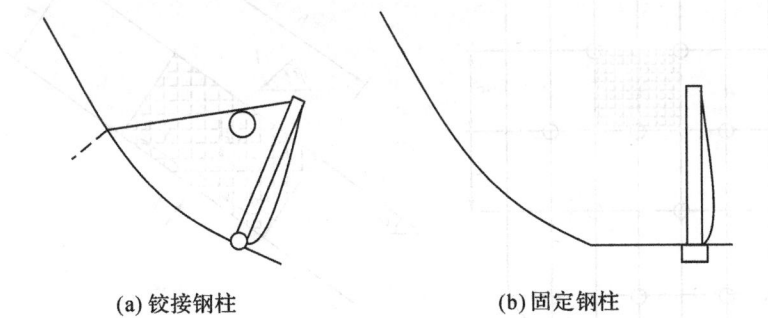

(a) 铰接钢柱　　　　　(b) 固定钢柱

图 12-12 钢柱与基础连接

能不仅局限于实现柔性网的悬挂,还有更为重要的两点作用:一是充分实现系统整体柔性功能的发挥,使落石冲击荷载向两侧更大的区域传递消散,降低直接冲击荷载的集中程度;二是实现对柔性网的周边约束,使柔性网在遭受落石冲击时始终保持底部封闭和足够的残余有效防护高度,确保系统防护功能得以充分发挥。

⑤柔性网。柔性网是被动网防护系统的核心部分,是整个系统中唯一的面状拦挡结构,其主要功能是实现对落石的直接拦截,因此通常首先遭受落石的直接冲击,并在通过自身的弹性和塑性变形消散部分落石动能的同时,还将动能的剩余部分以冲击荷载的形式分散传递到钢柱、支撑绳、拉锚绳、消能件等构件上,最终通过锚杆传递给稳定地层。

⑥消能件。通过改变上述各类构件的几何尺寸或材料特性来改变其承载能力,足以使被动网实现各种规模的落石防护,然而当落石冲击动能极大时,如果没有消能件,防护系统结构的参数是不经济也不现实的。因此,消能件的出现与应用是被动网防护系统发展历程上的一次飞跃。本质上,消能件的功能是其受到落石冲击的荷载较高时,通过自身变形或位移的方式来吸收或消散能量,同时限制整个系统中的荷载峰值,从而对整个系统起到过载保护作用,避免其他构件过早地发生不可恢复的严重变形或破坏,减少系统维护工作量,并在维护前使系统保持足够程度的残余防护能力。

12.6.2 主动网设计计算

1)主动网护坡锚杆最小抗剪力计算

①锚杆剪切力计算模型如图 12-13 所示,基本计算公式为:

$$S = \frac{F_m G\sin\alpha - F_m V\cos(\psi+\alpha) - [G\cos\alpha + V\sin(\psi+\alpha)]\tan\varphi - cA}{F_m} \tag{12-7}$$

式中,S 为锚杆承担的剪切力(kN);G 为单元体自重(kN),$G=abt\gamma$;V 为锚杆施加的预应力(kN);c 为单元体底滑动面的内聚力(kPa);A 为单元体底面积(m^2),$A=ab$;α 为坡面倾角(°);ψ 为锚杆与水平面的夹角(°);φ 为覆盖层土体的内摩擦角(°);F_m 为模型不稳定性修正系数,一般取1.05~1.2。

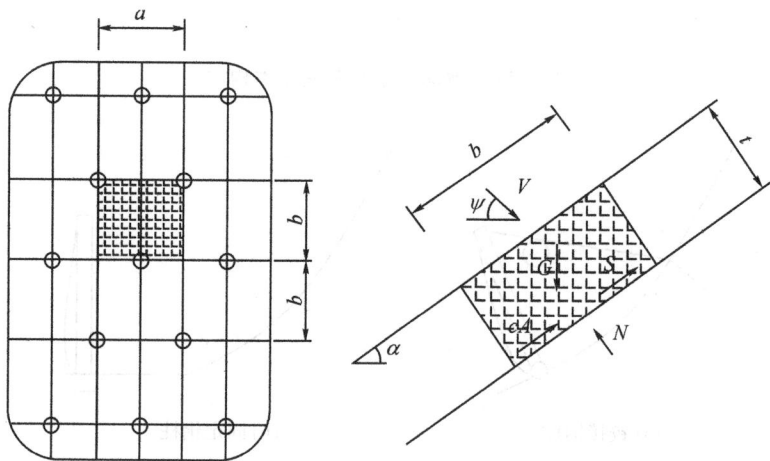

图 12-13　主动网护坡锚杆抗剪力计算模型

②锚杆最小剪切力设计计算公式：

$$S_d = \frac{F_m G_d \sin\alpha - F_m V_d \cos(\psi+\alpha) - [G_d \cos\alpha + V_d \sin(\psi+\alpha)]\tan\varphi_d - c_d A}{F_m} \qquad (12\text{-}8)$$

式中，$c_d = c/F_c$，F_c 为内聚力不确定性修正系数，$F_c = 1.5 \sim 1.8$；φ_d 为单元体土体内摩擦角设计计算采用值（°），$\tan\varphi_d = \tan\varphi/F_\varphi$，$F_\varphi$ 为单元土体内摩擦角不确定性修正系数，$F_\varphi = 1.15 \sim 1.35$；$G_d$ 为单元体自重设计计算采用值（kN），$G_d = abt\gamma_d$，其中 γ_d 为单元体土体重度设计计算采用值（kN/m³），$\gamma_d = \gamma/F_\gamma$，$F_\gamma$ 为单元土体重度不确定性修正系数，一般 $F_\gamma = 1.0$；V_d 为预应力设计计算采用值（kN），$V_d = V/F_v$，$F_v = 0.8$。

2）平行于坡面整体滑动的安全性验算

①平行于边坡的锚杆抗滑验算：

$$S_d \leqslant S_R/F_S \qquad (12\text{-}9)$$

式中，S_R 为由锚杆材料强度计算或试验确定的锚杆极限抗剪强度值（kN）；F_S 为锚杆抗剪安全系数，$F_S = 1.1 \sim 1.3$。

②格栅抗顶破验算：

$$V_{dl} \leqslant D_R/F_{DR} \qquad (12\text{-}10)$$

式中，V_{dl} 为锚杆预应力设计计算采用值（kN），其中 $V_{dl} = F_{vl}V$，F_{vl} 为锚杆预应力修正系数，取 1.2；D_R 为格栅沿锚杆方向的极限抗顶破承载力（kN）；F_{DR} 为格栅抗顶破安全系数，$F_{DR} = 1.4 \sim 1.6$。

③锚杆复合承载能力检算：

$$(V_{dl}F_{VR}/V_R)^2 + (S_d F_{SR}/S_R)^2 \leqslant 1.0 \qquad (12\text{-}11)$$

式中，F_{VR} 为复合应力状态下锚杆抗拉安全系数，$F_{VR} = 1.05 \sim 1.2$；V_R 为由锚杆材料强度计算或试验确定的锚杆极限抗拉能力；F_{SR} 为复合应力状态下锚杆抗剪安全系数，$F_{SR} = 1.05 \sim 1.2$。

12.6.3 被动网设计计算

1）落石运动速度计算

假定为单一坡度山坡，包括台阶式的，但各台阶的高度小于 5m，山坡为折线形，但各段长度小于 10m 或相邻坡度差在 5°以内。计算模型如图 12-14 所示。

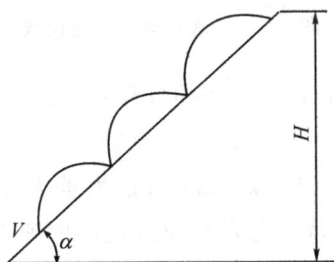

图 12-14 单一坡度山坡落石运动速度计算模型

计算公式见式（12-12）至式（12-14）。

$$V = \mu\sqrt{2gH} = \varepsilon\sqrt{H} \qquad (12\text{-}12)$$

$$\mu = \sqrt{1 - K \cot \alpha} \tag{12-13}$$

$$\varepsilon = \mu \sqrt{2g} \tag{12-14}$$

式中，H 为石块坠落高度(m)；g 为重力加速度(m/s^2)；α 为山坡坡度角($^\circ$)；K 为石块沿山坡运动受一切有关因素综合影响的阻力特性系数，取值见表 12-1。

表 12-1　阻力特性系数 K 值计算公式

序号	山坡坡度	K 值计算公式
1	$0^\circ \sim 30^\circ$	$K = 0.41 + 0.0043\alpha$
2	$30^\circ \sim 60^\circ$	$K = 0.453 - 0.0048\alpha + 0.000162\alpha^2$
3	$60^\circ \sim 90^\circ$	$K = 1.05 - 0.0125\alpha + 0.0000025\alpha^2$

注：适用于：①$\alpha \geqslant 45^\circ$基岩外露的山坡；②$\alpha = 35^\circ \sim 45^\circ$基岩外露，局部有草和稀疏灌木的山坡；③$\alpha = 30^\circ \sim 35^\circ$有草、稀疏灌木，局部基岩外露的边坡；④$\alpha = 25^\circ \sim 30^\circ$有草、稀疏灌木的山坡。

2)落石弹跳高度计算

落石弹跳高度计算主要是求石块运动轨迹与山坡面的最大偏离，落石的运动形式按照质点或球体在斜坡上的运动轨迹曲线来表示，如图 12-15 所示。

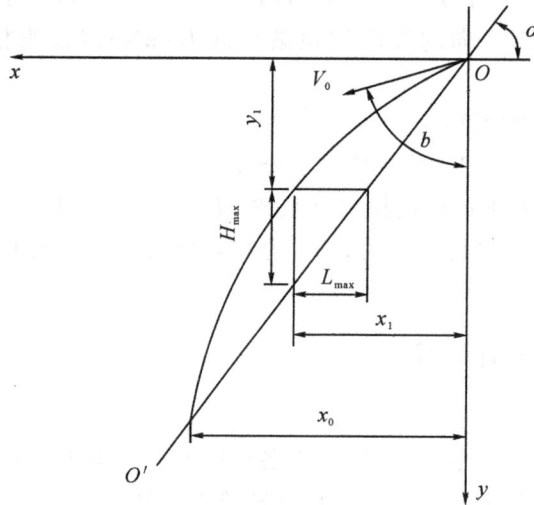

图 12-15　落石运动轨迹曲线

拦截建筑物设在缓坡段，落石运动轨迹的方程式为：

$$y = x \tan \gamma + g x^2 / (2V_0^2 \cos^2 \gamma) \tag{12-15}$$

式中，γ 为反射角($^\circ$)；$\tan \gamma = \rho / [(1-\lambda) \tan \varphi]$；$g$ 为重力加速度(m/s^2)；V_0 为反射速度(m/s)，$V_0 = (1-\lambda)V_R \cos \varphi / \cos \gamma$，$V_R$ 为岩石撞击地面的速度(m/s)；ρ 为恢复系数，取值见表 12-2；λ 为瞬间摩擦系数；φ 为入射角($^\circ$)，通常用山坡坡度角作为入射角。

3)落石的冲击动能计算

$$E = 1.2 \times \frac{1}{2} m V^2 \tag{12-16}$$

式中，m 为落石的质量(kg)；V 为落石的速度(m/s)。

表 12-2   恢复系数 ρ 取值

序号	山坡表层覆盖物的情况	恢复系数 ρ
1	基岩外露	0.7
2	基岩埋藏不深($\leqslant 0.5$m)的山坡,密实的岩块堆积层	0.5
3	长有草皮的光滑坡面,松散的坡积层、堆积层等	0.3

4)落石的落距计算

落石的落距计算模型如图 12-16 所示。

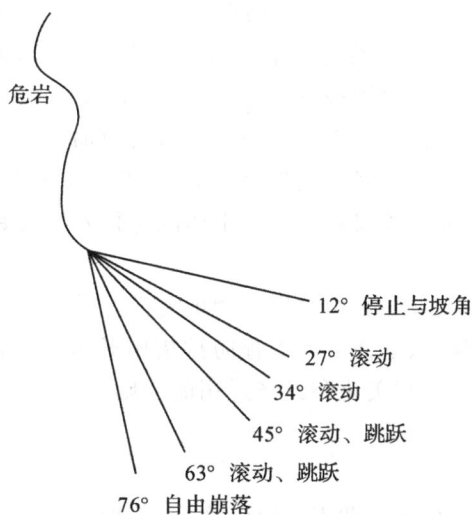

危岩

12° 停止与坡角

27° 滚动

34° 滚动

45° 滚动、跳跃

63° 滚动、跳跃

76° 自由崩落

图 12-16   落石的落距计算模型

当末速度 $V_i = 0$ 时,可求得 $\sum L_i$,而 $\sum L_i \cos d_i$ 就是落石的最大水平运动距离。

$$\sum mg \Delta h_i = \frac{1}{2} m (V_i^2 - V_t^2) + \sum mg (\cos d_i)(\tan\varphi) L_i \qquad (12\text{-}17)$$

式中,V_i 为落石在斜坡面上任意位置处所具有的速度(m/s);V_t 为落石碰撞地面时的切向速度(m/s),$V_t = V\cos\alpha$;d_i 为各直线段斜坡的平均坡度(°);Δh_i 为各直线段斜坡的铅直高度(m);φ 为落石与坡面的综合摩擦角(°),可按平均坡度加 1°计;L_i 为各直线段斜坡长度(m)。

12.7   生态防护

生态防护是一种经济、有效的坡面防护措施。生态防护既有效地确保边坡稳定安全,又最大限度地修复生态环境;既消除了裸露边坡的视觉污染,又利用人工绿色植被固碳释氧,吸附尘埃,吸收、降解和净化有害气体,降低夏季高温季节边坡热反射效应,提高边坡的耐久性和使用舒适性,实现人类活动和边坡生态的和谐统一。

边坡生态护坡技术主要由非生物部分的工程措施和生物部分的植被、基质等生态措施两方面组成。其中,非生物部分的工程防护措施通过加固岩土体为植被提供稳定生长的基础,也在施工初期发挥稳固坡体的作用;生物部分的生态防护措施则通过营建土壤基质与植物根系的复合体,提高护坡工程的耐久性和综合效益。通过一定时间的植被生长,形成植被-基质-工程坡面的复合整体,维护坡面持久稳定。

生态防护措施通过植被和基质两个方面对边坡坡面起到稳固作用。基质是植物生长的物质基础,尤其在陡立岩质边坡需要通过工程措施营建;植被通过其根系力学效应和水文效应共同作用,对坡面的稳定性产生长期影响。尽管不同植物的形态、结构特征和生态习性不尽相同,但从边坡生态环境的角度考虑,植物对边坡稳定性的影响总体而言是有利的。因此,生态防护对边坡表层的水土保持能够起到积极作用。此外,通过对护坡植物的合理配置,还能够对工程建设所破坏的植被进行恢复,起到美化环境的作用。

由于植物在其生长初期,根系较细、入土较浅,对坡面加固作用不显著,而经过一段时间的生长发育后,根系逐渐发达、扎根深入、强度提高,产生较好的防护效果。此外,由于植物根系深度和强度的限制,坡面植被仅对浅层岩土体的防护效果较好,而对深层土体的加固作用有限。

因此,应根据不同的边坡坡率和边坡岩土物理力学性质,以及植物的适宜性进行生态坡面防护设计。应结合坡面整形、框格梁等工程防护措施开展组合设计。生态坡面防护设计应遵循安全稳定、生态优先、景观美化和经济适用的原则。

12.7.1　工作过程

生态护坡的基本工作过程包括调查、设计、施工、养护等阶段。

调查包括资料收集、现场调查和施工条件调查。资料收集主要收集工程区域地理位置、水文地质、地形、土壤、植被等相关资料;现场调查主要针对坡面及周边地质、水文、土壤、植物、立地条件及工程治理措施等进行调查;施工条件调查应查明道路交通、通信、电力、水源、场地等条件。

设计包括集排水设计、固土设计、建植设计、养护设计等内容,各分部内容应综合考虑、相互衔接、配合使用。设计阶段包括方案设计、初步设计和施工图设计等阶段。

施工应根据设计要求、现场条件等,编制施工组织设计和施工方案。具体包括截排水施工、集蓄水施工、坡面整理、表面固土、植被建植等环节。

养护主要根据不同区域的气候条件、坡面立地条件和建植植被特征,开展合适的养护措施,包括光热调控、水肥调控、植物种群调控等。

12.7.2　技术措施

不同类型边坡适用的生态护坡措施见表12-3。表中主要的生态护坡措施介绍如下。

表 12-3　适用于不同类型边坡的生态防护措施

边坡类型	生态防护措施		适用边坡	
平缓土坡	挖沟植草（人工种植）		坡度小于 45°的土质边坡	
	植生带、植生毯			
	三维植被网		坡度小于 45°的土质边坡和泥岩、页岩等稳定的软质岩边坡	
	液压喷播、客土喷播			
陡立岩坡	喷播	厚层基材、客土喷播各类喷播技术，辅以单层网、方木条	软质岩边坡、硬质岩边坡	坡度为 45°～55°
		厚层基材喷播，结合单层网、方木条、管状植生袋		坡度为 55°～65°
		厚层基材喷播，结合打植物根系生长孔、挡板、双层网		坡度为 65°～75°
框格梁、砌体骨架护坡	植生带＋挂网＋液压喷播/客土喷播		适用于各类框格梁、砌体骨架防护边坡，工程防护可与各种生态防护结合	
	六方空心砖植草（蜂巢式网格植草）			
	生态袋、植生袋			

12.7.2.1　坡面种植

1）人工种植

该方法是边坡植物防护的一种传统方法，即通过人工的方式将植物种子直接播撒在坡面上，以达到恢复植被、保护坡面的目的，包括人工播种和栽植。人工播种指将种子播撒到边坡表面后，种子直接与边坡表层的土壤相接触，当土壤的温度和水分条件适宜时，种子就可以在土壤中发芽生根并生长发育，最终在坡面形成植被群落。根据播种方式的不同，人工播种可分为撒播、条播和穴播三种。在实际工作中，草籽撒播很难一次性播匀，所以通常采用分块、分量、掺沙等办法来提高播种的均匀性。

人工种植一般情况下适用于土质边坡。撒播方法只适用于坡度不大于 30°的缓坡，条播和穴播的适宜坡度可达 45°。苗木洞穴栽植适用于陡坡段、崖坡段的土质坡面。

人工种植的主要工艺流程包括：坡面处理→施肥播种→覆土拍实→浇水养护。

2）植生带、植生毯

植生带和植生毯是采用专用机械设备，依据特定的生产工艺，按照一定的密度和均匀的排列方式，把草种、肥料、保水剂等播撒在可自然降解的纸、非织造布（无纺布）、植物纤维等带基上，并经过机器滚压、针刺复合定位、冷黏接等工序，形成的一定规格的带状或毯状产品。植生带或植生毯铺设在土壤表面之后，根据需要看是否覆土（如纸质植生带需要覆土，植生毯可以不覆土），种子发芽后，其叶茎和根系可以穿透带基向上生长和向下扎根。植生带的带基可以防止种子因降雨冲刷等而发生流失，其本身所具有的透水、吸水、可穿透、易分解等特点，不仅不会对种子发芽产生障碍，还会促进种子的发芽生长。

植生带或植生毯一般应用于土质边坡，土岩混合边坡经过处理后也可用，坡度一般小于 45°。

植生带主要施工工艺包括：平整坡面→铺设固定→覆土拍实→浇水养护。

3）三维植被网

三维植被网护坡技术是利用植物和土工合成材料等工程材料,在坡面构建一个具有生物活性的系统,通过植物的根系与三维网的网筋连接,形成相当于对边坡表层土壤加筋的板块结构,从而增加边坡的抗张强度和抗剪强度。三维植被网以热塑树脂为原料,化学性质稳定,对土壤无腐蚀性,对植物无毒性。其表层为起泡层,蓬松的结构既可种入草籽,又便于与土壤结合;底层为高模量基础层,强度高,可双向拉伸,有效防止变形。

三维植被网适用于各类土质边坡、强风化岩质边坡,土岩混合边坡经过处理后也可用,一般适用于坡度小于45°,大于45°的应结合其他工程措施。

三维植被网主要工艺流程包括:坡面处理→铺设三维网→回填客土→播种→覆土→覆盖无纺布→养护管理。

12.7.2.2 坡面喷播

1）液压喷播

液压喷播植草是将草种、木纤维、保水剂、黏合剂、肥料、染色剂等与水的混合物通过专用喷播机喷射到预定区域建植草坪的高效绿化技术。由于喷出的含有草种的黏性悬浊液,具有很强的附着力和明显的颜色,喷射时不遗漏、不重复,可以均匀地将草种喷播到目的位置。在良好的保湿条件下,草种能迅速萌芽,快速发育成为新的草坪。液压喷播技术能较好地解决因为坡面坡度大而造成人工播种难度大的问题,因喷射出的是含有草种的悬浊液,草种被纸浆等纤维素包裹着,另外,还有保水剂和其他各种营养元素,能不断地供给草种发芽所必需的水分和养分;黏合剂又能通过喷射时的压力,使草种紧紧黏附于土壤表面,形成较稳定的坪床面,降水时不易形成冲刷的径流,保证坪床稳定,草种正常发芽。

液压喷播植草一般应用于土质边坡,土岩混合边坡经过处理后也可用,常用于坡率小于1∶1.0的边坡,大于1∶1.0的应结合其他措施如挂网等。

液压喷播植草主要工艺流程包括:平整坡面→排水系统施工→喷播施工→盖无纺布→前期养护。

2）客土喷播

客土喷播技术护坡,是在边坡坡面上机械喷填(或人工铺设)一定厚度适宜植物生长的土壤、种子、土壤改良剂、肥料、黏合剂、保水剂等混合物的边坡植物防护措施。该技术的特点是可根据地质和气候条件进行基质和种子配方,具有广泛的适应性,多用于普通条件下无法绿化或绿化效果差的边坡。由于客土可以由机械拌和,挂网实施容易,因此施工的机械化程度高,速度快,无论从效率和成本上都比浆砌片石和挂网喷砼防护要优越,而且植被防护效果良好,基本不需要养护即可维持植物的正常生长。该技术在公路边坡防护中已被大量应用,在一些国家中已经被作为边坡绿化的常规方法加以应用。

客土喷播适用于各类土质边坡、强风化岩质边坡,坡率一般不大于1∶1.0,否则应结合挂网措施。

客土喷播主要工艺流程有:平整坡面→挂网工程→客土→覆盖无纺布→养护管理。

3）厚层基材喷播

厚层基材喷播护坡技术是在边坡岩土上喷射一定厚度的含泥土、有机肥、保水剂、黏合剂(通常是高分子材料)、土壤改良剂和植物种子的混合材料,并结合锚杆和挂网等传统的支护材料,形成一种既有绿化效果又有一定加固作用的喷层材料,在坡面形成植物的生长层。

该技术经多年的吸收、改进,已在国内铁路、公路及市政工程中得到了成功应用,其在保证坡面防护稳定的同时,兼顾了生态的恢复和环境绿化的协调。

厚层基材喷播适用于各类岩质边坡、土岩混合边坡及土质贫瘠边坡,亦可用于混凝土面、浆砌片石面,坡率不宜超过1∶0.3。

厚层基材喷播主要施工工艺包括:平整坡面→钻孔→安装锚杆→铺设铁丝网→喷射基材→养护管理。

12.7.2.3　格构梁及砌体骨架内生态护坡

1)六方空心砖植草

六方空心砖植草是常用于低矮路堤边坡的绿化方法之一。同钢筋混凝土骨架结合起来也可用于岩石边坡的绿化。

六方空心砖植草可应用于坡率为1∶0.50~1∶0.75的深层稳定岩石边坡绿化。

六方空心砖植草工艺流程包括:框架内满铺六方空心砖→空心砖内填土→表层撒播草种并覆薄层土→养护。

2)土工格室植草

土工格室主要是由PE、PP材料经过造网工序形成工程所需的片材,经专用焊接机焊接形成的立体格室。土工格室植草护坡是指在展开并固定在坡面上的土工格室内填充改良客土,如果坡率较大则应在格室上挂三维植被网,最后进行喷播施工的一种护坡技术。

土工格室植草适用于各类贫瘠土质边坡以及岩质边坡。利用土工格室为植物生长提供稳定、良好的生存环境,其适用坡率一般不大于1∶1.0,超过1∶1.0时应结合其他措施使用。

土工格室植草工艺流程为:平整坡面→土工格室施工→回填客土→三维植被网施工→喷播施工→盖无纺布→养护管理。

3)植生袋

植生袋是一种袋面含有植物种子夹层的、有一定规格的、一端开口的袋子,袋子内可以装入土壤与肥料。把植生袋固定在坡面上后,袋子内的土壤受到袋面的保护不会因雨水而流失,而植生袋表面夹层内的种子在水热条件适宜时会发芽并穿透袋子生长,在坡面上形成植被层,而达到保护、恢复植被的目的。植生袋的面料由多层材料构成,一般最外侧为聚乙烯编织网,它既可以增加植生袋的强度,又不会妨碍植生袋内植物种子的发芽生长;里层为种子夹层,种子可以夹在两层纸、无纺布或纤维棉网之间,这些夹层材料柔软、吸水、易分解,不会对种子发芽产生障碍。

植生袋适合包括挖方和填方边坡在内的各类土质边坡、石质土边坡和岩石边坡。结合格构梁,可应用于大于60°的边坡。

植生袋施工工艺为:清坡→植生袋制作(填充客土)→安放、锚固→袋内塞入乔灌木种子→挂网防脱落→覆盖无纺布、后期养护。

12.7.3　生态护坡植物和基材设计

生态护坡的植物群落主要分乔灌草型、灌草型、灌丛型和草本型等。坡面植物绿化群落的选择应与坡面类型和自然环境相适应,并能确保植物能够长时间存活。宜优先选择与边坡周围群落相同或相近的物种和群落类型,使其与周边景观相协调。草本型植物种子宜选择适应当地气候条件、抗逆性强、根系发达、生长迅速、越年生或多年生、种子易得且成本低的物种,亦可结合当地绿化规划综合考虑。混播的不同植物种宜考虑植物种间的生态物型的搭配;物种前期以草本为主,灌木为辅,草灌结合;后期以灌木和小乔木为主。

喷播绿化用植物种子的配合要做到:①冷季型草和暖季型草结合(适应冬夏气候);②豆科和非豆科结合(豆科根瘤菌固氮);③草本和木本结合(固土和抗旱能力不同);④落叶植物和常绿植物结合(冬季不全枯黄);⑤乔、灌、草、花结合(立体多层次绿化);⑥深根与浅根植物结合;⑦遵循植物搭配的多样性原则;⑧普通树种和色叶树种搭配;⑨外来种与乡土种恰当组合。

以我国中部地区的边坡为例,喷播植物种子有紫穗槐、胡枝子、刺槐、榆树、臭椿、高羊茅、沙打旺、黄栌、柠条、荆条等,见表 12-4。

表 12-4　边坡岩石坡面植被恢复工程植物选择参考

自然植被区域	范围	植物类型			
		乔木	灌木	草本	攀缘植物
暖温带落叶阔叶林区域	东起辽西山地、辽东半岛和胶东半岛山地丘陵,西到青海东部,北界长城,南到秦岭和淮河以北山地丘陵	油松、侧柏、毛白杨、河北杨、榆树、栾树、构树、臭椿、刺槐、桑树、山桃、元宝枫、色木槭、大果榆、春榆	紫穗槐、胡枝子、沙棘、柠条、荆条、小叶锦鸡儿、山杏、金银忍冬、黄栌、马棘、欧李、连翘、酸枣、黄刺玫、华北绣线菊、忍冬、女贞、卫矛、沙地柏	高羊茅、无芒雀麦、冰草、多年生黑麦草、弯叶画眉草、披碱草、白草、龙须草、鸭茅、小糠草、紫花苜蓿、小冠花、沙打旺、草木樨、红豆草、白三叶、百脉根、马蔺、波斯菊、二月兰、狗尾草、诸葛菜	三叶地锦、五叶地锦、凌霄、扶芳藤、山葡萄

注:不同地区的植物选择会不一样。

为保证由喷播种子生长出来的木本和草本植物在冬季即使落叶或枯黄后坡面上仍有绿色存在,在喷播后的边坡(包含平台)所有坡面上还要适时栽种松柏等常绿植物容器小苗。所有植物按适地适树原则混合分散种植,以营造自然野生式近自然山林植被景观。

生态护坡工程中常用的绿化基质材料包括壤土、泥炭土、草纤维、谷壳、蛭石、有机肥、复合肥、磷肥、保水剂、黏合剂、微生物等。

绿化基材设计可根据坡面类型及植被生态防护要求采取适宜的基质配置方法,同时应考虑坡面立地条件、坡面类型、植被生长需求,选择环境友好型材料用以改良基质的结构、肥力和活力。基质材料应满足《绿化种植土壤》(CJ/T 340—2016)的规定,同时兼顾基质在坡面上的自身稳定性及植被依附的可靠性,宜选择轻质颗粒物或限制砂砾含量。

12.7.4　养护

养护包括光热调控、水肥调控、植物种群调控等技术措施。

1)光热调控

播种后应及时进行坡面遮盖,为达到保湿效果,遮盖材料可选用草帘无纺布等;为达到遮阳、防冲刷效果,遮盖材料可选用无纺布、遮阳网等。养护过程中应定期观测植物发芽和生长情况,视情况及时揭除遮盖物。

2)水肥调控

宜在施工后1~2年内根据植物生长情况进行追肥。施肥时应根据土壤肥力状况和植被的需肥特点进行施肥,做到适时、适度、适量。根据植物生长情况选择肥料种类,在植物生长旺季前施肥。

施肥宜结合灌溉进行。在降雨前或浇灌前也可进行人工撒施。

应根据当地的气候情况,观察坡面土壤墒情,及时补水,保证植被的正常生长。根据种植坡面的坡度和立地条件,选择适宜的灌溉方式,坡度较大和土壤黏性较大的坡面宜采用滴灌和微灌。坡面浇灌时应避开日光曝晒及高温时段。

3)植物种群调控

建植植物受杂草抑制时,应及时清除杂草及缠绕建植植物的攀缘植物。冬季防火期及防火带刈割,宜割除草本植物地上部分。

应及时排查和处理影响坡面稳定性的植株,疏剪乔灌木弱枝和病枯枝,短截徒长枝。宜在植物休眠期通过修剪或平茬调控植株的地下与地上生物量。

当坡面裸露较多或不满足设计要求时,应采用补播(栽)进行调配。补播(栽)宜在春季或秋季进行。补栽苗宜采用容器苗,栽植前宜去除包装。

参考文献

［1］蔡泽宏,简文彬,李宏达,等.基于滑坡监测数据的时间序列位移预测[J].水利与建筑工程学报,2016,14(1):236-242.

［2］陈忠达.公路挡土墙设计[M].北京:人民交通出版社,2001.

［3］陈文昭,胡萍.边坡工程[M].长沙:中南大学出版社,2016.

［4］陈祖煜.土质边坡稳定分析:原理·方法·程序[M].北京:中国水利水电出版社,2003.

［5］程建军.路堑边坡变形监测与稳定性安全评估方法[M].北京:人民交通出版社,2016.

［6］崔春晓,朱自强,杨光轩,等.基于 GNSS 技术的排土场边坡监测及稳定性研究[J].中国矿业,2020,29(03):94-99.

［7］崔云,孔纪名,倪振强,等.强降雨在滑坡发育中的关键控制机理及典型实例分析[J].灾害学,2011,26(3):13-17.

［8］邓东平,李亮.基于滑动面应力假设下的三维边坡稳定性极限平衡法研究[J].岩土力学,2017(1):189-196.

［9］邓冬梅,梁烨,王亮清,等.基于集合经验模态分解与支持向量机回归的位移预测方法:以三峡库区滑坡为例[J].岩土力学,2017,38(12):3660-3669.

［10］定培中,周密,张伟,等.可拆换过滤器在排水管井中的应用[J].岩土工程学报,2016,38(S1):94-98.

［11］工业和信息化部.边坡工程勘察规范:YS/T 5230—2019[S].北京:中国计划出版社,2019.

［12］郭子正,殷坤龙,黄发明,等.基于地表监测数据和非线性时间序列组合模型的滑坡位移预测[J].岩石力学与工程学报,2018,37(S1):3392-3399.

［13］国家发展和改革委员会.水电水利工程边坡设计规范:SL386—2007[S].北京:中国电力出版社,2007.

［14］国家铁路局.铁路桥涵地基和基础设计规范:TB 10093—2017[S].北京:中国铁路出版社,2019.

［15］韩贺鸣,张磊,施斌,等.基于光纤监测和 PSO-SVM 模型的马家沟滑坡深部位移预测研究[J].工程地质学报,2019,27(4):853-861.

［16］胡亚坤,彭文丹.基于降雨下最不利深度的多级边坡平台宽度研究[J].路基工程,2021(01):84-90.

［17］简文彬,吴振祥.地质灾害及其防治[M].北京:人民交通出版社,2015.

［18］ 建设部.岩土工程勘察规范:GB50021—2001［S］.北京:中国建筑工业出版社,2009.

［19］ 交通运输部.公路排水设计规范:JTG/T D33—2012［S］.北京:人民交通出版社,2013.

［20］ 雷用,刘兴远,吴曙光.建筑边坡工程手册［M］.北京:中国建筑工业出版社,2018.

［21］ 李建林.边坡工程［M］.重庆:重庆大学出版社,2013.

［22］ 李利峰,张晓虎,邓慧琳,等.基于SVM-LR融合模型的滑坡灾害易发性评价:以山阳县为例［J］.科学技术与工程,2020,20(26):10618-10625.

［23］ 梁苗,邬凯,邵江,等.LoRa技术在公路边坡监测中的应用研究［J］.地下空间与工程学报,2020,16(S2):1011-1016,1029.

［24］ 佴磊,徐燕,代树林,等.边坡工程［M］.北京:科学出版社,2010.

［25］ 任祥,何勇成.公路滑坡勘察与防护工程设计［M］.北京:冶金工业出版社,2019.

［26］ 沈明荣.边坡工程［M］.北京:中国建筑工业出版社,2014.

［27］ 孙红月,尚岳全,蔡岳良.斜坡虹吸排水理论与实践［M］.北京:科学出版社,2016.

［28］ 谭晓慧,王建国,胡晓军,等.边坡稳定的模糊随机有限元可靠度分析［J］.岩土工程学报,2009,31(7):991-996.

［29］ 田卿燕,钱尼贵,郝钟钰.公路边坡新型仰斜排水孔机械淤堵室内试验研究［J］.公路,2016(7):39-44.

［30］ 王东,张禹,曹兰柱,等.露天矿边坡稳定性的断面形态效应研究［J］.中国安全科学学报,2018,28(01):105-111.

［31］ 王奎华.岩土工程勘察［M］.北京:中国建筑工业出版社,2016.

［32］ 魏新江,张阳,陈浙江,等.基于GIS的隧道洞口边坡的稳定性分析［J］.公路工程,2020,45(6):165-172.

［33］ 吴顺川,金爱兵,刘洋.边坡工程［M］.北京:冶金工业出版社,2017.

［34］ 谢永利,刘新荣,晏长根,等.特殊岩土体工程边坡研究进展［J］.土木工程学报,2020,53(09):93-105.

［35］ 许强,汤明高,黄润秋.大型滑坡监测预警与应急处置［M］.北京:科学出版社,2015.

［36］ 许旭堂,简文彬.滑坡对降雨的动态响应及其监测预警研究［J］.工程地质学报,2015,23(2):203-210.

［37］ 张永兴.边坡工程学［M］.北京:中国建筑工业出版社,2008.

［38］ 张玉成,杨光华,张玉兴.滑坡的发生与降雨关系的研究［J］.灾害学,2007,22(1):82-85.

［39］ 赵冰琴,夏振尧,许文年,等.工程扰动区边坡生态修复技术研究综述.水利水电技术,2017,48(2):130-137.

［40］ 赵明阶,何光春,王多根.边坡工程处治技术［M］.北京:人民交通出版社,2003.

［41］ 朱大勇,姚兆明.边坡工程［M］.武汉:武汉大学出版社,2014.

［42］ 住房和城乡建设部.非煤露天矿边坡工程技术规范:GB 51016—2014［S］.北京:中国计划出版社,2014.

［43］ 住房和城乡建设部. 工程结构可靠性设计统一标准:GB 50068—2018［S］. 北京:中国建筑工业出版社,2018.

［44］ 住房和城乡建设部. 建筑边坡工程技术规范:GB 50330—2013［S］. 北京:中国建筑工业出版社,2013.

［45］ 住房和城乡建设部. 混凝土结构设计规范:GB 50010—2019［S］. 北京:中国建筑工业出版社,2019.

［46］ Abdulai M, Sharifzadeh M. Uncertainty and reliability analysis of open pit pock slopes: A critical review of methods of analysis［J］. Geotechnical and Geological Engineering,2019,37(4):1223-1247.

［47］ Bishop A W. The use of the slip circle in the stability analysis of slopes［J］. Geotechnique,2015,5(1):7-17.

［48］ Cao Z, Wang Y, Li D. Probabilistic Characterization of Young's Modulus of Soils Using Standard Penetration Tests［M］. Springer Berlin Heidelberg,2017.

［49］ Ismail N E H, Taib S H, Abas F A M. Slope monitoring: An application of time-lapse electrical resistivity imaging method in Bukit Antarabangsa, Kuala Lumpur［J］. Environmental Earth Sciences,2019,78(1):14.

［50］ Khan M W, Dunning S,Bainbridge R, et al. Low-cost automatic slope monitoring using vector tracking analyses on live-streamed time-lapse imagery［J］. Remote Sensing,2021,13(5):893.

［51］ McQuillan A, Canbulat I, Oh J. Methods applied in Australian industry to evaluate coal mine slope stability［J］. International Journal of Mining Science and Technology,2020,30(2):151-15.

［52］ Ray A, Kumar V, Kumar A, et al. Stability prediction of Himalayan residual soil slope using artificial neural network［J］. Natural Hazards,2020,103(3):3523-3540.

［53］ Raghuvanshi T K. Plane failure in rock slopes-A review on stability analysis techniques［J］. Journal of King Saud University-Science,2019,31:101-109.

［54］ Wei T, Zuo W, Zheng H W, et al. Slope hybrid reliability analysis considering the uncertainty of probability interval using three parameter Weibull distribution ［J］. Natural Hazards,2021,105:565-586.

［55］ Yuan C, Moayedi H. The performance of six neural-evolutionary classification techniques combined with multi-layer perception in two-layered cohesive slope stability analysis and failure recognition ［J］. Engineering with Computers,2020,36(4):1705-1714.

［56］ Yin Y, Li B, Wang W, et al. Mechanism of the december 2015 catastrophic landslide at the shenzhen landfill and controlling geotechnical risks of urbanization［J］. Engineering,2016,2(2):230-249.